Walter Laqueur · Der lange Weg zur Freiheit

Walter Laqueur

DER LANGE WEG ZUR FREIHEIT

Rußland unter Gorbatschow

ULLSTEIN

CIP-Titelaufnahme der Deutschen Bibliothek

Laqueur, Walter
Der lange Weg zur Freiheit : Rußland unter Gorbatschow /
Walter Laqueur. [Ins Dt. übertr. von Bernd Rullkötter]. –
Frankfurt/M ; Berlin : Ullstein, 1989
Einheitssacht.: The long road to freedom <dt.>
ISBN 3-550-07650-9

Titel der amerikanischen Originalausgabe: *The Long Road to Freedom*
Published by Charles Scribner's Sons, New York 1989
© 1989 by Walter Laqueur
Ins Deutsche übertragen von Bernd Rullkötter
Übersetzung © 1989 by Verlag Ullstein GmbH, Frankfurt/Main · Berlin
Alle Rechte vorbehalten
Satz: Fotosatz Service Weihrauch
Druck und Verarbeitung: Ebner Ulm
Printed in Germany 1989
ISBN 3 550 07650 9

INHALT

Vorwort

Dieses Buch handelt von dem neuen politischen Stil und der neuen Stimmung, die sich in der Sowjetunion seit Michail Gorbatschows Ernennung zum Generalsekretär der KPdSU herausgebildet haben. Daneben befasse ich mich mit den eindrucksvollen Enthüllungen über die sowjetische Gesellschaft und Kultur, über die Funktionsweise des Systems und die Mentalität der Bürger, die wir dem Phänomen »Glasnost« zu verdanken haben. Nach Jahren gähnender Langeweile ist Moskau zur faszinierendsten Hauptstadt der Welt geworden. Die Sowjetunion befindet sich in einem Zustand der Gärung, und die Tatsache, daß sich unmöglich voraussagen läßt, wie lange die Phase der Offenbarungen dauern und wie weit sie gehen wird, erhöht noch die Spannung.

Mein Ausgangspunkt ist das Rußland des neunzehnten Jahrhunderts, und ich schließe mit einigen Mutmaßungen über das, was sich wahrscheinlich in den kommenden Jahren in der Sowjetunion zutragen wird. Der angemessene Einstieg für meine Darlegungen ist, wie ich glaube, die Erörterung der verschiedenen Aspekte von Glasnost und ihrer bisherigen Ergebnisse. Die Details, die nun zum Vorschein gekommen sind, werden die Experten über Jahre hinweg beschäftigen, aber es ist nicht zu früh, eine vorläufige Bilanz zu ziehen.

Ist es möglich, über Glasnost zu schreiben, ohne gleichzeitig ihre Konsequenzen, das heißt den aus ihr hervorgehenden politischen und wirtschaftlichen Wandel, zu behandeln? Meine Antwort lautet, kurz gesagt, daß zwar die Enthüllungen eine vollendete Tatsache sind, die Perestroika jedoch im wesentlichen noch der Zukunft angehört. Auch glaube ich nicht, daß sich in der absehbaren Zukunft sehr verblüffende Wandlungen abspielen werden. Gewiß, manche Sowjetführer möchten tiefgreifende Veränderungen im wirtschaftlichen und sozialen System einleiten und dabei den »menschlichen Faktor« nicht außer acht lassen. Dies würde unter den Bedingungen der UdSSR auf eine Kulturrevolution hinauslaufen. Ich kenne keine erfolgreiche Kulturrevolution, die nicht einen sehr langen Zeitraum beansprucht hätte oder im Gefolge einer Katastrophe, etwa eines Krieges, ausgebrochen wäre. Es gibt sehr wenige Ausnahmen, zum Beispiel die Öffnung Japans unter der Meiji-Dynastie. Ich glaube nicht, daß die Voraussetzungen für eine solche Revolution gegenwärtig in der Sowjetunion vorliegen.

Einige Enthüllungen mögen uns noch bevorstehen, aber mir scheint, daß die Grenzen von Glasnost im großen und ganzen erreicht sind. Es könnte zu einem Rückzug kommen; ich halte es für unwahrscheinlich, daß sich entscheidende Fortschritte über den von der Sowjetführung festgelegten Rahmen hinaus einstellen werden. Dies wirft die Frage auf, ob Glasnost ohne grundsätzlichen ökonomischen und sozialen Wandel überleben kann. Welchen Sinn hat Offenheit, wenn die richtig diagnostizierten Übel nicht beseitigt werden? Aber einige Sowjetführer glauben, daß Wirtschaftsreformen mit einem Minimum an politischer Reform zu erzielen seien. Zudem zeigt die russische Geschichte, daß Glasnost nicht notwendig zu radikalen politischen Veränderungen führt.

Es gibt in der russischen Literatur kein krasseres, bissigeres Dokument von Glasnost als Gogols Komödie *Der Revisor.* Sie bietet ein vernichtendes Panorama der Korruption, Verlogenheit, Unterwürfigkeit und lähmenden Gewalt der Bürokratie in der russischen Gesellschaft. Aber die Zensur bereitete keine Schwierigkeiten: Als das Stück im Jahre 1836 zum erstenmal aufgeführt wurde, lachte Zar Nikolaus I. lange und laut, und sobald er das Zeichen gegeben hatte, folgten alle anderen seinem Beispiel. Gogol wurde nicht verfolgt, sondern erhielt eine goldene Uhr im Werte von achthundert Rubel. Und die Verhältnisse blieben unverändert.

Was ist Glasnost? Ich werde mich eingehend mit der Geschichte des Begriffs beschäftigen, aber um Mißverständnisse zu vermeiden, mag ein erster Kommentar angebracht sein. Glasnost überraschte die meisten Beobachter der Sowjetunion, und man hat viel Bewunderung für jene geäußert, die nach Jahrzehnten offizieller und inoffizieller Verlogenheit eine wahrhaftigere Politik eingeleitet haben. Glasnost bedeutet Selbstkritik; sie impliziert, daß die immer breiter werdende Kluft zwischen Worten und Taten anerkannt wird. Ein solches Vorgehen erfordert Mut; unzweifelhaft wäre es weitaus leichter und politisch weniger riskant, die alten Gewohnheiten beizubehalten. Deshalb ist es kein Wunder, daß innerhalb der Sowjetunion hartnäckiger Widerstand gegen Glasnost besteht, ihre Zukunft ist angesichts der vielen einflußreichen Gegner keineswegs gesichert.

Wie bedeutend Glasnost auch sein mag, sie ist eine Methode, ein Stil, nicht das Wesen der sowjetischen Politik. Dies wird im Westen häufig mißverstanden, besonders im Hinblick auf die Außenpolitik. Immer wieder fragt man, wieso die Sowjetführung diese oder jene Politik fortsetzt oder einschlägt, obwohl sie nicht mit Glasnost zu vereinbaren ist. Die bündige Antwort lautet, daß Glasnost *per se* nicht nach grundlegenden, strukturellen Änderungen in der Sowjetunion trachtet und nichts mit den Zielen der sowjetischen Außenpolitik zu tun hat. Sie hat den Zweck, das System besser, wirksamer funktionieren zu lassen. Es gibt ein gewisses Maß an »neuem Denken« hinsichtlich der Außenpolitik, das letztlich zu radikalem Wandel führen mag. Aber dies hat nichts mit Glasnost zu tun.

Für die russische Intelligenzija ist Glasnost ein geistiges Ereignis von enormer Bedeutung, ein frischer Luftzug nach Jahrzehnten erstickender Zensur. Für viele andere Sowjetbürger ist sie ein wichtiges Instrument, um Dampf abzulassen, um ihren Frustrationen Luft zu machen. Aber die Mehrheit scheint eher an besseren Wohnungen und einer besseren Lebensmittelversorgung als an kultureller Freiheit interessiert zu sein. Vermutlich weckt Glasnost größere Begeisterung und größere Erwartungen im Westen als im Osten; allein der Begriff wird hier häufiger – und weitaus willkürlicher – benutzt. Dies sollte nicht überraschen, denn Russen wissen besser als Ausländer, daß in der Geschichte ihres Landes viele trügerische Morgenröten aufgezogen sind. Fehleinschätzungen des Charakters von Glasnost und überzogene Erwartungen hinsichtlich ihrer Reichweite werden im Westen vielleicht Enttäuschung hervorrufen, sobald das Element der Neuheit geschwunden ist. Glasnost könnte verlangsamt oder gestoppt, Debatten können abgebrochen, neue Enthüllungen verboten werden. Und doch sollte man die Wirkung, die die Worte der Wahrheit auf Millionen Menschen haben, nicht schmälern.

Glasnost ist ein gewaltiger Fortschritt, verglichen mit dem vorherigen trostlosen Zustand. Aber das Land muß noch einen langen Weg zurücklegen, bevor es wahre politische und kulturelle Freiheit erreicht.[1] Ein Beispiel, das nichts mit hoher Politik oder hoher Kultur zu tun hat, dürfte zur Illustration genügen. Wie jedermann weiß, ist Moskau die geliebte Hauptstadt Rußlands; ihr Lob wurde von jedem russischen Dichter seit Puschkin gesungen. Man würde erwarten, daß ein Stadtführer mit Namen und Anschrift von Institutionen und Individuen sowie ein funktionsfähiger Stadtplan für eine so großartige Metropole existieren, aber das ist nicht der Fall. Um die Jahrhundertwende gab es einen solchen Führer (*Wsja Moskwa*) und solche Stadtpläne; paradoxerweise wurden sie von A.S. Suworin, einem Verleger der extremen Rechten, publiziert.

Dies waren gediegene, hervorragend gefertigte Bände von fünfzehnhundert Seiten. Sie enthielten Namen, Adressen, Telefonnummern und detaillierte Stadtpläne. Nach der Revolution erschien ein ähnliches, wenn auch bescheideneres Nachschlagewerk, das immer noch einige Namen und Adressen anführte; zum Beispiel empfahl man Lesern, die Stalins Büro anrufen wollten, die Nummer 17269 zu wählen. Die Herausgabe dieses Buches wurde im Jahre 1937 eingestellt. Das einzige heute zugängliche Nachschlagewerk ist das Moskauer Telefonbuch, das alle fünf Jahre erscheint, den halben Umfang von Suworins Stadtführer hat und nicht in Moskauer Hotels ausliegt. Die letzte Ausgabe wurde im Sommer 1987 veröffentlicht; darin wird nicht einmal das Büro des Präsidiums des Obersten Sowjets genannt, obwohl jeder Sowjetbürger weiß, daß es an der Ecke Marx-/Kalinin-Prospekt liegt. Viele wissenschaftliche Institute und Betriebe, ganz zu schweigen von heikleren Ämtern, sind nicht aufgeführt, obwohl einige von ihnen ihren Standort mit Hilfe von Zeitungsannoncen und Reklameschildern in ganz Moskau bekanntmachen. Auch gibt es keinen brauchbaren Stadtplan von Moskau; dabei wird dieser Mangel, wie eine sowjetische Zeitung kürzlich anmerkte, ausländische Geheimdienste durchaus nicht behindern, da sie durch

Luftaufnahmen nicht nur Gebäude, sondern sogar die Autos auf den Straßen beobachten können. Allerdings wird es den Einwohnern Moskaus äußerst schwer gemacht, Straßen zu finden, die sie bisher nicht besucht haben.[2]

Kurz, eine erhebliche Portion Glasnost ist sogar im elementaren Alltagsleben noch erforderlich, und ich bin nicht besonders optimistisch, was den weiteren Fortschritt der Freiheit in der Sowjetunion zum gegenwärtigen Zeitpunkt betrifft. Die Vorkämpfer von Glasnost sind vermutlich so weit gegangen, wie sie es derzeit für möglich halten. Größere Hoffnung kann man sich allenfalls für die fernere Zukunft machen. In zehn oder zwanzig Jahren, wenn eine weitere Generation nachgerückt ist, könnte es zu einer neuen Initiative kommen, die darauf abzielt, Glasnost über ihre heutigen Grenzen hinauszutragen.

Was immer die unmittelbaren politischen Aussichten für Glasnost sein mögen, man kann nicht leugnen, daß die Sowjetunion ein weitaus interessanteres Land geworden ist als das Rußland der Vergangenheit. Ein führender russischer Intellektueller der 1840er Jahre erzählt in seiner Autobiographie, daß er und seine Freunde gewöhnlich eine Kutsche mieteten, um die Postkutsche auf dem Weg von Smolensk abzufangen. Diese jungen Männer waren so fasziniert von den damals in Berlin stattfindenden philosophischen Diskussionen, daß sie das Eintreffen der neuesten deutschen Zeitschriften mit Artikeln von Schelling und anderen Größen einfach nicht abwarten konnten und sich zu einem »philosophischen Überfall« gezwungen sahen. Nach Jahrzehnten der Langeweile hätte ich mir nicht träumen lassen, daß ich eines Tages mit ähnlicher Ungeduld auf das Eintreffen der neuesten Glasnost-Erzeugnisse warten würde, während ich vor den Kiosken von Sojuspetschat, die weiterhin das Monopol für den Verkauf der Sowjetpresse besitzt, Schlange stand. Derart aufregende Perioden intellektueller Gärung setzen sich nicht ewig fort, aber man sollte dankbar sein, solange sie andauern.

Die Geschichte von Glasnost ist im wesentlichen ein Abriß der Enthüllungen von Mängeln und Fehlschlägen in der jüngeren Geschichte der Sowjetunion. Diese Enthüllungen müssen ein Schock für alle gewesen sein, die die Erklärungen der früheren Herrscher des Landes glaubten, daß die Sowjetgesellschaft vollkommen oder – zumindest – die vollkommenste Gesellschaft der Welt sei. In einer Untersuchung über Glasnost erhalten diese negativen Enthüllungen notwendigerweise ein großes Gewicht. Aber es gibt noch einen weiteren Aspekt von Glasnost, der nicht vergessen werden sollte: Das Ringen um Glasnost begann nicht an dem Tag, da von oben grünes Licht gegeben wurde. Zweifellos erhielt sie im Jahre 1985 neuen Schwung, aber wenn Glasnost eine Zeit der Hoffnung bedeutet, dann hauptsächlich dank jener Männer und Frauen, die einen Kampf gegen die Kräfte von Trägheit und Finsternis bestritten haben. Sogar nach 1985 war es ein nicht ungefährlicher Kampf; die Verbreitung frommer Lügen ist stets populärer als die Verkündung der bitteren, schmerzhaften Wahrheit. Die Männer und Frauen in der vordersten Reihe des Ringens um Glasnost haben eine Begabung und einen Mut bewiesen, die in jeder Epoche ungewöhnlich sind und die man in unseren Tagen bei der westlichen Intelligenz nicht allzu häufig antreffen kann. Sie stehen für das, was an der Tradition der russischen Kultur erhaben und edel ist. Ihr Beitrag zur Freiheitsgeschichte des menschlichen Geistes ist um so bewundernswerter, als das Ergebnis ihres Ringens ungewiß war und sie kaum mit einem Erfolg rechnen konnten.

Wenn es noch Brauch wäre, einem Buch dieser Art ein Motto voranzustellen, würde ich zwischen einer Aussage des Horaz, *Semel emissum volat irrevocabile verbum*, und einer Vergils, *Carpent tua poma nepotes*, schwanken. Die erstere bedeutet sinngemäß, daß ein einmal entwichenes Wort nicht zurückgerufen werden kann, und die letztere lautet in der Übersetzung: »Deine Nachfahren werden deine Früchte ernten.« Beide scheinen mir auf das Phänomen Glasnost zu passen.

Ich bin dankbar für die Hilfe, die ich von der Lynde and Harry Bradley Foundation, Milwaukee, und der Earhart Foundation, Ann Arbor, für meine Arbeit erhalten habe. Dank schulde ich auch Janusz Bugajski, meinem Freund und Kollegen am Center for Strategic and International Studies (CSIS), Washington, D.C., sowie meinen Forschungsassistentinnen Jeanette Bezemer, Adriana Ercolano, Monika Michejda, Ilinka Popesco und Alina Zyszkowski, deren Enthusiasmus nur von ihrer Tüchtigkeit erreicht wurde.

Washington, D.C., Oktober 1988

Ein Monolog in Moskau

Wohin, Rußland? *Kamo gradeschi*, mit den Worten der russischen Kirchenliturgie. Einst schien die Antwort klar, denn es handelte sich um eines der Länder, in denen alles vorherbestimmt schien, aber dies ist nicht mehr der Fall.

Heutzutage gibt es in Moskau viel zu sehen, noch mehr zu bereden und vor allem zu lesen. Rußland ist wieder in Bewegung. Oder ist es nur Gerede über die Notwendigkeit, sich zu bewegen? Kurz nach Stalins Tod wurde eine Kurzgeschichte veröffentlicht, dann verboten, doch nun wurde sie wieder zum Leben erweckt und wird häufig zitiert. »Sag offen, was unrecht ist. Die Menschen werden um eines ehrlichen Wortes willen Berge versetzen.«[1] Aber werden sie es wirklich?

Wohin, Sowjetunion? Die Frage wird seit langem gestellt, heute öfter denn je. In anderen Teilen der Welt hat man das Schicksal von Nationen mit einem Schiff verglichen (»Segle weiter, o Staatsschiff...«), aber Rußland ist eine gewaltige Landmasse, und als übliches Bild dient seit langer Zeit die Troika:

Stürmst nicht auch du, Rußland, so dahin wie eine kühne Troika, die niemand einholen kann? Der Boden dampft, die Funken sprühen, die Brücken dröhnen, und weit und immer weiter bleibt alles hinter dir zurück. Wie von einem göttlichen Wunder angerührt, steht der Beschauer betroffen da: ist das ein Blitz, der vom Himmel herabzuckt? Was bedeutet dieses schreckenserregende Ungestüm und was für unbekannte Kräfte treiben diese nie gesehenen Rosse an? ...

Wohin stürmst du, Rußland? Gib Antwort! Du schweigst... Die vor deinem Ansturm zurückflutende Luft wird zum heulenden Sturm. Alles auf Erden weicht dir aus, und es geben dir den Weg frei alle anderen Völker und Reiche. (Gogol)

Es ist eine wunderbare Parabel, aber wie wenig hat sie mit der Realität gemein. Der Boden dampft nicht mehr unter den Rädern der Troika, und die Brücken dröhnen nicht; wenige werden von göttlichem Wunder angerührt; die Pferde sind ausgespannt worden, und der *jamschtschik*, der Kutscher, ist nicht mehr zu sehen. Vielleicht hat er sich wieder in einer nahegelegenen Schänke betrunken. Gewiß, die Zuschauer haben sich an plötzliche Ausbrüche hektischer Aktivität gewöhnt. Mit großem Trara rast die Troika vorwärts, nur um später umzukehren, anzuhalten oder das Rennen im Kreis fortzusetzen.

Gorbatschow schrieb in seinem Buch *Perestroika*, daß eine der stärksten Mächte der Welt sich erhoben habe, um das rückständige, halbkoloniale und halbfeudale Zarenreich abzulösen. Wer könnte es leugnen? Nun existieren riesige Industriekomplexe, wenngleich einige bereits ziemlich veraltet sind. Nahezu alle Bürger können lesen und schreiben, und die Streitkräfte sind stark und gefürchtet. Aber wäre dies nicht unter *jedem* politischen Regime geschehen, das ein bißchen dynamischer gewesen wäre als jenes des Zaren? Rußland war über einen langen Zeitraum hinweg die stärkste Militärmacht der Welt; in den 1750er Jahren hätten die Russen Berlin okkupieren können, wenn sie es gewollt hätten (einmarschiert waren sie bereits), und im Jahre 1815 waren sie bekanntlich in Paris. Das Bruttosozialprodukt Rußlands machte vor dem Ersten Weltkrieg etwa die Hälfte des amerikanischen aus, und heute ist es immer noch so. Die fernöstlichen Rikschas sind schneller vorangebraust als die russische Troika. Die Gesichter der Menschen in der Metro, in den Bussen und Restaurants lassen keinen Frohsinn erkennen. Was verursacht die Verdrossenheit und das Mißvergnügen?

Vor kurzem las ich die Eindrücke eines britischen Reisenden:

Rußland ist ein Land mit einem widerwärtigen Klima, einem trockenen Sommer, der ungewisse, manchmal zu Hungersnot führende

Ernten hervorbringt, mit einem unerträglich langen Winter, einem feuchten und ungesunden Frühjahr und einem noch ungesünderen Herbst; ein Land, wo die armen Leute rückständig und unwissend sind und die Mittelschicht träge und schlampig ist; wo man den Fortschritt absichtlich auf jede mögliche Weise bremst und behindert; ein Land, regiert vom Zufall, wo alle Formen der Verwaltung willkürlich, ungewiß und hinhaltend sind; wo alle Geschäfte beschwerlich sind und von der Bürokratie niedergedrückt werden; wo Bestechung ein unerläßlicher Faktor im Geschäfts- und Verwaltungsleben ist; wo politische Freiheit und elementare Bürgerrechte nicht existieren; wo sogar die Konzertprogramme zensiert werden; wo die Gewissensfreiheit eingeschränkt ist; wo jeder ohne Rücksicht auf seinen Nächsten handelt; ein Land der Extreme, der moralischen Schlaffheit und der unmäßigen Zügellosigkeit; ein Land, das die Originalität und die hervorragenden Eigenschaften jedes Individuums mit Argwohn betrachtet; ein Volk, das eifersüchtig auf alles oder jeden ist, der sich auszeichnet und sich über den Durchschnitt erhebt; ein Volk, das sklavisch lähmender Mittelmäßigkeit und dem unveränderlichen bürokratischen Muster ergeben ist; eine Nation kraftloser Rebellen ...

Dies sind harsche Worte, die einem Einheimischen verziehen werden mögen, niemals aber einem Ausländer. Die Anklage wurde vor der Revolution geschrieben, und der Verfasser schloß in optimistischem Tonfall: »*Doux pays*, ich gebe dies alles zu, und trotzdem hat Rußland für mich eine unbeschreibliche Faszination. Trotz alledem liebe ich das Land und bewundere und achte das Volk.«[2]

So lautet die Argumentation der Verteidigung. Sie beruht auf dem Glauben, auf Tjutschews »*w Rossiju moschno tolko werit*«.[3] Wie Turgenew an Alexander Herzen schrieb, als sein Freund eine Zeitlang slawophilen Träumen nachhing: »Du bist wie ein Arzt, der bei einem Patienten eine ernste Krankheit diagnostiziert hat, trotzdem aber behauptet, daß der Patient genesen wird, weil er Russe oder Franzose oder etwas anderes ist ...«

Hatte Herzen recht? Oder Turgenew? Welches Land ließe sich rational verstehen? Ausländer haben fast immer nur die beste oder die schlechteste Seite Rußlands gesehen, und häufig war ihr Urteil falsch. Manche haben Rußland jedes Genie, jeden originellen Gedanken, jede Tiefe des Denkens und der Emotion abgesprochen. Victor Hehn lebte vierzig Jahre lang unter Russen und beherrschte die Sprache wie ein Einheimischer. Aber er schrieb, daß alle Russen geborene Lügner seien und Puschkin nur ein Byron des armen Mannes. Sogar ihre matte Haut und ihre groben Gesichter erweckten sein Mißfallen. Den Russen fehle jede Kombinationsgabe; zum Beispiel sei kein Russe fähig, Lokomotivführer zu werden.[4] Hehn hätte die Kosmonauten als unglaubliche Überraschung empfunden.

Kultur war für Hehn deutsche Kultur, und die Russen konnten sich natürlich nicht mit Kant und Hegel und Schelling messen. Aber andererseits brachte die russische Kultur keinen Adolf Hitler hervor. Die russische Geschichte ist traurig und voller Katastrophen. Doch über die Erbärmlichkeit der russischen Gesellschaft, über die Folgen des Despotismus, über das Fehlen von Spontaneität und über die Tatsache, daß alles von oben oktroyiert wurde, hat sich kaum jemand mit größerer Schärfe geäußert als die Russen selbst. Diese Kritik begann mit Tschaadajew und Gogol, nicht mit den Westlern. Die Obrigkeit wollte Tschaadajew in eine Irrenanstalt stecken, weil er geschrieben hatte, daß Rußland der Welt nichts gegeben, daß es der Gesamtheit menschlicher Ideen nichts hinzugefügt habe. Kann man sich einen unbarmherzigeren Kritiker des russischen Staates denken als Herzen, der voraussagte, daß alle guten Eigenschaften des russischen Volkes verschwunden sein würden, wenn der Despotismus sich weitere hundert Jahre fortsetze? Oder als Tschechow, der schrieb, daß er keinen einzigen ehrlichen Menschen in seiner Heimatstadt Taganrog kenne? Er muß übertrieben haben. Sogar Custine schrieb: »Im Grunde beurteilen sie ihr Land strenger als ich.« Die Russen selbst kannten ihre schlechteste Seite, dazu benötigten sie keine Ausländer. Sie wissen, daß »das Haupterbe unserer verwünschten Vergangenheit durchaus nicht der Kapitalismus (der sich in Rußland nie entwickeln konnte), sondern die Leibeigenschaft (*krepostnitschestwo*) ist. Diese hat sich tief in die Herzen, Seelen und Poren des Volkes eingegraben, und wer dies nicht versteht, kann vieles von unserem Nationalcharakter nicht verstehen«.[5] Deshalb sollte man eine Bewegung – Glasnost – nicht herabsetzen, die eine so schmerzliche Selbstbetrachtung ermöglicht.

Glasnost hat bewiesen, daß der Geist der Freiheit in Rußland nicht tot ist. Sie hat auch gezeigt, daß unter ihren heutigen Befürwortern Männer und Frauen von Integrität, kultureller Substanz und Weltoffenheit sind. Woher kamen sie? Woher rühren ihre Bildung, ihr Scharfsinn, ihre analytische Kraft und emotionale Stärke? Für jene, die an die kulturelle Sterilität und das unendlich primitive Niveau der Stalin- und Breschnew-Ära gewöhnt waren, haben die Schriften der letzten Jahre sich zweifellos als große Überraschung erwiesen. Diese Schriften zeigen, daß unter der unfruchtbaren Oberfläche in Rußland weiterhin eine kulturelle Tradition existierte und daß ihre Sprecher wenig vom Westen zu lernen haben. Herzen schrieb einmal, daß ein denkender Russe das unabhängigste Wesen auf Erden sei. Man könnte vielleicht hinzufügen, daß er seines langen Leidens wegen den westlichen Intellektuellen in mancher Hinsicht überlegen ist, weniger geneigt, sich von Marotten und Pseudoproblemen in Anspruch nehmen zu lassen, stärker durchdrungen von den essentiellen Fragen unserer Zeit.

Ausländer haben schroffe Worte über Rußland geschrieben, und dies hat die Russen erzürnt. Aber Rußland war ja tatsächlich ein rückständiges Land; was Fletcher, Herberstein oder Olearius über russische Sitten und Gebräuche im sechzehnten und siebzehnten Jahrhundert, über Religion, Geheimhaltung und absolute Macht zu sagen hatten, war nicht allzu übertrieben. Sie waren wahrheitsliebende Beobachter.

Aber die Ausländer waren durchaus nicht alle feindselig. Der Deutsche J.G. Kohl, kein Philosoph, sondern der Autor eines Reiseführers vor fast hundertfünfzig Jahren, war einer der ersten, die voll Mitgefühl über das *tschorny narod*, die große Masse des einfachen Volkes, schrieben. Die Männer und Frauen, die auf den ersten Blick abstoßend, schmutzig und laut wirkten, waren, wie er 1842 berichtete, gütig und höflich zueinander und keineswegs kriecherisch. Sogar die russischen Schurken besäßen romantische Integrität, sogar russische Betrügereien würden geschickt und elegant abgewickelt. Es sei schwierig, den Russen böse zu sein.[6] Kohl merkte an, daß sie unglaubliche Mengen Alkohol konsumierten, aber es gebe in Rußland keine wüsten Szenen, wie etwa der englische Maler Hogarth sie in seinen Bildern darstellte. Und er gelangte zu dem Schluß, daß die Folgen sowohl des Despotismus wie des Alkohols in Rußland weniger verderblich seien als anderswo. Er zitierte Voltaire, der im Alter von achtzig Jahren schrieb, daß Kaffee, wenn er denn wirklich ein Gift sei, jedenfalls sehr langsam wirke.

Russen sind zäh. Welches andere Volk hätte die Tataren, den Zarismus, den Stalinismus und zahllose andere Heimsuchungen überlebt? Andere wären vielleicht erstickt, doch wie Herzen in einer Rezension Custines schrieb: »Unsere Lungen sind stärker.« Ist es nicht ein Zeichen von Stärke und Ehrlichkeit, wenn sie nun offen über ihre Schwächen reden Folgen des Alkoholismus, des Drogenmißbrauchs und vom Zerfall der Familienbindungen erfahren. Vor mehr als hundert Jahren sagte Hehn voraus, daß das russische Volk ein paar Generationen später durch den Alkoholismus dezimiert sein werde. Aber es ist noch nicht dezimiert, und die sozialen Kosten des Alkoholismus in den USA – mehr als hundert Milliarden Dollar – sind auch kein Pappenstiel.

Man könnte andere mildernde Umstände nennen, aber das bietet den Sowjetführern, die einst an die Überlegenheit ihres Systems glaubten, wenig Trost. Jahrzehntelang behaupteten sie – und glaubten es vielleicht aufrichtig –, daß der Westen dekadent und zum Untergang verurteilt sei. Doch die Existenz sozialer Übel im Westen kann nicht als Entschuldigung für sowjetische Fehlschläge dienen. Siebzig Jahre nach der Revolution hätte sich ein neuer Mensch, der *homo Sovieticus*, herausbilden sollen, der den Vertretern des dekadenten Westens in jeder Hinsicht überlegen ist. Wo ist diese neue Spezies? Im Jahre 1950 – und wiederum im Jahre 1970 – behaupteten die Sowjets, ihn geschaffen zu haben, aber zur Zeit ist er nirgendwo zu sehen. Ich habe eine scharfsinnige, aber quälende Analyse in einer Zeitschrift gefunden, die nicht einmal von einem der Hauptbefürworter von Glasnost stammt. »Wir wollen einmal annehmen«, schreibt Antonow,

daß ein wohlhabender westlicher Geschäftsmann unser Land besucht und fast dreihundert Millionen Menschen antrifft, die ihre Talente vervollkommnet haben, so daß sie Puschkin, Glinka oder Lomonossow gleichen. Die zwischenmenschlichen Beziehungen be-

18

ruhen auf Rücksichtnahme, gegenseitiger Wertschätzung und Hilfe, auf Tugend und einem Wettstreit der Großzügigkeit, nicht auf der Jagd nach materiellen Gütern. In einem solchen Fall wäre das Ergebnis der Konkurrenz zwischen beiden Systemen offensichtlich, und man brauchte keinen einzigen Schuß abzufeuern. Auch wäre es unnötig, umfassende Bemühungen zur Erhöhung der Warenproduktion in unserer Wirtschaft zu machen. Aber dies haben wir leider nie begriffen. Unsere Einstellung zur Kultur – im weitesten Sinne – war immer: Wenn wir sie haben, schön und gut, aber wenn es keine Kultur gibt, können wir uns vorläufig auch ohne sie durchschlagen.[7]

Viele der frühen revolutionären Träume sind verblichen. In einem jüngst erschienenen Roman, der das Leben, die Gedanken und Gefühle der jungen Enthusiasten beim Bau der Moskauer Metro in den dreißiger Jahren beschreibt, finden wir folgendes Gespräch:

MARGARITA: Glaubst du, daß wir den Kommunismus in zehn Jahren haben werden?
MITJA (siebzehn Jahre alt, aber bereits Leiter einer Stoßarbeiterbrigade): Nein, früher, zuerst in Moskau, dann im übrigen Land ...[8]

Es waren edle Träume, aber die menschliche Natur ändert sich nicht in ein paar Jahrzehnten; vielleicht ändert sie sich überhaupt nie. Bisher hat es keine echte Kulturrevolution gegeben, und es ist auch keine in Sicht. Zwischen Ansprüchen und Realität besteht eine ungeheure Kluft: Russische Radikale träumten von der Weltrevolution, russische Konservative beschworen die Idee eines dritten Rom herauf und zitierten Dostojewski über die universelle Bestimmung Rußlands. Ein hoher Preis ist für diese Träume bezahlt worden, und was hat man erreicht?

Gewiß, die Verheißung war groß; wie Tjutschew über seine Heimat sagte: »Ach, soviel Schmutz und soviel Verheißung.« Nicht nur jene, die von einer offenkundigen russischen Bestimmung überzeugt waren, teilten seine Ansicht; auch Alexander Herzen glaubte fest an das großzügige russische Wesen (*schirokaja natura*). Er betonte stets, daß der russische

19

Charakter die besten Eigenschaften der Franzosen und der Deutschen vereine. Er war sicher, daß Rußland das größte demokratische Potential und die Aussicht auf eine glänzendere Zukunft als andere Nationen besitze.

Wohin, Rußland? Müssen wir mit einer Wiederholung der alten Kontroverse zwischen Westlern und Slawophilen rechnen? Manche russische Historiker, darunter Plechanow, der Begründer des russischen Marxismus, betrachteten die gesamte russische Geschichte im Lichte dieses Disputs. Aber heutzutage empfindet man in Rußland wenig Begeisterung für die slawischen Brüder, für die Polen, Tschechen, Jugoslawen und anderen Undankbaren. Es gibt eine neue Suche nach den Wurzeln, aber sie beschränkt sich auf die russische Vergangenheit und die russischen Traditionen. Was die »Westler« betrifft, so besteht ein bleibendes Interesse an vielem Westlichen, aber es ist nicht politischer, sondern kultureller und gesellschaftlicher Art. Niemand, der halbwegs realistisch ist, schlägt vor, westliche politische Lehren und Institutionen in die Sowjetunion zu verpflanzen. Niemand glaubt, daß die parlamentarische Demokratie auf absehbare Zeit in Rußland funktionieren könnte.

Bedeutet dies eine Rückkehr zur Autokratie, zu den Fürsten von Kiew, die einen Herrscher aus dem Ausland einluden? (»Unser Land ist groß und reich, aber es ist keine Ordnung darin – komm und herrsche über uns!«) Bedeutet dies eine Auferstehung der Konservativen des neunzehnten Jahrhunderts, die absolutes Vertrauen zum Zaren, der gleichzeitig Hoherpriester und König war, predigten und behaupteten, daß sogar die Verbrechen der Herrscher wie eine von Gott gesandte Geißel ertragen werden müßten? Die Verteidigung der Stalinschen Verbrechen folgt derselben Tradition; sie seien bedauerlich und unverzeihlich, müßten aber akzeptiert werden, da es keine Alternative gegeben habe. Rußland, so wird argumentiert, sei nicht Europa, und vielleicht bilde es keinen fruchtbaren Boden für Freiheit und Volkssouveränität.

Unter anderem hat Glasnost dem sowjetischen Leser zum erstenmal Einblick in die Werke Karamsins, des ersten großen russischen Histori-Iwan IV. zur Unterhaltung einem seiner Heeresbefehlshaber das Ohr abschnitt, der sich darüber nicht etwa empörte, sondern dem Zaren für dessen Wohltätigkeit noch dankte. »So war der Zar, so war sein Volk«, schreibt Karamsin und fragt: »Sollten wir mehr über ihn oder über das Volk erstaunt sein? Wenn er sich in Folterungen hervortat, dann tat es sich in Geduld hervor.«

Karamsin schildert, wie Rußland den Terror der Autokraten erlebte, wie es sie mit seiner Liebe für die Autokratie erduldete, da es glaubte, daß Seuchen, Erdbeben und Tyrannen von Gott geschickt würden, und wie die Leidenden mit unendlicher Demut für ihr Vaterland, für Glauben und Loyalität auf den Schafotten starben, ohne auch nur einen Gedanken an Rebellion aufkommen zu lassen.

Der Glaube, daß Gott Pest und Erdbeben sende, ist ausgerottet, aber Tyrannen werden im Zweifelsfall immer noch freigesprochen. Grundinstinkte ändern sich nur schwer; die Russen haben die Demokratie nie so sehr geachtet und geliebt wie die Autokratie. Botschafter Sukowski erklärte den Ausländern, die nach Moskau kamen und Verwunderung über Iwan IV. äußerten: »Wir sind unseren Zaren, seien sie grausam oder gütig, stets treu.« Vielleicht achteten die Russen ihre grausamen Zaren schließlich höher als die gütigen. Demokratisierung ist die Parole unter Gorbatschow, aber Demokratie funktioniert nur dann, wenn genug Demokraten vorhanden sind, wie die Deutschen nach 1918 zu ihrem Schaden feststellten. Die Russen haben viele hervorragende Qualitäten, aber Selbstdisziplin und unabhängiges Handeln gehören nicht zu ihren Stärken. Die Idee, daß der Geschichtsprozeß die Entwicklungsgeschichte der Freiheit sei, ist nicht auf russischem Boden gewachsen. Demokratie beruht auf Kompromißbereitschaft, auf gesundem Menschenverstand und Toleranz, Eigenschaften, die in der russischen Geschichte nicht im Übermaß vertreten sind. Einer der Vordenker von Glasnost, ein Ökonom und Romanautor, schrieb vor kurzem:

Nüchternheit, Mäßigung und gesunder Menschenverstand waren in Rußland nie populär; aus irgendeinem Grunde ist unser Volk stets auf der Suche nach einer heiligen Idee, und alles wurde diesem Trachten untergeordnet: Es ging um alles oder nichts. Wir benötigen weder Fortschritt noch Wohlstand, weder Nächstenliebe noch menschliche Lebensbedingungen, wenn sie nicht vom Herzen, sondern von der Vernunft herrühren. Wir würden lieber mit einem neuen Awwakum verbrennen – für jedes Märchen, für jede Hoffnung, wenn sie nur von einem heiligen Narren ausgeht, wenn sie nur nicht mit dieser, sondern mit der jenseitigen Welt zu tun hat.[9]

Das russische Genie hat sich nicht in demokratischer Politik geäußert, dies mag sich ändern, doch nicht in naher Zukunft. Zuviel Freiheit verursacht zahlreichen Russen Unbehagen; wollen wir, daß sie sich unbehaglich fühlen?

Steht die Sowjetunion vor einer weiteren langen Periode autoritär-bürokratischer Herrschaft, die sich auf irgendeine nationalistisch-sozialistische Ideologie stützt, während eine Minderheit von Intellektuellen tapfer (und fruchtlos) das Banner der Freiheit hochhält? Die alten Slawophilen waren Exzentriker, ihre Ideen, was die Vergangenheit Rußlands betraf, waren trügerisch und ihre Hoffnungen für seine Zukunft reines Wunschdenken. Aber ihre Ablehnung des Westens basierte auf profundem Wissen; sie kannten ihren Schiller und die deutsche Philosophie besser als die meisten Deutschen, und einige von ihnen drückten sich auf französisch genauso gut aus wie auf russisch. Wer unter ihren Nachfahren hätte den Mut, wie Tschaadajew zu sagen, er habe nicht »gelernt, sein Vaterland mit geschlossenen Augen, gesenkter Stirn und geschlossenen Lippen zu lieben?« Die heutigen Russophilen kennen den Westen nicht, und die meisten sind kaum daran interessiert, mehr über ihn zu erfahren. Für sie verkörpert sich Westlertum in Rockmusik (die sie verabscheuen) und einer finsteren, gigantischen Verschwörung gegen Rußland und alles Russische. Man verspürt einen starken Geruch von *kwasnoi patriotism* (»Kwaß-Patriotismus«), von *Ochotny rjad*, von den Ideen der Schwarzhunderter.[10]

Im letzten Jahrhundert verzeichnete Alexander Herzen, daß die »erdrückende Atmosphäre und Sprachlosigkeit des russischen Lebens, seltsam vereint mit seiner Vitalität und Ausgelassenheit, alle möglichen verrückten Ausbrüche in unserer Mitte hervorrufen«. In jedem Land gibt es Anhänger der extremen Rechten – Amerika hat sie ebenso wie Europa. Es wäre unnatürlich, wenn solche Gruppen nicht auch in Rußland existierten. Und es wäre doppelt unnatürlich, wenn sie nun, da die alte Ideologie sich auflöst, nicht zum Vorschein kämen. Im Jahre 1917, mit dem Sieg des Marxismus, schien der Triumph des Westlertums über seine

Gegner total zu sein. Doch seit vielen Jahren schwingt das Pendel zurück. Der Internationalismus wird gelegentlich noch heraufbeschworen, aber er ist nicht mehr in Mode. Er ähnelt zu sehr dem »Kosmopolitismus«, der für sehr sündhaft gehalten wird.

Die meisten Slawophilen des neunzehnten Jahrhunderts waren nicht konservativ, sondern wußten, daß der damalige Zustand Rußlands unerträglich und eine Rückkehr zur Vergangenheit unmöglich war. Auch die Russophilen unserer Tage sehen ein, daß das alte russische Dorf mit all seinen Erscheinungen für immer verschwunden ist. Manche von ihnen haben sich bei der Beschreibung der gegenwärtigen sowjetischen Verhältnisse und Sitten als gnadenlos erwiesen. Sosehr sie die »Fremden« – jene von nichtrussischer Geburt – in der Sowjetunion hassen, so wenig schonen sie ihre eigenen Landsleute.

Es gibt viel *kwasnoi patriotism*, aber auch Selbstkritik. Ohne die russischen Ökologen – viele stehen politisch rechts – wäre die systematische Schädigung der Umwelt weiter fortgeschritten. Sie gehörten zu den Hauptbefürwortern der Kampagne gegen den Alkoholismus; was sie über den Zerfall der Familie und dessen Folgen zu sagen haben, ist nicht gänzlich falsch. Ihre Ansichten über Rockmusik und Popkultur werden von den Kritikern im Westen geteilt. Sie wissen mehr oder weniger, welche Art Rußland – und welche Russen – sie ablehnen: Modernismus, Liberalismus, Großstadtleben, Bürokratie, Juden, eine permissive Gesellschaft und die allgegenwärtigen Freimaurer. Sie haben vage Vorstellungen von einer moralischen und kulturellen Erneuerung, aber sie wissen nicht, wie sie vorgehen sollen. Sie sind intolerant und neigen zu Hysterie – und Hysterie in der Politik kann gefährlich sein. Die stärkste Bedrohung sind für sie die »unheilvollen Kräfte« innerhalb Rußlands und im Ausland, die sich in Russophobie ergehen. Russophobie? Als Gorbatschow im Dezember 1987 Washington besuchte, wurde er bewirtet wie kein russischer Parteiführer vor ihm; man sang »Moskauer Nächte« im Weißen Haus, die Menschen trugen »I love Gorby«-T-Shirts, und ein Café Glasnost wurde eröffnet. Und zur selben Zeit stießen die Russophilen entsetzliche Warnungen vor der tiefen, leidenschaftlichen, alles verzehrenden Russophobie »unseres ewigen Feindes« aus. Lächerlichkeit tötet in Rußland nicht.

In jeder Gesellschaft gibt es erregte Gemüter, und vielleicht sollte man die politischen *obiter dicta* von Belletristikautoren nicht zu ernst nehmen. Sie haben einen gewissen Einfluß, aber sie bestimmen nicht die sowjetische Politik. Die Sowjetunion ist ein multinationales Reich, und die russischen Nationalisten haben, vielleicht von ein paar Ausnahmen abgesehen, nicht den Wunsch, es zu zerstückeln. Und wäre es wirklich ein Fortschritt, wenn ein unabhängiges Turkmenien und Tadschikistan entstünden? Die Bürokratie würde es ohnehin nicht zulassen. Man hat eine hohe Aufnahmegebühr für den exklusiven Klub der Supermächte bezahlt, und man will die Mitgliedschaft nur um ethnischer Reinheit willen nicht verlieren.

Auch weiterhin wird eine offizielle Lehre benötigt, eine Anzahl von Glaubenssätzen, die dem Regime Legitimität verleihen. Wie wird diese Lehre aussehen? Der Marxismus-Leninismus alten Stils ist zu einem Ritual und zur Zielscheibe des Spottes geworden. In einem Roman tritt ein Parteijournalist auf, der »Zeitungs-Kischi«, dessen Ausdrucksweise den *Prawda*-Leitartikeln nachempfunden ist. Er spricht unaufhörlich über Sozialismus und die Partei, aber niemand hört ihm zu, man erwähnt ihn mit einem Lächeln, er ist der Dorftrottel. Immerhin sind einige Grundsätze des Marxismus-Leninismus in den Kreislauf des Systems eingedrungen, wenn sie sich auch jedes Jahr ein bißchen mehr verflüchtigen, wenn sie auch mehr und mehr wie Populismus wirken. Unterdessen haben die Liberalen seit mehr als zwei Jahrzehnten immer wieder Lenin zitiert, wenn sie eine abweichlerische Idee einschmuggeln wollten: Lenin als Feind der Bürokratie, des *meschtschanstwo* (Klein- oder Spießbürgertum)[11], Lenin als großer Pragmatiker, Lenin als Befürworter von Redefreiheit und kultureller Freiheit.

Es ist ein ideologischer Stellvertreterkrieg. Wenn die Konservativen Trotzki angreifen, meinen sie oft Lenin und seine Generation mit ihren radikalen Ideen von zwei russischen Kulturen – einer fortschrittlichen und einer reaktionären, die abzulehnen sei. Wenn Lenin ein besseres Urteilsvermögen besessen hätte, so heißt es, wäre er niemals imstande gewesen, mit Trotzki, dem antirussischen Kosmopoliten, zusammenzuarbeiten. Manche wollten Trotzki sogar zu Stalins bösem Geist machen, der die russischen Traditionen verachtet und Stalin abscheuliche

Ideen, etwa die Kollektivierung der Landwirtschaft und die Militarisierung der Gesellschaft, eingeflüstert habe. Die Extremisten der Rechten zitieren die Gefahr des Zionismus, aber was sie wirklich meinen, hat nichts mit Herzl und Weizmann, dem Programm von Basel und dem Staat Israel zu tun. Gelegentlich wird die Katze aus dem Sack gelassen, wie vor einiger Zeit in Leningrad, als einer von ihnen sagte: »Nichts kann in unserem Lande geändert werden, wenn nicht zuerst der Marxismus, jene zutiefst zionistische Doktrin, aufgegeben wird . . .«[12] Subtilere Redner haben es verschwommener ausgedrückt, aber die Absicht ist klar. Die Verwendung äsopischer Formulierungen kann sehr reizvoll sein: Unter der zaristischen Zensur schrieb Lenin über die Lage in Japan, aber seine Leser begriffen, daß er Rußland meinte. Nun widerfährt Lenins Ideen die gleiche Behandlung.

Blanker russischer Nationalismus kann nicht die offizielle Doktrin eines multinationalen Reiches sein, weshalb die Parteiführung, jedenfalls bis auf weiteres, mit dem Leninismus vorlieb nehmen muß. Dies bedeutet, daß eine Generation aufwächst (nein, schon aufgewachsen ist), die alle verbindlichen Formeln kennt, aber kein Wort davon glaubt. Sie macht eine Sinnkrise durch wie die jungen Generationen im Westen. Aber das Leben geht weiter: In der Sowjetunion gibt es rund achtzehn Millionen »Bosse«, große und kleine, die ihren Posten nicht verlieren wollen und ein persönliches Interesse an der Existenz des Systems haben. Sie werden für sein Überleben kämpfen. Sie werden sich etwas einfallen lassen, um dem System Legitimität zu verschaffen.

Immerhin hat man Sicherheitsventile, um Dampf abzulassen; jeder ist gegen die Bürokratie, die Bürokraten stehen in der Schußlinie – natürlich nur die harmlosen, nicht jene der Armee, der Partei oder der Polizei. Dies ist ein alter Brauch, dem sogar die rechte Propaganda in zaristischen Zeiten folgte. Die Bürokratie wurde schon damals als einer der Hauptschurken hingestellt, die den wahren Austausch zwischen Zar und Volk verhinderten. Aber ist es nicht riskant, den Glauben an die Staatsdiener zu untergraben? Wie der russische Philosoph Kosma Prutkow es ausdrückte: »Nur im Staatsdienst werdet ihr die Wahrheit erkennen« (Aphorismus 89).[13] Man kann auf die Bremse treten, wenn die Kritik außer Kontrolle gerät. Zudem gibt es stets jene alte Bekannte, die Belagerungsmentalität: Die Bürokraten stimmen mit den Dissidenten der Rechten überein, daß das Vaterland in Gefahr sei. Sie mögen nicht wirklich davon überzeugt sein, aber es erleichtert das Regieren ganz erheblich.

Dies alles klingt sehr zynisch, himmelweit entfernt vom Idealismus der alten russischen Intelligenzija, deren Freiheitskampf die ganze Welt inspirierte. Aber diese russische Intelligenzija ist seit langem vom Erdboden verschwunden. Die Flamme der Hoffnung brennt noch, aber sie flackert im Sturm und könnte erlöschen. Auf den gegenwärtigen Aufschwung könnten Rückschläge folgen, und wenn ein neuer Gogol erschiene, würde er nicht mehr das Bild einer majestätischen Troika zeichnen, die funkensprühend voranstürmt. Vielmehr könnte er Rußlands Weg mit jener Prozession vergleichen, bei der die unglückseligen Teilnehmer nach jeweils drei Schritten vorwärts zwei Schritte zurück machen müssen. Es ist nicht die rascheste Art der Fortbewegung, und sie wird in unserer Zeit wohl kaum überwältigende Resultate erbringen. Doch unsere guten Wünsche begleiten die Pilger.

Oder vielleicht wäre es angemessener, die allmähliche Befreiung von der Last der Vergangenheit mit dem Exodus der Kinder Israels aus Ägypten zu vergleichen. Dies ist ein Präzedenzfall, der einigen heutigen sowjetischen Denkern bewußt geworden ist. Die geographische Entfernung zwischen Ägypten und Palästina ist nicht groß, aber Moses brauchte vierzig Jahre, um sie zu überwinden, und es könnte gute Gründe dafür gegeben haben, daß eine schnellere Durchquerung des Sinai nicht ratsam war. Im ersten Impuls hätten die Wanderer in der Wüste vielleicht die Zehn Gebote abgelehnt. Heute, wie vor mehr als einem Jahrhundert, beten viele freiheitsliebende Russen:

> Herr, Deine Erwählten setze frei,
> Durchtrenne alter Knechtschaft Band,
> Der Freiheit Flagge anvertrau
> Nun endlich Russenhand.[14]

Doch die Freiheit wird sich nicht durch einen Akt Gottes, nicht einmal des Generalsekretärs, einstellen, sondern nur, wenn eine Mehrheit des Volkes sie will und für sie kämpft. Und viele Russen glauben immer noch, wie ein führender Slawophiler es einst in einem offenen Brief an den Zaren formulierte, daß das russische Volk nicht nach Selbstregierung strebe, keinen Wunsch nach politischen Rechten verspüre und nicht einmal eine Spur von Machtgier besitze.[15] Es mag verlockend sein, die russische Geschichte der letzten hundertfünfzig Jahre als eine Geschichte der Freiheit zu betrachten, aber dies wäre weit von der historischen Wahrheit entfernt. Heute haben die Russen die Leibeigenschaft hinter sich gelassen, aber sie sind, abgesehen von ihren edlen Träumen, immer noch in der Wüste. Sie haben zu viele trügerische Morgenröte erlebt, aber sie haben die Hoffnung nicht aufgegeben.

Stagnation

Nach Jahrzehnten der Stagnation befindet sich die Sowjetgesellschaft in einem Zustand der Gärung. »Perestroika« und »Glasnost« sind, wie »Neue Ökonomische Politik« (NÖP) und »Sputnik« in früheren Zeiten, in unseren politischen Wortschatz eingegangen. Die sowjetische Politik ist wieder interessant geworden. Haben wir es mit der zweiten russischen Revolution zu tun, wie manche verkünden, oder bloß mit einem kurzen, folgenlosen Zwischenspiel?

Das Drama nahm an jenem Tag im März 1985 seinen Lauf, als Michail Sergejewitsch Gorbatschow zum Generalsekretär der KPdSU gewählt wurde. Es gibt detaillierte, wenn auch nicht völlig vertrauenswürdige Berichte darüber, wer für ihn und wer gegen ihn stimmte und wie das Personal des Zentralkomitees mit angehaltenem Atem wartete, bis ein Bote eintraf und, wie bei solchem Anlaß üblich, *»Habemus Papam!«* verkündete; wie einige der Anwesenden überglücklich und andere niedergeschlagen waren, weil sie auf das falsche Pferd gesetzt hatten; und wie Gromyko Gorbatschow als »einen Mann mit Prinzipien und fester Überzeugung« sowie mit »einem scharfen und großen Verstand« offiziell vorschlug, als das Zentralkomitee am 11. März zusammentrat. Die wirkliche Entscheidung war natürlich vorher von den zehn Mitgliedern des Politbüros getroffen worden.

Historiker sind nie ganz sicher, welche Periode oder welches Ereignis sie zu ihrem Ausgangspunkt machen sollen. Vielleicht Breschnews Tod im November 1982, mit dem das Interregnum begann; oder Chruschtschows Sturz im Oktober 1964; oder Stalins Beisetzung im März

1953. Ein sowjetischer Romanautor, der die Beisetzung Stalins und die tiefe Bestürzung der Massen beschrieb, sprach von dem allgemeinen Glauben, daß nicht nur ein einzelner Mann gestorben, sondern eine ganze historische Epoche beendet sei. Doch gleichzeitig herrschte das Gefühl vor, daß sowohl der Mann als auch sein Vermächtnis noch lebendig seien.[1] Aber Romanautoren sind keine zuverlässigeren Zeugen als andere Menschen; andere Augenzeugen berichteten von erstaunlicher Gleichgültigkeit unter den Massen und von sehr wenigen Äußerungen spontaner Trauer.[2]

Das heutige Rußland kann jedoch ohne den Stalinismus nicht verstanden werden, und wie soll man Stalin ohne Lenin interpretieren? Die russische Geschichte begann nicht im November 1917; in den letzten Jahren ist deutlicher denn je geworden, wieviel vom vorrevolutionären Rußland – Gedanken, Emotionen, Verhaltensmuster – sich in der Sowjetunion unserer Tage erhalten hat. Nach all den heftigen Umwälzungen gibt es keinen besseren Beweis als Rußland, daß die Geschichte in der Tat ein nahtloses Gewebe ist.

Für mehrere Generationen sind die russische Revolution und das aus ihr entstandene Sowjetsystem die zentralen politischen Ereignisse dieses Jahrhunderts gewesen. Es gab enormes Interesse für alles Sowjetische: Moskau wurde zum Mekka politischer Pilger, die bei ihrer Rückkehr berichteten, daß sie die Zukunft gesehen hätten – und daß sie »funktioniere«. Zahllose russische Bücher wurde übersetzt, man zeigte russische Filme im Westen, und zu einer Zeit, da der Kapitalismus am Ende zu sein schien, übte die Planwirtschaft große Faszination aus. Die Sowjetunion wirkte wie ein gigantisches gesellschaftliches und kulturelles Laboratorium; dort wurden alle möglichen neuen Ideen erörtert und ausprobiert – ganz im Gegensatz zum ermatteten Westen, dem es offenbar nicht nur an Ideen, sondern auch an Initiative fehlte.

Gewiß, es gab wachsende Zweifel, als die Sowjetunion sich in den dreißiger Jahren nach innen wandte, als die meisten Protagonisten der heldenhaften Revolutionsepoche wegen Verbrechen hingerichtet wurden, die die Phantasie sogar der eisernsten Gesinnungsgenossen strapazierten, als der Führerkult in der modernen Menschheitsgeschichte nie dagewesene Ausmaße annahm. Aber dann kam der Krieg, und Stalin war der Verbündete Großbritanniens gegen Hitler; angesichts der ungeheuren Verluste des russischen Verbündeten wäre es nicht nur politisch unklug, sondern einfach unstatthaft gewesen, näher auf die Mängel des Regimes einzugehen. Das Bündnis der Kriegszeit zerbrach und wurde vom kalten Krieg abgelöst. Aber sogar in den Jahren der Spannung gab es nicht wenige im Westen, die mildernde Umstände für Stalin, für das von ihm errichtete Gebäude und für seine Politik fanden.

Das Hauptproblem in der Ära nach Stalin war, vom sowjetischen Standpunkt aus gesehen, nicht so sehr Russophobie, obwohl diese in Moskau immer wieder beschworen wurde. Es gab wenig oder überhaupt keinen Haß; vielmehr ging das Interesse an allem Russischen stetig zurück. Zwar war die Sowjetunion immer noch ein sehr bedeutendes Land, das bald eine Supermacht werden würde, und aus diesem Grunde waren ihre Erklärungen und Aktionen von großer Wichtigkeit für Diplomaten, Generale und Geheimdienstchefs. Aber sie war träge und kalkulierbar geworden. Keine neuen Impulse gingen von Moskau aus, die Zeit kultureller und gesellschaftlicher Experimente war längst vorbei.

Selbst ausländische Kommunisten bekundeten kaum noch Interesse. Westlichen Marxisten wurde die Sowjetideologie zunehmend peinlich, und sogar in der Dritten Welt war die Sowjetunion, außer als Waffenlieferant und politisches Gegengewicht zum Westen nicht mehr gefragt. Kurz gesagt, die UdSSR war zu einer konservativen Gesellschaft geworden. Westliche Volkswirtschaftler waren sich uneinig, in welchem Maße sie Erfolg oder Mißerfolg gehabt hatte, aber kaum jemand betrachtete sie als Modell für andere Länder, es sei denn auf dem Gebiet der Raumfahrt, des Schachspiels und der Leichtathletik.

Das Schicksal der russischen Revolution unterschied sich in einigen wichtigen Punkten von dem aller übrigen Revolutionen. Anders als die französische kannte die russische Revolution keinen Thermidor, keine siegreiche Konterrevolution, keinen Napoleon. Auch war sie nicht fähig, sich zu entwickeln und voranzuschreiten; sie erstarrte, ihre Ideologie wie ihre Institutionen verknöcherten.

Diese Wahrnehmung der Sowjetunion als einer stagnierenden Gesellschaft beschränkte sich keineswegs auf feindselige ausländische Beobachter; sie entsprach weitgehend der Stimmung innerhalb des Landes.

Immer weniger Russen lasen neue Bücher und Zeitschriften. Sie lauschten noch dem Rundfunk, gingen ins Kino und sahen fern, aber nur, weil es keine andere Unterhaltung gab. Die Massenkultur ließ sich vom Westen inspirieren, von Jeans bis hin zur Rockmusik. In späteren Jahren sollte ein Politbüromitglied den Stumpfsinn jener Periode wie folgt beschreiben:

Der Bremsmechanismus der Bürokratie führte zu ernsten Mängeln innerhalb der Kultur selbst. Persönliche Vorurteile, gedankenlose Verbote und Symptome von Klüngelwirtschaft flößten dem sowjetischen Volk ein gewisses Mißtrauen gegenüber allem ein, was für das geistige Wohl angeboten wurde. Die Auflagen von Zeitungen und Zeitschriften sanken. Zuschauer blieben den Theatern fern, was durch die Zwangsverteilung von Karten und durch Subventionen vertuscht wurde. Man ging nicht mehr ins Kino, was durch Manipulationen der Berichterstattung verschleiert wurde. Viele künstlerisch mittelmäßige oder moralisch fragwürdige Werke erhielten hohe Auszeichnungen.[3]

Die Geschichte, wie Nikita Chruschtschow innerhalb von drei Jahren nach Stalins Tod als mächtigste Gestalt in der Sowjethierarchie auftauchte, ist oft erzählt worden. Er hatte dem Politbüro mehr als zehn Jahre angehört, doch er war wahrscheinlich das am wenigsten bekannte Mitglied der Führung und aus diesem Grunde das am stärksten unterschätzte, ein Mann vieler Widersprüche: halbgebildet, doch von großer natürlicher Schläue, ein alter Bolschewik traditioneller Prägung, doch ein leidenschaftlicher Reformer, ein impulsiver Mann, der aufrichtig mit dem Stalinismus brechen wollte und die entscheidenden Probleme der damaligen Sowjetgesellschaft klar analysierte, jedoch zu sehr im System verhaftet war, als daß er bleibende Veränderungen hätte ins Auge fassen und durchführen können.

Aber all seinen Ungereimtheiten zum Trotz ist Chruschtschow als ein Mann der Liberalisierung in die Sowjetgeschichte eingegangen, und es ist kein Zufall, daß ihm, nachdem er während der Breschnew-Ära zur Unperson wurde, unter Gorbatschow freundlichere Erinnerungen gelten.

Chruschtschow verlieh der Entstalinisierung mit seiner sensationellen Rede auf dem XX. Parteitag (1956) und einer weiteren Rede auf dem XXII. Parteitag starken Aufschwung, und dies angesichts heftiger Opposition durch die konservative alte Garde (die »Antiparteigruppe« um Molotow, Kaganowitsch und andere). Viele, wenn auch keineswegs alle kommunistischen Opfer Stalins wurden rehabilitiert, darunter alle Marschälle und Generale, doch nur ein paar Randfiguren unter den Angeklagten der Moskauer Schauprozesse. Man schrieb die Geschichte der Sowjetunion und der Kommunistischen Partei auf wahrheitsgetreuere Art um, aber nur ein kleiner Teil der Wahrheit wurde enthüllt. Von diesen Enthüllungen wurden später, unter Breschnew, nicht wenige wieder zurückgenommen. Chruschtschow wollte Bucharin und die »rechte Opposition« der späten zwanziger Jahre rehabilitieren, mußte aber unter dem Druck der Opposition zurückweichen. Unter seiner Regierung wurde eine Kommission ernannt, die die Umstände der Ermordung Kirows, des damals wichtigsten Führers nach Stalin, im Jahre 1934 untersuchen sollte. Es gibt Grund zu der Annahme, daß Stalin in dieses Attentat verwickelt war, aber die Erkenntnisse der Kommission wurden nie veröffentlicht. Man entfernte Stalins Sarg nach dem XXII. Parteitag aus dem Leninmausoleum, doch Stalins Geist war damit noch lange nicht ausgetrieben. Sogar Chruschtschow verkündete im Laufe der Jahre bei vielen Gelegenheiten, daß Stalin ein großer Führer und Organisator gewesen sei, der sich gewaltige Verdienste um den Aufbau der sozialistischen Gesellschaft erworben habe. Die Veränderungen, die unter Chruschtschow stattfanden, lassen sich wie folgt zusammenfassen:

1. Die meisten, wenn auch nicht alle, politischen Gefangenen wurden freigelassen, und einige der unter Stalin ins mittelasiatische Exil verbannten Völkerschaften durften in ihre Heimat zurückkehren. Nicht alle erhielten ihren früheren Status als autonome Republiken oder Regionen zurück.

2. Gesetze wurden erlassen und bekanntgemacht, die die rechtliche Position städtischer Arbeiter verbesserten, Renten und Mindesteinkommen erhöhten, die Arbeitszeit verkürzten, die Sozialversicherung

reformierten und die unter Stalin eingeführten obligatorischen Kredite sowjetischer Bürger an den Staat beendeten.

3. Bildungsreformen räumten jenen eine Vorzugsstellung ein, die bereits in der Industrie, der Landwirtschaft oder anderswo gearbeitet hatten.

4. Es wurde versucht, Unterschlagungen, »Schmarotzertum« und Korruption zu bekämpfen, doch die entsprechenden Maßnahmen wurden wahllos angewandt und blieben letztlich unwirksam; Straffällige, die keine guten Beziehungen hatten, erhielten die Todesstrafe und wurden hingerichtet. Die neugegründete Miliz (*druschina*) war entweder untauglich oder terrorisierte die Bevölkerung.

5. Zahlreiche Wirtschaftsreformen wurden eingeleitet, doch Chruschtschows Hauptinteresse galt praktischen Details; er besaß kein Gesamtkonzept, und den von ihm eingeführten Änderungen fehlte, selbst wenn sie positiv waren, der innere Zusammenhalt. Er verbrachte etwa ein Drittel seiner Zeit mit Reisen in der Sowjetunion und im Ausland. Neue Erfindungen und Ideen fesselten ihn sofort, und er versuchte allzu hastig, sie anzuwenden und umzusetzen. Sein Ungestüm und übertriebener Optimismus verleiteten ihn zu törichten Voraussagen, etwa der, daß die Sowjetunion die höchstentwickelten westlichen Nationen wie die USA innerhalb von zehn bis fünfzehn Jahren an Leistung und Produktivität ein- und überholen werde. Diese Voraussagen wurden in das neue Parteiprogramm aufgenommen – zu einer Zeit, da Japan und die EWG weit größere Fortschritte als die Sowjetunion machten. Die Sowjetwirtschaft erlebte in den Jahren 1958/59 einen erheblichen Aufschwung, der jedoch von kurzer Dauer war.

6. Eines der Hauptprobleme für Chruschtschow (wie für seine Nachfolger) war die bedrückende Lage der Landwirtschaft. Alle möglichen bombastischen Projekte wurden in Angriff genommen, darunter die Urbarmachung von Neuland in Asien, die drastische Verringerung der Zahl der Dörfer und die Einführung neuer Arbeitsmethoden. Doch nur wenige dieser Neuerungen erwiesen sich als effektiv. Chruschtschow wurde von den Problemen der Landwirtschaft so sehr beansprucht, daß er knapp vor seinem Sturz sogar versuchte, die

Kommunistische Partei und den Staatsapparat in industrielle und landwirtschaftliche Sektoren umzuorganisieren. Diese Fehlplanungen wurden später gestoppt.

7. Unter Chruschtschow gewann die Kommunistische Partei gegenüber dem Staatsapparat und der politischen Polizei ihre Vormachtstellung zurück, die sie unter Stalin verloren hatte. Die alten Führer wurden einer nach dem anderen ihres Amtes enthoben: Der Beseitigung der »Antiparteigruppe« folgten die »Rücktritte« Bulganins (1958) und Woroschilows (1960) sowie die Entlassung Marschall Schukows, der maßgeblich dazu beigetragen hatte, Chruschtschow an die Macht zu bringen. Bei einer entscheidenden Kraftprobe im Jahre 1957 hatte eine Mehrheit von sieben zu vier im Politbüro gegen Chruschtschow gestimmt. Daraufhin berief er das Zentralkomitee ein, in dem er von der Mehrheit unterstützt wurde. Sieben Jahre später sollten seine Gegner eine ähnliche Taktik gegen ihn anwenden.

Im großen und ganzen wurden die Verhaltensnormen unter Chruschtschow zivilisierter. Keiner der aus Führungspositionen entfernten Männer wurde verhaftet, geschweige denn hingerichtet. Berija war die Ausnahme, und die gegen ihn vorgebrachten Beschuldigungen (daß er ein britischer Spion gewesen sei) entsprachen der besten stalinistischen Tradition. Aber die KGB-Führung wurde bereits ein paar Wochen nach Stalins Tod »gesäubert«, bevor auch nur ein Anschein von »sozialistischer Gesetzlichkeit« wiederhergestellt worden war. Chruschtschow verfügte über große Macht, doch seine Herrschaft war nicht annähernd so absolut wie die Stalins. Nach Stalins Tod gab es rund zwei Jahre lang eine »Kollektivführung«. Danach hatte Chruschtschow, im Dezember 1953 zum Ersten Sekretär der Partei ernannt, seine Position – hauptsächlich durch Ernennung seiner eigenen Anhänger im ZK-Apparat – derart gefestigt, daß die effektive Macht, innerhalb der angezeigten Grenzen, wieder in den Händen eines einzigen Mannes lag. Man vergötterte Chruschtschow nie in dem Maße wie Stalin, aber im Einklang mit einer tiefverwurzelten sowjetischen Tradition wurde keine wichtige Rede gehalten, kein Artikel oder Buch über ein politisches oder wirtschaftliches Thema veröffentlicht, ohne daß sich der Redner oder Autor nicht auf Chruschtschows Autorität berufen hätte.

Nach einem vielversprechenden Beginn gerieten Chruschtschows Kulturreformen ins Stocken. Seine inkonsequente Politik – hier wie auf anderen Gebieten – war eine bittere Enttäuschung für jene, die ein dauerhaftes und weitreichendes »Tauwetter« erhofft hatten. Die Veröffentlichung von Romanen wie Dudinzews *Der Mensch lebt nicht vom Brot allein* und Ehrenburgs *Tauwetter* in den frühen Jahren nach Stalins Tod hatte hohe Erwartungen geweckt. Aber die Reaktion von Partei und Regierung auf das Erscheinen von Pasternaks *Doktor Schiwago*, einem im Grunde unpolitischen Buch, 1957 in Italien, machte die engen Grenzen der kulturellen Entstalinisierung deutlich. Pasternak durfte den Nobelpreis nicht annehmen, sondern mußte statt dessen in einem Brief an die *Prawda* Abbitte tun. Ein Politbüromitglied schlug sogar vor, diesem größten lebenden Dichter der Sowjetunion die Staatsbürgerschaft abzuerkennen. Viele andere Schriftsteller, darunter »Liberale« wie Fedin, Simonow und Katajew, schlossen sich den Angriffen auf Pasternak an.

In den frühen sechziger Jahren kam es zu einer zweiten kulturellen Tauwetterperiode, in deren Verlauf Jewtuschenkos *Babi Jar* und *Nastedniki Stalina* (Stalins Erben) sowie Twardowskis *Wassili Tjorkin* und, vor allem, Solschenizyns *Ein Tag im Leben des Iwan Denissowitsch* erschienen, der erste in der Sowjetunion veröffentlichte Roman, der das Leben im GULag behandelte. Solschenizyns Werk war von Chruschtschow persönlich gebilligt worden, gegen den Widerstand anderer Parteiführer, die zumindest starke Kürzungen verlangt hatten.

Dieses zweite Tauwetter stellte den Höhepunkt der Entstalinisierung dar. Fast unmittelbar danach folgten offizielle Angriffe auf liberale Schriftsteller und Künstler, deren Arbeit für die werktätigen Massen nutzlos sei. Chruschtschow selbst schloß sich der Kampagne an; er war nicht bereit, auch nur die mildesten Formen avantgardistischer Kunst und Literatur zu dulden – eine Haltung, die er während seines berüchtigten Besuches der Neiswestny-Ausstellung in der Manege zum Ausdruck brachte (»mit einem Eselsschwanz gemalt ...«).

Der Gedanke, daß Schriftsteller – oder Intellektuelle im allgemeinen – als Gesellschaftskritiker, als das Gewissen der Nation auftreten sollten, war völlig unannehmbar für die Parteiführung. So sagte Chruschtschow in seiner Rede auf dem Schriftstellerkongreß in Moskau 1959: »Wenn jemand Fehler und Mängel aufdeckt und bloßstellt, dann allein die Partei und das Zentralkomitee.« Die Pseudowissenschaft des Biologen Lyssenko wurde nach jahrelangen Debatten und gegen starke Opposition widerlegt, doch dies hatte weniger mit dem Geist einer freien und ungehinderten wissenschaftlichen Untersuchung zu tun als mit dem Eingeständnis von Pragmatikern, daß der Lyssenkoismus nicht funktioniere und der sowjetischen Landwirtschaft geschadet habe.[4]

Damit hatten Entstalinisierung und Liberalisierung ihre Stoßkraft schon längst verloren, als Chruschtschow im Herbst 1964 gestürzt wurde. Die Gründe dafür, daß er sich nicht nachhaltiger für Reformen einsetzte, lagen auf der Hand. Seine eigenen ideologischen und kulturellen Interessen waren beschränkt, und seine Berater warnten ihn immer wieder, daß zuviel kulturelle Freiheit eine maßgebliche Abweichung vom Marxismus-Leninismus darstelle und negative, möglicherweise gefährliche politische Konsequenzen auslösen werde. Auch sollte man nicht vergessen, daß die Liberalisierung nur von Teilen der Intelligenzija unterstützt wurde. Die Mehrheit der Bevölkerung war, wie Pawel Litwinow einmal bemerkte, so autoritär wie die Führung.

Nach Chruschtschows Sturz wurden zahlreiche Anklagen gegen seinen »Subjektivismus« gerichtet: Er habe ständig gewaltige, doch schlecht vorbereitete Projekte betrieben; er habe häufig versäumt, seine Kollegen in wichtigen Fragen zu konsultieren, und statt dessen Mitglieder seiner eigenen Familie (etwa Alexei Adschubei, seinen Schwiegersohn) befördert; seine Initiativen in der Außenpolitik seien erfolglos gewesen. Auch die Verwirrung im kommunistischen Lager und der Bruch mit China hätten sich schließlich unter seiner Herrschaft ereignet. Diese Behauptungen haben einen gewissen Wahrheitsgehalt, aber sie sind einseitig, denn letzten Endes war Chruschtschow fast der einzige unter den kommunistischen Führern, der begriff, daß Rußland durchgreifende Änderungen benötigte, um seine politischen, wirtschaftlichen und sozialen Probleme zu lösen. Während die meisten anderen Führer theoretisch für wirtschaftliche Modernisierung eintraten, widersetzten sie sich jedem radikalen Wandel. Auf seiner Suche nach Lösungen verprellte Chruschtschow viele Spitzenpolitiker sowie die mittleren und unteren Ränge der Bürokratie. Die Neueinteilung der Sowjetunion in 105 »Volkswirtschaftsräte« (*sownarchosy*) bedrohte die Macht der Gebietssekretäre, und die gesamte Parteielite (»Nomenklatura«) wurde in Mitleidenschaft gezogen, als man steuerfreie Zusatzgehälter abschaffte, die zumeist über viele Jahre hinweg gezahlt und als gottgegeben betrachtet worden waren.

Die Industriearbeiter waren unzufrieden, weil die Versorgung allen Versprechungen zum Trotz immer noch höchst unzureichend war. In der Armee breitete sich Mißvergnügen aus, weil ihr Budget gekürzt worden war, und das gleiche galt für die Sicherheitsdienste, weil ihre Bedeutung innerhalb des Systems stark abgenommen hatte. Chruschtschow machte sich zu viele Feinde und hatte zu wenige Anhänger.

Aber gerechterweise sollte man bedenken, daß Chruschtschows Nachfolger dort, wo er versagte, nicht erfolgreicher waren. Dies trifft ebenso für wissenschaftlich-technische Neuerungen wie für die Landwirtschaft zu. Wenn es Chruschtschow nicht gelang, die Apathie der arbeitenden Bevölkerung durch die Schaffung von Anreizen zu überwinden, wenn die Sowjetunion unter seiner Herrschaft einige außenpolitische Rückschläge erlitt, wenn er den erdrückenden Einfluß der Bürokratie nicht brechen konnte, dann läßt sich das gleiche über Breschnew und dessen Verbündete sagen. Sie versuchten, das Getreideproblem sowohl durch enorme landwirtschaftliche Investitionen als auch durch gewaltige Auslandskäufe zu lösen, hatten jedoch letzten Endes keinen Erfolg. Sie wagten nicht, der Bürokratie die Stirn zu bieten, sondern gestatteten ihr im Gegenteil, sich auszuweiten und mehr Macht an sich zu ziehen. Chruschtschow fehlte es nicht an Mut, denn er glaubte (wie Alec Nove es formulierte), Fehlschläge mit Hilfe des Parteiapparats korrigieren zu können, um dann den Parteiapparat selbst zu korrigieren. Statt dessen ließ der Parteiapparat ihn in der Versenkung verschwinden.[5]

Leonid Breschnew, der im Jahre 1964 geholfen hatte, seinen Vorgänger zu stürzen, blieb bis zu seinem Todestag achtzehn Jahre später an der Macht. Er war schon unter Stalin Mitglied des Zentralkomitees und Kandidat des Politbüros gewesen, nachdem er sich seine Sporen in der Ukraine und der Moldau verdient hatte. Seine anschließende Karriere in Moskau verlief rasant, vielleicht weil er eher als jeder andere die Eigenschaften verkörperte, die von einem kommunistischen Führer der Nach-Stalin-Zeit erwartet wurden. Er war kein alter Bolschewik spartanischen Zuschnitts oder fanatischer Ideologe, sondern ein extrovertierter Mann und ein überzeugter Anhänger des Grundsatzes »Leben und leben lassen«. Er war ein unverbesserlicher Optimist, und als er älter wurde, zog er es vor, nicht mit unangenehmen Tatsachen behelligt zu werden.

Breschnew gehörte der Generation an, die die Zwangsindustrialisierung der dreißiger Jahre, die Kollektivierung der Landwirtschaft, die Massensäuberungen, den Krieg und die schwierigen Jahre des Wiederaufbaus durchlebt hatte – war er nun nicht berechtigt, die guten Seiten des Lebens zu genießen, als die Verhältnisse in den sechziger und siebziger Jahren erfreulicher wurden? Es gab keine Säuberungen wie unter Stalin, keine gesellschaftlichen und wirtschaftlichen Experimente wie unter Chruschtschow. Zwar drängte Kossygin, zweiter Mann im Politbüro und Ministerpräsident, auf eine Wirtschaftsreform, die Dezentralisierung, größere materielle Anreize, Koppelung von Löhnen und Produktionsleistung sowie von Preisen und Nachfrage zum Ziel haben sollte, aber er war ein Griesgram und übertrieb nach Breschnews Meinung die wirtschaftlichen Schwierigkeiten, denen das Land ausgesetzt war. Kossygins Initiative wurde still und leise von der Bürokratie sabotiert – eine Tatsache, die Breschnew keine schlaflosen Nächte bereitet zu haben scheint.

Das Sowjetsystem hatte seine Mängel, aber irgendwie funktionierte es trotzdem, und Breschnews Devise war: »Keine Experimente.« Er schwor auf die »Kaderstabilität«, was bedeutete, daß führende Kommunisten nur im Falle großer Illoyalität oder Inkompetenz abgelöst werden sollten. Wenn ein Gebietsparteisekretär oder Fabrikleiter nur mittelmäßige Fähigkeiten erkennen ließ, so reichte das nicht aus, ihn seines Postens zu entheben. Breschnew argumentierte – vielleicht nicht ohne Berechtigung –, daß man nie wissen könne, ob ein Wechsel nicht zum Schlechteren sei.

Der Generalsekretär der KPdSU sammelte imposante Autos: einen Rolls-Royce, einen Mercedes, einen Lincoln-Continental. Er war ein eitler Mann, aber kein Egoist. Es gefiel ihm, wenn auch seine Umgebung das Leben genoß. Der Nomenklatura war es nie so gut gegangen. Unter seiner Regierung marschierten Sowjettruppen in die Tschechoslowakei und nach Afghanistan ein, wurde die »Breschnew-Doktrin« geboren; aber der Höhepunkt der Entspannung fiel ebenfalls in seine Zeit. Alles in allem war es eine Ära von kaum je dagewesener Ruhe und, wenn man der offiziellen Statistik glauben darf, von stetigem Wachstum. Die Partei und das KGB behielten ihre sichere Stellung als Säulen des Regimes bei; das Los der unteren Parteiränge und der staatlichen Bürokratie verbesserte sich; neue Orden und Auszeichnungen wurden geschaffen, zum Beispiel der Oktoberorden, der Orden der Völkerfreundschaft, des Arbeiterruhms und andere. Breschnew legte sich selbst so viele wie möglich zu; am Ende besaß er sieben Leninorden und war vierfacher Held der Sowjetunion, abgesehen von zahlreichen anderen Auszeichnungen und Ehrungen. Seine Autobiographie – ein Werk von monumentaler Belanglosigkeit, das anscheinend nicht einmal von ihm selbst geschrieben wurde – brachte ihm den Leninpreis für Literatur ein.

Aber auch die Massen profitierten in gewissem Ausmaß – praktisch jede Familie konnte sich ein Fernsehgerät und einen Kühlschrank leisten. Es gab etwas Brot und eine Menge Spiele: die Feier des fünfzigsten Jahrestages der Oktoberrevolution (1967), die Feier von Lenins hundertstem Geburtstag (1974) und, vor allem, die Moskauer Olympischen Spiele. Einige Dissidenten hoben zum Protest an, und Stalin und seine Handlanger, zum Beispiel Schdanow, wurden teilweise rehabilitiert. Die Kulturpolitik war deutlich weniger liberal als die Chruschtschows, die auch nicht gerade ein Vorbild an kultureller Freiheit gewesen war. Doch nicht allzu viele Menschen machten sich etwas aus dem Schicksal des Herausgebers von *Nowy mir* oder des Akademiemitglieds Sacharow. Die Tatsache, daß in den siebziger Jahren 107 Millionen Russen neue Wohnungen erhielten, war von größerem Interesse.

Der offiziellen Geschichtsschreibung zufolge brachten die beiden Breschnew-Jahrzehnte gewaltigen Fortschritt auf praktisch jedem Gebiet. In Krasnojarsk wurde das größte Elektrizitätswerk gebaut; die größte Gasleitung und die 3200 Kilometer lange Baikal-Amur-Magistrale (BAM), »das Bauprojekt des Jahrhunderts«, entstanden. Tausende von neuen Fabriken wurden fertiggestellt; das Bruttosozialprodukt wuchs um 63, die Produktivität der Industrie um 56 Prozent. Die Öl-

und Erdgasfelder von Tjumen wurden erschlossen, der Ausstoß von Massenkonsumartikeln verdoppelte sich beinahe, und die medizinische Versorgung wurde verbessert. Im Jahre 1977 verabschiedete man eine neue Verfassung, und die Medien berichteten, daß nicht weniger als 140 Millionen Menschen zuvor an den Debatten teilgenommen hätten. Die Geschichtsbücher sprachen von einer aufregenden Periode heldenhafter Arbeit, in der das kommunistische Bewußtsein gewachsen sei und die politische, wirtschaftliche und militärische Macht der Sowjetunion ständige Fortschritte erzielt habe.[6]

Als Gorbatschow die Breschnew-Ära in späteren Jahren als eine Zeit der Stagnation (*sastoi*), der unzulänglichen Führung, der Ermunterung von Untertänigkeit und der Abwürgung jedweder kritischen Diskussion verurteilte, merkte sein Politbürokollege Jegor Ligatschow an, daß er die siebziger Jahre anders im Gedächtnis habe. Er sei damals Gebietsparteisekretär von Tomsk gewesen und erinnere sich an die optimistische Stimmung und den allgemeinen Enthusiasmus jener Jahre.

Ligatschow hätte erwähnen können, daß Breschnew-Kult und offizieller Optimismus damals obligatorisch waren, daß nicht nur unverfrorene Schmeichler wie Alijew aus Baku daran teilhatten, sondern auch künftige Reformer und Kritiker wie Andropow und Gorbatschow. Als Breschnews Autobiographie erschien, lobte Gorbatschow sie als ein Werk von ungeheurer ideologischer Bedeutung.[7] Aber weshalb sollten wir Gorbatschow herausheben? Ein flüchtiger Blick auf zeitgenössische westliche Kommentare zeigt ein ähnliches Bild, was die in Moskau arbeitenden Journalisten und auch die akademische Sowjetologie betrifft.

Wahrscheinlich gab es keine Ausländer, die sich in der Sowjetunion heimischer fühlten als Klaus Mehnert und Alexander Werth; beide wurden in Rußland geboren, der eine in Moskau, der andere in Petersburg; ihre Beherrschung der russischen Sprache war vollkommen. Werth berichtete über die jungen Russen, die ihr Land für das wunderbarste der Welt hielten, und Mehnert schrieb, daß der erfolgreiche Russe von heute ihn an den Puritanismus des siebzehnten Jahrhunderts erinnere. Laut Mehnert bestand ein weiterer großer Vorzug des Regimes in der dynamischen Energie des Sowjetvolkes, der sich jeder Besucher bei der Einreise ins Land sofort bewußt werde. Er erwähnte auch den unter Russen weit-verbreiteten Glauben, daß Technologie ein Allheilmittel sei.

Einer der geachtetsten amerikanischen Autoren über die Sowjetunion bescheinigte der Breschnew-Ära ein »hohes Niveau an Stabilität und Regierbarkeit«; alle wichtigen Gruppen der Sowjetgesellschaft hätten an der allgemeinen Verbesserung der Lebensbedingungen mitgewirkt, und im großen und ganzen sei das Sowjetregime fähig gewesen, seine Versprechen zu erfüllen und die Erwartungen der Menschen nach einem höheren Lebensstandard zu befriedigen. Ein anderer westlicher Sowjetologe schrieb, man müsse Breschnew, um ihn zu verstehen, als einen amerikanischen Boß betrachten; auch für die Bürokratie fand er anerkennende Worte. Es sei völlig falsch zu glauben, daß sie die Sowjetunion beherrsche und sich jedem Wandel widersetze. Der Autor eines hochgelobten französischen Lehrbuchs über die Sowjetunion unterstrich, daß die Intelligenzija, die andernorts für Gezänk sorge, in das Sowjetsystem integriert sei, nicht von ihm entfremdet. Was die Bevölkerung im allgemeinen angehe, so schienen ihm wesentliche Bedürfnisse wie die nach Sicherheit, Bildung, Gesundheit und Freizeit gestillt zu sein. Einige britische Akademiker waren sehr beeindruckt vom Schicksal der sowjetischen Arbeiter unter Breschnew; sie beobachteten eine stärkere Eintracht zwischen manueller und nichtmanueller Arbeit, zwischen Managern und Arbeitern, zwischen Gewerkschaften und Partei als in der westlichen Welt. Auch imponierte ihnen die Motivation der Jugend in der UdSSR; die Gewerkschaften seien ein integrierendes Element, das »jungen Menschen ein Gefühl der Zugehörigkeit« verleihe.[8]

Im Lichte der Enthüllungen der späten achtziger Jahre nehmen solche Kommentare sich sehr merkwürdig aus. Immerhin finden sich mildernde Umstände, besonders was die frühe Breschnew-Periode angeht, in der ein gewisser Optimismus und der Glaube an die Allmacht der Technologie wirklich weitverbreitet waren. Die allgemeinen Erwartungen waren damals nicht sehr hoch, und die wesentlichen Bedürfnisse (deren Definition sehr bescheiden war) wurden tatsächlich befriedigt.

Bei der Durchsicht einiger meiner alten Artikel stieß ich auf den folgenden, der im Jahre 1960 nach zwölfmonatiger Abwesenheit aus der sowjetischen Hauptstadt geschrieben wurde:

Das Moskau des Jahres 1960 ist eine Stadt des Wohlstands. An westlichen Maßstäben gemessen, handelt es sich zwar um eine bescheidene Art von Wohlstand ... Aber der Sowjetbürger mißt nicht mit westlichen Maßstäben; er weiß nur, daß es ihm besser geht als vor einem Jahr und daß er 1961 in der Lage sein wird, mit seinem Geld sogar noch mehr zu kaufen ... Nach mehr als vierzig Jahren der Entbehrung glauben viele, daß das angenehme Leben nicht mehr weit entfernt ist. Zur Zeit sind Vergleiche mit dem Westen ganz irrelevant; sie mögen später eine Rolle spielen. Unter Herrn Chruschtschows unerschöpflichem Vorrat alter Volksweisheiten ist bestimmt auch eine, die besagt, daß der Appetit beim Essen kommt.[9]

Manche Autoren, darunter Mehnert, sahen gewisse Gefahrensignale und Schwächeanzeichen. Zum Beispiel erwähnte Basil Kerblay die Gefahren der Apathie, der Ineffizienz, der Doppelmoral sowie der Nationalitätenprobleme. Er sagte korrekt voraus, daß die Zukunft der Sowjetgesellschaft nicht nur von objektiven Faktoren wie Wirtschaftswachstum, sozialen Prozessen und der Ausweitung der Militärmacht abhänge, sondern auch von der subjektiven Einschätzung der Entwicklung durch Individuen und Gruppen.

Skeptische und sogar ausgesprochen pessimistische Ansichten wurden im Westen gegen Ende der Breschnew-Ära häufiger; der Verlust an Energie und Zielstrebigkeit, den die Sowjetführung durchmachte, war kein Geheimnis mehr und bereitete selbst den teilnahmsvollsten westlichen Kommentatoren Sorge.

Aus den Enthüllungen der Glasnost-Zeit wissen wir, daß die Sowjetwirtschaft zwischen 1979 und 1982 praktisch stillstand, daß die Lebenserwartung zurückging und die Säuglingssterblichkeit anstieg, daß sich der Alkoholverbrauch verdreifachte, daß die Landwirtschaftspolitik eine Katastrophe war, daß die Arbeitsbedingungen schlechter und die Schlangen vor den Geschäften länger wurden, daß die Qualität der produzierten Güter oft miserabel war. Der elfte Fünfjahresplan wurde nicht erfüllt, und der Lebensstandard verschiedener Bevölkerungsschichten verschlechterte sich sogar. Aber am schlimmsten (wie Abel Aganbegjan, einer der prominentesten Sprecher der Chruschtschow-Ära, es ausdrückte) war nicht der fehlende Produktionszuwachs oder die Stagnation des Lebensstandards, sondern der Verlust der Moral bei der Bevölkerung, der Rückgang des Interesses an der Arbeit, bewirkt durch Korruption und Amtsmißbrauch.[10]

In den späten siebziger Jahren gewann das Gefühl an Boden, daß das System ganz und gar nicht funktioniere, daß irgend etwas radikal falsch und eine weitere Verschlechterung wahrscheinlich sei. Ein Beobachter schrieb: »Der neue Sowjetmensch ist zum Pessimisten geworden.«[11]

Wendungen zum Pessimismus lassen sich in den Annalen vieler Nationen finden, und es ist niemals leicht, die Gründe, die solche Stimmungswechsel auslösen, herauszuarbeiten. Zuweilen ergeben sie sich nach einer militärischen Niederlage oder einer Wirtschaftskrise, aber manchmal stellen sie sich mitten im Frieden und ohne jeden offenkundigen wirtschaftlichen Anlaß ein. Was könnte den Stimmungswechsel in der Sowjetunion verursacht haben, und wann genau ereignete er sich? Laut Timothy Colton herrschte ein Gefühl der Euphorie, als im Jahre 1976 Breschnews siebzigster Geburtstag gefeiert wurde – ein Gefühl, daß Großes erreicht worden sei und noch Größeres unmittelbar bevorstehe.[12] Wenn dies zutrifft, war die Euphorie jedenfalls nicht umfassend; schon lange zuvor gab es eine tief pessimistische Unterströmung in den Werken vieler sowjetischer Romanautoren – linker wie rechter –, besonders bei den »Dorfschriftstellern« (*derewenschtschiki*), etwa Abramow, Schukschin und Rasputin, um nur die berühmtesten zu nennen. Die Mißernte von 1975 hätte ein letztes Warnzeichen sein müssen. Ein gründlicher Beobachter berichtet, daß der (wirtschaftliche) Pessimismus der sowjetischen Mittelschicht bereits lange vor der Agrarkatastrophe deutlich zu spüren gewesen sei[13], wohingegen die Arbeiterklasse im großen und ganzen den früheren Optimismus der Mittelschicht nie so recht geteilt hatte, weil sie nie die Privilegien derjenigen genoß, die in Stalins »großen Deal« einbezogen worden waren.

Wirtschaftliche Unzufriedenheit spielte zweifellos eine bedeutende Rolle für das Anwachsen des Pessimismus; vielleicht ist es zutreffender, auf die Erwartungen einer besseren Zukunft zu verweisen, die sehr hoch gewesen und nicht erfüllt worden waren. Schließlich war unter Chruschtschow versprochen worden, daß die Sowjetgesellschaft den

Westen in sehr naher Zukunft ein- und überholen werde. Solange die Sowjetgesellschaft gegen Informationen von außen abgeschottet war, hatten die Bürger keine Möglichkeit, ihr eigenes Los mit den Verhältnissen in den entwickelten westlichen Ländern zu vergleichen. Aber allmählich sickerten Informationen durch, die die Sowjetbürger davon überzeugten, daß ihr System nicht etwa im Begriff war, den Westen einzuholen, sondern weiter ins Hintertreffen geriet – und dies zu einer Zeit, da das Konsumdenken, für das man den Begriff *weschtschism* prägte, zu einem Hauptanliegen der Sowjetgesellschaft geworden war.

Aber es gab auch andere Gründe für den wachsenden Pessimismus, die wenig oder nichts mit der wirtschaftlichen Situation zu tun hatten. Der Kommunismus hatte nicht nur ein gewaltiges Ansteigen der industriellen und landwirtschaftlichen Produktion, sondern auch die Entstehung eines neuen sowjetischen Menschentyps versprochen. Tatsächlich waren ein neuer Mann und eine neue Frau entstanden, doch das Ergebnis weckte keine Begeisterung. Wassili Schukschin, einer der begabtesten unter den jüngeren Schriftstellern, stellte die Frage: »Was ist aus uns geworden?« Sie hallte in der gesamten Sowjetunion wider. Es herrschte das allgemeine Gefühl, daß sich nicht nur die Lebensqualität, sondern auch die Beziehungen der Menschen untereinander verschlechtert hatten. Einfache menschliche Solidarität und Mitgefühl schienen nicht mehr gefragt; die Menschen kümmerten sich nicht mehr umeinander. Kulturell gesehen waren die siebziger Jahre eine Wüste; nur auf Geld kam es an und natürlich auf nützliche Verbindungen zu den richtigen Personen. Ein anonymer sowjetischer Autor schrieb, es gebe keinen Grund, einen Angriff von außen zu fürchten. Welcher Feind werde das Risiko eines Angriffs auf sich nehmen, wenn er ziemlich sicher sein könne, daß das halbe Land in ein oder zwei Jahrzehnten im Alkoholdelirium liegen und unfähig sein werde, sich zu verteidigen?

Breschnew war keineswegs ahnungslos, was die zunehmende Kränklichkeit des Landes betraf, die sich in der Unfähigkeit der Zentralplaner, in der Metall- und Treibstoffknappheit, in den Mißernten und in der Untätigkeit hoher wie niedriger Funktionäre ausdrückte, die niemals die Pläne erfüllten, den Anweisungen von oben nur Lippendienste zollten und die Statistiken fälschten. In zwei Reden der Jahre 1978 und 1979 schmeichelte er der Bürokratie und drohte ihr zugleich; wie gewöhnlich stimmten ihm alle zu und versprachen Besserung. Wie üblich blieb alles beim alten. Gleichzeitig griffen Vetternwirtschaft und Korruption um sich. Die Kreis- und Gebietssekretäre der Partei beherrschten das Land wie Vizekönige des neunzehnten Jahrhunderts, ebenso die Ersten Sekretäre der mittelasiatischen und kaukasischen Republiken. Wenn Breschnew oder andere führende Politbüromitglieder einen Besuch abstatteten, wurde ihnen mit roten Teppichen, eindrucksvollen Zeremonien und vielen Geschenken ein königlicher Empfang bereitet. Die örtlichen Parteichefs berichteten stets von überragenden Leistungen auf allen Gebieten, seien es Industrie, Landwirtschaft oder Dienstleistungen, vieles davon war reine Phantasie, zumindest aber grobe Übertreibung. An verschiedenen Orten breiteten sich mafiaähnliche Organisationen aus, die im Verein mit der örtlichen Verwaltung mehr oder weniger offiziell Bestechungsgelder kassierten.

Es handelte sich keineswegs um neue Praktiken. Schließlich hatten Korruption, Vetternwirtschaft und bürokratische Willkür schon das Rußland der Zarenzeit charakterisiert. Zwar waren in den siebziger Jahren neue Gesetze gegen bürokratische Mißbräuche aufgetaucht, und sie wären vielleicht sogar akzeptiert worden, wenn man das Gefühl gehabt hätte, daß die Führung in starken Händen lag, daß die Männer im Kreml Energie, Weitsicht und Zielstrebigkeit besaßen. Doch das Durchschnittsalter der Politbüromitglieder lag 1980 bei siebzig Jahren, und weder von Weisheit noch von Energie war viel zu erkennen. Ihre öffentlichen Auftritte wurden seltener, ihre Reden kürzer und müder. Es war peinlich, wankenden alten Männern zuzusehen, die bei feierlichen Anlässen zu ihrem Platz geleitet werden mußten.

»Entwickelter Sozialismus«, die offizielle Definition der späten Breschnew-Ära, wurde gleichbedeutend mit Senilität an der Spitze und Apathie unter den Massen. Über Jahre hinweg entstand der immer nachhaltigere Eindruck, daß etwas getan werden müsse, um der Führung neuen Schwung zu verleihen. Aber die ungeduldigen Jüngeren waren dazu nicht in der Lage. Das System hatte sich so entwickelt, daß nichts unternommen werden konnte, bevor der natürliche Laufe der Dinge seinen Abschluß fand – was schließlich am 10. November 1982 mit dem

Tod Breschnews der Fall war. Die Bekanntmachung des Todes wurde wie gewöhnlich hinausgezögert; dies war unter den Zaren seit Iwan IV. eine häufig geübte Praxis gewesen, die auch nach dem Tode Lenins und Stalins angewandt wurde. Gewisse Bräuche scheinen in Rußland ganz unabhängig vom politischen System Bestand zu haben.

Im Sommer 1982 hatte Juri Andropow das KGB verlassen, dessen Chef er fünfzehn Jahre lang gewesen war, um einer der ZK-Sekretäre zu werden, womit er offenkundig auf die Nachfolge des dahinsiechenden Breschnew vorbereitet wurde, der mittlerweile nicht mehr aktiv an der Führungsarbeit beteiligt war. Es hätte den etablierten Regeln widersprochen und einen schlechten Eindruck gemacht, wenn der Leiter der Geheimpolizei ohne ein neutraleres Übergangsamt sofort zu der zentralen Gestalt im Kreml geworden wäre.

Andropow sah aus wie ein Geistesarbeiter, vielleicht wie ein Anwalt oder ein alternder Arzt, würdevoll und ein wenig weltmüde. Er hatte sich aus nicht ganz durchschaubaren Gründen den Ruf eines Intellektuellen (er trug eine Brille) und eines heimlichen Liberalen zugelegt – allerdings weniger in der Sowjetunion als im Ausland. Er war ein recht gebildeter Mann, jedenfalls verglichen mit den meisten seiner Politbürokollegen, aber man würde in seinen Reden und Artikeln vergeblich nach neuen Ideen, literarischen Anspielungen, stilistischer Eleganz oder analytischer Tiefe Ausschau halten. Vielleicht besaß er diese Qualitäten, doch wenn es so war, verstand er, sie zu verbergen. Die Eigenschaften, die seinen Aufstieg in das höchste Amt ermöglichten, waren jene eines erfahrenen Apparatschiks und kompetenten Verwalters, nicht die eines originellen Denkers und schöpferischen Neuerers.

Während der letzten beiden Lebensjahre Breschnews ereignete sich eine Reihe von Skandalen – oder, besser gesagt, sie wurden publik –, die Mitglieder seiner engeren Familie betrafen. Es gibt Grund zu der Annahme, daß das KGB, damals noch unter Andropow, half, die Gerüchte auszustreuen, um die Position des Generalsekretärs und seiner Anhänger innerhalb der Führung zu untergraben. Als Andropow in seiner Lobrede für Breschnew auf dem Roten Platz über den schweren Verlust sprach, den die Partei, nein, die ganze Menschheit, durch den Tod des ruhmreichen Sohnes des Vaterlandes, des leidenschaftlichen Marxisten-Leninisten, des hervorragenden Führers der Kommunistischen Partei und des Sowjetstaats, des bedeutendsten Führers der weltweiten Arbeiterbewegung erlitten habe, enthielten seine Worte wenig oder gar keine Überzeugungskraft; es war der übliche Fall von *de mortuis nil nisi nonsens*.[14]

Wie die anderen Parteiführer war Andropow von den schroffen Realitäten des sowjetischen Lebens abgeschirmt; weder er noch seine Frau brauchten vor den Geschäften Schlange zu stehen, und er war nicht auf die Dienste angewiesen, mit denen das sowjetische Gesundheitswesen gewöhnliche Sterbliche bedachte. Aber infolge seiner Arbeit war er in einer einzigartigen Position, um den wirklichen Zustand der UdSSR zu kennen, nicht jenen, von dem bei staatlichen Anlässen und in *Prawda*-Leitartikeln die Rede war. Im Laufe der Jahre muß das KGB ihm einen stetigen Informationsstrom zugeleitet haben, nicht nur über das Weiße Haus und die militärische Bereitschaft der Amerikaner, sondern auch über die Sowjetwirtschaft, die gesellschaftlichen Verhältnisse und die Stimmung des Volkes – also über die Zunahme von Korruption, Gleichgültigkeit und Zynismus an der Heimatfront.

Doch während der vierzehn Monate, die er an der Macht sein sollte, war in der Innenpolitik kaum ein Wandel zum Besseren zu verzeichnen; in der Außenpolitik, über die er besonders gut hätte informiert sein müssen, kam es sogar zu einer Verschlechterung. Die sowjetische Politik ließ keine Initiative erkennen, sondern beschränkte sich auf trotzige Gesten, die zu Selbstisolierung führten. Es ist nicht schwer, mildernde Umstände zu finden: Andropow war bei seiner Wahl fast schon ein alter Mann, und ohnehin reichten vierzehn Monate kaum aus, um radikale Reformen durchzuführen. Anfangs war er vor allem damit beschäftigt, seine Position zu festigen, indem er einigen Ballast, das heißt die alten Breschnew-Anhänger, abwarf und seine eigenen Männer ernannte. Sobald seine Machtbasis gestärkt war, verschlechterte seine Gesundheit sich so sehr, daß er nicht mehr aktiv an der täglichen Gestaltung der Politik mitwirken konnte.

Es ist durchaus möglich, daß Andropow die Notwendigkeit von Reformen sah, aber die Geschichte urteilt anhand von Resultaten, nicht von guten Absichten. Die Männer, die er auswählte – zum Beispiel Alijew aus Aserbaidschan und Romanow aus Leningrad –, waren alles andere als hervorragende Persönlichkeiten; seine Reden klangen vorsichtig, fast furchtsam, und obwohl er freimütig zugab, daß die Lage in mancher Hinsicht unbefriedigend sei, enthielten seine Worte keinen Nachdruck, keine Forderung nach sofortigem und radikalem Wandel. Die Änderungen, die er letztlich einführte, waren nicht von großem Belang, etwa die Veröffentlichung knapper Kommuniqués nach den wöchentlichen Politbürositzungen. Vor seiner letzten Krankheit wurden »begrenzte industrielle Experimente« angekündigt, aber solche Experimente hatten durchweg in der sowjetischen Geschichte stattgefunden, und niemand nahm die Ankündigung sehr ernst.

Er gab sich als strenger Zuchtmeister: In Moskau und anderen Städten führte die Polizei systematische Razzien durch, um die Betreiber des Schwarzen und Grauen Marktes unter Druck zu setzen und um herauszufinden, ob die Menschen während der Arbeitszeit Badehäuser oder Zahnärzte aufsuchten. Diese Aktionen waren so unpopulär, daß sie nach einer Weile eingestellt werden mußten. Maßnahmen gegen Korruption wie auch gegen Dissidenten wurden verstärkt. Andropow rief dazu auf, die ideologische Kriegsführung zu intensivieren. Bei einigen Gelegenheiten zeigte man ihn im Fernsehen, wie er sich unter Arbeiter in einer Moskauer Fabrik und andere gewöhnliche Menschen mischte. Aber ihm fehlte das Einfühlungsvermögen für die Menge; diese Auftritte hatten nichts Natürliches, Spontanes und Unbeschwertes, weshalb sie weder sein Ansehen erhöhten, noch den Eindruck schufen, daß eine neue Ära in der Sowjetunion angebrochen sei. Es war eine Zeit der Viertelmaßnahmen, der getroffenen, aber nicht realisierten Entscheidungen, weshalb sie sich im wesentlichen nicht von der späten Breschnew-Ära unterschied.

Andropow war vielleicht der erste Sowjetführer, der einräumte, keine Patentlösungen für alle Probleme zu haben; dies bezog sich in erster Linie auf die Wirtschaft. Seine Berater erklärten ihm, daß die Landwirtschaft sich in einem katastrophalen Zustand befinde, daß die Versorgung mit Massenkonsumartikeln nicht ausreiche, daß neue Anreize benötigt würden und daß die *urawnilowka* (gleichmacherische Entlohnung) zuweit gegangen sei. Infolgedessen machte er – obwohl er kein spezielles Interesse an wirtschaftlichen Fragen und keine ökonomische Erfahrung besaß – ein paar Vorschläge, die zwar keineswegs neu, aber vernünftig waren und später von Gorbatschow aufgegriffen wurden, insbesondere die Notwendigkeit, ein neues System des Managements und der zentralen Planung zu schaffen.

Er deutete sogar gelegentlich an, daß es für die Parteiführung wünschenswert sein könne, die Öffentlichkeit stärker ins Vertrauen zu ziehen (»mit den Menschen ernsthaft, offen und ohne Tabus sprechen«). In seiner letzten wichtigen Rede, vor dem Zentralkomitee im Juni 1983, wurde zum erstenmal das Wort erwähnt, das man später sooft zitieren sollte: Glasnost. Andropow sagte, daß die Möglichkeit bestehe, den Entscheidungsprozeß hinsichtlich bedeutender Fragen des Staates und des öffentlichen Lebens weiter zu demokratisieren. Aber er stellte sofort klar, daß er vor allem die Verantwortlichkeit der Gewerkschaften, der Frauen- und Jugendverbände meinte. Es sei gewiß von Nutzen, die Aktivität von Partei und Staat enger mit den Bedürfnissen und Interessen des Volkes zu verknüpfen. Dies war jedoch etwas anderes als die Konsultation der Bevölkerung, *bevor* gewisse wichtige Entscheidungen getroffen wurden.[15]

Andropow starb am 9. Februar 1984, nachdem seine Mitarbeiter immer wieder verkündet hatten, daß er bald gesund sein und an die Arbeit zurückkehren werde (dies war auch in Lenins letztem Lebensjahr Brauch gewesen). Sein Nachfolger wurde Tschernenko – eine überaus unglückliche Wahl. Aus Sibirien gebürtig, war er Breschnew im Jahre 1950 in der Moldau begegnet, hatte sich diesem aufsteigenden Stern angeschlossen und war zu seinem Vertrauten und *chef de cabinet* geworden. In der sowjetischen Öffentlichkeit war er völlig unbekannt. Nach seinen ersten Auftritten, bei denen sich die mitleidlosen Fernsehkameras und Mikrofone auf ihn richteten, wurde die Peinlichkeit akut. Dies war ein weiterer Parteichef, der kein Charisma besaß, holpernd seine Reden verlas, keine Zeichen von Dynamik oder Kreativität erkennen ließ und schon halb tot zu sein schien – kein eindrucksvoller Führer, sondern bloß eine Galionsfigur (und dazu noch eine unpassende). Es gab die üblichen Kommentare ausländischer Staatsmänner und ihrer Vertreter, die ein paar Minuten lang im Kreml mit dem neuen Hausherrn zusammengekommen waren: Tschernenko sei ein praktischer Mann, beschlagen, wohlwollend, erfrischend frei von Polemik. Aber seine Auftritte straften solche diplomatischen Kommentare Lügen: Er schien erfrischend frei von jeder Eigenschaft.

Kurz gesagt, Tschernenko war eine Null. Vielleicht war der Spott ein wenig unfair. Er mochte keine nennenswerte Bildung besitzen, aber das gleiche galt für Chruschtschow. Auch konnte schwerlich behauptet werden, daß Breschnew oder Andropow Redner in der Tradition des Demosthenes gewesen seien. Zwar hatte Tschernenko während des Krieges nicht in der Armee gedient, sondern nur bei der Grenzpolizei (eine Tatsache, die ihm nun angelastet wurde), aber dies traf auf die meisten Politbüromitglieder zu. Er war in vieler Hinsicht ein typischer hoher Apparatschik, der im besten Alter wahrscheinlich ein kompetenter Verwaltungsmann gewesen war. Rußland ist häufig von bejahrten Männern regiert worden. Die Revolution hatte in dieser Beziehung zunächst für einen Wandel gesorgt, aber nur für kurze Zeit. Im zaristischen Rußland war Stolypin fast der einzige Amtsträger gewesen, der vor dem fünfzigsten Lebensjahr eine Position von überragendem Einfluß erreichte. Die meisten anderen waren keine Energiebündel, sondern würdevolle Herren mit grauem oder gar keinem Haar.

Tschernenkos Unglück bestand darin, daß er die Macht übernahm, als er seine besten Jahre längst hinter sich hatte; er war stets kurzatmig und wurde von verschiedenen Krankheiten, zum Beispiel einem Lungenemphysem, geplagt. Zudem wuchsen die Desillusionierung und Ungeduld des sowjetischen Volkes, das in den letzten Jahren den traurigen körperlichen und intellektuellen Verfall von zwei Parteichefs miterlebt hatte und sich nun nach einem Lenker sehnte, der stark und intelligent genug war, endlich die sich auftürmenden Probleme des Landes in Angriff zu nehmen. Tschernenko war eine traurige Enttäuschung für das gesamte Volk und wurde zur Zielscheibe vieler grausamer Witze. Diejenigen, die das Land in Wirklichkeit regierten, also die Angehörigen des ZK-Apparats, schienen noch peinlicher berührt. Es waren Männer in den Vierzigern und Fünfzigern, im allgemeinen von höherem intellektuellen Kaliber und größerer Weltläufigkeit, die nur zu gut wußten, daß ihnen weitere vergeudete Jahre bevorstanden. Denn während Staat und Partei, Armee und KGB zwar weiterhin unter ihrer Kontrolle funktionieren würden, waren diese Männer gleichwohl nicht in der Lage, entscheidende Veränderungen zu bewirken. All die wichtigen Entscheidungen, die man seit Jahren hinausgezögert hatte, mußten erneut zurückgestellt werden.

Wenn der neue Parteichef eine so offenkundige Null war, ist zu fragen, wer eigentlich die Verantwortung für seine Wahl trug. Er war ein Übergangskandidat; eines der jüngeren Politbüromitglieder, zum Beispiel Gorbatschow oder Romanow, ja sogar der siebzigjährige Grischin wäre zweifellos geeigneter gewesen. Aber das Politbüro war zwischen den alten Breschnew-Leuten (wie Tschernenko) und den Anhängern des verstorbenen Andropow gespalten, und die »jüngeren« Mitglieder lagen ebenfalls miteinander in Fehde. Romanow und Grischin wußten sehr gut, daß die Ernennung Gorbatschows das Ende ihrer eigenen Karriere bedeuten würde, und umgekehrt.

Tschernenko verkörperte die Erhaltung des Status quo, und aus diesem Grunde unterstützten ihn die alten Breschnew-Anhänger, die um ihre Posten fürchteten. Außerdem hatten viele Bürokraten Angst vor der unvermeidlichen Umbesetzung, die der Wahl eines neuen und dynamischeren Parteichefs folgen würden; und die Angehörigen der Unterwelt waren erleichtert, weil sie nicht mehr, wie zur Zeit Andropows, von den Sicherheitsorganen unter Druck gesetzt wurden.

Es kam unter Tschernenko nur zu wenigen personellen oder politischen Änderungen, abgesehen von der Entlassung oder Degradierung einiger Andropow-Anhänger und der Tatsache, daß der alte Stalinist Molotow wieder in die Partei aufgenommen wurde. An seinem vierundsiebzigsten Geburtstag erhielt Tschernenko den vierten Leninorden. Die russischen Nationalisten, die über Andropows übermäßigen Leninismus besorgt gewesen waren, zeigten sich erleichtert, da sie den Sibirier Tschernenko für einen der Ihren hielten. Ob diese Vermutung richtig war, läßt sich nicht feststellen, denn der neue Generalsekretär kam seinen Aufgaben während seiner einjährigen Amtszeit nur selten nach; meistens ruhte er sich auf der Krim aus oder weilte in einem Krankenhaus bei Moskau. Wie üblich gab man vor, daß er das Land weiterhin regiere, und im September 1984 trat er sogar einige Male in der Öffentlichkeit auf. Zum Beispiel hielt er eine Rede vor dem sowjetischen

Schriftstellerverband und bedachte die Autoren mit dem gewohnten guten Rat, näher am Volk zu bleiben, die Anweisungen der Partei auszuführen und so weiter.

Während dieser Zeit saß Gorbatschow in vielen Fällen den Zusammenkünften der führenden Partei- und Staatsorgane vor, und gelegentlich wurde er sogar als »unser zweiter Generalsekretär« bezeichnet – ein Amt, das laut Verfassung nicht existierte. Gorbatschow wurde von zwei der wichtigsten »Königsmacher« im Politbüro unterstützt: von Gromyko, dem langjährigen Außenminister, und Ustinow, der seit vielen Jahren über die mächtigen Rüstungsindustrien gebot. Aber Gorbatschow hatte es durchaus noch nicht geschafft, denn Ustinow, der ebenfalls über siebzig Jahre alt war, starb im Dezember 1984, und die Romanow-Grischin-Koalition versuchte mit allen Kräften, Gorbatschows Beförderung zu verhindern. Doch Grischin war als Moskauer Parteisekretär nicht erfolgreich gewesen, und der Lebenswandel des Leningrader Provinzfürsten Romanow hatte sich bei verschiedenen Anlässen, in der Heimat wie im Ausland, als unziemlich für einen alten Bolschewiken erwiesen.

So schob sich Gorbatschow nach einem letzten Tauziehen in den Wochen vor Tschernenkos Tod im März 1985 als mutmaßlicher Nachfolger in den Vordergrund. Er wurde anscheinend mit einer knappen Mehrheit gewählt und hielt vor dem Zentralkomitee die übliche Lobrede, in der er seinen Vorgänger als einen herausragenden Führer der Kommunistischen Partei und des Sowjetstaates pries. Aber es war eine angenehm kurze Lobrede von zwei oder drei Minuten Dauer, in der Gorbatschow Tschernenkos Beharren auf »kollektiver Führung« (seinem »Augapfel«) unterstrich – ein offenkundiger Versuch, seine Rivalen zu beruhigen. Nach diesem Tribut an seinen verstorbenen Vorgänger widmete er sich in der folgenden halben Stunde den Hauptproblemen, die die Parteiführung seiner Ansicht nach zu bewältigen hatte: eine entscheidende Wende in der Wirtschaft, *uskorenije* (Beschleunigung), Demokratisierung und wiederum Glasnost.[16]

Gorbatschows Aufstieg

Bis zu seiner Ernennung zum Generalsekretär der Partei im März 1985 liest sich die Biographie Gorbatschows wie die Erfolgsstory eines jungen Kommunisten, der nie einen falschen Schritt tat. Er wurde 1931 in Priwolnoje, einem Dorf bei Stawropol im Nordkaukasus, geboren. Sein Großvater war Parteimitglied gewesen, sein Vater war Ökonom und örtlicher Parteifunktionär. Der junge Gorbatschow erlebte die deutsche Besetzung seiner Heimatregion. Nach dem Krieg setzte er seine Ausbildung fort und arbeitete nebenher eine Zeitlang als Mähdrescherfahrer. In erstaunlich jungem Alter wurde er mit dem »Orden der Roten Fahne der Arbeit« ausgezeichnet. Mit neunzehn Jahren ging er zum Jurastudium nach Moskau, wo er Raissa, seine künftige Frau, kennenlernte.

Seine Karriere scheint von Beginn an unter einem Glücksstern gestanden zu haben. Damals war es nicht leicht für einen Dorfjungen, von der angesehensten russischen Universität aufgenommen zu werden. Nach seiner Mitgliedschaft im Komsomol, dem Kommunistischen Jugendverband, trat er noch vor seinem zwanzigsten Geburtstag der Partei bei. Eine steile Karriere folgte: Erster Sekretär der regionalen kommunistischen Jugendorganisation, Sekretär der regionalen Partei-/Propagandaabteilung, Zweiter Sekretär des Gebietskomitees im Jahre 1968, zwei Jahre später Erster Sekretär und gleichzeitig Mitglied des Zentralkomitees der KPdSU.

Die Region Stawropol ist eines der wichtigsten landwirtschaftlichen Gebiete und traditionsgemäß ein gutes Sprungbrett für höhere Ämter und Würden. Sowohl Suslow, der Parteiideologe der sechziger und siebziger Jahre, als auch Andropow hatten hier gearbeitet. In der Zwischenzeit hatte Gorbatschow einen zweiten akademischen Grad erworben, diesmal am Landwirtschaftlichen Institut von Stawropol. Der Sekretär eines Gebietskomitees gleicht einem Vizekönig, aber Gorbatschow strebte offensichtlich einen noch höheren Posten an. Im Jahre 1978 wurde er zu einem der ZK-Sekretäre der Partei ernannt, was die Versetzung nach Moskau bedeutete. 1979 wurde er Kandidat und ein Jahr später das damals jüngste Vollmitglied des Politbüros. In seinen ersten Jahren in Moskau spielte er keine prominente Rolle auf der politischen Bühne, und wenige westliche Sowjetologen räumten ihm vor 1983 große Aufstiegschancen ein.[1]

Wahrscheinlich lohnt es nicht sehr, im Rückblick festzustellen, wer damals seine Hauptförderer waren; das Sowjetsystem beruht auf *schefstwo*, einer modernen Variante des Feudalprinzips *nul homme sans seigneur*. Er war einigen der Schlüsselgestalten im Kreml als einer der fähigsten Führer der jungen Generation, als zuverlässiger und beliebter Spitzenfunktionär aufgefallen. Wenn er spezifische politische Ansichten besaß, behielt er sie für sich. Seine ersten Jahre im Politbüro waren unzweifelhaft die schwersten. Als rangniedrigstes Mitglied erhielt er die am wenigsten populäre Aufgabe zugeteilt, die Landwirtschaft, und dies zu einer Zeit, da die sowjetische Landwirtschaft in einer tiefen Krise steckte; trotz enormer Investitionen brachte sie kaum Erträge.[2] Eine Aufgabe dieser Art war von hohem Risiko, geradezu eine Einladung zum Scheitern, und es zeugt von Gorbatschows Wendigkeit, daß er politisch überlebte.

Er wurde durch den Tod Breschnews gerettet, den man nachträglich – nicht ohne Grund – zum Sündenbock für das Scheitern des »Lebensmittelprogramms« der späten siebziger Jahre machte; Breschnews Nachfolger Andropow war von Gorbatschow angetan und hatte ihn zur Beförderung vorgesehen. Er begann ins Ausland zu reisen und, was wichtiger war, eine aktive Rolle bei der Ernennung neuer Kader zu spielen. Zudem war die Ernte von 1983 besser als die in den Vorjahren, und als neue Mitglieder ins Politbüro nachrückten, konnte Gorbatschow sich des lästigen Amtes entledigen, das seine Karriere hätte ruinieren können.

Zum Zeitpunkt von Andropows Tod wurde Gorbatschow weithin

als zweiter Mann im Politbüro betrachtet, und seine Position war so gefestigt, daß er die breschnewistische Renaissance unter Tschernenko überstehen konnte. Die Breschnew-Anhänger sahen ihn zwar nicht als einen der Ihren an, aber sie hielten ihn auch nicht für einen aktiven Feind. Außerdem bestand immer eine gewisse Abneigung dagegen, ein Politbüromitglied zurückzustufen, wenn es keine reale Gefahr darzustellen schien. So gelang es Gorbatschow, seine Position nicht nur zu wahren, sondern sie sogar zu stärken, bis er nach Tschernenkos Tod mit Hilfe mächtiger Verbündeter zum neuen Generalsekretär gewählt wurde.[3]

Welche neuen Ideen brachte Gorbatschow für sein Amt mit? Was waren seine Prioritäten? Schon seine ersten Reden lieferten einige Hinweise, aber sie hatten noch keine sehr klaren Konturen. Er behauptete, das Land habe auf allen Gebieten des öffentlichen Lebens große Erfolge erzielt und könne mit Recht stolz sein. Die Sowjetgesellschaft habe die entscheidenden sozialen Probleme gelöst; seit 1950 hätten sich das Nettosozialprodukt verzehnfacht und das Pro-Kopf-Einkommen verfünffacht. »Unsere Erfolge sind unbestreitbar und allgemein anerkannt«[4], erklärte der neue Kreml-Chef im April 1985 vor dem Zentralkomitee.

Bis dahin war noch kein großer Unterschied zu den Einheitsreden und -artikeln der Breschnew-Periode zu erkennen, die meist nichts als eine selbstzufriedene Aufzählung der erzielten Leistungen und Siege darstellten. Doch Gorbatschow machte hier nicht halt; es gab ein »Aber« – und es wurde im Laufe der Zeit länger, detaillierter und nachdrücklicher. In der zitierten Rede vom April 1985 sagte er, daß es in den letzten Jahren neben Erfolgen ungünstige Tendenzen gegeben habe und daß ziemlich viele Schwierigkeiten aufgetaucht seien: »Wir müssen der Verschwendung ein Ende setzen und den schleppenden Fortschritt von Wissenschaft und Technik in den meisten Industrien beschleunigen. Wir müssen das Management verbessern« – und so weiter.

In seinem Bericht vom Juni 1985 vor dem Zentralkomitee erklärte er: »Unser inländischer Bedarf diktiert in erster Linie die Notwendigkeit, unsere gesellschaftliche und wirtschaftliche Entwicklung zu beschleunigen ... die Partei und das ganze Volk werden die negativen Tendenzen überwinden und sich rasch zum Besseren ändern müssen.« Er wurde recht konkret und tadelte vornehmlich die Ministerien für Maschinenbau, Viehbestand, Ackerbau und Baumaterialien sowie gewisse Republiken und Regionen, weil sie mehr finanzielle Mittel forderten, zugleich aber auf einer Senkung der Planziele beharrten. Gorbatschow klagte auch über den Papierkrieg in Tscheljabinsk und die schleppende Entwicklung in Krasnojarsk, über Unfähigkeit in Lwow, über nichtintegrierte Projekte, Mißwirtschaft, unzureichende Modernisierung und parasitäre Haltungen.

Der 27. Parteitag im Februar 1986 war ein weiterer Meilenstein in seiner Karriere. Gorbatschow vermerkte, es gebe immer noch »viele Organisationen«, die kein Bedürfnis nach drastischen Reformen verspürten; die Gewohnheit, sich vage auszudrücken, sei tief verwurzelt, ebenso die Furcht, den wahren Stand der Dinge zu enthüllen: »Wir werden nicht in der Lage sein, einen einzigen Schritt vorwärts zu tun, wenn wir nicht lernen, auf neue Art zu arbeiten, wenn wir nicht Trägheit und Konservatismus in jeder Form beenden.« Er sprach von der Notwendigkeit, Schönfärberei, Schwerfälligkeit, Formalismus, Gleichgültigkeit, das Zerreden guter Ansätze in endlosen Diskussionen, Ressortdenken, Borniertheit, exzessive Papierproduktion und andere bürokratische Praktiken zu bekämpfen. Es war eine geradezu endlose Liste von Anomalien. Schon im Juni 1986 klagte Gorbatschow über diejenigen, die sich für eine abwartende Haltung entschieden hatten oder einfach nicht daran glaubten, daß die von der neuen Führung angestrebte wirtschaftliche und politische Wende erfolgreich sein könne. Wie in alten Tagen übe man Kritik, bleibe aber untätig. »Umgestaltung wird zu einer bloßen Illusion« – den Worten zufolge sei alles in Ordnung, aber es komme zu keiner wirklichen Änderung.[5]

Die meisten dieser Vorwürfe waren auch schon früher, doch selten oder nie in so konzentrierter Form, erhoben worden. Die Rhetorik wurde immer eindringlicher. Im Februar 1986 war Gorbatschow in einem Interview mit der französischen KP-Zeitung *L'Humanité* gefragt worden, ob eine neue Revolution im Gang sei. »Bestimmt nicht«, antwortete er, und fügte hinzu, es sei zutreffender zu sagen, daß der Fortschritt der vor siebzig Jahren eingeleiteten Sache des Bolschewismus nun zusätzlichen Auftrieb erhalte. Tatsächlich hatte er vor dem 27. Parteitag sogar das Wort »Reform« vermieden, und einige seiner Kollegen benutzten es nicht einmal danach. Aber in den folgenden Monaten wurde im Gorbatschow-Lager zunehmend von einer radikalen, umfassenden Reform gesprochen, und schließlich benutzte man sogar die Worte »Revolution« und »revolutionär«. In seinem Buch *Perestroika* (1987) schrieb Gorbatschow: »Perestroika ist eine Revolution.« Sie sei schwieriger als erwartet, und man habe viele Dinge neu bewerten müssen. »Revolution erfordert die Zerstörung all dessen, was veraltet ist, stagniert und den schnellen Fortschritt behindert. Ohne Zerstörung schafft man keinen Platz für Neues.«

Worin lag die wachsende Dringlichkeit der Appelle, Maßnahmen zur Neubelebung der sowjetischen Wirtschaft zu treffen, das Land wieder in Schwung zu bringen, begründet? Es war nicht allein die naive Ungeduld des neuen Generalsekretärs, obwohl auch sie eine gewisse Rolle gespielt haben mag. Vielleicht war die Ursache darin zu suchen, daß Gorbatschow, der vorher nur in groben Zügen gewußt hatte, in wie schlechter Verfassung die Wirtschaft war, nun das volle Ausmaß des Unheils durchschaute. Seine Experten teilten ihm mit, daß die Stagnation schon vor den späten siebziger Jahren eingesetzt und von allen Industrienationen, nur Großbritannien zwischen 1976 und 1980 eine langsamere Wachstumsrate verzeichnet habe, daß es zwischen 1981 und 1985 zu einem weiteren Wachstumsrückgang in der UdSSR gekommen sei, daß man die letzten Fünfjahrpläne nicht erfüllt habe, daß die sowjetische Wachstumsrate im Jahre 1984 weniger als 1,5 Prozent – das heißt weniger als das Bevölkerungswachstum – betragen habe und daß Anfang 1985, als Gorbatschow Generalsekretär wurde, die Produktion überhaupt nicht zugenommen, ja sich vielleicht sogar verringert habe.[6]

Gorbatschow, der während seiner Jahre in Moskau ein spezielles Interesse an ökonomischen Fragen entwickelt hatte, begriff, daß alle Aspekte des sowjetischen Lebens beeinträchtigt werden würden, wenn es ihm nicht gelang, die Wirtschaft wieder in Schwung zu bringen. Es würde zu Versorgungsmängeln, darunter zur Knappheit einiger Grundnahrungsmittel, zu einer Verschlechterung der sozialen Dienste und einer Schwächung der Streitkräfte kommen. Vor allem bestand die Gefahr, daß der Verfall sich fortsetzen und die Sowjetunion, wenn sie auf wichtige Investitions- und Modernisierungsmaßnahmen verzichtete, künftig noch weiter zurückfallen würde. Wenn es auch keine »akute Krise« war – ein Begriff, den sowjetische Spitzenpolitiker nur mit größtem Widerwillen benutzen –, dann handelte es sich jedenfalls um eine sehr gefahrvolle Situation.

Gewisse Maßnahmen konnten relativ mühelos ergriffen werden, ohne die Wurzeln des Systems zu berühren: Man konnte eine striktere Arbeitsdisziplin verhängen, den Bürokraten für den Fall ihres Versagens mit dem Verlust von Ämtern oder Privilegien drohen, ältere Parteisekretäre und Manager durch jüngere und dynamischere ersetzen. Derartige Methoden waren seit Stalins Tagen immer wieder angewandt worden; sie wirkten gewöhnlich für kurze Zeit als Linderungsmittel. Gorbatschows wichtigste Neuerung während seines ersten Amtsjahres war die Antialkoholkampagne, die er schon einen Monat nach seiner Ernennung einleitete. Die Idee war natürlich nicht originell; schon in den fünfziger und sechziger Jahren hatte man ein paar halbherzige Kampagnen durchgeführt, aber ohne den jetzigen Aufwand und Nachdruck. Die neue Kampagne hatte den Vorteil, daß sich Politbüromitglieder wie Ligatschow, der sie seit langem gefordert hatte, und einige Rivalen Gorbatschows im Politbüro – etwa Romanow, ein notorischer Trinker – zum Schulterschluß genötigt sahen.

1985 und Anfang 1986 betrafen die wichtigsten Veränderungen die Zusammensetzung der führenden Parteigremien. Romanow wurde im Juli 1985 aus dem Politbüro entlassen, Grischin folgte ihm ein paar Monate später. Gromyko blieb im Politbüro, wurde jedoch auf den Posten des Präsidiumsvorsitzenden des Obersten Sowjets fortgelobt; sein Außenministeramt übernahm der georgische Parteiführer und frühere Polizeichef Schewardnadse. Tichonow, einer der ältesten Angehörigen des Politbüros, wurde von Nikolai Ryschkow abgelöst. An die Stelle Baibakows, des langjährigen Leiters von Gosplan (des Staatlichen Plankomitees) trat Nikolai Talyzin. Weitere Anhänger Gorbatschows, die ins Politbüro aufgenommen wurden, waren Jakowlew und Jelzin, der neue Moskauer Parteisekretär. Einige der Veteranen, zum Beispiel Schtscherbizki aus der Ukraine, waren immer noch zu einflußreich, als daß man sie hätte ablösen können, oder wären nur unter hohem politischen Risiko zu entlassen gewesen. Das letztere galt für Kunajew aus

Kasachstan, dessen Absetzung später die Unruhen von Alma-Ata auslöste.

Neununddreißig der 101 Mitglieder des Ministerrats, vierzehn der
dreiundzwanzig Abteilungsleiter des Zentralkomitees sowie siebenundvierzig der rund 150 maßgebenden örtlichen Parteisekretäre in der ganzen Sowjetunion wurden ausgetauscht. Das auf dem 27. Parteitag (März
1986) gewählte Zentralkomitee bestand zu ungefähr dreißig Prozent aus
neuen Mitgliedern; die meisten Schlüsselfiguren in den Medien und führenden Instituten wurden abgelöst, doch kaum jemand im KGB und in
der Armee. Allerdings waren zahlreiche dieser Umbesetzungen eher auf
das hohe Alter als auf eine abweichende politische Haltung der Amtsinhaber zurückzuführen. Die meisten der Neuernannten hatten ihre Beförderung weder persönlichen noch politischen Beziehungen zum Gorbatschow-Lager zu verdanken. Selbst nach zweijähriger Herrschaft konnte
der neue Generalsekretär nicht auf eine Mehrheit in den führenden Parteigremien zählen. Zum Beispiel mußte das ZK-Plenum, das im Januar
1987 stattfand, zuvor dreimal vertagt werden, weil Gorbatschow sich der
Unterstützung seiner Politik durch dieses Gremium nicht sicher sein
konnte. Als die Sitzung endlich einberufen wurde, mußte er sich mit
einem Kompromiß zufriedengeben.

In allen früheren Fällen, von Stalin bis Breschnew, hatte der Generalsekretär zuerst seine Machtbasis gefestigt und dann erst versucht, seine
politischen Vorstellungen durchzusetzen. Gorbatschow hatte es so eilig,
daß er schon Änderungen forderte, bevor er sich des Rückhalts in der
Partei sicher war. Er konnte sich nur auf das ZK-Sekretariat verlassen –
ein wichtiges Instrument im sowjetischen Entscheidungsprozeß, aber
nicht das einzige. Zwar konnte er örtliche Parteiführer absetzen, aber er
war nicht befugt, ihnen den Sitz im Zentralkomitee zu entziehen; nur der
Parteitag besaß dieses Recht. Die Zahl der Zurückgestuften, die die Anti-
Gorbatschow-Fraktion im Zentralkomitee ausmachten, wuchs stetig.

Gorbatschow war natürlich zu klug, als daß er die Mehrheit der führenden Parteifunktionäre durch extreme Erklärungen abgeschreckt hätte. Im allgemeinen hielt er sich während des ersten Jahres zurück. Der
1973 aus der Sowjetunion ausgebürgerte Wissenschaftler Zhores Medwedjew faßt Gorbatschows Maßnahmen während dieser Anfangsphase

wie folgt zusammen: »Politische Entscheidungen wurden geschickter präsentiert, der neue Stil war sichtbar, aber inhaltliche Veränderungen waren kaum auszumachen.«[7]

Gorbatschows Rechenschaftsbericht vor dem 27. Parteitag, den die Gruppe der Reformer mit großer Hoffnung erwartet hatte, war eine Enttäuschung, genau wie achtzehn Monate später seine Rede zum siebzigsten Jahrestag der Oktoberrevolution, nachdem seine Anhänger monatelang mit einem Wendepunkt in der sowjetischen Geschichte – oder wenigstens in der sowjetischen Geschichtsschreibung – gerechnet hatten. Die persönliche *uskorenije* (Beschleunigung) des Generalsekretärs ereignete sich in der zweiten Hälfte des Jahres 1986 und insbesondere in den ersten Monaten des Jahres 1987, und sie erreichte ihren Höhepunkt mit der ZK-Sitzung im Juni 1987.

Was waren Gorbatschows grundlegende Ideen, die er im ersten Jahr seiner Amtszeit nicht vollständig zum Ausdruck bringen konnte? Ein Teil seiner Frustration äußerte sich in seiner Rede vor dem Zentralkomitee im Januar 1987. Er beschwerte sich darüber, daß die theoretischen Konzeptionen des Sozialismus im wesentlichen auf dem Niveau der dreißiger und vierziger Jahre steckengeblieben seien, daß die Ursachen für diese Stagnation bis weit in die Vergangenheit, nämlich in die Ära des Stalinismus (den er nicht namentlich erwähnte), zurückreichten, als autoritäre Einschätzungen und Ansichten zu unbestreitbaren Wahrheiten geworden und als lebhafte Debatten und schöpferische Ideen untergegangen seien. Man habe die stalinistischen Ideen und Praktiken, ja die gesamte Gesellschaftsorganisation, zu Dogmen erhoben. Ein »Bremsvorgang« scheine immer noch nachzuwirken – eine Vorstellung, die in den folgenden Monaten ausgiebig diskutiert wurde.

Es war eine Verurteilung des Konservatismus und ein Appell, die Sowjetgesellschaft zu modernisieren – im Rahmen des aufgeklärten Marxismus-Leninismus. Dies bedeutete weniger Bürokratie, zentrale Planung und Zwang im Wirtschaftsbereich sowie mehr Vertrauen in Privatinitiative und Leistungsanreize, größere Ehrlichkeit im öffentlichen Leben und eine stärkere Mobilisierung der Massen für eine Offensive zur Verbesserung der Sowjetgesellschaft. Es war kein konsequentes und detailliert durchdachtes Programm (wiewohl Gorbatschows Wirtschaftsberater recht klare Ideen hatten), sondern eher Ausdruck einer vagen Sehnsucht, der Versuch, den Enthusiasmus der frühen zwanziger Jahre wiederzubeleben, die im Rückblick als die goldene Zeit der sowjetischen Geschichte erschienen. Man redete viel von der Neuen Ökonomischen Politik (NÖP), das heißt von der Liberalisierung der Sowjetwirtschaft in Lenins letzten Lebensjahren. Die historische NÖP gehörte natürlich der Vergangenheit an, aber man spielte häufig mit dem Gedanken, der persönlichen Initiative wieder größere Freiheit zu gewähren.

Gorbatschow hatte nicht die Absicht, in irgendeinem wesentlichen Aspekt von den Grundsätzen des Leninismus abzuweichen; er wünschte, wie er oft sagte, nicht weniger, sondern mehr Sozialismus. Er war ein Mann des Apparats, der nicht danach strebte, die Einparteienherrschaft zu untergraben oder das politische und gesellschaftliche System, das sich im Laufe von siebzig Jahren herausgebildet hatte, radikal zu verändern. Ein ausländischer Beobachter bemerkte, daß die Gorbatschow-Generation nicht anders sei als die Breschnew-Generation, nur mit eleganteren Anzügen, modernerer Technologie und glatterer Öffentlichkeitsarbeit.[8] Man hätte hinzufügen können: mit besserer Ausbildung, mehr Dynamik und Ungeduld in der Methode. Wenn diese Männer von »Demokratie« sprachen, meinten sie eine aufgeklärte Diktatur. Sie wollten die Malaise kurieren, die weiteres Wachstum und jedwede Fortentwicklung verhinderte; daher die ständigen Angriffe auf Bürokratie, Korruption, Verschwendung und Mangel an Initiative.

Dem Generalsekretär und seinen Anhängern muß klar gewesen sein, daß sogar geringfügige Reformen starken Widerstand wecken würden. Gorbatschows Analyse der sowjetischen Ökonomie und Gesellschaft wurde keineswegs von all seinen Kollegen vollauf geteilt. Einige mögen im tiefsten Inneren geglaubt haben, daß gewisse Reformen vielleicht wünschenswert seien, doch wahrscheinlich nie gelingen würden. In einem damals weithin diskutierten Artikel wurde gefragt: »Wessen Pasteten sind schmackhafter?« Der Autor argumentierte, daß der Kapitalismus anscheinend über eine höhere Produktionsleistung verfüge, der der Kommunismus nicht gewachsen sei. Aber der Kommunismus besitze soziale Werte und soziale Gerechtigkeit, so daß seine geringere Produktivität letztlich zu verschmerzen sei. Ohnehin müsse man sich entweder für die freie Marktwirtschaft mit ihrem Überfluß an Gütern oder für die strikt zentralisierte Führung sowjetischen Stils entscheiden. Es gebe keinen dritten Weg, genausowenig wie eine Frau »ein bißchen schwanger« sein könne.

Andere meinten, es sei sinnlos, sich in unheildräuender Rhetorik über die schrecklichen Folgen der Stagnation zu ergehen. Denn selbst wenn diese Voraussagen zuträfen (was ja keineswegs sicher sei), müßten solche Warnungen zwangsläufig den Glauben der Massen an die Sache des Kommunismus und an die Kompetenz ihrer Führerschaft untergraben.

Gorbatschows wirtschaftliche Sprecher, zum Beispiel Aganbegjan, behaupteten, daß sogar in den Jahren 1986 und 1987 erhebliche Erfolge erzielt worden seien: Man habe rund zwanzig Prozent mehr Häuser gebaut als in den Vorjahren, und die landwirtschaftliche Produktion sei 1986 um fünf Prozent gewachsen, also um nicht weniger als während des gesamten letzten Fünfjahresplans. Die Lebenserwartung sei nach den Beschränkungen des Alkoholverbrauchs um zwei Jahre gestiegen. Dem wurde entgegengehalten: Wenn solche Fortschritte durch die Verhängung strengerer Disziplin erzielt worden sind, warum soll man sich dann noch auf gefährliche soziale und wirtschaftliche Experimente einlassen?

Diese Kreise waren besonders besorgt über die möglichen Auswirkungen von Glasnost und Demokratisierung. Alle Sowjetführer, auch Stalin, hatten der Verantwortlichkeit der Parteispitze vor den Massen, dem »demokratischen Zentralismus« und der bolschewistischen Selbstkritik Lippendienste geleistet. Aber dies war eben nur ein Ritual gewesen, denn ihr Führungsstil stützte sich auf den festen Glauben, daß das sowjetische Volk (und die Partei) eine starke Hand benötige, daß übermäßige Demokratisierung zu Chaos, zur Untergrabung der offiziellen Lehre und Führerschaft und zum Eindringen aller möglichen »fremden« Einflüsse führen würde.

Kurz gesagt, man hegte die Furcht, daß das Land entweder unregierbar werden oder daß die liberalen Reformen außer Kontrolle geraten und weitreichende, unerwünschte Veränderungen nach sich ziehen würden. Diese Befürchtungen waren keineswegs unbegründet, denn jene, die die Kollektivierung der Landwirtschaft unter Stalin in den späten zwanziger Jahren neu beurteilen wollten, würden höchstwahrscheinlich am Ende das gegenwärtige System der sowjetischen Landwirtschaft kritisieren. Wer Entstalinisierung verlangte, würde letztlich fordern, daß auch die Aktionen der Armee und des KGB Glasnost unterworfen werden müßten, würde vielleicht sogar auf eine Überprüfung der Nomenklatura-Privilegien dringen, wie es einige irregeleitete Autoren im Jahre 1986 in der *Prawda* getan hatten. Kurzum, sogar diejenigen, die die Notwendigkeit gewisser wirtschaftlicher und sozialer Reformen anerkannten, waren nicht der Meinung, daß diese Maßnahmen in einer Atmosphäre von Glasnost und Demokratisierung durchgeführt werden sollten, sondern so, wie Änderungen in Rußland üblicherweise erfolgten: durch Befehl von oben.

Gorbatschow benutzte das Wort »Glasnost« zum erstenmal in einem Artikel, den er 1974 für eine Literaturzeitschrift geschrieben hatte.[9] In der Folgezeit verwendete er den Begriff gelegentlich, aber wahrscheinlich nicht häufiger als einige andere sowjetische Spitzenfunktionäre. Er erwähnte ihn während der Wahlkampagne zum Obersten Sowjet im Februar 1984 und wiederum als einen »unveräußerlichen Teil des gesellschaftlichen Lebens« in einer Rede vor dem Zentralkomitee im Dezember 1984. Nachdem er Generalsekretär geworden war, erklärte er den Gebietssekretären der Partei im Oktober 1985, daß die Partei gesund zu sein habe – daher sei umfassende Glasnost erforderlich. In seinem Interview mit *L'Humanité* verwies er wiederum auf die Gefahr, daß Taten und Worte im sowjetischen politischen Leben divergieren könnten; um dies zu verhindern, »kämpfen wir mit der Waffe der Kritik, kämpfen wir mit der Waffe von Glasnost und Kritik.«[10]

Von Beginn an scheint Gorbatschow deutlich gewesen zu sein, daß institutionelle Änderungen nicht ausreichen würden, um das Land wieder in Gang zu bringen; der »menschliche Faktor« mußte berücksichtigt werden. Dies bedeutete vor allem strengere Disziplin und Ausrottung von Korruption und Gleichgültigkeit, aber auch aktive Teilnahme der Massen, das heißt irgendeine Art von Demokratisierung, eine Wahlreform und Glasnost.

Gorbatschows Frustration während seines ersten Amtsjahres muß ihn dazu getrieben haben, größeren Nachdruck auf geistige, politische, kulturelle und moralische Erneuerung zu legen, und sie muß ihm die

Erkenntnis verschafft haben, daß Perestroika nur dann wirksam sein würde, wenn so etwas wie eine Kulturrevolution, natürlich innerhalb strikter Grenzen, zustande käme. Daher sein Aufruf im Januarplenum 1987, »die Demokratisierung zu entwickeln, die Energie und das Interesse der Menschen in alle Vorgänge unseres Lebens einzubeziehen. Dies ist das allerwichtigste, die Hauptsache von allem, Genossen«.[11] So wurde 1987 zum Jahr von Glasnost, aber es brachte auch den Zusammenschluß der oppositionellen Kräfte.

Die Führung war alles andere als einmütig, was die von Gorbatschow vorgeschlagenen Reformen und besonders die ihm vorschwebenden Methoden betraf. Auch in der Bevölkerung gab es erheblichen Widerstand. Dies war von Tatjana Saslawskaja, einer der Hauptideologen der Perestroika, schon sehr früh vorhergesehen worden. Ihrer Meinung nach existierten ganze Bevölkerungsklassen und -schichten, die ein handfestes Interesse an der Erhaltung des Status quo hatten. Fünfzehn oder zwanzig Millionen »Bosse« – große, mittlere und kleine – und ihre Familienmitglieder würden infolge der Reformen entweder ihre Posten oder einen Teil ihrer Macht, ihrer gesellschaftlichen Stellung und ihrer Privilegien verlieren. Es handelte sich um Angehörige der gigantischen Ministerien in Moskau, um Mitarbeiter von Gosplan sowie um die Kader im praktischen Einsatz. Im besten Fall würden ihr Leben und ihre Arbeit durch all die neumodischen Ideen wie Eigenfinanzierung, größere Anreize, Lohn- und Preisstaffelung viel komplizierter werden. Das alte System, bei dem es nur auf Ziffern ankam und sich die Bezahlung danach richtete, ob der Plan erfüllt war, nicht danach, ob die Produkte von irgend jemandem benötigt wurden oder von hinreichender Qualität waren, hatte in ihren Augen viele Vorzüge; schließlich waren sie mit diesem System aufgewachsen und kannten kein anderes. Aber die geplanten Reformen mißfielen auch den vielen Menschen, die ihr Einkommen ganz oder zum Teil – häufig zum größeren Teil – aus der »Zweitwirtschaft« bezogen; wenn die Mängel verschwänden, würden sie ihre Aufgabe in der Gesellschaft einbüßen. Schließlich wurden die Reformen auch von vielen Arbeitern verübelt, die fest davon überzeugt waren – wie ein Fabrikdirektor an die *Prawda* schrieb –, daß man um so mehr verdienen könne, je schlechter das Management und die allgemeine Leistung einer Fabrik seien. Denn dann erhalte man zusätzlichen Lohn für Überstunden und freie Tage, um *nalewo* (hintenherum), das heißt auf dem Schwarzmarkt, zu arbeiten.

Unter Breschnews Grundsatz des »Leben und leben lassen« waren ganze Regionen und Bevölkerungsschichten der Kontrolle des Zentrums entgangen. Wenn behauptet wurde, daß die Sowjetunion eine Planwirtschaft besitze, hatte sie in Wirklichkeit nur die Illusion einer Planwirtschaft. Dies galt besonders für die mittelasiatischen und kaukasischen Republiken, aber auch für weite Gebiete der Russischen Föderation: Solange der Sekretär des Gebietskomitees meldete, daß man den Plan erfüllt habe und allen Anweisungen aus dem Zentrum widerspruchslos gehorche, wurden die Provinzen in Ruhe gelassen und nicht um detaillierte Rechenschaftsberichte gebeten. Viele westliche Experten kamen zu dem Schluß, daß die Arbeiterklasse begonnen habe, sich der Kontrolle der Parteiführung zu entziehen.[12] Jedem wurde irgendein Arbeitsplatz garantiert, und die Preise waren verhältnismäßig stabil. Warum sollten die Sowjetbürger höhere Preise befürworten, die sich nach der Streichung staatlicher Subventionen für Brot, Milch, Fleisch, Mieten und andere Güter und Dienstleistungen zwangsläufig ergeben würden? Warum sollten sie sich größere Mühe geben, die Produktivität zu erhöhen? Und schließlich waren da noch die politischen Aufsichts- und Unterdrückungsorgane, die Polizisten, Zensoren und Spitzel. Auch sie waren nicht darauf erpicht, ihre Zahl und ihren Status eingeschränkt zu sehen oder dadurch, daß man ihre Handlungsfreiheit begrenzte, Frustrationen ausgeliefert zu werden. Die Kräfte, die sich tiefgreifenden Reformen widersetzten, waren also reich an Zahl und Einfluß.

Die Zahl der Perestroika-Anhänger hingegen war relativ gering. Überwiegend, wenn auch keineswegs ausschließlich, waren es Intellektuelle, dazu einige Idealisten, jung und alt, die die kommunistische Lehre ernst nahmen und Gorbatschows Überzeugung teilten, daß eine Erneuerung des Systems längst überfällig sei. Sie waren hauptsächlich in den Großstädten zu finden; vielen Berichten zufolge errreichte die Perestroika die ferneren Teile der Sowjetunion überhaupt nicht. Gewiß, die Intellektuellen hatten Schlüsselpositionen in den Medien inne, vor allem im so wichtigen Fernsehen, dessen Programme auch im letzten Dorf zu empfangen waren. Aber es war eine Sache, den beredten Diskussionen auf dem Fernsehschirm zuzuhören, und eine andere, schmerzhaftere, eine Senkung des eigenen Lebensstandards zu akzeptieren. Denn ohne jeden Zweifel würden weite Kreise der Gesellschaft zumindest vorübergehend unter den Reformen leiden, und niemand konnte mit Bestimmtheit vorhersagen, welche Auswirkungen sie auf längere Sicht haben würden.[13]

Glasnost und Stalins Geist

»Das ganze Land debattiert nun über Stalin«, schrieb ein sowjetischer Autor im Juli 1988.[1] Zwar waren sehr viele Menschen, darunter vielleicht die Mehrheit der Parteiführung, der Meinung, daß es niemals zu dieser Debatte hätte kommen sollen; sie untergrabe die Autorität der Partei, verbreite Verwirrung und Ungewißheit. Dies führte im Jahre 1988 sogar zu der Entscheidung, an sowjetischen Schulen die Abschlußprüfungen im Fach Geschichte auszusetzen.[2] Aber schon die Leidenschaft, mit der die Gegner dieser Debatte ihre Argumente vorbrachten, ließ erkennen, daß auch sie, unabhängig von ihren ideologischen Prioritäten, tief in die Stalinismus-Diskussion verwickelt waren. Wie Marx im Vorwort zu einem seiner berühmtesten Werke schrieb, lastet das Vermächtnis aller toten Generationen wie ein Alptraum auf den Lebenden. Da es nie einen ernsthaften Versuch gegeben hatte, sich der stalinistischen Vergangenheit zu stellen, wurde das Problem eindeutig zu einem der wichtigsten Kennzeichen von Glasnost.

Die Bedeutung von *glasnost*

Laut Lepings Russisch-Deutschem Wörterbuch ist *glasnost* ein Synonym für »Öffentlichkeit« oder »Publizität«. Nach Dals vorrevolutionärem klassischen Wörterbuch bedeutet es »allgemeine Bekanntheit«; ein *glasny sud* ist eine öffentliche Gerichtsverhandlung. Im zaristischen Rußland bezeichnete *glasny* auch ein Mitglied der örtlichen Selbstverwaltung. *Glasnost* ist das Gegenteil von Geheimhaltung; aber es hat einen spezifischen Sinn, der durch das Wort »Öffentlichkeit« nicht wiedergegeben wird. Überhaupt läßt sich die genaue Bezeichnung im Deutschen nicht mit ein paar Worten umreißen. Dies braucht uns jedoch nicht allzusehr zu beunruhigen, da *glasnost*, wie wir gleich sehen werden, in der Sowjetunion von verschiedenen Menschen auf unterschiedliche Weise interpretiert worden ist. Genauso oft ist der Begriff im Westen mißverstanden worden.

Der Begriff *glasnost* hat in Rußland eine lange und ehrenhafte Geschichte, doch die Wurzeln seiner Negation reichen sogar noch weiter zurück. Bei der Beschreibung der Hauptzüge des russischen politischen Lebens im sechzehnten Jahrhundert hat ein namhafter Historiker auf eine »Praxis hermetischen Schweigens« aufmerksam gemacht, »die später als *neglasnost* bekannt wurde«, zeitgenössische Geheimdienstler würden vom »Prinzip des Wissen-müssens« gesprochen haben: Wer etwas wissen mußte, wurde unterrichtet, die anderen blieben in Unkenntnis.[3]

Während sich die russische Bürokratie im achtzehnten und neunzehnten Jahrhundert entwickelte, wurde die Wendung »Dieses Dokument unterliegt nicht der *glasnost*« (*ne podleschit glasnosti* oder, häufiger, *ne podleschit oglascheniju*) zur üblichen Formel. Andererseits machten die Radikalen, vor allem Alexander Herzen, *glasnost* zu einer ihrer Hauptforderungen.

Soweit ich feststellen kann, benutzte Herzen den Begriff zum erstenmal, als er beschloß, von einer langen Reise nach Westeuropa nicht mehr zurückzukehren. In einem klassischen Werk der russischen politischen Literatur, »Vom anderen Ufer« (in »Lebt wohl«, datiert Paris, 1. März 1849), erklärte er den Freunden in Moskau seinen Entschluß: »Der Kampf ist hier, in Westeuropa, trotz des Blutvergießens und der Tränen öffentlich. Wehe den Besiegten – aber sie sind nicht schon geschlagen, bevor sie ihre Ansicht vorgebracht haben ... Wo man das freie Wort nicht getötet hat, ist die Sache noch nicht verloren. Um dieses offenen Ringens, um der freien Rede und um *glasnost* willen bleibe ich hier. Dafür werde ich alles geben. Ich habe teuer für diese Entscheidung bezahlt ...«[4]

Die Forderung nach *glasnost* spielt eine prominente Rolle in allen frühen Ausgaben von *Kolokol* (Die Glocke), der einzigen freien russischen Zeitschrift jener Zeit, die Herzen in London herausgab. Er schrieb: »Wo es keine *glasnost* und kein legales Recht, sondern nur die Wohltätigkeit des Zaren gibt, hat die öffentliche Meinung keinen Einfluß; die Intrigen des Vorzimmers und des Alkovens haben Vorrang.« Oder ein paar Wochen später: »Wer immer sich *glasnost* widersetzt, wer immer die Bauernbefreiung ablehnt, ist ein Feind des Volkes, ist unser Feind.«[5] In der zwölften Nummer von *Kolokol* erschien ein Artikel mit dem Titel »Die Vorzüge von *glasnost*«, und wiederum ein wenig später wurde *glasnost* unter den Hauptanliegen der russischen Opposition aufgeführt: »Öffnet die Schleusentore der Zensur, und dann werdet ihr wissen, was das Volk wirklich denkt, wovon es verletzt und gequält wird, nämlich von den Übeltaten der Polizei und der Gerichte. Schließt die Dritte Abteilung!«[6] Andere zeitgenössische Schriftsteller erwähnten *glasnost* ebenfalls, doch nicht so häufig. Tschernyschewski, gleichfalls ein Radikaler, war gegen die Parole, denn er argwöhnte, daß die Regierung versuchen könne, das Volk durch Pseudo-*glasnost* zu betrügen.[7]

Wir finden das Wort *glasnost* vierzigmal in Lenins Werken erwähnt, vornehmlich in einem Artikel in der *Prawda* vom 20. September 1918, in dem er anregte, daß *glasnost* in der Presse als Werkzeug für die Mobilisierung und Erziehung der werktätigen Massen dienen solle. Stalin hielt nichts von *glasnost*; sein ganzer Herrschaftsstil beruhte auf dem Prinzip der *neglasnost*, aber trotzdem fand der alte Begriff ab und zu Erwähnung – zum Beispiel durch Leonid Breschnew in Stalins letztem Lebensjahr.[8] Man hörte nie völlig auf, *glasnost* Lippendienste zu erweisen.

Später wurde der Gedanke in den Schriften Sacharows und anderer Dissidenten wieder aufgegriffen. Als man Solschenizyn im Jahre 1969 aus dem Schriftstellerverband ausschloß, schrieb er in einem Offenen Brief: »*Glasnost*, ehrliche und vollständige *glasnost*, das ist die oberste Voraussetzung für die Gesundheit jeder Gesellschaft . . . Wer keine *glasnost* für das Vaterland will, der will es nicht von Krankheit reinigen, sondern will die Krankheit ins Innere hineintreiben, damit sie dort fault.«[9]

Unter Breschnew wurden die alten stalinistischen Begriffe »Kritik« und »Selbstkritik« viel häufiger verwendet, aber auch der Begriff *glasnost* wurde von Zeit zu Zeit erwähnt, beispielsweise im Artikel neun der neuen sowjetischen Verfassung von 1977, wo von der »Erweiterung von *glasnost*« die Rede ist.

In der Übergangsperiode nach Breschnew änderte sich nichts, und das den sowjetischen Medien nach Tschernobyl auferlegte Schweigen zeigte an, daß kein grundlegender Wandel stattgefunden hatte. Der 27. Parteitag hatte zwar eine gewisse Lockerung der Kontrollen erlebt, aber dabei handelte es sich um ein traditionelles Ritual, das zunächst nicht allzu ernst genommen wurde. Doch der Parteitag stimulierte, wie Vera Tolz es ausdrückte, den Drang nach *glasnost*; die Medien brachen weiterhin Tabus, indem sie über Drogenmißbrauch, den Niedergang des Gesundheitswesens und den allgemeinen moralischen Verfall in der Sowjetgesellschaft berichteten.[10]

Die Entscheidung des Politbüros vom August 1986, die Arbeiten an der Umleitung der sibirischen Flüsse nach Mittelasien einstellen zu lassen, war ebenfalls ein Zeichen der Zeit. Die Tatsache, daß führende Schriftsteller und andere Prominente öffentlich gegen das Projekt Stellung bezogen, war nicht der einzige Faktor, der die Entscheidung beeinflußte, hatte jedoch maßgeblichen Anteil daran. Statt zu verblassen, gewann *glasnost* in der zweiten Hälfte des Jahres 1986 an Schwung und erreichte 1987 ihren Höhepunkt. Nun diskutierte man in aller Öffentlichkeit über Fragen, deren Erörterung fünfzig Jahre oder länger verboten gewesen war, und es gab sowohl die Forderung nach noch mehr *glasnost* als auch besorgte Äußerungen, daß die Freiheit zu weit vorgedrungen sei und die Autorität von Staat und Partei schwäche. Die sowjetischen Medien, deren Fadheit sprichwörtlich gewesen war, wurden interessant, und sowjetische Kommentatoren (vor allem die Auslandsexperten unter ihnen) bemerkten, daß die Ereignisse *innerhalb* der Sowjetunion nun weit wichtiger geworden seien als die Entwicklungen im Ausland. Sie hatten recht.

Gorbatschow definierte *glasnost* wie folgt: »Die neue Atmosphäre kommt vielleicht am deutlichsten in *glasnost* zum Ausdruck. Wir wollen Offenheit in allen öffentlichen Angelegenheiten und in allen Bereichen des Lebens ... Wahrheit ist die Hauptsache.« Lenin sagte: »Mehr Licht! Die Partei soll alles wissen! Weniger denn je brauchen wir heute dunkle Nischen, in denen sich wieder Schimmel bilden ... könnte.« Kurz danach fügte er einige Worte über die Pflichten der Presse hinzu: »Ich möchte betonen, daß die Presse die Menschen einen und mobilisieren soll. Sie soll keine Keile zwischen sie treiben, Aggressionen schüren oder Mißtrauen säen.«[11] Es waren treffliche Gedanken, aber was würde geschehen, wenn die Wahrheit quälend und entzweiend war? Wenn sie Aggressionen schürte oder Mißtrauen säte? Was war wichtiger, die Wahrheit oder Einigkeit und Vertrauen? Gorbatschow und seine Kollegen sollten sich diesem Dilemma bald stellen müssen.

Die Geschichte des Begriffs *perestroika* ist viel kürzer und weniger eindrucksvoll als die von *glasnost*. Er wurde ursprünglich im Bauwesen benutzt, erschien jedoch vor 1917 in der politischen Sprache meist in einer leicht abgewandelten Form (*pereustroistwo*). Das Wort wurde von Historikern und in Pamphleten der extremen Rechten verwendet. Die extreme Linke strebte damals nach einer Revolution, die Liberalen traten für Reformen ein, und die Rechte forderte den Umbau (oder die Umgestaltung) der russischen Gesellschaft.

Perestroika wurde in der frühen Stalin-Zeit zu einem beliebten Terminus; wir finden viele Erwähnungen in Zeitungsartikeln über Landwirtschaft, Transportwesen und Literatur.[12] Im allgemeinen bezeichnete der Begriff eine Form der Neugestaltung; auf kulturellem Gebiet war gewöhnlich so etwas wie Gleichschaltung, also die Beseitigung »fremder Elemente« gemeint. Um nur ein Beispiel zu geben: In einem 1952 veröffentlichten Artikel über *perestroika* im Erziehungswesen wurde die Notwendigkeit hervorgehoben, durchweg Pawlowsche (das heißt reflexologische) Methoden zu benutzen.[13] In den achtziger Jahren war der Begriff überwiegend ein Synonym für »Wandel« und »Reform«. Da das Wort »Reform« potentiell strittiger war, setzte *perestroika* sich durch.

Die Last der Vergangenheit

Die Schwierigkeiten, wirkliche Glasnost zu akzeptieren, waren nirgends deutlicher als auf geschichtlichem Gebiet. Über viele Jahrzehnte hinweg war es der KPdSU-Führung unmöglich gewesen, ihre eigene Vergangenheit zu bewältigen. Grob gesagt, die sowjetische Geschichtsschreibung unter Stalin »war keine Geschichtsschreibung, sondern Prostitution. Man wußte genau, was geschehen war, schrieb jedoch etwas völlig anderes.«[14] Dies hatte sich nach Stalin zwar ein wenig, aber nicht entscheidend geändert. Professor Afanasjew schrieb: »Was die Beseitigung des Stalinismus betrifft, so leben wir im Grunde immer noch unter ihm, obwohl wir behaupten, in einer großartigen Zeit zu leben.«[15]

Gorbatschow war sichtlich unschlüssig, ob die Diskussion über die Vergangenheit wiedereröffnet werden sollte. Im Juni 1986 erklärte er einer Gruppe führender Schriftsteller, die sowjetische Vergangenheit sei einer der Aspekte, die für Glasnost noch unantastbar bleiben müßten: »Wenn wir beginnen, uns der Vergangenheit zu widmen, werden wir alle unsere Energie verschwenden. Es wäre so, als werde dem Volk ein Schlag an den Kopf versetzt. Wir müssen voranschreiten. Irgendwann werden wir die Vergangenheit sichten und alles an seinen Platz stellen. Aber zur Zeit müssen wir unsere Energie nach vorn richten.«[16] Er formulierte es vielleicht ein wenig ungeschickt, aber seine Absicht war klar. Jeder – oder fast jeder – gab zu, daß die sowjetischen Geschichtsbücher nicht die volle Wahrheit präsentierten (um es so vorsichtig wie möglich auszudrücken). Aber es war unzweifelhaft dringlicher, sich auf heutige Probleme zu konzentrieren, als sich über den rechtmäßigen Platz Bucharins und Trotzkis in der sowjetischen Geschichte zu streiten. Und außerdem war ungewiß, ob das Land die innere Kraft hatte, mit zwei wichtigen Aufgaben, der Bewältigung der Zukunft *und* der Vergangenheit, gleichzeitig fertig zu werden.

Gorbatschow war kein Zyniker, aber dies galt wohl kaum für manche seiner Kollegen. Sie konnten mit einiger Berechtigung vorbringen, daß eine Verschiebung der historischen Debatte um zehn oder zwanzig Jahre empfehlenswert sei. Eine solche Debatte müsse viele Leidenschaften aufwühlen, und man werde eine Menge schmutziger Wäsche ans Licht zerren. Irgendwann in der Zukunft werde es sich nicht mehr um eine brennende zeitgenössische Frage handeln und vielleicht niemanden außer den Berufshistorikern mehr sonderlich interessieren. Sogar schon im Jahre 1987 würden einige junge Leute durch antistalinistische Filme wie *Pokajanije (Die Reue)* gelangweilt; in zwanzig Jahren würde eine solche Reaktion noch verbreiteter sein. Andere Gegner der Anwendung von Glasnost auf die Vergangenheit führten nicht minder wichtige Argumente an: Wenn diese Büchse der Pandora erst einmal geöffnet sei, werde man sich zwangsläufig ganz auf die negativen Züge der sowjetischen Geschichte konzentrieren, die – fälschlicherweise – als eine Kette von Katastrophen erscheinen werde. Sie hätten hinzufügen können, daß diese negative Sicht der russischen Geschichte, wenn sie sich denn ergeben sollte, für Patrioten unannehmbar sei, die den Blick nicht nur nach vorn auf anzustrebende Ideale richten müßten, sondern auch auf große Leistungen der Vergangenheit, um sich von ihnen inspirieren zu lassen. Die unterschiedslose Zerstörung der Mythologie großer Errungenschaften, die über viele Jahrzehnte hinweg aufgebaut worden war, sei verantwortungslos und in politischer Hinsicht gefährlich.

Argumente dieser Art, die heiligen Lügen über die Vergangenheit betreffend, sind zu unterschiedlichen Zeiten in vielen Ländern aufgetaucht, und es ist nicht schwer, ihre politische Bedeutung zu erkennen. Indessen schien es unmöglich, die Vergangenheit völlig von der neuen Glasnost-Bewegung fernzuhalten, während der siebzigste Jahrestag der Oktoberrevolution näherrückte und die Medien den Ereignissen von 1917 mehr als die gewohnte Aufmerksamkeit widmeten.

Im Februar 1987 war Gorbatschow anscheinend zu dem Schluß gekommen, daß auch die Historiker etwas Glasnost benötigen. In einer Rede vor führenden Vertretern der sowjetischen Massenmedien sagte er: »Es sollte weder in der Geschichte noch in der Literatur vergessene Namen oder weiße Flecken geben.« Und wiederum: »Jene, die die Revolution gemacht haben, dürfen nicht in den Hintergrund gedrängt werden . . . Es ist unmoralisch, lange Perioden im Leben unseres Volkes zu vergessen oder mit Schweigen zu übergehen.« Gorbatschows moralische Bedenken wurden von den meisten seiner Politbürokollegen nicht geteilt; ihr Interesse an der Rolle der Geschichte war weniger ausgeprägt, oder sie sahen klarer als Gorbatschow, welche Gefahren es mit sich bringen würde, die Schleusentore der geschichtlichen Wahrheit zu öffnen.

Die Entstalinisierung hatte in der Sowjetunion fast unmittelbar nach Stalins Tod angefangen. Die Säuberung, die man in den letzten Lebensmonaten des Diktators begonnen hatte, wurde eingestellt, und einige der überlebenden Opfer (zum Beispiel die »Ärzteverschwörer«[17]) wurden freigelassen. Die öffentliche, posthume Rehabilitierung von Stalins Opfern der dreißiger und vierziger Jahre wurde durch Chruschtschows berühmte Rede auf dem 20. Parteitag im Jahre 1956 formell bestätigt; am 24. März 1956 entlarvte die *Prawda* den Personenkult und gab bekannt, daß viele ehrliche Bürger und Angehörige der Kommunistischen Partei ohne jede Rechtfertigung Gewaltmaßnahmen ausgesetzt worden seien. In den folgenden Jahren kam es zu weiteren Enthüllungen, und das Problem spielte auf dem 22. Parteitag im Oktober 1961 wiederum eine prominente Rolle.

Doch nach Chruschtschows Sturz im Jahre 1964 wurden keine weiteren Artikel gegen den Personenkult und den Terror veröffentlicht. Die Parteilinie Breschnews besagte, daß die Entstalinisierung zu weit getrieben worden sei; der »Personenkult« habe auf Kosten anderer Aspekte des sozialistischen Aufbaus zuviel Aufmerksamkeit erhalten. Ohnehin seien der Charakter des Kommunismus, die Sowjetherrschaft und die Gesellschaft nicht von diesen zeitweiligen Verirrungen beeinflußt worden. Allerdings habe man einige Personen rehabilitiert, die es nicht verdienten – zum Beispiel Fjodor Raskolnikow, einen der Helden von Petrograd im Jahre 1917, der sich 1938 nach Spanien abgesetzt hatte, weil er bei einem Rückruf nach Moskau mit dem sicheren Tod rechnen mußte.[18]

Raskolnikow wurde 1969 »enthabilitiert«, das heißt wieder als Schurke eingestuft, und einige andere erlitten ein ähnliches Schicksal, zum Glück für sie jedoch nicht mehr zu Lebzeiten. Praktisch die einzigen Rehabilitierungen, die nach 1965 ausgesprochen wurden, betrafen ein paar altgediente Mitglieder der Geheimpolizei (Tscheka und GPU). Denn während man unter Chruschtschow alle Marschälle, Admirale, Generale und Obersten der Roten Armee rehabilitiert hatte, war es der Blüte der GPU, die ebenfalls umgekommen war (offizielle Angaben sprachen von zwanzigtausend Opfern), schlecht ergangen, hauptsächlich wohl deshalb, weil viele von ihnen bei der »Repression« von Sowjetbürgern, ihre eigenen Kollegen eingeschlossen, mitgewirkt hatten. Als dann aber Andropow das KGB Ende der sechziger Jahre neu aufbaute, benötigte er zumindest ein paar »ehrliche Tschekisten« aus den zwanziger und dreißiger Jahren, um eine gewisse Kontinuität herzustellen. Und da die GPU-Chefs nach 1930 (Jagoda, Jeschow und Berija) für solche Pläne zweifellos untauglich waren, hielten die KGB-Historiker nach weniger kontroversen Gestalten Ausschau, die sie ohne Mühe fanden.

Dies blieb in groben Zügen die Sachlage bis 1985. Stalins Verbrechen wurden in den Geschichtsbüchern bagatellisiert; andererseits erwähnte man in der Presse, in Büchern und Filmen häufig seine großen Verdienste im Frieden und im Krieg; sein hundertster Geburtstag (Dezember 1979) wurde gebührend gefeiert. So wurden im Laufe von zwanzig Jahren nach Chruschtschows Sturz einige der bescheidenen Zugeständnisse an die historische Wahrheit wieder rückgängig gemacht oder eingeschränkt. Und man muß betonen, daß es sogar auf der Höhe der Entstalinisierungskampagne Brauch gewesen war, Euphemismen zu benutzen: »Repression« stand für Mord, »Personenkult« für die völlig willkürliche Herrschaft und Verklärung eines Führers, die in der neueren Geschichte ohnegleichen waren. Viele von Stalins Opfern wurden nur im juristischen Sinne rehabilitiert; man befand sie für unschuldig im Hinblick auf die damals gegen sie erhobenen Anklagen, zum Beispiel Brunnenvergiftung in der Ukraine im Auftrag der Gestapo oder des britischen oder japanischen Geheimdienstes. Aber sie wurden nicht politisch rehabilitiert: Stalin und seine Handlanger, so hieß es, hätten sie zu Recht aus ihren einflußreichen Ämtern entfernt, aber es sei falsch gewesen, aus der Luft gegriffene Beschuldigungen gegen sie zu erheben und sie hinzurichten. Breschnew und seine Kollegen hielten sehr viel davon, die Vergangenheit ruhen zu lassen, und im Unterschied zu einigen Helden Shakespeares wurden ihre Nächte nicht durch das Erscheinen von Geistern aus der Vergangenheit gestört.

Ein sowjetischer Historiker, der versuchte, die Geschichte seines Landes zu schreiben, stand vor unüberwindlichen Schwierigkeiten. Er konnte nicht über die dreißiger Jahre schreiben, denn der Zugang zu den Archiven war, von allen anderen Erwägungen abgesehen, auf ein Minimum beschränkt. Aber er konnte auch nicht über die Nachkriegszeit schreiben, weil er hier ebenfalls keinen Zugang zu den Quellen hatte und weil Chruschtschow zu einer Unperson geworden war. Das ideale Geschichtsbuch war eines, das keine Namen erwähnte, sondern nur Parteibeschlüsse. In einem Fernsehinterview im Dezember 1987 machte Andrei Wosnessenski auf ein derartiges, kurz zuvor veröffentlichtes

Buch aufmerksam. Der Autor schaffte es, weder Chruschtschow noch Breschnew zu erwähnen, und auch von Stalin war kaum die Rede. Statt über das historische Geschehen zu schreiben, beschäftigten viele Historiker sich mit Methodologie: ob die jüngere Sowjetgeschichte in drei, vier oder mehr Perioden unterteilt werden solle; ob die NÖP im Jahre 1926 oder 1927 oder 1928 geendet habe. Solche Erörterungen wurden als »Periodisierungsdebatten« bezeichnet; es war eine relativ harmlose und, wie sich versteht, völlig unproduktive Betätigung.

Der Ruf nach Glasnost machte im Laufe der Jahre 1985 und 1986 wenig Eindruck auf sowjetische Historiker. Es gab keine entscheidenden Änderungen in der Fachliteratur; die Historiker glaubten entweder, daß kein Bedarf an Neubewertungen bestehe, oder – und dies war wahrscheinlicher – sie zogen es vor, abzuwarten, da die Parteibehörden (deren Richtlinien die Historiker üblicherweise folgten) klare Hinweise vermissen ließen.

Mittlerweile ergriffen jedoch Dramatiker, Filmemacher, Romanautoren und Journalisten die Initiative in Sachen Vergangenheitsbewältigung. Zu ihren Arbeiten gehören, um nur die bekanntesten hervorzuheben, die Dramen Michail Schatrows, etwa *Der Friede von Brest* und *Dalsche...dalsche...dalsche (Weiter...Weiter...Weiter)*; Filme wie *Pokajanije (Die Reue)* und *Risk (Das Risiko)*; historische Romane wie Rybakows *Deti Arbata (Die Kinder vom Arbat)*; die Schriften von Dudinzew (über Lyssenko), Daniil Granin (über das Schicksal des Wissenschaftlers Timofejew-Resowskis) sowie Wassili Below und Boris Moschajew (über die Folgen der Kollektivierung); die Gedichte Twardowskis und Anna Achmatowas zu Ehren von Stalins Opfern; und zahllose Artikel in Zeitschriften wie *Ogonjok*, die einige Reputationen wiederherstellten und andere herabsetzten, ohne daß die Autoren die Genehmigung der Behörden erhalten hätten.[19]

Die Historiker sahen sich in zunehmendem Maße einer ganz beispiellosen Situation gegenüber: Über Themen wie die Revolutionen von 1917, die Kollektivierung, die Industrialisierung, die Säuberungen und Stalins Rolle im Zweiten Weltkrieg – mit anderen Worten, über alle bedeutenden Fragen in der Geschichte ihres Landes gab es zwei (oder mehr) Versionen. Schlimmer noch, aus dem Berufsstand selbst ertönten

Stimmen, die den Zustand der sowjetischen Historiographie verurteilten. Ein Mitglied der Estnischen Akademie der Wissenschaften schrieb in der *Iswestija*, daß keine andere gesellschaftswissenschaftliche Disziplin so viele Verzerrungen erlebt habe. Er verglich sowjetische Historiker mit Artithmetikern, die die Lösung bereits wüßten und sich dann zum Anfang zurückarbeiteten. Die Historiographie hinke, was die Behandlung der Vergangenheit betreffe, hinter der Literatur her; die Autoren von Lehrbüchern wagten nicht einmal, die Namen derjenigen zu erwähnen, die einst an der Spitze von Partei und Staat gestanden hätten.[20]

Juri Afanasjew, Leiter des Staatlichen Instituts für Historische Archive, erklärte in einer Reihe von Artikeln und Interviews, daß man weder die Ursprünge des Stalinismus analysiert noch das Ausmaß des angerichteten Schadens eingeräumt habe. Sehr häufig entspreche das Niveau der zeitgenössischen sowjetischen Historiographie immer noch dem des berüchtigten »Kurzen Lehrgangs« von 1938, der nach Stalins persönlichen Anweisungen angefertigt worden war.[21]

Afanasjews Spezialgebiet war französische Geschichte, wie seine Kritiker hervorhoben, doch der Militärhistoriker Alexander Samsonow gehörte als Mitglied der Akademie der Wissenschaften zur Elite seines Faches. Auch er zeigte sich sehr unzufrieden über den Zustand der sowjetischen Historiographie. Angesichts der mangelnden Kriegsbereitschaft im Juni 1941, der »Enthauptung« der Roten Armee in den Jahren zuvor und verschiedener im Kriegsverlauf begangener Fehler könne er, im Gegensatz zu vielen seiner Kollegen, Stalin nicht als genialen Militärführer betrachten.[22]

Auch andere Historiker waren bestürzt über den Zustand ihrer Disziplin, deren Glaubwürdigkeit untergraben worden sei.[23] Doch recht oft waren dies Familienstreitigkeiten, Kontroversen zwischen Leninisten, denn schon in der frühen Chruschtschow-Zeit waren Berufshistoriker bei ihren Bemühungen, die Vergangenheit sorgfältig zu untersuchen, weiter vorgedrungen. Dagegen wurde die Sparte im Jahre 1987 von Vorsicht beherrscht. Als Pawel Wolobujew, ein Mann von untadeligen leninistischen Anschauungen, im März 1987 auf einer Zusammenkunft der Akademie der Wissenschaften milde Kritik an den sowjetischen historischen Studien äußerte, erhielt er praktisch keine Unterstützung. Wie

Professor Tichwinski, wissenschaftlicher Sekretär der Historischen Abteilung der Akademie, es ausdrückte: »Wir dürfen nicht zulassen, daß unsere historische Wissenschaft unter dem Mantel der Perestroika zur Gänze verunglimpft wird.« Er wollte sagen, daß es so wenig Revisionen wie möglich geben solle und daß man ohnehin keine Eile habe; vielleicht werde sich die Parteilinie in nicht allzu ferner Zukunft wieder ändern.[24] Das wichtigste Publikationsorgan der historischen Wissenschaft bemerkte bei einer seiner periodischen Übungen in Selbstkritik: »Bis vor kurzem haben Historiker eine abwartende Position eingenommen.« Der passive Widerstand vieler Historiker gegen Glasnost rufe Kritik von seiten der ZK-Kontrolleure hervor.[25]

Eine Gruppe hochrangiger Agrarexperten, die 1931 auf Stalins Befehl hin verhaftet und wegen politischer Verschwörung angeklagt worden war, erhielt 1987 vom Obersten Gerichtshof die Rehabilitierung, und man kündigte an, ihre Arbeiten wieder zu veröffentlichen. Aber sie waren keine Parteimitglieder gewesen, jeder wußte, daß sie sich keiner Verschwörung schuldig gemacht hatten, und einige Werke der Prominentesten unter ihnen, etwa Alexander Tschajanows, waren bereits mehrere Jahre zuvor in Moskau erschienen.[26] Der im Ausland bekannteste Angehörige dieser Gruppe war der Wirtschaftswissenschaftler Nikolai Kondratjew, der sich durch seine »Konjunkturwellen«-Theorie einen Namen gemacht hatte. Da man diese Theorie in seiner Heimat zurückgewiesen hatte, war sein Ruhm in Amerika größer als in Rußland. Ihre Rehabilitierung war kein entscheidender Durchbruch, ebensowenig wie die Tatsache, daß gewisse Autoren nun Lenins Testament zitierten, in dem er sich unfreundlich über Stalin geäußert hatte. Es war nämlich bereits unter (und von) Chruschtschow zitiert worden.

Mithin war die Situation an der »historischen Front« (wie man in Stalins Tagen gesagt hätte) Anfang 1987 widersprüchlich und verworren. Sowjetische Historiker und interessierte Laien, von denen es sehr viele gab, warteten auf ein eindeutiges Signal ihrer Führung, doch vergeblich. Ligatschow, der damals zweite Mann im Politbüro, ließ wissen, daß er den Brauch, die Sowjetgeschichte als eine einzige Kette von Fehlern zu interpretieren, ablehne; Stalin habe zwar häufig die falschen Methoden angewandt, aber unter ihm sei die Sowjetunion zu einer der führenden

Industriemächte der Welt aufgestiegen. Auch Gorbatschow schien wenig geneigt, sich der Kampagne gegen Stalin anzuschließen. In einem Interview mit *L'Humanité* hatte er den französischen Genossen erklärt, daß es nie einen Stalinismus gegeben habe; dies sei ein von den Feinden des Kommunismus ersonnener Begriff, den sie immer wieder benutzten, um die Sowjetunion und den Sozialismus zu diskreditieren.[27] Doch gleichzeitig verwendeten viele sowjetische Schriftsteller – darunter Aitmatow, den Gorbatschow als Freund betrachtete – den Begriff »Stalinismus« ganz ungeniert in einem negativen Sinne. »Wir alle stehen immer noch unter dem Einfluß des Stalinismus, so daß wir nicht fähig sind, unabhängig zu denken und zu handeln«, erklärte Aitmatow, und niemand behauptete, er sei ein Feind des Sozialismus und der Sowjetunion. Wem sollte man also Glauben schenken?

Schließlich modifizierte Gorbatschow seine Haltung, vielleicht unter dem Einfluß seiner Ratgeber und Freunde. In einer Rede vor dem Zentralkomitee räumte er im Januar 1987 ein, daß die Ursachen der gegenwärtigen Situation weit in die Vergangenheit zurückreichten; und im Juli 1987 erklärte er vor wichtigen Medienvertretern, daß »wir nie fähig sein werden, das zu vergeben und zu vergessen, was in den Jahren 1937 und 1938 geschah«. Dieses Thema tauchte auch in seiner Rede zum siebzigsten Jahrestag der Oktoberrevolution wieder auf.

Weiter wollte Gorbatschow nicht gehen, aber seine Anhänger erwarteten mehr. Das ganze Jahr 1987 hindurch, bis hin zu seiner Rede im November, hatte man sich große Hoffnungen gemacht, daß sehr bald grünes Licht für eine umfassende Überarbeitung der Sowjetgeschichte gegeben werden würde; die Parteiführung, so erwartete man, werde Bucharin, Sinowjew, Kamenew und vielleicht sogar Trotzki politisch rehabilitieren; eine fairere Einstellung gegenüber den Menschewiki und anderen linksgerichteten Gegnern der Bolschewiki werde sich durchsetzen. Einige dieser Voraussagen erschienen in den Interviews westlicher Journalisten mit sowjetischen Literaten, und die Enttäuschung war groß, als nichts derart Dramatisches geschah.

Warum war es so schwierig, der historischen Wahrheit Zugeständnisse zu machen? Schließlich muß Gorbatschow in vieler Hinsicht den Anschauungen Bucharins nähergestanden haben als denen Stalins. Und

Bucharin war fast dreißig Jahre zuvor unter Chruschtschow rehabilitiert worden.[28] Die knappe Antwort lautet, daß dies nur auf der Grundlage einer radikalen Neubewertung des Stalinismus möglich gewesen wäre, und dies schien aus politischen Gründe weiterhin nicht ratsam.

Die führenden Stalin-Kritiker wie Afanasjew und Samsonow waren offenkundig in der Minderheit; Afanasjew wurde von mehreren Kollegen vorgeworfen, er verzerre die Tatsachen und liefere den Antimarxisten billige Argumente.[29] Die Männer und Frauen, die sich für Stalin einsetzten, gehörten gewöhnlich nicht zum Fach. Die führenden Historiker, also die Akademiemitglieder und Institutsleiter, hielten sich lieber aus der Debatte heraus. Sie wußten aus langer Erfahrung, daß Schweigen auf ihrem Gebiet Gold ist. Der Militärhistoriker Samsonow wurde von dem stalinistischen Romanautor Stadnjuk unter Feuer genommen, dessen eigenen Erinnerungen zufolge Stalin ein großer Militärführer gewesen sei. Und hatte Samsonow selbst in seinen früheren Arbeiten nicht eine positivere Haltung zu Stalin eingenommen? Dies traf zu, aber es war ein Argument ohne Belang, denn Stadnjuk wußte sehr gut, daß eine solche Linie für Historiker, die ihre Arbeit publiziert sehen wollten, in der Breschnew-Ära unumgänglich gewesen war.

Neue Enthüllungen über die Säuberungen und Prozesse gingen nicht von den bedeutendsten Akademiemitgliedern aus, sondern von Journalisten in den Büros von *Ogonjok* oder von jungen Forschern wie Dmitri Jurassow, einem zweiundzwanzigjährigen Studenten, der eine Zeitlang in Staats- und Militärarchiven gearbeitet hatte. In einer Debatte, die sich an eine öffentliche Versammlung in Moskau anschloß, erwähnte er einige interessante, bis dahin unbekannte Tatsachen über die Opfer der Säuberungen und über das Schicksal der Ermittler und Henker.[30] Die Mitteilung, daß sich zur Zeit von Stalins Tod zwölf Millionen Häftlinge in den Arbeitslagern befunden hätten, erschien nicht in der führenden historischen Fachzeitschrift *Woprossy istorii*, sondern in der Zeitung des Moskauer Komsomols.

Der aktive Widerstand vieler Historiker gegen Glasnost in ihrem Bereich ließ die Parteibehörden eingreifen; es war keine völlige Überraschung, als Anfang 1988 die gesamte Redaktion von *Woprossy istorii* entlassen wurde. Von dem neuen Chefredakteur, A.A. Iskenderow, erwartete man, daß er größere Zugeständnisse an die historische Objektivität machen würde – im Gegensatz zu der vorwiegend propagandistischen Rolle, die der Berufsstand in vergangenen Jahrzehnten gespielt hatte. Aber dem neuen Liberalismus waren, wie sich bald herausstellte, bei den Berufshistorikern recht enge Grenzen gesetzt; man hatte nicht den Wunsch, das Maß intellektueller Freiheit auszuweiten, das in der Chruschtschow-Zeit erreicht worden war.

Eine Konfrontation zwischen führenden Historikern und Literaten, die im April 1988 in Moskau stattfand, ließ immer noch erhebliche Selbstzufriedenheit bei den Geschichtswissenschaftlern erkennen. Wer mit Afanasjew argumentierte, so war zu hören, daß die Geschichte in keinem Land je derartig gefälscht worden sei, gehöre zweifellos einer Minderheit an. Ein Kollege fügte hinzu: »... schließlich *haben* wir eine Geschichtswissenschaft.« Viele Historiker kritisierten die Freiheiten, die sich die Autoren kürzlich erschienener Romane angeblich herausnähmen. Aber die Romanautoren konnten weiterhin dagegenhalten, daß ihre Werke der historischen Wahrheit näher seien als die Schriften der professionellen Historiker, die letzten Endes gleichfalls Belletristik fabriziert hätten, wenngleich zumeist ungenießbare Belletristik mit zahlreichen Fußnoten und anderen Merkmalen eines wissenschaftlichen Ansatzes.[31]

Im Prinzip war niemand mehr gegen die Rehabilitierung alter Bolschewiki, die der Partei treu gedient hätten und willkürlicher »Repression« ausgesetzt worden seien. Selbst Isaak Minz, ein einundneunzigjähriges Akademiemitglied, gab Interviews, in denen er erklärte: »Heute kennen wir bei weitem nicht alle Namen der Helden der Vergangenheit.«[32] Minz hatte – vielleicht wirkungsvoller als jede andere Einzelperson – seit Stalins Tagen eine zentrale Rolle bei der Fälschung der sowjetischen Historiographie und bei der Unterdrückung von Namen gespielt, die er nun beklagte. Sein reformistischer Eifer wurde denn auch von vielen für unaufrichtig gehalten; dadurch gerate Glasnost in Verruf. Aber Minz hatte im Laufe der Jahre doch recht gradlinig argumentiert, und vielleicht waren seine Motive komplexer, als man allgemein annahm. Er war am Ende seiner Karriere und hatte es nicht nötig, sich einem weiteren Schlenker der Parteilinie anzupassen; er brach durchaus keine Lanze

für Trotzki und die anderen Abweichler von Stalins Kurs, deren An-
schwärzung er sein ganzes Leben gewidmet hatte. Aber in den späten
sechziger und in den siebziger Jahren war ihm aufgegangen, daß nicht
nur die Liberalen auf eine Revision der offiziellen Geschichtsschreibung
drängten. Still und leise fand eine andere Revision statt, eingeleitet von
rechten Nationalisten. In ihren Romanen und historischen Essays kamen sie zu Schlußfolgerungen, die mit den von Minz seit Jahrzehnten ge-
predigten eine gewisse Ähnlichkeit hatten: Auch sie haßten Trotzki und
alles, was er repräsentierte.

Aber ihre Motive waren nicht die gleichen. Sie haßten Trotzki, weil er
Kommunist, Internationalist und Jude war. Sie sagten »Trotzki« und
meinten Lenin und die gesamte Generation der alten Bolschewiki. Minz
las zu seinem Entsetzen in den siebziger Jahren neue »Enthüllungen«,
nach denen die Märzrevolution von 1917 nicht von den Bolschewiki
durchgeführt worden sei, wie er und seine Kollegen seit vielen Jahren
behauptet hatten, sondern als Ergebnis einer Freimaurerverschwörung
unter den Führern der bürgerlichen Parteien angesehen werden müsse.
Minz begriff, wie weit die Verherrlichung des zaristischen offiziellen Nationalismus vorangeschritten war, und entdeckte deshalb eine gewisse
Übereinstimmung mit Afanasjew, der die neuen Verteidiger des Zarismus kritisierte, die in die Fußstapfen der extremen Slawophilen traten –
oder noch schlimmeren Vorbildern folgten – und die nationale Bestimmung des russischen Volkes heraufbeschworen.[33]

Die Kollektivierung der Landwirtschaft in den späten zwanziger
Jahren wurde zu einem weiteren Zankapfel, denn es handelte sich angesichts der gegenwärtigen Misere der Landwirtschaft und der Notwendigkeit von Reformen um ein Thema von mehr als akademischem Interesse. Laut offizieller Geschichtsschreibung war Stalins Politik der
Anwendung »extremer Maßnahmen« (der »Liquidierung der Kulaken
als Klasse«) im großen und ganzen korrekt gewesen. Ihre Grundzüge
hätten in der Tradition von Lenins Denken gestanden, und ihre langfristigen Folgen seien vorteilhaft gewesen. Die Historiker sahen keinen
Grund, ihre Ansichten in den Jahren 1986 und 1987 zu ändern; immerhin räumten die liberaleren unter ihnen ein, daß der Preis an Menschenleben hoch gewesen sei, daß es bei der Durchführung der Politik Exzesse

und schwere Unzulänglichkeiten gegeben habe. Kurz, die Kollektivierung habe viele »gute« und »schlechte« Seiten gehabt, und zwischen dem Ziel, das begrüßenswert gewesen sei, und den eingesetzten Mitteln, die weniger begrüßenswert gewesen seien, habe ein profunder Widerspruch bestanden.[34] Doch unter dem Strich war die Kollektivierung nach der alten wie der neuen Parteilinie ein Erfolg. Sie habe die landwirtschaftliche Produktion angekurbelt und es Stalin ermöglicht, Material und Arbeitskräfte für das Wachstum der Industrie zu mobilisieren.

Aber diese offizielle Parteilinie war selbst unter Breschnew nie unumstritten gewesen. Dorfschriftsteller (so reich an Zahl, daß sie hier nicht erwähnt werden können) hatten Romane veröffentlicht, die ein bestürzendes Bild der Landgebiete während der Kollektivierung und bis in die Gegenwart zeichneten. Diese *derewenschtschiki* waren alles andere als liberale Intellektuelle. Als durchweg orthodoxe Kommunisten – wie zum Beispiel Michail Alexejew – waren sie niemals von der offiziellen Ideologie abgewichen.[35] In den Jahren 1986 und 1987, als neue, zuvor unterdrückte Bücher publiziert wurden, kamen noch deprimierendere Darstellungen ans Licht. Wie Wassili Bykow in einem Interview erläuterte, war der Schaden, dem man der bäuerlichen Gesellschaft während der Kollektivierung zugefügt hatte, für die Begeisterung verantwortlich, mit der die einmarschierenden deutschen Armeen im Jahre 1941 zunächst willkommen geheißen wurden.[36]

Nicht nur Romanschriftsteller brachten solche Kritik vor; auch Wirtschaftswissenschaftler argumentierten, daß die langfristigen Ergebnisse der Kollektivierung nicht positiver gewesen seien als die unmittelbaren Folgen. Jedenfalls habe es rationalere Alternativen gegeben, um den landwirtschaftlichen Produktionsprozeß umzugestalten.

Die Rolle Trotzkis stellte die sowjetischen Historiker vor eine entscheidende Prüfung; nur die Rolle seines Antagonisten Stalin machte ihnen noch größere Mühe. Den meisten Zeitgenossen zufolge war Trotzki kein liebenswerter Mann, sondern arrogant, selbstgefällig und unfähig zu jeder Art von Teamwork. Während er intelligenter und gebildeter als die meisten anderen bolschewistischen Führer war, erwies sich sein politisches Urteilsvermögen oft als fragwürdig und manchmal als völlig falsch. Er war ursprünglich Menschewik gewesen und hatte sich häufig mit Lenin gestritten. Lenin sagte nach 1917 über ihn, daß er »bei uns, aber nicht einer von uns« gewesen sei.

Gleichwohl hatte er sich Lenin im Sommer 1917 angeschlossen, und dieser erklärte, daß es seitdem keinen besseren Bolschewiken als den Genossen Trotzki gegeben habe. Bei der Durchführung der Revolution und später im Bürgerkrieg hatte er die gleiche – und in mancher Hinsicht größere – Bedeutung wie Lenin gehabt. Dies war das Urteil aller Zeitgenossen von John Reed bis Lunatscharski. Es war auch das Urteil Stalins, der aus Anlaß des ersten Jahrestages der Revolution schrieb:»Die gesamte praktische Organisationsarbeit des Aufstandes wurde unter der unmittelbaren Führung von Genosse Trotzki, dem Vorsitzenden des Petrograder Sowjets, geleistet. Wie man mit Gewißheit sagen kann, hat die Partei es hauptsächlich und vor allem dem Genossen Trotzki zu verdanken, daß die Garnison rasch zum Sowjet überlief und daß die Arbeit des Militärischen Revolutionskomitees so kühn abgewickelt wurde.«[37] Lenin hielt sich damals versteckt, wie man nicht vergessen darf, und konnte aus der Ferne Rat geben – aber nicht aktiv eingreifen.

Später hatte Trotzki wie praktisch alle anderen Führer der Bolschewiki seine Differenzen mit Lenin. Aber er spielte weiterhin eine wichtige Rolle, zuerst als Volkskommissar des Äußeren und dann als Gründer der Roten Armee; während des Bürgerkriegs hatte er die militärische Gesamtleitung. In dem Machtkampf nach Lenins Tod erlitt Trotzki eine Niederlage. Er führte die linke Opposition innerhalb der Partei, wurde ausgeschlossen, im Jahre 1927 in die Verbannung geschickt und schließlich im Jahre 1940 auf Stalins Befehl ermordet.

Die Behandlung Trotzkis ist der Lackmustest für Glasnost in der sowjetischen Geschichtsschreibung, gerade weil man ihn über so viele Jahre hinweg als den Erzschurken hinstellte: Er war Satan, Judas, Luzifer, der schlimmste Verräter, die Verkörperung alles Bösen. Man hätte meinen können, daß es fast ein halbes Jahrhundert nach seiner Ermordung möglich sein sollte, die Wahrheit über ihn zu veröffentlichen. Der Trotzkismus als politische Bewegung hatte nie eine echte Gefahr für die Sowjetmacht dargestellt – weshalb war es so schwierig, die Rolle Trotzkis nochmals zu prüfen? Immerhin konnte er nun in einigen Bühnenstücken und Romanen erscheinen – nicht als Kollaborateur der Gestapo, sondern bloß als ein zweifelhafter Charakter, als ein Mann, der nie ein wahrer Bolschewik gewesen war und sich fast immer geirrt hatte. Dies warf neue Fragen auf. Denn wenn Trotzki sowohl unfähig wie unzuverlässig gewesen war, wie ließ sich dann erklären, daß der unfehlbare Lenin ihm Führungspositionen in Partei und Staat anvertraut hatte?

Es gibt heute nicht mehr Antworten auf diese Frage als in der Vergangenheit. Einige Beobachter meinten, man werde Trotzki rehabilitieren und entdecken, daß sogar dieser gefallene Engel sich während der Revolution und im Bürgerkrieg historische Verdienste erworben hatte. Aber die Kampagne gegen ihn setzte sich fort; man behauptete, er sei im tiefsten Innern stets ein Feind gewesen, seine Tätigkeit habe die Revolution in große Gefahr gebracht, er habe versucht, den bewaffneten Aufstand in Petrograd zu sabotieren, er sei in persönliche Intrigen verwickelt gewesen, er habe den ganzen Tag über nur geredet und die wirklich entscheidenden Vorbereitungen für den Petrograder Aufstand anderen Genossen überlassen. In der sowjetischen Presse erschienen lange Beiträge mit Titeln wie »Sie versuchen, Klein-Judas aufzuputzen«; darin machte man sich über die Voraussagen einiger ausländischer Kommentatoren lustig, daß Trotzki rehabilitiert werden würde.[38]

Jede Religion benötigt ihre Kräfte des Lichts und der Finsternis. Jede grundlegende Revision hätte ein Schisma verursachen können; es hätte die Gläubigen verunsichert und vielleicht sogar die Entstehung einer neuen Religion bewirkt. Alexander Bowin, einer der führenden Liberalen, kommentiert: »Trotzki ist ein extremes Beispiel. Er ist eine zu negative Persönlichkeit in unserer Geschichte und im Bewußtsein der Menschen. Sie betrachten manche seiner Aktionen – besonders das, was er im Ausland schrieb – als Verrat. Wir können nichts dagegen tun; wir können keine Erklärungen geben, denn Trotzki ist einfach zu verhaßt. Deshalb gehört diese Angelegenheit in die letzte und schwierigste Phase im Enthüllungsprozeß.«[39]

Allerdings gab es erhebliche Unterschiede in der Gewichtung. Einige Historiker schrieben weiterhin ausschließlich negativ über Trotzki: Wenn die Rote Armee im Bürgerkrieg gesiegt habe, dann trotz, nicht wegen seiner Führung; wenn er ein paar unbedeutende Erfolge zu verzeichnen habe, dann nur, weil er Lenins Anweisungen befolgte. Nach dieser Argumentation hatte Trotzki stets eine Neigung zum Abenteurertum gehabt; seine Inspiration sei die eines Kleinbürgers, nicht eines wahren Revolutionärs gewesen. Andere Historiker räumten ein, daß Trotzki, obwohl insgesamt eine negative Erscheinung, zu Lebzeiten Lenins kein Feind der Revolution und des Sozialismus gewesen sei; daß er sich als begabter Organisator, Publizist und Redner erwiesen und Stalins Motive und Absichten gut durchschaut habe. Später habe Trotzki die Partei jedoch in unnötige interne Debatten verwickelt, viel von seinem früheren Prestige verloren, gegenüber der Sowjetunion und dem Marxismus feindliche Standpunkte bezogen und – ein neuer Vorwurf – zum Sieg des Stalinismus, wenn auch indirekt, beigetragen.

Das neue Element von Glasnost war, daß nun unterschiedliche Meinungen über eine Vielzahl von Themen geäußert werden konnten, über Stalin und Trotzki genauso wie über die Vorgeschichte des Zweiten Weltkriegs, wobei manche Historiker argumentierten, daß Stalins Pakt mit Hitler die einzig mögliche Politik gewesen sei, während andere behaupteten, daß es Alternativen gegeben habe.[40] Aber die Grenzen – zum Beispiel im Hinblick auf den Stalinismus – waren eindeutig festgelegt. Man konnte freimütig zugeben, daß Stalin Verbrechen begangen hatte; schließlich war er jederzeit als höchste Autorität von Lenin zu ersetzen, dem nicht der Makel derartiger Missetaten anhaftete. Aber die Parteiführung konnte Stalin nicht völlig ausrangieren, ohne die Legitimität von Partei und Staat zu schwächen. Denn dadurch wäre die Sowjetgeschichte ja im Rückblick seit Mitte der zwanziger bis Mitte der achtziger Jahre als eine Kette von »Willkürmaßnahmen«, Fehlschlägen und Katastrophen erschienen. Außerdem betraf das Problem nicht nur die Stalin-Ära, da man auch die Zeit Chruschtschows und Breschnews gewogen und für zu leicht befunden hatte.

Es gibt noch eine andere Erklärung: die Möglichkeit, daß die gegenwärtige sowjetische Führungsgeneration wenig über die historischen Tatsachen ihrer Partei und ihres Landes weiß. Der wahre Sachverhalt ist gut verborgen worden; außer ein paar Experten hat seit mehr als fünfzig Jahren niemand Zugang zu den Quellen gehabt. Heute sind diese Quellen verfügbarer, aber Spitzenpolitiker haben Dringenderes zu tun, als sich mit historischer Forschung zu beschäftigen.

Viele heutige Sowjetführer mögen also aufrichtig an das glauben, was sie in jüngeren Jahren lernten, und dies erhöht wahrscheinlich ihren Widerwillen, alte und quälende Debatten wiederzueröffnen. Eine radikale Neubewertung des Stalinismus, seiner Ursprünge und Folgen könnte großen politischen Schaden anrichten. Weshalb soll man dieses Risiko eingehen, da es doch soviel wichtiger ist, in die Zukunft zu blicken? Man muß im Gedächtnis behalten, daß sich der Übergang von Stalin zur gegenwärtigen Führungsgeneration stufenweise vollzog; es gab nie einen radikalen Bruch mit der Mentalität und den Einrichtungen der Stalin-Zeit. War es nicht besser, auf die heilende Kraft der Zeit zu vertrauen, als sich einer peinigenden Selbstbetrachtung hinzugeben?

Daher rührte die Notwendigkeit, behutsam an die Diskussion des Stalinismus heranzugehen, die Vor- und Nachteile sorgfältig gegeneinander abzuwägen. Stalin war, wie Gorbatschow in seiner Gedenkrede am 2. November 1987 sagte, eine »extrem widersprüchliche Persönlichkeit«. Er habe einen unbestreitbaren Beitrag zum Kampf für den Kommunismus geleistet und dessen Errungenschaften verteidigt. Unter seiner Führung sei das Erbe des Leninismus im ideologischen Ringen gegen linke und rechte Abweichler geschützt worden; er habe die Industrialisierung und die Kollektivierung der Landwirtschaft zügig durchgesetzt. Zwar sei es zu Exzessen gekommen, aber letzten Endes habe es sich bei der Konsolidierung des Sozialismus auf dem Lande um einen Wandel von grundlegender Bedeutung gehandelt. Der Personenkult und die Ermordung vieler loyaler Kommunisten seien zu verurteilen, aber schließlich habe man den Großen Vaterländischen Krieg gewonnen, und »ein Faktor bei der Erringung des Sieges bestand in dem ungeheuren politischen Willen, der Zielstrebigkeit und Beharrlichkeit sowie dem Vermögen Josef Stalins, Menschen zu organisieren und auszubilden«.[41] Die unter Gorbatschow vorherrschende Einstellung zu Stalin und dessen System war für die große Mehrheit der Führerschaft politisch akzeptabel. Hier zeigt sich, daß die Wurzeln des Stalinismus so tief reichen und seine Konsequenzen so stark sind, daß die ganze Wahrheit über ihn bis zum heutigen Tage nicht enthüllt werden kann.

Daß Stalin eine »widersprüchliche Persönlichkeit« war, versteht sich von selbst; das gilt für die meisten Menschen. Vielleicht lassen sich sogar bei Adolf Hitler ein paar versöhnende Faktoren finden: Unter ihm wurde die Arbeitslosigkeit beseitigt, man baute Autobahnen, und er war unzweifelhaft ein Militärführer von erheblicher Kühnheit und Weitsicht. Allerdings bewirkte seine Herrschaft den totalen Zusammenbruch seines Landes, während Stalin siegreich war. Der letztere ging als starkes und weises Oberhaupt einer Supermacht aus dem Krieg hervor, doch er hatte seiner Sache enormen politischen und moralischen Schaden zugefügt. Vielleicht ist dieser Schaden wiedergutzumachen, denn schließlich ist auch aus der Asche des Nazireiches ein neues demokratisches Deutschland aufgestiegen. Im Falle Stalins werden die Reparaturarbeiten schwerer sein und länger dauern, gerade weil das von ihm gebaute Haus nie ganz abgerissen wurde. Daher die Widersprüche und Schwankungen im Prozeß der Entstalinisierung.

Alternativen zu Stalin?

Selbst bedeutende sowjetische Experten haben immer noch große Mühe, mit dem Stalin-Phänomen fertig zu werden. Einige dieser Schwierigkeiten sind politischer, andere psychologischer und selbstverschuldeter Art. Der Fall des Professors und Generals Wolkogonow, der die erste offizielle (oder halboffizielle) Stalin-Biographie verfaßte, ist äußerst lehrreich. Wolkogonow befaßt sich mit Stalins Verbrechen und seinem Wahnsinn, doch das hindert ihn nicht daran, offensichtlich absurde Interpretationen zu übernehmen. Zum Beispiel versucht er, die »Säuberungen« und den Terror der dreißiger Jahre durch trotzkistische und nationalsozialistische Provokationen zu erklären.

Trotzkis Buch *Die verratene Revolution* erschien im Jahre 1936, und Wolkogonow enthüllt zum erstenmal, daß die sowjetischen Sicherheitsorgane gegen Ende 1937 eine russische Übersetzung hergestellt und Stalin vorgelegt hatten. Trotzki erwähnte in diesem Buch, daß er immer noch Anhänger in der Partei und in der Armee habe, und er benutzte wiederholt die Parole »Nieder mit Stalin« – war es also nicht möglich, daß Stalin nach der Lektüre beschlossen habe, das Blutbad unter der militärischen und politischen Führung anzurichten?

Leider fügt sich diese These nicht in die Chronologie. Als das NKWD dem Kreml die Trotzki-Übersetzung vorlegte, waren die meisten der Opfer bereits verhaftet und viele sogar schon erschossen worden. Doch selbst wenn Trotzki sein Buch früher geschrieben und die Übersetzer schneller gearbeitet hätten, würde die Theorie nicht plausibel sein. Denn wenn Stalin ein Paranoiker war, konnte er auf Trotzkis Buch als psychologische Rechtfertigung verzichten. Während der dreißiger Jahre war die russische Emigrantenpresse, waren vor allem die rechtsgerichteten Zeitungen voll von angeblichen Enthüllungen antistalinscher Komplotte unter den sowjetischen Militärführern, und es ist wahrscheinlich nicht uninteressant, daß diese Geschichten gewöhnlich von Agenten der sowjetischen Geheimpolizei verbreitet wurden.

Aus ähnlichen Gründen ist ein Hinweis in den gefälschten Nazidokumenten, die Stalin durch den tschechoslowakischen Präsidenten Beneš übermittelt worden waren, auf Verschwörungen im sowjetischen Oberkommando wenig überzeugend. Es gibt keinen Beleg dafür, daß diese Fälschungen irgendeinen nennenswerten Einfluß auf die Entscheidung hatten, die Rote Armee zu »enthaupten«, von den anderen »Säuberungen« ganz zu schweigen.[42] Das wirkliche Rätsel hat nichts mit Stalins Motiven zu tun, sondern mit der Bereitschaft ernsthafter Leute, noch fünfzig Jahre später Pseudoerklärungen zu akzeptieren.

Wolkogonow kommt zu dem Schluß, daß damals, wie katastrophal Stalins Regime auch gewesen sein mochte, keine Alternative bestanden habe. (Allerdings findet sich in seinen späteren Artikeln und Interviews eine differenziertere Betrachtungsweise). Dies ist direkt und indirekt von anderen sowjetischen Autoren in Frage gestellt worden – indirekt in einer großen Zahl von Artikeln, die ein neues Licht auf Stalins wahre Leistungen als Erbauer des Sozialismus und als oberster Kriegsherr werfen. Diesen Enthüllungen zufolge war der wirtschaftliche Fortschritt sogar während des ersten Fünfjahresplans viel bescheidener, als bisher angenommen; auch Stalins außenpolitische und militärische Fehler waren ernster und kostspieliger, als man allgemein vermutet hatte. Gleichzeitig hat man sich über Stalins Rolle als Philosoph, als linguistische Autorität und als Wirtschaftstheoretiker lustig gemacht. Weit davon entfernt, ein Marxist und Schüler Lenins zu sein, habe er durch seine Taten, Reden und Schriften die Theorie und Praxis des Sozialismus in Verruf gebracht und unabsehbaren Schaden angerichtet.[43]

Jedoch selbst unter Stalins schärfsten Kritikern behaupteten durchaus nicht alle, daß es politische Alternativen gegeben habe. Einige, etwa Igor Kljamkin, argumentierten, daß der Stalinismus angesichts der allgemeinen Rückständigkeit der russischen Gesellschaft wohl unvermeidlich gewesen sei. Dagegen beteuerte Otto Lazis, ein führender Wirtschaftshistoriker, daß es durchaus eine Alternative gegeben habe, nämlich die damals von Bucharin und anderen »rechten Abweichlern« befürwortete Politik. Nur ganz wenige Autoren haben anzudeuten gewagt, daß man, um die Quellen des Stalinismus aufzuspüren, zu Lenins Politik zurückgehen müsse, dergemäß »Schwarzhändler« (also die einzigen Händler der damaligen Zeit) auf der Stelle erschossen, die Bauern »ausgepreßt«, die russische Landwirtschaft zerstört und innerhalb von zwei Monaten nach der Revolution umfangreiche Arbeitslager organisiert wurden. »Die Grenzen der Nötigung« schrieb einer von ihnen, »weiteten sich gewaltig aus: Zuerst setzte man sie ein, um Feinde der Revolution zu unterdrücken, später wurde sie gegen potentielle Feinde angewandt (der »Rote Terror«) und schließlich als Instrument zur Lösung wirtschaftlicher Probleme benutzt.«[44]

Mithin war die Suche nach den wahren Ursprüngen des Stalinismus sogar unter Glasnost eingeschränkt. Es war nicht möglich, klar zu sagen, daß eine Verbindung zwischen der Diktatur des Proletariats (das heißt der Führung der Kommunistischen Partei) und dem Auftauchen Stalins bestanden hatte, oder auch nur, daß mangels elementarer demokratischer Verhaltensregeln innerhalb und außerhalb der Partei sowie mangels gesetzlicher Garantien der Aufstieg eines Diktators mit unbegrenzter Macht zumindest sehr wahrscheinlich gewesen war. Auch fand über den Stalinismus (im Gegensatz zur Person Stalins) keine gründliche Diskussion statt. Stalins Paranoia und die Rückständigkeit Rußlands waren unzweifelhaft Faktoren von einiger Bedeutung, aber andererseits konnte der Diktator das Land nicht allein regiert haben; er verfügte über Hunderttausende eifriger Handlanger.

Wie war der Stalinismus als politisches System und als Geisteszustand zu erklären? Wie ließ sich die Tatsache begründen, daß so viele Menschen willig bei Maßnahmen mithalfen, die nicht nur inhuman, sondern offenkundig absurd waren? Dies waren die wahrhaft sachdienlichen Fragen, aber aus den genannten Gründen war es unmöglich, sie offen ins Auge zu fassen. Bei allen faszinierenden Enthüllungen über die Stalin-Ära konnte man die Suche nach der Wahrheit noch immer nicht zu Ende führen.

Mittlerweile wurden in den sowjetischen Medien zahlreiche Artikel über Stalins Privatleben publiziert – über seine Söhne und Ehefrauen, seine Eß- und Trinkgewohnheiten, seinen Geschmack hinsichtlich Literatur, Malerei und Musik. Man fertigte sogar eine erste Analyse der handschriftlichen Kommentare an, die er an den Rand der Bücher in seiner Bibliothek geschrieben hatte. Die Veröffentlichungen stellten ihn meist negativ dar, aber es gab auch Erinnerungen, die ihn in einem sympathischen Licht erscheinen ließen, etwa die Notizen A.T. Rybins, eines seiner Leibwächter, der in allen Einzelheiten beschrieb, wie Stalin sein Auto einmal habe anhalten lassen, als er eine alte Frau, auf einen Stock gestützt, die Straße entlanggehen sah; und seinem Chauffeur befohlen habe, die alte Dame nach Hause zu bringen, obwohl dies einen beträchtlichen Umweg bedeutete. Man mag sich erinnern, daß nach 1945 ähnliche Berichte über Hitler veröffentlicht wurden: wie er Jungen und Mädchen auf der Straße anzuhalten und zu Kaffee und Kuchen einzuladen pflegte, wie er es sich zur Gewohnheit machte, einen Imbiß für seinen Chauffeur zuzubereiten, und so weiter. Die alte Redensart, daß niemand seinem Diener als Held erscheinen könne, gilt offenbar nicht für die Diktatoren des zwanzigsten Jahrhunderts.[45]

Dies ist nicht der Zeitpunkt, Stalins Standort in der Geschichte gründlich zu untersuchen. Über sein Regime läßt sich nur sagen, daß ein schwindelerregender Preis an Menschenleben, an Erniedrigung, an moralischer Korruption gezahlt wurde, während die Leistungen – auf wirtschaftlichem, politischem und militärischem Gebiet – keineswegs einzigartig waren. Nur eine lügenhafte Propaganda hat ihnen diesen Anschein verliehen.

Die Sowjetwirtschaft hätte in den zwanziger und dreißiger Jahren auf vielfältige Weise aufgebaut werden können; Millionen von Menschen zu ermorden, in die Verarmung zu treiben und mit eiserner Disziplin zu knechten ist gewiß keine Voraussetzung für rasches Wirtschaftswachstum. Wenn man die enorme Größe Rußlands, den Patriotismus seiner Bürger und seine gewaltigen Ressourcen bedenkt, hätte jeder zivile oder militärische Führer, wäre er nicht überaus unfähig gewesen, die deutsche Wehrmacht besiegt. Zar Alexander I. war kein genialer Herrscher, und Kutusow war kein mit Alexander dem Großen oder Napoleon vergleichbarer Heerführer. Doch unter ihrer Leitung wurden die unbesiegbaren Franzosen, die mittlerweile gefährlich überstrapaziert waren, vernichtend geschlagen. Die deutschen Niederlagen bei Moskau und Stalingrad waren keine Wunder, sondern das unvermeidliche Ergebnis von Hitlers grenzenloser Überheblichkeit.

Der gegenwärtigen Parteilinie zufolge bedauert man die Exzesse und die Brutalität des Stalinismus. Aber man ist noch nicht bereit, die Tatsache anzuerkennen, daß es Alternativen zu Stalins Politik gab. Diese Zurückhaltung mag politisch opportun sein, aber sie ist auf längere Sicht gefährlich. Denn wenn keine Alternativen existierten, wird man die Wurzeln des Übels eines Tages im Leninismus suchen.

»Der gegenwärtigen Parteilinie zufolge« – aber ist es im Jahre 1989 immer noch angebracht, sich in der Geschichtsschreibung auf eine Parteilinie zu berufen? In einem allgemeinen Sinne gibt es eine solche Linie noch, aber sie bezieht sich nicht mehr auf Details. Manchmal waren diese Details von Bedeutung, zum Beispiel was die Kollektivierung der Landwirtschaft und die Fünfjahrpläne angeht; hier ließen die Bewertungen beträchtliche Abweichungen erkennen. Die konservativen Historiker der Breschnew-Ära – bis jetzt noch die Mehrheit – behaupteten beispielsweise, Stalin habe zwar in seinen Reden die Freundschaftsbekundungen für Nazideutschland übertrieben (und Molotow noch mehr), aber im Grunde sei die Unterzeichnung eines Nichtangriffspaktes mit Hitler im August 1939 die einzige Möglichkeit gewesen. Sie behaupteten außerdem, daß dieser Pakt ohne Belang sei, was den deutschen Überfall auf Polen betraf, denn Hitler hätte es in jedem Fall angegriffen. Dieselben Historiker meinten, daß der Ausbruch des Kalten Kriegs im Jahre 1947/ 48 allein dem Westen anzulasten sei, während andere, die selbstkritischer gesonnen waren, einräumten, daß die sowjetische Außenpolitik sowohl für die Vorgänge von 1939 wie für die von 1947 eine erhebliche

Mitverantwortung trug. Deutlich nahmen offizielle Parteiorgane wie der *Kommunist* hier eine »zentristische« Position ein. Zuweilen waren diese Unstimmigkeiten schwerwiegend und höchst amüsant: Während die konservativen Historiker noch behaupteten, man könne nicht sicher sein, daß das geheime Zusatzprotokoll zum Nichtangriffspakt von 1939 keine Fälschung sei, hatten die Zeitungen in den baltischen Republiken bereits den Text dieser Dokumente veröffentlicht, in denen Osteuropa in Einflußsphären eingeteilt wurde.[46]

Die Schriften Dmitri Wolkogonows sind bereits erwähnt worden. Er ist nicht nur Armeegeneral, sondern auch Professor; seine akademischen Qualifikationen sind unbestritten, und da sein Vater ein Opfer der »Großen Säuberung« von 1937 war, gibt es keinen Grund, ihn pro-Stalinscher Voreingenommenheit zu verdächtigen. Er leugnet oder bagatellisiert Stalins Verbrechen nicht und äußert sogar die Vermutung, daß Stalin an einer nie diagnostizierten Geisteskrankheit gelitten habe.[47] Doch am Ende gelangt er zu der Folgerung, daß nach Lenins Tod nur Trotzki und Stalin eine reale Chance gehabt hätten, die Partei zu führen. Wolkogonows Ansicht nach hätte das Land unter Trotzki sogar noch stärkere Qualen erdulden müssen, da dieser kein Programm zum Aufbau des Sozialismus in der UdSSR besaß. Bucharin habe zwar über ein solches Programm verfügt, doch trotz seiner Begabung lange nicht begriffen, daß die Wirtschaftsmacht des Landes so rasch wie möglich gesteigert werden mußte. Die anderen Führungskandidaten sind für den Autor kaum der Rede wert; Stalin sei der konsequenteste und entschlossenste Verteidiger der Parteistrategie gewesen. Er habe sich nicht als großer Theoretiker erwiesen und sei anderen in moralischer Hinsicht unterlegen gewesen. Doch ungeachtet der »Last seiner Unvollkommenheit« habe er mehr politische Energie und Zielstrebigkeit als seine Konkurrenten bewiesen.

Diese Interpretation beruht auf einigen stillschweigenden Voraussetzungen: erstens, daß es zur Zeit von Lenins Tod eine klare Parteilinie im Hinblick auf in- und ausländische Angelegenheiten gegeben habe, die von Stalin besser und nachdrücklicher repräsentiert worden sei als von anderen. Aber es gab in der Innen- wie in der Außenpolitik höchstens eine sehr vage Linie dieser Art. Zweitens, daß die bolschewistische Partei einen starken Führer benötige und daß kollektive oder arbeitsteilige

Führerschaft eine Katastrophe heraufbeschwörten. Dies entsprach Stalins fester Überzeugung, aber es ist kein Grundprinzip des Marxismus; der charismatische, allmächtige Führer mag für eine faschistische Bewegung unentbehrlich sein, nicht jedoch für eine sozialistische Partei – gleichgültig, wie radikal ihr Programm ist. Die These, daß Stalin unentbehrlich gewesen sei, gründet sich auf die Annahme, daß die Sowjetunion sich nur unter seiner Leitung auf einen Krieg gegen Nazideutschland vorbereiten konnte. Aber in Wirklichkeit unterschätzte Stalin systematisch die Gefahr eines deutschen Einmarsches; wenn er sich der Gefahr bewußt gewesen wäre, hätte er wohl kaum angeordnet, die höchsten Offiziere der Roten Armee in den Jahren 1937 und 1938 umzubringen – eine Entscheidung, die das Land 1941 und 1942 Millionen Opfer und schwere Niederlagen kostete.[48]

Drittens beruht die oben erwähnte Interpretation auf der Voraussetzung, daß Stalins Leistungen letzten Endes schwerer wögen als seine Verbrechen, weil er soviel für den Aufbau und die Stärkung des Sozialismus in der Sowjetunion getan habe. Dies ist vielleicht die entscheidende Frage, und sie verdient sorgfältige Prüfung. Wurde durch Stalin eine Gesellschaft geschaffen, die zur Zeit seines Todes – oder auch fünfunddreißig Jahre danach – materiell und geistig reicher war als andere; eine von Korruption freie, demokratische, ehrlichere und wahrhaftigere, tiefer von humanitären Idealen durchdrungene Gesellschaft, in der die Bürger aufrichtiges Mitgefühl füreinander zeigen, in der Kinder besser versorgt werden und den Alten mehr Respekt gezollt wird als in den ausbeuterischen Staaten des Westens; eine Gesellschaft von reicher Kultur und hohen ethischen Maßstäben, in der das Streben nach Geld und materiellen Gütern keine zentrale Rolle mehr spielt?

Wer die Frage stellt, beantwortet sie zugleich. Wenn eingewandt wird, daß dies nicht der richtige Maßstab sei, erhebt sich die Frage: Welche Kriterien müssen angewandt werden, um die Bedeutung des Sozialismus zu bewerten? Und an dieser Stelle bricht die Argumentation für Stalin – oder, besser gesagt, die Argumentation für ihm zu gewährende mildernde Umstände – endgültig zusammen. Aber er hat in manchen Bevölkerungsschichten immer noch erhebliche Sympathien, wie die starke Reaktion gegen die Entstalinisierung gezeigt hat. Diese Sympa-

94

thien sind unterschiedlich motiviert: Der rechte Flügel bewundert ihn, weil er, obwohl von Geburt Ausländer, Rußland zu einer militärischen Supermacht erhob und in seinen Reden die führende Rolle des russischen Volkes betonte. Andere respektieren ihn, weil ihrer Erinnerung nach die Preise unter Stalin sanken und Verbrecher bestraft wurden. Noch andere haben kaum etwas an den »Säuberungen« auszusetzen, weil die meisten Opfer alte Kommunisten waren oder weil sie die heutigen Kritiker Stalins – Liberale, Juden und andere vom gleichen Schlag – nicht leiden können. Man hört häufig, daß jedes Volk die Regierung erhalte, die es verdient hat. Dies ist oft unfair, da »das Volk« vielleicht gar nicht bei der Wahl seiner Regierung mitgewirkt hat. Doch in Stalins Fall bezieht sich die Debatte auf einen Parteichef, der seit mehreren Jahrzehnten tot ist. Wenn ihm immer noch Bewunderung entgegengebracht wird, muß man daraus die Schlußfolgerung ziehen, daß er zu Lebzeiten noch stärker bewundert wurde und daß sein Regierungsstil der Vorstellung vieler seiner Untertanen entsprach.[49]

Soviel also über den »historischen Kompromiß« in der Stalin-Thematik, der sich 1987 und 1988 unter Gorbatschow durchsetzte. Natürlich handelte es sich um eine Übergangslösung, aber während sie andauerte, hatte sie unzweifelhaft ihren Nutzen: Es gab mehr Freiheit, abweichende Meinungen auszudrücken, die die Abweichler in der Vergangenheit sofort in einem Lager oder in einer psychiatrischen Anstalt hätten landen lassen. Romanautoren und Dramatiker durften Arbeiten veröffentlichen, die bis zu einem gewissen Grade der Parteilinie – die ohnehin recht verschwommen wurde – zuwiderliefen. Ein differenzierter Ansatz herrschte vor. Einige sowjetische Historiker bemerkten, daß es ein Fehler sei, alle Gegner von Marx, Engels und Lenin systematisch herabzusetzen; viele von ihnen, wie Plechanow und Martow, seien begabte Männer gewesen. Sie als Narren und Schurken zu beschreiben, entspreche weder der historischen Wahrheit, noch erhöhe es das Format der »Klassiker des Marxismus«.

Kritische Historiker führten Dokumente an, die sie in der Vergangenheit überhaupt nicht hatten erwähnen können, zum Beispiel Rosa Luxemburgs düstere Reflexionen über die Zukunft der Sowjetherrschaft, die sie kurz vor ihrem Tod geschrieben hatte: »... mit dem Erdrücken des politischen Lebens im Lande muß auch das Leben in den Sowjets immer mehr erlahmen. Ohne allgemeine Wahlen, ungehemmte Presse- und Versammlungsfreiheit, freien Meinungskampf erstickt das Leben in jeder öffentlichen Institution, wird zum Scheinleben, in dem die Bürokratie allein das tätige Element bleibt.«[50]

Die Debatte galt zunächst der Frage, ob Stalin gut oder schlecht für die Sowjetunion und die Sache des Kommunismus gewesen sei. Die Diskussion über die tieferen Probleme, über den Stalinismus als politisches System, über seine Popularität, über die vielen kleinen Stalins und ihren Arbeitsstil kam 1988 nur zögernd in Gang. Die Tatsache, daß Millionen von Menschen in der Stalin-Zeit verschwunden waren, schien entsetzlich, aber die Zerstörung von Würde und Selbstvertrauen der Überlebenden war, wie ein sowjetischer Kritiker schrieb, gleichermaßen schrecklich und hatte einen verderblichen Einfluß auf die Gesellschaft als Ganzes. Aber läßt sich die seltsame Bindung zwischen Stalin und vielen Millionen Menschen, darunter sowohl halbe Analphabeten als auch hochgebildete Bürger, allein durch Furcht erklären? Stalin bleibt, wie ein Historiker betont, ein vitales Problem, vielleicht das Problem Nummer eins für das sowjetische Volk: »Stalin prügelte uns die Fähigkeit aus, unabhängig zu denken und zu zweifeln, ohne die es keine Suche nach Wahrheit gibt.«[51] Aber in diesem Zusammenhang ist das Wort »Stalin« nur eine Kurzformel für viel umfassendere Fragen: nach der Ursache und den Folgen des Stalinismus, dem gesamten Verlauf der sowjetischen Geschichte, dem russischen gesellschaftlichen Leben, nach der Politik und Kultur des sowjetischen Volkes in Vergangenheit und Gegenwart.

Gorbatschow erklärte Mitgliedern des Zentralkomitees der KPdSU im Juni 1986, daß ein neuer Umgang mit der Intelligenzija anzustreben sei, es sei schädlich und unzulässig, sie herumzukommandieren. Auf den Einwand, daß es schwierg sein würde, in einer Umgebung zu arbeiten, wo jeder sein eigener Philosoph, seine eigene höchste Autorität sei und stets glaube, recht zu haben, erwiderte Gorbatschow, es sei viel schlimmer, einer passiven, gleichgültigen und zynischen Intelligenzija gegenüberzustehen. Es waren ermunternde Worte, die unzweifelhaft einen Bruch mit dem Geiste der Breschnew-Ära darstellten. Aber sie stützten sich auf die Annahme, daß die »Leitlinien« für die Intelligenzija (wiederum laut Gorbatschow) nicht einfach von »neuen Höhen des Denkens und der Verantwortung« ausgingen, sondern auch »mit dem politischen Kurs der KPdSU und den Interessen des Volks (übereinstimmten)«.[52] Was aber, wenn die Leitlinien nicht übereinstimmten oder wenn die Intelligenzija sich auf Kontroversen und Streitigkeiten einließe, wie es gewöhnlich geschieht, wenn sie nicht streng reglementiert wird? Man muß vermuten, daß die Partei in einer solchen Situation immer noch einzugreifen hätte – nicht so grob wie in der Vergangenheit, aber weiterhin kraftvoll und entschieden.

Paradoxerweise macht es der Partei weniger Schwierigkeiten, sich ihren vor- und nachrevolutionären bürgerlichen Gegnern, den Zaren, ihren Dienern und den Führern der Bourgeoisie zu widmen. Es ist weitaus leichter, die Schriften Karamsins, des Befürworters zaristischer Autokratie, oder nichtmarxistischer Historiker wie Solowjow und Kljutschewski[53] zu veröffentlichen, als die Werke einiger alter Bolschewiki. Es ist leichter, mildernde Umstände für das politische Verhalten eines Führers der Weißen Emigration – etwa General Denikins, der in manchen jüngeren sowjetischen Schriften als Patriot erscheint – zu finden als für die Menschewiki und Sozialrevolutionäre, die eingeschworene Feinde bleiben.

Die Liberalen auf der sowjetischen Bühne versuchen immer wieder, die Parameter der neuen Freiheit in der Praxis zu erkunden, wobei sie sich so oft wie möglich auf die Autorität Lenins berufen. Ein scharfsinniger Beobachter hatte bereits 1960 festgestellt, daß der »Leninismus ein Alibi für Regimegegner geworden ist«.[54] Er mag übertrieben haben, aber nicht sehr. Die Werke Lenins sind eine unerschöpfliche Quelle für Zitate über die Demokratie und die Übel der Kulturfeindlichkeit. In dem ideologischen Schattenboxen, das sich zweifellos fortsetzen wird und in dem man das Kind nicht durchweg beim Namen nennen kann, ist Lenin, der Erbe der Aufklärung, zum Apostel der Gedankenfreiheit in der Sowjetunion geworden.

Vielleicht werden die politischen Führer eines Tages den Schluß ziehen, daß wahrheitsgetreue Geschichtsbücher nicht mehr gefährlich seien und man deshalb die ganze Wahrheit über Stalin und die Vergangenheit im allgemeinen veröffentlichen könne. Aber in absehbarer Zukunft wird man höchstwahrscheinlich nur die gröbsten Unwahrheiten in dem Maße beseitigen, soweit sie unter Stalin zu Unrecht »unterdrückte« Parteimitglieder betreffen. Eine unbehinderte Geschichtsschreibung wird potentiell staatsgefährdend bleiben und könnte ernste politische Folgen haben. Es ist eine merkwürdige Tatsache, daß die sowjetische Führung sich immer noch mehr Glasnost der Gegenwart als der Vergangenheit gegenüber leisten kann, und dies wird sich wohl nicht so bald ändern.

Künstler ohne Uniform

1987 und 1988 waren die wundersamen Jahre der Sowjetliteratur, ein neues »goldenes Zeitalter«. Nach den Worten eines Kritikers war es nicht nur ein zweites »Tauwetter«, sondern eine echte kulturelle Blüte, weitgehend unbehindert vom schweren Druck der Zensur. Es waren Jahre von mächtiger geistiger Gärung und schöpferischer Offenheit, wie sie die leidgeprüfte sowjetische Kultur seit sechs Jahrzehnten nicht gekannt hatte. Nun trafen die Worte des deutschen Humanisten der Renaissance zu: »*Iuvat vivere*« (»Es ist eine Freude zu leben«). Aber nicht alle teilten diese Freude, und manche waren sogar fest überzeugt, daß Satan und die Kräfte des Bösen bald alles zerstören würden, was es noch an Gutem in Rußland gab.

Die Tatsache, daß die Literaturzeitschriften nach Jahren fast uneingeschränkter Dürre plötzlich sehr interessant wurden, wäre in kaum einem anderen Land als übermäßig wichtig eingestuft worden. Aber in Rußland hat die Literatur stets eine bedeutendere Aufgabe und größeren Einfluß gehabt als anderswo. Unter den Zaren hatte es in der russischen Literatur mehr Freiheit des Ausdrucks gegeben als in jedem anderen Bereich. Wie Belinski in einem häufig zitierten Brief vor hundertfünfzig Jahren schrieb, sei allein in der Literatur, ungeachtet der zaristischen Zensoren, Leben und eine Vorwärtsbewegung zu finden. Irgend etwas Reizvolles, und sei es auch noch so gering, konnte selbst in den schlimmsten Jahren in einer der Literaturzeitschriften entdeckt werden.

Das erste »Tauwetter«, das nach Stalins Tod begonnen hatte, war zeitlich und seinem Umfang nach begrenzt gewesen. Es fand in den späten

99

sechziger Jahren mit der Absetzung der Redaktion von *Nowy mir*, der letzten Zeitschrift, die ein gewisses Maß an kultureller Freiheit gezeigt hatte, ein Ende. Aber sogar während des *sastoi*, der Zeit der Stagnation, wurden gelegentlich auf den Seiten der Literaturzeitschriften – oder auf den Bühnen der wagemutigeren Theater – einige in Maßen kühne Ideen vorgetragen, gewöhnlich durch Hinweise und Anspielungen, die in den Fachzeitschriften oder in der allgemeinen Presse undenkbar gewesen wären.

Gewiß, die Hauptnutznießer dieses Spielraums waren Angehörige des rechten, konservativen Flügels, die auf mehr oder weniger subtile Weise versuchten, den Eindruck zu erwecken, daß es im vorrevolutionären Rußland viel Bewundernswertes gegeben habe. Diese Kreise versuchten, Dostojewski (den politischen Publizisten, nicht den Autor der *Brüder Karamasow*) mit Marx gleichzustellen. Sie priesen den russischen Patriotismus und setzten »Ausländer« herab, das heißt Juden und Angehörige anderer Minderheiten, auch wenn diese russisch sprachen und schrieben. Sie ergriffen in der Auseinandersetzung mit den »Westlern« die Partei der Slawophilen (oder besser gesagt, ihrer extremeren Vertreter), da das Mißgeschick Rußlands größtenteils von der Einführung europäischer und anderer westlicher Ideen herrühre.

Solche Theorien waren natürlich nicht neu. Ungewöhnlicher war jedoch die versteckte Andeutung, daß der Marxismus-Leninismus dem russischen Erbe fremd sei. Ab und zu rügte die politische Führung die Zeitschriften der Rechten, etwa *Moladaja gwardija* oder *Nasch sowremennik*, wenn sie zu weit gegangen waren, und zwang sie, sich auf ideologisch annehmbare Positionen zurückzuziehen. Dann, nach Ablauf von ein paar Jahren, machten ein paar Autoren einen neuen slawophilen Vorstoß, um herauszufinden, wie dehnbar die Parteilinie war. Manchmal hatten sie einen Teilerfolg, manchmal wurden sie zurückbeordert und von den ideologischen Kontrolleuren verwarnt.

Diese halbgenehmigten Abweichungen, interessanter vom politischen als vom literarischen Standpunkt, waren nicht sehr riskant. Enthüllender – und lohnender – war in den siebziger Jahren die Veröffentlichung von Romanen und Kurzgeschichten, die ein scharfes und recht deprimierendes Bild vom sowjetischen Landleben zeichneten. Der

»sozialistische Realismus«, die Verschönerung der Realität, wurde immer seltener heraufbeschworen und machte wahrheitsgetreuen Schilderungen Platz; zu ihnen gehörten die sibirischen Erzählungen und Romane Valentin Rasputins, Wassili Schukschins und Sergei Salygins sowie die nordrussischen Erzählungen Fjodor Abramows und Wassili Belows. Es waren ergreifende Werke in der Tradition der großen russischen Literatur des neunzehnten Jahrhunderts; mit ihnen schien ein frischer Wind aufzukommen. Eine ähnliche Wirkung erzielten die Bücher von Tschingis Aitmatow, einem Kirgisen, der russisch schreibt, und Wassili Bykow, der seine Arbeiten meist selbst aus seiner weißrussischen Muttersprache ins Russische übersetzt. Von Zeit zu Zeit warfen die Zensoren ihnen vor, in einem allzu pessimistischen Ton zu schreiben.

Unzweifelhaft hatten diese Autoren mehr Leser und genossen höhere Achtung als die offizielle Clique, das heißt die Systemdiener des Schriftstellerverbandes, die Chefredakteure der wichtigsten literarischen Zeitschriften sowie deren Freunde und Helfer. Wie in den Filmen gab es einen Trend von der öffentlichen zur privaten, nichtpolitischen Lebenssphäre; ein Beispiel liefert Juri Nagibin, der in seinen späteren Jahren ein Interesse an klassischer Musik und klassischen Komponisten entdeckte.

Die Werke einiger führender Schriftsteller der Emigration wurden ebenfalls zwischen den beiden Tauwettern veröffentlicht: Bunins Schriften erschienen in den sechziger Jahren, Igor Sewerjanins Gedichte im Jahre 1979. Auch die Arbeiten der Opfer von Stalins Säuberungen waren nicht mehr sämtlich unter Verschluß. Einige von Babels Geschichten kamen in den sechziger Jahren, ein Band von Mandelschtams Lyrik im Jahre 1979 heraus. Trotz Pasternaks Ächtung wurden manche seiner Gedichte im Jahre 1965 und seine frühe Prosa im Jahre 1982 veröffentlicht. Werke Anna Achmatowas und Marina Zwetajewas erschienen ebenfalls. Andrei Platonow und Michail Bulgakow wurden in den späten sechziger Jahren wiederentdeckt: Bulgakows *Master i Margarita (Der Meister und Margarita)* war ein enormer Erfolg, als man es 1966, sechsundzwanzig Jahre nach dem Tode des Autors, herausgab. Diese und andere Schriftsteller waren nicht mit einem absoluten Bann belegt, aber viele ihrer wichtigsten Arbeiten waren immer noch der Zensur unterworfen und erschienen nur in kleinen Auflagen. In den offiziellen Literaturgeschichten wurden diese Autoren entweder übergangen oder mit ein paar kurzen, negativen Kommentaren bedacht, während man sich in Lobeshymnen über Schreiberlinge erging, die niemand ernst nahm oder überhaupt las.

Selbst in den »Jahren der Stagnation« gab es also ein paar schwache Hoffnungsschimmer. Andererseits wurde die Gorbatschow-Ära nicht von einem Trommelwirbel eingeleitet; es dauerte ungefähr ein Jahr, bis Glasnost in die Literatur vordrang. Aber seit der zweiten Hälfte des Jahres 1986 gewann dieser Prozeß rasch an Schwung. Die Chefredakteure einiger führender Literaturzeitschriften wurden ausgetauscht: Salygin, ein prominenter *derewenschtschik* und kein Parteimitglied, wurde Chefredakteur von *Nowy mir*; Sergei Barusdin erhöhte das Niveau von *Druschba narodow*; und Grigori Baklanow wurde Chefredakteur von *Snamja*. Keiner von ihnen war als extrem liberal bekannt, aber sie alle wünschten sich größere Freiheit des Ausdrucks und waren bereit, Autoren zu publizieren, die sich einstigen Tabuthemen widmeten. *Literaturnaja gaseta* und *Oktjabr* blieben zumindest offiziell in den Händen von treuen Anhängern der alten literarischen Ordnung, aber auch ihre Orientierung änderte sich erheblich. *Sowetskaja kultura*, früher eine der langweiligsten Zeitschriften überhaupt, begann, interessante Essays über eine Vielzahl von Themen zu bringen; *Ogonjok*, einst ein Hauptbollwerk der Neostalinisten, druckte in fast jeder Nummer politische und literarische Enthüllungen, die die Konservativen einem Schlaganfall nahe brachten. Auch einige außerhalb der Hauptstadt erscheinende Zeitschriften, darunter *Newa* (in Leningrad) oder *Don* (in Rostow), ja selbst *Dangawa* in Riga und *Sowetski Kirgisistan*, veröffentlichten neue Romane und Essays, die weithin gelesen und diskutiert wurden.

Die Rechte hielt immer noch ihre Positionen; zu ihr gehörten weiterhin die Monatsjournale *Molodaja gwardija, Nasch sowremennik* und *Moskwa* sowie die Wochenzeitschrift *Literaturnaja Rossija*, die Tageszeitungen *Prawda, Sowetskaja Rossija*, viele der regionalen Literaturzeitschriften und vor allem die einflußreiche *Romangaseta*, die neue Romane in billigen Massenauflagen herausbringt. Seit Menschengedenken waren nur parteitreue Schriftsteller unter diesen Auspizien veröffentlicht worden.

Was alle Gegner des neuen Kurses besonders verstimmte, war die

»Umwertung der Werte«, die gegen Ende 1986 einsetzte, sowie die Tatsache, daß Autoren, die bis dahin kaum geduldet worden waren, plötzlich im Rampenlicht standen, während man die gestrigen Stützen der Sowjetliteratur ignorierte. Die Gegner hielten es für einen Skandal, daß sich nur noch ein paar Schriftsteller und praktisch keine Dramatiker über die großen Errungenschaften der Vergangenheit äußerten: über die Verwandlung eines rückständigen Agrarlandes in eine große Industriemacht, über den Zweiten Weltkrieg und den Patriotismus des Sowjetvolkes. Weshalb waren die neuen Schriften so negativ, was die Parteiführer von gestern betraf? Weshalb wurde die Tradition mißachtet?[1]

Für die Gegner des neuen Kurses waren Pasternak und Mandelschtam bestenfalls problematische Gestalten, Außenseiter, die sich zufällig der russischen Sprache bedienten. Was wußten sie schon über das russische Volk, seine Sehnsüchte und sein Leid, über seine tiefsten Gefühle? Die Konservativen lobten statt dessen Emigranten wie Iwan Bunin und Igor Sewerjanin; sie seien zwar irregeleitete Patrioten, doch nach rassischer Herkunft und geistiger Inspiration Russen. Die Achmatowas und Zwetajewas hätten wenig oder nichts dazu beigetragen, die Leistungen des russischen Volkes in Frieden und Krieg zu loben, sondern sich bloß ihren persönlichen Problemchen, privaten Seelenqualen und sonstigen Wehwehchen gewidmet. Die Antiliberalen hatten nichts gegen religiöse Motive, wohl aber etwas gegen die von Pasternak eingeführten Themen; sie wehrten sich heftig gegen westliche Einflüsse und literarische Neuerungen. Die Tatsache, daß Josef Brodski – noch ein »Kosmopolit«, der die russische Sprache benutzte – im Jahre 1987 den Literaturnobelpreis erhielt, bestärkte sie in ihrem Glauben an eine gigantische westliche Verschwörung – eine Sorge, die in diesen Kreisen stets unter der Oberfläche schwelt. Die Veröffentlichung einiger Gedichte Brodskis im Dezember 1987 durch *Nowy mir* rief weitere Empörung über die »kalte, intellektuelle Lyrik« dieses Autors hervor.[2]

Während den Außenseitern von gestern Lob zuteil wurde, schwand die Bedeutung der einst führenden Schriftsteller dahin. Es habe eine Zeit gegeben, schrieb Wenjamin Kawerin, nämlich die zwanziger Jahre, als Literatur und Literaturgeschichte – das heißt das offizielle Ansehen der Autoren – identisch gewesen seien. Danach habe sich eine offizielle Literatur entwickelt, die in großen Auflagen veröffentlicht worden, aber häufig wertlos gewesen sei und keine Leser gefunden habe. Wenn sich die wahre Literatur ihren rechtmäßigen Platz zurückerobere, würden Schulkinder mit den Fingern auf die ehemaligen Literaturfürsten weisen, die ohne Kleider dastünden.

Mit einigem Zögern zitierten die Gegner von Glasnost ihre eigene literarische Ahnentafel. Sie erwähnten stets Alexander Blok, Majakowski und Jessenin und fügten gewöhnlich Alexander Fadejew und Twardowski hinzu, um ihre Toleranz zu beweisen. Es war keine überzeugende Liste, denn Blok und Jessenin waren weder russische Chauvinisten noch loyale Marxisten-Leninisten gewesen. Majakowski als einer der großen Neuerer paßte ebenfalls nicht ins Bild. Fadejew hatte aus Verzweiflung über die Sowjetliteratur, für deren Zustand er sich verantwortlich fühlte, Selbstmord begangen. Twardowski war unter Chruschtschow und Breschnew der Fürsprecher von Liberalen und Juden gewesen, und genau diejenigen, die sich nun als seine Erben bezeichneten, hatten ihn 1970 gezwungen, die Leitung von *Nowy mir* niederzulegen.

In der Hitze dieser Debatten wurde der Begriff *nekrofilstwo* (Nekrophilie) von den Gegnern der Rehabilitierung geprägt. Pasternak und Achmatowa waren unzweifelhaft tot, doch ihr Werk war unendlich lebendiger als das ihrer Verleumder, was die letzteren maßlos reizte. Wären diese »Patrioten« vertrauter mit der Geschichte ihrer eigenen Literatur gewesen, hätten sie wohl gezögert, diesen Begriff zu verwenden: Vor mehr als hundertfünfzig Jahren versah Tschaadajew seine berühmten *Philosophischen Briefe*, eines der unbarmherzigsten und selbstkritischsten Dokumente der russischen Literatur, mit der Datumszeile »Nekropolis«.

Die Veröffentlichungen von Anna Achmatowas *Requiem* und Twardowskis *Po prawu pamjati* (Vom Recht auf Erinnerung) waren literarische Ereignisse höchsten Ranges.[3] Viele lernten diese langen Gedichte auswendig. Aber andererseits wäre ihre öffentliche Wirkung wohl um ein Vielfaches größer gewesen, wenn man sie nicht zwanzig Jahre oder länger unterdrückt hätte. Das gleiche gilt für die russische Veröffentlichung von *Doktor Schiwago* im Jahre 1988. Ein Kritiker merkte an: Was wäre geschehen, wenn man Gogols *Tote Seelen* nicht schon 1842, sondern erst 1862 (das heißt *nach* der Befreiung der Leibeigenen) herausgebracht hätte? Und wenn Turgenjews *Väter und Söhne* nicht 1862, sondern erst 1882 erschienen wäre?[4] Man hätte sie immer noch als große Werke der Weltliteratur gelesen, aber ihr spezifischer, zeitgemäßer Charakter wäre verlorengegangen.

Die Kritiker, die sich über die »negative Haltung« der neuen Literatur beklagten, waren nicht völlig im Irrtum, aber sie blickten in die falsche Richtung. Sie hätten sich Sorgen über Bücher wie Rasputins *Poschar (Der Brand)*, Astafjews *Petschalny detektiw (Der traurige Detektiv)* und Aitmatows *Placha (Der Richtplatz)* sowie über ähnliche Werke von Schriftstellern machen müssen, die kein vernünftiger Mensch des »Kosmopolitismus« und »Liberalismus« verdächtigt hätte. *Der Brand* beschreibt den moralischen Verfall in einer sibirischen Kleinstadt. Die Warenhäuser fangen Feuer, doch statt den Brand zu löschen, geben die Einwohner sich einer Orgie der Plünderei und sogar des Mordes hin. Ort der Handlung ist eine neue Siedlung, in der man mehrere Dörfer künstlich zusammengelegt hat. Die Menschen kennen keine Loyalität, kein Solidaritäts-und Zusammengehörigkeitsgefühl; sie verdienen Geld, trinken und stehlen. Die Geschichte wird von Iwan Petrowitsch, einem örtlichen Milizionär, erzählt, und sie endet, als er sein Heim verliert und beschließt, das Städtchen zu verlassen. Er hat wenig Hoffnung, sich an einem Ort niederlassen zu können, wo die Menschen noch moralische Prinzipien haben und sich umeinander kümmern, wo die Grenze zwischen Gut und Böse noch klar ist.

Der Brand ist eine düstere, mitleidlose Beschreibung des Lebens in der sibirischen Heimat des Autors. Zehn oder zwanzig Jahre früher hätten Literaturkritiker das Buch wegen seines »untypischen« Charakters und seiner »deprimierenden« Botschaft verurteilt[5]; es war ein Zeichen der Zeit, daß Rasputin für diesen Roman im Jahre 1987 den Staatspreis für Literatur erhielt. Doch eine noch gnadenlosere Beschreibung des Lebens in einer Provinzstadt finden wir bei Rasputins Freund Viktor Astafjew.[6] Rasputin nannte dessen *Traurigen Detektiv* das »freimütigste Buch, das wir haben, geschrieben mit seinem Herzblut«.

Es ist die Geschichte eines vom Dienst suspendierten Polizisten, der Schriftsteller wird, und es enthält eine pauschale Verurteilung der Werte und des Lebensstils praktisch aller Gesellschaftsschichten. Astafjew

105

äußert sich besonders bissig über Intellektuelle, »Touristen aus Moskau«, über die moderne westliche Zivilisation mit Jeans als ihrem Symbol, über emanzipierte und Karrierefrauen sowie nichtrussische Minderheiten. Aber er schreibt gleichermaßen sarkastisch über das gesetzlose Pack in der Stadt und auf dem Land. Warum muß sich ein Polizist vor der Menge fürchten, wenn er jemanden verhaften will? Warum sind einfache Leute gleichgültig gegenüber Behinderten? Wieso sind sie bereit, ihre letzte Brotkrume mit einem verhafteten Verbrecher zu teilen? Astafjew schreibt über Eltern, die sich nicht um ihre Kinder kümmern, sondern sie verhungern lassen oder bei Eiseskälte auf der Straße aussetzen. Seiner Meinung nach sind der Zusammenbruch des Familiengefüges und das Schwinden des Patriotismus die Gründe für die allgemeine Auflösung der sowjetischen Gesellschaft.

Wie Astafjew ist auch Wassili Below der Ansicht, daß das Schicksal der heutigen Familie für den Schriftsteller wie für die Bürger das wohl quälendste Problem darstellt. In einem Interview kurz vor dem 27. Parteitag (an dem er als Delegierter teilnahm) sagte Below, daß die Zerstörung der Familie »unser Land teuer zu stehen kommen wird, von einem wirtschaftlichen wie von einem demokratischen und moralischen Standpunkt«.[7] In dem Roman *Wsjo wperedi* (Alles liegt noch vor uns), der ein *succès de scandale* war, schildert er die Schrecken des Großstadtlebens. Mischa Brisch, ein Kosmopolit und »Zionist«, zerstört eine russische Familie, indem er die Frau verleitet, ihren Mann zu verlassen und sich ihm anzuschließen. Der Köder ist eine von ihm arrangierte Reise nach Paris. Die Handlung beginnt damit, daß eine Gruppe sowjetischer Touristen die sündhafte französische Hauptstadt besucht, die den destruktiven Einfluß des Westens auf das russische Leben und den russischen Charakter symbolisiert. Wären sie nicht von Paris angezogen worden, hätte die spätere Tragödie vielleicht nicht stattgefunden. Aber wie bei Astafjew werden auch einige der russischen Gestalten, besonders die Frauen, ausgiebig mit unvorteilhaften Kommentaren bedacht – eine Haltung, die Below mit manchen anderen »Dorfschriftstellern« teilt und die im Gegensatz zu den russischen Klassikern des letzten Jahrhunderts steht (man erinnere sich, daß in Tolstois und Turgenews Romanen Frauen häufig als die stärkeren Charaktere erscheinen).

Und nun zu Aitmatows *Der Richtplatz*: Eine westliche Beobachterin zeigt sich erstaunt darüber, daß ein früherer, 1980 veröffentlichter Roman Aitmatows nicht nur dem sowjetischen Zensor entgangen war, sondern sogar als sowjetisches Werk mit einem positiven Helden – und deshalb der Nacheiferung wert – hoch gelobt wurde.[8] Aitmatow versteht sich großartig auf die Benutzung von Symbolen, und es könnte sein, daß die Zensoren seine Botschaft nicht ganz verstanden. Aber der Inhalt von *Placha*, so kompliziert und facettenreich er ist, läßt kaum einen Zweifel aufkommen. Der Held ist ein gläubiger Mensch (obwohl man ihn aus dem Priesterseminar ausgeschlossen hat), und der in dem Buch häufig beschworene Name Gottes wird stets mit Großbuchstaben geschrieben. Um die Botschaft noch deutlicher zu machen, wird der Held von den Verbrechern, die er bekehren wollte, gekreuzigt. Zuerst hat er sein Glück bei Rauschgiftschmugglern und dann bei einer Bande besonders niederträchtiger Wilddiebe versucht. Die Botschaft lautet ganz einfach, daß eine Rückkehr zu den alten Werten nötig sei, daß man unbedingt Religion oder etwas dem religiösen Glauben Ähnliches brauche.

Solches »Flirten mit Gott«, wie die Parteikritiker es nennen, ist weniger riskant, als es auf den ersten Blick scheinen mag; die Achtung vor der Orthodoxen Kirche – nicht nur vor der Religion – war seit mehr als einem Jahrzehnt ein Motiv in den Veröffentlichungen russischer Schriftsteller, etwa Solouchins, gewesen, ohne daß dies schädliche Folgen für die Autoren gehabt hätte. Davon abgesehen erläuterte Aitmatow, daß es ihm weniger um die Religion als um den modernen Menschen gehe: »Ich versuchte, über die Religion hinweg eine Straße zum Menschen zu bauen ... Jesus Christus gab mir Gelegenheit, etwas zu sagen, was dem zeitgenössischen Menschen verborgen ist. Deshalb begegnete ich, ein Atheist, ihm auf meinem schöpferischen Weg.«[9]

Die Parteiorgane brachten zur Erwiderung ein paar Artikel von Atheismusexperten, doch ihnen wurde eine knappe Abfuhr von führenden Schriftstellern wie Jewtuschenko und von Kritikern erteilt, die hervorhoben, daß die Zeit für matte, primitive Argumente (»Gott existiert nicht, weil die Kosmonauten ihn im Himmel nicht sahen«) unwiederbringlich abgelaufen sei. Sie verwiesen auf die begründeten Zweifel an der Existenz Gottes einerseits und auf das psychologische Bedürfnis, an eine Gottheit zu glauben, andererseits.

In den sechziger Jahren hieß es, daß junge Russen zwar nicht mehr an Gott glaubten, aber immer noch große Angst vor dem Teufel hätten. In den achtziger Jahren zeigten einige wichtige Vertreter der russischen Literatur, wenngleich nicht mehr in der ersten Jugendblüte, unmißverständliche Zeichen von Aberglauben und Formen von Paranoia, die gewöhnlich mit dem Mittelalter in Verbindung gebracht werden. Der angesehene Literaturkritiker Wladimir Lakschin, ein Überlebender der *Nowy-mir*-Gruppe der sechziger Jahre, stellte einen Vergleich zwischen Aitmatows und Belows kürzlich erschienenen Büchern an. Er unterstrich, daß Aitmatows Helden über die Suche nach Gott diskutierten, während sich Belows Hauptfiguren mit gleichem Nachdruck über die schicksalhafte Rolle des Teufels unterhielten, dessen verderblicher Einfluß anscheinend überall zu finden sei.[10]

Die konservativen Funktionäre des Schriftstellerverbandes waren verzweifelt über die jüngsten Entwicklungen in der Kulturszene. Gewiß, Rasputins und Astafjews Werke waren eine bedrückende Lektüre, aber bei diesen Schriftstellern handelte es sich um russische Patrioten, die sich stets aus den literarischen Intrigen Moskaus herausgehalten hatten, die fern der Hauptstadt lebten und sich nicht um Ämter und Ehren bemühten. Die eigentliche Gefahr ging nach Ansicht der Literaturfunktionäre von der liberaldemokratischen Gruppierung aus, die ihre Salven gegen den Neostalinismus und den russischen Nationalismus abfeuerte. Die ideologische Besorgnis der Konservativen war echt, und sie wurde durch Ängste um ihre eigene Position in Literatur und Gesellschaft verstärkt.

Die Ernennung neuer Chefredakteure beunruhigte sie ebenso wie die Tatsache, daß sie auf dem achten Schriftstellerkongreß im Jahre 1986 durch die Berufung einiger Liberaler in den Vorstand an Boden verloren hatten; zudem war es im Verband der Filmschaffenden zu einer Revolution gekommen. Der Zorn der Konservativen richtete sich hauptsächlich gegen die Literaturkritiker, denn diese hämmerten nun gnadenlos auf jene ein, die noch kurz zuvor immun gegen jedes scharfe Wort gewesen waren. Über einen langen Zeitraum hinweg hatte es in der Sowjetliteratur zwei Lager gegeben, und die Liberalen hatten nichts als Verachtung für die »Hofschriftsteller« der Breschnew-Periode gehegt. Aber dies war ohne große Bedeutung, da sie ihre Meinung nicht offen äußern konnten. Nun waren sie dazu in der Lage – mit vernichtenden Ergebnissen: Eine junge Dame hatte gewagt, Wassili Belows Haltung Frauen gegenüber als »eine Manifestation des Menschenhasses« zu bezeichnen. Andere machten sich über alte Kämpfer der stalinistischen Ära lustig oder bezichtigten sie, ihre Kollegen bei der Polizei denunziert zu haben. (Dieser Vorwurf wurde beispielsweise gegen den Dramatiker Anatoli Sofronow erhoben.) Häufig straften die jungen Kritiker die älteren und angeseheneren Schriftsteller mit Nichtbeachtung. Zum Beispiel beschwerte sich Juri Bondarew, daß *Igra* (Das Spiel), sein letzter Roman, über lange Zeit hinweg mit keiner einzigen ausführlichen Rezension bedacht worden sei. Er reagierte darauf nicht gelassen, sondern verglich sich in einer Reihe langer Artikel und Interviews indirekt mit Tolstoi, dessen *Krieg und Frieden* seinerzeit von den Kritikern verrissen worden sei; überhaupt hätten die Kritiker nicht die Fähigkeit zu entscheiden, welche Bücher gut und von bleibendem Wert seien.[11]

Natürlich hat es immer und überall Gezänk zwischen Schriftstellern und Kritikern gegeben. (Goethe: »Schlagt ihn tot, den Hund! Es ist ein Rezensent . . .«) Aber in Moskau ging es unter den gegebenen Umständen um mehr als verletzte persönliche Eitelkeit – es war der Kampf zwischen zwei ideologischen Lagern. Während die Liberalen, die so lange die Geschädigten gewesen waren, nun vielleicht zu pauschale Angriffe führten, zeigten die Neostalinisten und die »russische Partei« sich weit extremer, denn sie weigerten sich, den Schriften »des Feindes« auch nur den geringsten Wert zuzugestehen. Die Liberalen dachten niemals daran, die literarische Bedeutung eines Abramow, eines Rasputin oder Schukschin in Zweifel zu ziehen, während die Rechten a priori die Werke all jener ablehnten, die nicht zu ihrer Clique gehörten. Ihre Haltung hatte auffällige Ähnlichkeit mit derjenigen rechter Schriftsteller in der Weimarer Republik, die ihre liberalen und jüdischen Kollegen als Entartete und Verräter beschimpften.

Die angestaute Frustration und Wut der führenden literarischen Vertreter der Breschnew-Ära kam im März 1987 bei einer Sitzung zum Ausdruck, die das Sekretariat des Schriftstellerverbandes der Russischen

Sowjetrepublik abhielt.[12] Die Versammlung wurde von dem Verbandsvorsitzenden Sergei Michalkow eröffnet, der sich bitter beklagte, daß sich hinter den Parolen von Glasnost und Perestroika »Opportunisten und Spekulanten«, Stümper sowie »finstere Charaktere« versteckten. Am meisten verärgerte ihn die Tatsache, daß die Kritiker Inhaber der höchsten literarischen Auszeichnungen und Ämter ignorierten, also Männer wie Michalkow selbst und die ihm folgenden Redner. W. Dementjew beklagte sich sodann, daß die Literaturkritiker keinen hinreichenden Respekt vor den Klassikern der Sowjetliteratur erkennen ließen; ein Teil der jungen Generation sei gegenüber den von den Älteren gepflegten Werten völlig gleichgültig geworden. Er sprach voll Nostalgie über die gute alte Zeit, womit er das Jahr 1937 meinte, als soviel für die geistige Entwicklung des Sowjetvolks getan worden sei. Immerhin hatte er ein paar Lobesworte für Twardowskis *Vom Recht auf Erinnerung* übrig – zweifellos zum Ärger Nikolai Schundiks und Michail Alexejews, die nach ihm das Wort ergriffen. Sie hatten zwanzig Jahre zuvor einen Demonstrationsbrief unterzeichnet, in dem sie die Behörden zu Sanktionen gegen *Nowy mir* aufriefen, und zwar wegen der gefährlichen ideologischen Einflüsse, zum Beispiel Kosmopolitismus und Liberalismus, deren Förderung dem damaligen Chefredakteur von *Nowy mir* anzulasten sei.[13] Die Reaktion der Behörden ließ nicht auf sich warten.

Nun war die allgemeine Stimmung umgeschlagen, und die einstigen Angreifer befanden sich in der Defensive. Hysterie lag in der Luft. Schundik nannte die Schriftsteller, mit denen er nicht übereinstimmte, »unsere Feinde«; seiner Ansicht nach war die Entstalinisierung, etwa nach dem 20. Parteitag, viel zu weit gegangen. Für Michail Alexejew waren die Vorkämpfer von Glasnost Demagogen, die alle geistigen Werte des sowjetischen Volkes spurlos in einer tiefen Grube verschwinden lassen wollten.

Die extremsten und aufschlußreichsten Reden stammten von Pjotr Proskurin und Juri Bondarew. Proskurin beklagte die Tatsache, daß die jungen Schriftsteller sich meist schämten, das Wort »Kommunist« in ihren Romanen zu verwenden. Er griff auch die liberalen Zeitschriften an, die zum Mittelpunkt von Sektierergruppen geworden seien, sowie die Kritiker, die es gewagt hätten, die großen zeitgenössischen Meister

110

der sowjetischen Literatur »im Stil von Rowdys« anzugreifen. Diese Reden enthielten ein gerüttelt Maß an Heuchelei, denn die *gruppow-schtschina* (Sektierertum) hatte ihren Ursprung ja gerade bei den Rechten. Auch Proskurins eigene Treue zum Kommunismus war nicht über jeden Verdacht erhaben, denn seine Vorliebe galt offensichtlich dem russischen Nationalismus. Die frühe leninistische, »heroische« Zeit (deren Geist Gorbatschow wiedererwecken wollte) war Menschen wie ihm ein Greuel. Der Kommunismus war in diesen Kreisen erst akzeptabel geworden, nachdem Stalin die Altbolschewiki umgebracht und eine starke Beimischung von russischem Nationalismus hinzugefügt hatte.

Und schließlich gab es den Fall Juri Bondarews, eines Schriftstellers von Talent. Er war im Zweiten Weltkrieg Offizier gewesen, hatte später Romane verfaßt, in denen keine Spur von Paranoia zu entdecken war, begann dann aber, immer schrillere apokalyptische Warnungen auszustoßen und zu behaupten, die Kritiker hätten es auf seine Vernichtung abgesehen. Er war der erste gewesen, der den Begriff »Bürgerkrieg« benutzt hatte, um die Lage in der sowjetischen Literatur zu beschreiben. Aber nun war etwas noch Schlimmeres eingetreten. Die Bedingungen, so Bondarew, ließen sich mit denen im Juli 1941 nach dem Einmarsch der deutschen Truppen vergleichen, als die russischen Streitkräfte unter den Schlägen der »zivilisierten Barbaren« hätten zurückweichen müssen – unter Schlägen, die den Zweck gehabt hätten, die große russische Kultur zu zerstören. Er fuhr fort: »Wenn dieser Rückzug andauert und es kein neues Stalingrad gibt, wird es mit dem Untergang unserer nationalen Werte und all dessen enden, was uns geistig teuer ist.«[14] Nun sei nicht Hitler der Feind, sondern die »Pseudodemokraten«, die Glasnost hinausposaunten. In einer anderen Rede warf er seinen Freunden Kosmopolitismus vor; sie lechzten nach allem, was im Westen gesagt werde, wodurch sie sich selbst erniedrigten, ihre Würde und Selbstachtung verlören.

An die Sitzung im März 1987 schloß sich eine weitere im Mai an, bei der neue Zusammenstöße stattfanden. Aber diesmal war der Rahmen breiter gefaßt; die Antiliberalen waren nicht mehr unter sich und mußten deshalb vorsichtiger sein. Michail Alexejew forderte, die Perestroika mit einem Minimum an Opfern durchzuführen. Kunajew, ein Neostali-

111

nist und Empfänger des Staatspreises für Literatur im Jahre 1987, behauptete, es gebe eine Abschußliste, denn einige seiner Freunde hätten Mühe, veröffentlicht zu werden. Bondarew erklärte, die Russen seien das begabteste aller Völker – doch andere seien ebenfalls begabt. Baklanow, der neue Chefredakteur von *Snamja*, wurde von einem Altstalinisten kritisiert, weil er in seiner Zeitschrift nicht genug Beiträge mit Lobpreisungen der sowjetischen Streitkräfte gebracht habe. Doch insgesamt war der Tenor etwas zurückhaltender. Die Gegner von Glasnost beriefen sich ständig auf Ligatschow, der früher geäußert hatte, daß Literaturkritik stets von »sozialem Optimismus« durchdrungen sein müsse. Das Problem der Konservativen war natürlich, daß dieses Rezept schwerlich in den Werken der talentierteren unter ihnen zu erkennen war.

Laut hartnäckigen Gerüchten in Moskau sandten einige führende Schriftsteller der Rechten ein Kollektivschreiben an das Zentralkomitee der Partei, um auf den Ernst der literarischen Situation aufmerksam zu machen und ein Eingreifen des Zentralkomitees zu empfehlen. Verschiedene Briefschreiber teilten den wichtigsten Zeitungen mit, daß sie das KGB über Gedichte, Romane und Dramen, die sie für gefährlich und subversiv hielten, unterrichtet hätten. Es gibt in Rußland eine geheiligte Tradition des »Spitzeltums«, aber in diesem Fall schien sie unangebracht. Man konnte voraussetzen, daß die Behörden durchaus fähig waren, den Inhalt der Literaturzeitschrift selbst zu lesen und zu verstehen.

Die Polemik setzte sich fort. Ein typisches Beispiel war ein langer, aggressiver Artikel von Wjatscheslaw Gorbatschow, dem stellvertretenden Chefredakteur der Zeitschrift *Molodaja gwardija*, in dem er die Vermutung äußerte, daß Stalin das Opfer der Bürokratie gewesen sein könne und es deshalb falsch sei, ihm die ganze Schuld anzulasten. Vielleicht sei Trotzki verantwortlich, der auf dem 9. Parteitag vorgeschlagen hatte, die Bauern zu »mobilisieren«; offenbar sei Stalin von Trotzki beeinflußt worden. Gorbatschow empfahl auch eine »Säuberung« von *Ogonjok*; möglicherweise werde eine ganz andere Zeitschrift leichterer Machart benötigt, die man *Broadway* oder *Montparnasse* nennen könne; wenn Marc Chagall und anderen »Scheusalen« unbedingt Publizität gewidmet werden müsse, dann wäre hier das richtige Forum.[15]

Die Liberalen ließen sich nicht einschüchtern, sondern veröffentlichten einige sehr eindrucksvolle Artikel gegen jene, die seit Jahrzehnten alles Gute, Gesunde und Anständige in der sowjetischen Literatur unterdrückt hätten. Juri Karjakins Offener Brief an »Inkognito« erinnerte an Belinskis berühmten Angriff auf Gogol, der gegen Ende seines Lebens zum religiösen Obskurantismus übergegangen war.[16] Moralisches Pathos erfüllte seinen Aufruf an die Befürworter von Stagnation und Finsternis, zu dieser späten Stunde Reue zu zeigen – um der jungen Generation willen und für das künftige Rußland anständiger Menschen, um mit Dostojewski zu sprechen.

Es ist zweifelhaft, ob Karjakin sich über die Folgen seines Appells irgendwelche Illusionen machte. Wenn die Partei den Befehl zur Reue erteilt hätte, wären die von ihm Angesprochenen sofort bereit gewesen, mit allen Kräften zu bereuen. Aber es gab keine klare Parteilinie: *Oktjabr* verkündete, es werde die von der *Molodaja gwardija* eingeleitete Polemik nicht beantworten, doch andere Organe waren weniger zurückhaltend. Die Antiliberalen fanden mächtige Beschützer. Ohne Namen zu nennen, setzte die *Prawda* sich für Astafjew ein, der sich in einem privaten Brief etwas zu freimütig geäußert hatte[17]; der Brief war (nicht durch Astafjews Schuld) in die Druckschrift *Samisdat* gelangt. Ein Moskauer jüdischer Literaturprofessor – dadurch Astafjew dreifach verhaßt – hatte ihn aufgefordert, sich in seinen Büchern nicht den Angriff auf Minderheiten zur Gewohnheit zu machen, zum Beispiel auf die Juden in *Der traurige Detektiv* (die anstößige Passage wurde später getilgt). Astafjew, ein jähzorniger Kriegsinvalide, antwortete in einer Weise, die eher einem russischen rechten Emigranten (»Warum habt ihr Juden den Zaren und seine Familie ermordet?«) als einem Sowjetbürger angestanden hätte. Aber die *Prawda* wußte, daß Astafjew alles in allem auf der richtigen Seite der Barrikade stand, und deshalb mußte er vor dem Gelehrten, der ihn provoziert hatte, in Schutz genommen werden.

Die *Prawda* vertrat die offizielle Linie, aber um die Dinge noch komplizierter zu machen, rief *Kommunist*, ebenfalls ein Organ des Zentralkomitees, zu gegenseitiger Toleranz auf und verteidigte die Liberalen, die, wie die Rechten behaupteten, keinen hinreichenden Respekt vor den Behörden gezeigt hätten. Die kritischen Arbeiten Rybakows und Twardowskis, Beks und Dudinzews seien erschienen (schrieb der

Kommunist- Kommentator), und der Himmel sei trotzdem nicht einge-
stürzt. Einige Menschen seien zweifellos verärgert, aber die Mehrheit be-
greife, daß »Wissen unser Schicksal ist, es gibt keinen anderen Weg in
die Zukunft«.[18]

Twardowski hatte in *Vom Recht auf Erinnerung* geschrieben, daß jemand, der die Vergangenheit eifersüchtig verberge, Schwierigkeiten mit
der Zukunft haben werde. Rybakow, Bek und Dudinzew hatten sämtlich Bücher über die Stalin-Ära verfaßt, die vor dem Zeitalter von Glasnost nicht publiziert werden konnten. Alexander Bek, der ein paar Jahre
zuvor gestorben war, beschäftigte sich in seinem Roman *Nowoje nasnatschenije (Die Ernennung)* mit Tewosjan, dem langjährigen Minister für
Schwerindustrie. Die Veröffentlichung war eingestellt worden, nachdem die Witwe des Ministers sich beschwert hatte; das Buch war nie offiziell verboten, aber auch nie genehmigt worden.

Dem 1965 verstorbenen Wassili Grossman war es schlechter ergangen; Suslow, der damalige Chefideologe der Partei, erklärte ihm, daß sein
Buch vielleicht in zweihundert Jahren herauskommen werde. (Es wurde
1988 von *Oktjabr* veröffentlicht.) Dudinzew war in der frühen Nach-
Stalin-Zeit ein Pionier von Glasnost gewesen und hatte sich die Finger
verbrannt. Der Roman *Belyje odeschdy (Weiße Gewänder)*[19], an dem er viele Jahre lang gearbeitet hatte, beschrieb die Vernichtung der sowjetischen Genetik in den Jahren 1948 und 1949 durch die Lyssenko-Schule.
Unter allen Wissenschaftsskandalen der Stalin-Ära war dies einer der
empörendsten und gleichzeitig kostspieligsten für Staat und Gesellschaft, denn das Verbot eines Gedichts oder Dramas hat keine unmittelbaren ökonomischen Nachteile zur Folge, während die Landwirtschaft
Schaden erleidet, wenn sie sich nach falschen Theorien richten muß. Dudinzew schilderte in allen Einzelheiten, wie der Feldzug gegen die Genetik inszeniert wurde, wie sich die Parteiführung und die Geheimpolizei
einschalteten und wie jeder einzelne Wissenschaftler auf den Angriff
reagierte. Wie gewöhnlich gab es einige Helden, aber mehr Schurken;
die Mehrheit hatte ohne innere Überzeugung mit den Behörden kolla-
boriert.

Während Dudinzews Werk ein Schlüsselroman war, erzählt Granin
in *Subr* (Der Wisent) von einer historischen Gestalt, nämlich Nikolai

Timofejew-Resowski, der ebenfalls Genetiker war. Sein Fall war in vieler Hinsicht einzigartig: In den späten zwanziger Jahren zur Arbeit nach Deutschland abgeordnet, weigerte er sich 1937, dem Rückruf in die Sowjetunion zu folgen; damals waren sein Bruder und die meisten seiner Kollegen bereits verhaftet und einige von ihnen ermordet worden. Er war russischer Patriot, kein Nazi-Sympathisant (sein Sohn kam in einem deutschen Konzentrationslager um). Bei Kriegsende blieb Timofejew in Berlin, obwohl er wußte, daß seine Landsleute ihn verhaften würden. Er verbrachte die nächsten Jahre in einem sowjetischen Lager und wäre dort höchstwahrscheinlich verhungert, wenn sich nicht plötzlich jemand erinnert hätte, daß er der einzige russische Experte auf einem Gebiet von großer Bedeutung für die nationale Sicherheit war. Er erhielt ein Laboratorium, zunächst innerhalb des GULag, später in der Verbannung. *Subr* löste viele Debatten aus, und es gab natürlich einige Kritiker, die behaupteten, daß es Timofejews moralische Pflicht gewesen sei, im Jahre 1937 zurückzukehren, auch wenn er dadurch Selbstmord begangen hätte.[20] Aber die meisten vertraten einen nachsichtigeren Standpunkt.

Anatoli Rybakows *Deti Arbata* (*Die Kinder vom Arbat*) ist die Geschichte einer ganzen Generation, der Jungen und Mädchen der Moskauer Innenstadt, die in den frühen dreißiger Jahren ihre Ausbildung beendeten. Das Buch hat zwei Helden. Der eine ist ein Student namens Sascha Pankratow, ansehnlich, ein guter Sohn und Freund, recht intelligent und vor allem begeisterungsfähig, schrecklich naiv und etwas selbstgefällig. Er ist ein vorbildlicher junger Kommunist, begeht an seinem Institut jedoch einen unbedeutenden ideologischen Schnitzer. Normalerweise wäre dies als ein Studentenstreich behandelt und mit einer Abmahnung abgetan worden, aber die Staatssicherheitsorgane sammeln ohne Saschas Wissen Material gegen einen alten Bolschewiken, und man benötigt ihn, um die Rechtsverdrehung zu vervollständigen. Damit wird ein Studentenstreich zu einem Akt des Verrats; Sascha wird verhaftet und hat noch Glück, mit einer relativ milden Strafe davonzukommen: drei Jahre Verbannung nach Sibirien. (Die Handlung spielt kurz vor der Großen Säuberung.) Der junge Sascha begreift natürlich nicht, was mit ihm geschieht; er ist aufrichtig überzeugt, daß er es mit einem entsetzlichen Mißverständnis zu tun hat, daß man ihn sofort freilassen würde, wenn nur Stalin Bescheid wüßte. Sogar seine Erfahrung in Sibirien heilt ihn nur teilweise von diesem Irrglauben.

Der andere Held des Buches ist Stalin. Es ist die Geschichte eines Mannes, der aufrichtig an die Sache des Kommunismus glaubt, wie er sie versteht (das heißt an eine Diktatur ähnlich wie im pharaonischen Ägypten), der sich für unersetzlich hält und sich letzten Endes als Verbrecher erweist. Stalin erscheint als ein Politiker, der nicht durch sein Charisma, seine Weitsicht oder seine Rednergabe an die Macht gelangte, sondern weil er, bedingt durch sein unbegrenztes Selbstvertrauen, ein erstklassiger Intrigant und brutaler als seine Kollegen war. Ihm fehlt jede moralische Hemmung, er verachtet seine Umgebung und ist fest davon überzeugt, daß es zu Chaos und allgemeinem Zusammenbruch kommen würde, wenn das russische Volk seine Herrscher nicht fürchtete. Der Roman schildert, wie Stalin den Sturz Kirows plant, des zweiten Mannes im Politbüro, der beliebter als Stalin ist. Aber die Beschreibung endet am Tag vor Kirows Ermordung im Dezember 1934, so daß nicht ganz klar wird, ob Stalin nur allgemeine Anweisungen gab, diesen (wie er meinte) potentiellen Rivalen zu beseitigen, oder ob er selbst den Mordplan im Detail ausarbeitete. Diese Geschichte einer verlorenen Generation einstiger Enthusiasten ist sehr traurig; einige geraten ins Getriebe der Säuberungen und Prozesse, andere werden zu Spitzeln und Kollaborateuren, und auch die Überlebenden bleiben moralisch nicht unversehrt.

Rybakows Buch bringt beispiellose Enthüllungen über eine ganze Epoche, aber der Autor kann – oder will – nicht die ganze Wahrheit sagen.[21] Er bedient sich einer objektiven Distanz, auf die er wahrscheinlich verzichtet hätte, wenn zum Beispiel Hitler sein Thema gewesen wäre. Er meint, daß es Hoffnung für die sowjetische Gesellschaft gibt – vorausgesetzt, sie stellt sich unerschrocken der Vergangenheit, nicht nur der Frage nach dem, was geschah, sondern auch nach dem Warum.

Wassili Grossman, der Autor von *Leben und Schicksal,* konnte sich kaum solche Hoffnungen machen. Er wurde im Jahre 1905 geboren, und sein Werdegang stand immer in Einklang mit dem Kurs der Partei und Stalins; als Korrespondent der Armeezeitung *Krasnaja swesda* war er einer der meistgelesenen Autoren. Im Jahre 1960 beendete Grossman *Leben und Schicksal,* einen gewaltigen Band, den letzten Teil einer epi-

116

schen Darstellung, und legte ihn dem Chefredakteur von *Snamja* vor, der das Buch sofort an die Staatssicherheitsorgane weitergab. Man beschlagnahmte das Manuskript, doch der Autor wurde nicht verhaftet oder ins Exil geschickt. Es waren die relativ freien Jahre unter Chruschtschow, und außerdem litt Grossman an Krebs, der ihn kurz darauf das Leben kostete. Ein Exemplar seines Werks gelangte in den Westen, wo es veröffentlicht wurde.[22]

Leben und Schicksal läßt sich nicht in kurzen Zügen zusammenfassen. Es schildert die Schlacht um Stalingrad, aber die Handlung spielt auch im sowjetischen Hinterland, in nationalsozialistischen Konzentrationslagern in Deutschland und in der Moskauer Lubjanka, dem zentralen Gefängnis der Geheimpolizei. Mehrere historische Gestalten treten auf, zum Beispiel die Generale Rodimzew und Tschuikow, und Stalin schaltete sich einmal aus heiterem Himmel mit einem einzigen Anruf ein, um Schtrom, einen begabten sowjetischen Wissenschaftler, zu retten, der sich infolge politischer Intrigen einer Katastrophe gegenübersieht. Aber dies ist fast der einzige Lichtschimmer in einer Geschichte von finsterster Verzweiflung. Stalingrad bringt zwar einen entscheidenden Sieg für das sowjetische Volk, aber es bedeutet auch die weitere Stärkung des stalinistischen Regimes und der Knechtschaft.

Das Hauptthema das Buches ist der Konflikt zwischen Individuum und allmächtigem Staat. Grossman sieht keinen wesentlichen Unterschied zwischen Faschismus und Kommunismus (der »Synthese von Unfreiheit und Sozialismus«). Gewiß, die Männer, die die Revolution im Jahre 1917 durchführten, waren Internationalisten (im Gegensatz zu den Nazis), sie wollten das Beste für die Menschheit. Aber der einstige Internationalismus ist verschwunden, und der Versuch, Menschen zu dem zu zwingen, was für sie am besten ist, endete wie alle derartigen Versuche mit Sklaverei. Im Vergleich mit einem Werk, das eine solche Botschaft verkündet, sind Bücher wie *Doktor Schiwago* politisch harmlos.

Viele andere interessante Romane erschienen in jenem denkwürdigen Jahr, und zahlreiche Dramen, die zuvor nicht hätten veröffentlicht oder aufgeführt werden können, wurden nun inszeniert. Einige waren viel früher entstanden, etwa Bulgakows *Sobatschje serdze (Hundeherz,* geschrieben 1925) oder Platonows *Kotlowan (Die Baugrube,* wo es um die Kollektivierung der Landwirtschaft geht). Andere stammten aus jüngeren Jahren, beschäftigten sich jedoch mit einer Vergangenheit, die bis dahin nicht zugänglich gewesen war, zum Beispiel Pristawkins *Notschewala tutschka solotaja (Über Nacht eine goldene Wolke)*, das die Deportierung kaukasischer Volksstämme während des Krieges schildert. Neue Namen tauchten auf, die sich zeitgenössischen, bisher unberührten Themen widmeten. Ein auffallendes Beispiel war Sergei Kaledins *Smirnoje kladbischtsche* (Stiller Friedhof)[23], eine Erzählung über Totengräber, halb analphabetische Trunkenbolde, das Strandgut der Gesellschaft, das in der Religion Trost sucht. Diese Charaktere sind weit von den glatten, ideologisch motivierten und von Problemen unbelasteten Helden des sozialistischen Realismus entfernt. Unkonventionelle Helden finden sich auch in den Geschichten Wladimir Makanins, etwa in *Utrata* (Ein Verlust) und *Odin i odna* (Ein Mann und eine Frau), oder in Boris Wassiljews *Schila byla Klawotschka* (Es war einmal eine Klawotschka) – sie alle sind tief tragisch. Einem Kritiker zufolge tauchten neue Schriftsteller auf, die sich als fertige Meister erwiesen, ohne anscheinend eine Lehre durchlaufen zu haben.

Genauso interessant waren die nichtbelletristischen Kommentare über verschiedene Aspekte des gesellschaftlichen und kulturellen Lebens, die in den Literaturzeitschriften erschienen. Die freimütigsten Essays über gesellschaftliche und wirtschaftliche Probleme wurden nicht von den Fachzeitschriften, sondern von *Nowy mir* und *Oktjabr* gedruckt.[24]

Die Zeitschriften der Rechten konzentrierten sich auf den Kampf gegen Alkoholismus und Rockmusik sowie auf ökologische Probleme: das Schicksal der sibirischen Wälder, der Ölstadt Urengoi, des Baikal- und des Aralsees. Auch die »liberalen« Publikationen schenkten diesem einst vernachlässigten Thema wachsende Aufmerksamkeit. In einem Punkt stimmten sie alle überein: daß es notwendig sei, gegen die Kulturbürokratie zu kämpfen. Aber das war leichter gesagt als getan, denn wie der russische Kulturminister in einem Interview enthüllte, sorgten Hunderte von Vorschriften dafür, daß etwa das Finanzministerium viel mehr Macht über kulturelle Angelegenheiten hatte als seine eigene Behörde.

Im Mittelpunkt der Aufmerksamkeit stand der »menschliche Faktor«, der auch in Parteitagsreden und in den Schriften von Ökonomen und Soziologen wie Tatjana Saslawskaja eine prominente Rolle spielte. Daniil Granin schrieb einen weithin diskutierten Essay über *miloserdije* (Barmherzigkeit); er berichtete von einem Unfall, der ihm auf den Straßen von Leningrad zugestoßen war. Nicht ein einziger unter Hunderten von Passanten war ihm zu Hilfe gekommen, während er blutend auf dem Boden lag. Dies war der Ausgangspunkt für seine Reflexionen darüber, was aus den wunderbaren, einst für selbstverständlich gehaltenen Qualitäten des russischen Volkes geworden war. Einige Leser schlugen die Gründung einer Organisation zur Förderung von Barmherzigkeit vor. Aber es war, wie Granin zu Recht bemerkte, sehr zweifelhaft, daß diese Eigenschaft auf dem Verwaltungsweg zurückgewonnen werden konnte. Ein anderer führender Kritiker schrieb: »Wenn man sich die Massen ansieht, denkt man: Mein Gott, woher rühren so viel Zorn und Entfremdung?«[25] Man veröffentlicht Artikel über Schuld und Sühne, über schlechtes Benehmen, über das Verhalten von sowjetischen Touristen im Ausland. Es war eine Zeit der *samobitschewanije* (Selbstgeißelung), der Nestbeschmutzung, wie die Gegner von Glasnost sagten. Es war die Zeit, in der nach Jahrzehnten erzwungenen Schweigens und offizieller Verlogenheit die Wahrheit ausgesprochen wurde. Für manche war es die beste, für andere die schlechteste aller Zeiten.

Glasnost und die Künste

Die von Glasnost ausgelöste kulturelle Gärung ist am deutlichsten auf literarischem Gebiet. Zwar kam es in der Leitung fast aller Medien zu personellen Veränderungen[26], aber die Ergebnisse waren seltsam uneinheitlich. Die Zahl der Abonnements für *Nowy mir* nahm 1987 um mehr als hundert Prozent zu und überschritt eine Million, eine erstaunliche Zahl für eine »dicke« Literaturzeitschrift. Die Auflagen von *Druschba narodow* und *Snamja* erreichten 750 000 beziehungsweise 980 000 (1985 lagen sie bei 155 000 und 250 000). Nach Meinung des Literaturkritikers W. Lakschin sollte man erwägen, diese Ziffern ins Guinness-Buch der Rekorde aufzunehmen. Zumal sie nicht das vollständige Bild wiedergeben, denn bestimmte Nummern (zum Beispiel die von *Druschba narodow*, in denen *Die Kinder vom Arbat* abgedruckt war) wurden weitergereicht und von vielen Menschen gelesen, bis sie sich buchstäblich auflösten. Die Literaturzeitschriften der Rechten hatten insgesamt weniger Erfolg als die der liberalen Linken, aber es gab Ausnahmen. *Moskwa* erhöhte seine Leserschaft wahrscheinlich durch den serienmäßigen Abdruck von Karamsins *Geschichte des russischen Staates*, eines Werkes, das sich durch patriotische Inbrunst und erhebliche literarische Qualität auszeichnet und ursprünglich im frühen neunzehnten Jahrhundert erschienen war. Die *Iswestija* steigerte ihre Auflage (um dreißig Prozent), während die *Prawda* ein wenig an Boden verlor – was zweifellos mit der Tatsache zusammenhing, daß die erstere interessanter geworden war.[27] Auch die Auflage der Zeitschriften, die sich mit Außenpolitik und ausländischer Kultur beschäftigten, ging zurück, teilweise deshalb, weil die Ereignisse innerhalb der Sowjetunion nun viel faszinierender waren, aber auch, weil die Leser nicht mehr nach diesen Spezialmagazinen suchen mußten, um sich über politische und kulturelle Entwicklungen im Ausland zu unterrichten. Da eine »Provinzzeitschrift« wie *Newa* Kafka druckte und ein lettischer Verlag die Veröffentlichung von Orwells *Farm der Tiere* ankündigte, verloren Journale wie *Sa rubeschom* (Im Ausland) oder *Inostrannaja literatura* (Ausländische Literatur) viel von ihrer Anziehungskraft. Bedeutsam war auch, daß Fernsehen und Rundfunk trotz einiger interessanter Neuerungen nicht annähernd soviel Glasnost erkennen ließen wie die gedruckten Medien.

Die Gradunterschiede von Glasnost waren so auffällig, daß sich die Suche nach spezifischen Ursachen und Erklärungen anbietet. Hatte man die Gärung von oben angeordnet, oder war sie spontan oder vielleicht eine Mischung von beidem? Es war schwer, ein allgemeines Muster zu erkennen. Auf manchen Gebieten bewegte sich sehr viel, auf anderen kaum etwas. Letzteres galt zum Beispiel für die »Parteiwissenschaften«, etwa Philosophie, Geschichte und Wirtschaft; in der Redaktion von *Woprossy istorii* (Fragen der Geschichte) kam es zu einer Umbesetzung, aber erst recht spät, im Januar 1988. Wie läßt sich erklären, daß manche Institutionen und ihre Organe liberaler wurden, während andere ihren Kurs kaum änderten oder sich sogar jedem Wandel widersetzten?

Alle Ernennungen mußten von der Partei gebilligt werden, so daß das Element des Zufalls gering war. Die Anweisung lautete: Gebt den Intellektuellen und Künstlern etwas mehr Freiheit. Aber manche wollten nicht mehr Freiheit, während sich andererseits in zwei Fällen eine Art Palastrevolution abspielte und die alte Garde unsanft hinausbefördert wurde.

Zuerst kam es zur Revolte der sowjetischen Filmschaffenden auf dem fünften Kongreß ihres Verbandes im Mai 1986. In diesem Bereich war die Lage besonders schlecht gewesen, obwohl mehr Filme gedreht wurden als in Stalins letzten Jahren, in denen die Produktion praktisch zum Stillstand gekommen war. Aber die Qualität war niedrig, was zu einem stetigen Sinken der Zahl der Kinobesucher führte. Filme, die auch nur ein wenig unkonventionell waren, wurden entweder stark zensiert oder überhaupt beiseite geschoben. Führende Regisseure wie Tarkowski ließen sich im Ausland nieder, andere wurden geächtet. Eine kleine Clique entschied, was von wem produziert und wo es zur Aufführung gelangen sollte. Bei den Sekretariatswahlen dieses Verbandes – gewöhnlich eine Formalität –, die am letzten Tag der Konferenz von 1986 stattfanden, wurde Lew Kulischanow, Generalsekretär seit zwanzig Jahren, von Jelim Klimow abgelöst, einem Filmemacher der Avantgarde, der seit Jahren große Schwierigkeiten mit den Zensoren gehabt hatte. Zwei Drittel der Sitze im neuen Vorstand gingen ebenfalls an die Rebellen. In mancher Hinsicht handelte es sich um einen Generationsaufstand, nämlich der Ende Vierzig- Anfang Fünfzigjährigen gegen jene, die ungefähr zehn Jahre älter waren und die Szene während der Breschnew-Ära und zum Teil schon vorher beherrscht hatten. Aber die entscheidende Frage war, ob die Filmemacher mehr schöpferische Freiheit erhalten würden.

Schon vor dem Kongreß war ein Grollen laut geworden; in einigen wichtigen Zeitungen gab es bittere Klagen über den Druck der Zensur (in Form der zentralen Filmbehörde Goskino), die jede schöpferische Tätigkeit ersticke. Die Revolution im Verband der Filmschaffenden löste böse Ahnungen in den Reihen der orthodoxen Parteiführer aus: Was wäre, wenn sich der offenbar spontane Aufstand ausbreitete? War es nicht ein gefährliches Zeichen, wenn sich ein Berufsverband der direkten Parteikontrolle entzog? Aber da zur Zeit des Umsturzes mehrere bedeutende Vertreter des Zentralkomitees, darunter Alexander Jakowlew, anwesend waren, muß vermutet werden, daß Klimow und seine Anhänger zumindest mit stillschweigender Billigung einiger Spitzenfunktionäre handelten. Und wenn Gorbatschow in den Wochen danach angesprochen wurde, erklärte er seinen besorgten Genossen, daß er Unruhe unter den Filmemachern als gesunde Entwicklung betrachte und daß es keinen Grund gebe, sich zu fürchten und allzu heftig zu reagieren.

Die Revolution im sowjetischen Theater war genauso unerwartet und in mancher Beziehung sogar noch umfassender. Auf dem fünfzehnten Kongreß der Allrussischen Theatergesellschaft (WTO) im Oktober 1986 erhob sich einer ihrer Angehörigen, Oleg Jefremow, Chef des Moskauer Künstlertheaters (Mchat), und schlug die Gründung einer neuen Organisation für sowjetische Theaterschaffende vor. Er wurde von einer Mehrheit der Anwesenden unterstützt, und die neue Organisation wurde kurz darauf ins Leben gerufen.

Eine solche administrative Neuordnung mag westlichen Beobachtern nebensächlich erscheinen, aber im sowjetischen Rahmen war sie äußerst wichtig. Die herkömmliche Praxis verlangte, daß jedes sowjetische Theater sein Repertoire von Moskau bestätigen lassen mußte. Die Theater waren also völlig auf die Entscheidung von Parteifunktionären angewiesen, die keine oder wenig Fachkenntnis besaßen. Ihnen fehlte jeder Schutz vor regionalen Parteisekretären, die ein Stück aus diesem oder jenem Grunde verbieten wollten, selbst wenn es andernorts in der Sowjetunion aufgeführt wurde.[28]

Die alte Generation hatte nichts getan, um die Theaterschaffenden von Intervention und Zensur zu schützen, während der neue Verband zu dem spezifischen Zweck gegründet wurde, die Theaterkunst gegen willkürliche administrative Eingriffe zu verteidigen.[29] Sogar jene, die man in früheren Jahren bezichtigt hatte, »Modernisten« oder »Subjektivisten« zu sein, erhielten nun Gelegenheit, ihre Stücke in ihren eigenen neuen Theatern oder in altetablierten Häusern aufzuführen. Gleichzeitig zeigte man Dramen über geschichtliche Themen (Schatrow), die bis

122

dahin tabu waren, oder über umstrittene gesellschaftliche Fragen (Gilman, Nischarin und andere).

Die unmittelbaren Ergebnisse waren im Kino weniger spektakulär, als viele erwartet hatten. Die Filmorganisation richtete ein Komitee ein, um Zensurentscheidungen der vergangenen Jahre überprüfen zu lassen; infolgedessen wurden rund dreißig Spielfilme, die in den Archiven verschwunden waren, zum erstenmal im Kino oder im Fernsehen gezeigt, darunter Werke von Kira Muratow, Alexei German, Gleb Panfilow und anderen begabten sowjetischen Filmemachern. Aber die meisten Filme verlieren nach zehn Jahren an Aktualität, und außerdem waren sie von Anfang an einer Selbstzensur unterworfen gewesen. Themen, deren Behandlung in den späten siebziger Jahren wagemutig gewirkt hatte, schienen ein Jahrzehnt später nicht mehr aufregend. Im Januar 1987 wurde Abuladses weithin diskutierter Film *Pokajanie (Die Reue)* in der gesamten Sowjetunion gezeigt. Es ist die Geschichte des Lebens und der Verbrechen eines lokalen Diktators, der starke physische Ähnlichkeit mit Berija, dem Chef der politischen Polizei unter Stalin, aufweist. Die Botschaft des Films war nicht revolutionärer als die von Chruschtschows berühmter Rede auf dem 20. Parteitag im Jahre 1956. Aber Chruschtschows Rede war nie veröffentlicht worden, und ihr fehlte natürlich die emotionale Wirkung, die sich dadurch erzielen ließ, daß man spezifische Menschen und Situationen in den Blickpunkt rückte.

Im Jahre 1987 wurden einige bemerkenswerte Fernsehstücke produziert, zum Beispiel *Risk (Das Risiko)*; hier wird das Schicksal der sowjetischen Raketenbaupioniere in der späten Stalin-Zeit geschildert. Aber die neuen Spielfilme unterschieden sich nicht wesentlich von den fünf oder zehn Jahre früher gedrehten.[30] Vielleicht hatte man sich übertriebene Hoffnungen gemacht; vielleicht war es unrealistisch gewesen, innerhalb von ein, zwei Jahren mit einer Flut genialer Werke zu rechnen. Dadurch, daß man die repressivsten Maßnahmen entfernt hatte, waren nur die Voraussetzungen für neuartige Arbeiten geschaffen worden; das allein aber konnte nicht den genialen Funken liefern. Künstler brauchen Zeit, selbst wenn die Inspiration da ist. Zwar erklärten hohe Parteifunktionäre ständig – allerdings häufiger im Ausland als in der Heimat –, daß »nichts mehr verboten sei«, doch nur tollkühne Filmproduzenten konnten solche Aussagen ganz wörtlich nehmen. Aber abgesehen von der Frage künstlerischer Freiheit gab es das Problem des Massengeschmacks. Die populärsten Filme waren stets Thriller gewesen (etwa »Die Piraten des 20. Jahrhunderts«). Gelegentlich drehte ein Regisseur der Avantgarde, beispielsweise Rolan Bykow oder Klimow selbst, einen Film, der auch kommerziellen Erfolg hatte. Aber meistens fanden solche Werke nur Zuspruch bei der Kritik (wie früher Tarkowskis Filme). Da Klimow und seine Anhänger mehr als einmal verkündet hatten, daß die Filmstudios sich selbst finanzieren und die unrentablen aufgelöst werden sollten[31], geriet die Filmindustrie in die Krise, denn die Studios machten 1987/88 genausowenig Gewinn wie in der Vergangenheit, wenn auch aus anderen Gründen. Sowjetische Filme wurden auf internationalen Filmfestspielen ausgezeichnet, aber das sowjetische Publikum ließ es im großen und ganzen an ähnlicher Begeisterung fehlen. Und die Gegner von »zuviel Freiheit« in der Filmindustrie versäumten nicht, die Probleme der neuen Führung auszuschlachten.

Während Theater und Film zur Vorhut von Glasnost gehörten, waren Musik und Malerei in der Nachhut. Beide hatten unter Stalin enorm gelitten, und die allgemeine Parteilinie hatte sich auch nach dem Tode des Diktators nicht radikal geändert. Zwar wurden die berüchtigten Schdanow-Erlasse von 1948, die die Kunst innerhalb engster Grenzen reglementierten, nun, vierzig Jahre später, offiziell widerrufen, doch die Vertreter der »offiziellen Kunst«, die die Fachorganisation und -zeitschriften leiteten und über Ausstellungen und Musikprogramme entschieden, waren immer noch im Amt oder hatten ihre Aufgaben an ihre Schüler übertragen. Dies hatte bleibende Folgen: die Verschlechterung des Niveaus sogar dort, wo die sowjetische Kunst sich traditionsgemäß hervorgetan hatte (zum Beispiel beim Ballett), und das Entstehen einer zweiten, inoffiziellen Kultur, deren Komponisten, Maler und Bildhauer nicht den Berufsorganisationen angehörten und ihre eigenen Ausstellungen und Konzerte veranstalteten. Einige Zyniker meinten, es komme nicht darauf an, ob die sowjetischen schönen Künste frei oder streng reglementiert seien, da sie sich ohnehin nicht vieler Genies rühmen könnten. Doch vor und nach der Revolution hatte die russische Kunst eine Blütezeit erlebt und internationale Aufmerksamkeit geweckt; mit einem Mindestmaß an künstlerischer Freiheit hätte es durchaus zu einer neuen Blüte kommen können. Zynismus war zweifellos unangebracht, was die sowjetische Musik betraf. Aber gerade weil sie in diesem Jahrhundert so herausragende Vertreter wie Strawinski, Prokofjew und Schostakowitsch gehabt hatte, war der fortwährende Verfall nach 1953 um so schwerer zu verstehen. Als Glasnost anbrach, schienen viele Beobachter der Ansicht zu sein, daß die Hörer sich nicht mehr für sinfonische Musik interessierten und daß Musikkritik wertlos sei.[32]

Einige Komponisten, zum Beispiel Alfred Schnittke und Edison Denissow, verdienten sich ihren Lebensunterhalt mit Filmmusik, hatten aber größte Mühe, zu Konzerten und auf die Bühne vorzudringen. Millionen lauschten Barden wie Wyssozki, hörten sich Unterhaltungsmusik und Jazz (der als halbseriös galt) und, zunehmend seit den späten sechziger Jahren, Rockmusik an, die lange als völlig unerwünscht betrachtet worden war. Als der Komponistenverband im Jahre 1987 beschloß, seine Plenarsitzung von Moskau nach Kemerowo, dem Kohlenbergbauzentrum im Kusnezker Gebiet, zu verlegen, interpretierten manche Beobachter dies als einen symbolischen Akt, der bedeute, daß man sich so weit wie möglich von der Hauptstadt entfernen wolle.[33]

Letztlich war auch Kemerowo jedoch nicht fern genug, um den Nachwirkungen von Glasnost zu entgehen. Im Mai 1988 veröffentlichte Vera Gornostajewa, Professorin am Moskauer Konservatorium, einen Artikel, der lange Zitate aus Reden enthielt, die Tichon Chrennikow, der damalige Chef des Komponistenverbandes, in den Jahren 1947 und 1948 gehalten hatte. Darunter waren Angriffe auf Prokofjew, Schostakowitsch und andere, die Chrennikows vollständige und sklavische Billigung der Stalin-Schdanow-Erlasse zum Ausdruck brachten. Ein solches Verhalten war nicht außergewöhnlich, und es hätte keinen Sturm der Entrüstung gegeben, wenn Chrennikow nicht vierzig Jahre später immer noch Sekretär des Verbandes gewesen wäre. Er berief eine Pressekonferenz ein, doch statt sein Bedauern zu äußern, erklärte er, daß er damals ein sehr junger Mann gewesen sei, daß jemand anderes seine Reden geschrieben habe, daß sein Vater und seine Brüder ebenfalls während der Säuberungen verhaftet worden seien. Kurz gesagt, es war kein sehr überzeugender Auftritt. Obwohl er von den meisten seiner Kollegen im Verbandsvorstand unterstützt und als Delegierter zur Parteikonferenz im Juni 1988 gewählt (oder ernannt) wurde, ertönten viele sehr kritische Stimmen, und es war deutlich, daß seine Amtszeit sich dem Ende näherte.[34]

Die künstlerische Szene war von mittelmäßigen, schablonenhaften Werken beherrscht worden, doch nun, unter Glasnost, setzte ein Wandel ein. Gewiß, die Schlüsselpositionen in der Akademie für Schöne Künste wurden weiterhin von der Gerassimow-Schule gehalten (Gerassimow war Stalins Hofkünstler gewesen), doch im Januar 1988 wurde Andrei Wasnezow Vorsitzender des Künstlerverbandes. Er war einer der »strengen« Künstler (oder Naturalisten), die fünfundzwanzig Jahre zuvor von den Behörden drangsaliert worden waren. Nicht alle früheren Rebellen waren Nonkonformisten geblieben. Die Ausstellungen des patriotisch-mystisch-religiösen Malers Ilja Glasunow hatten in den siebziger Jahren weit größere Menschenmengen angezogen als die offiziellen Vernissagen. Unter Glasnost wurde der einstige Außenseiter zu einer Stütze des Establishments, und er gab bekannt, daß eine Art »höherer Realismus« stets sein Ideal gewesen sei; Abstraktionismus sei ihm so fremd wie fotografischer Naturalismus. Er war fest überzeugt, daß alle, die keine formale Ausbildung erhalten hatten, bloße Dilettanten seien. Glasunow lehnte »extrem linke« – das heißt avantgardistische – Tendenzen in der Kunst heftig ab. Gebe es bessere Lehrer als die großen russischen Meister der Vergangenheit wie Repin und Surikow?[35] Damit war ein weiterer verlorener Sohn in den Schoß der Partei zurückgekehrt.

Im Abseits – ohne jede offizielle Anerkennung – standen die vielen nichtoffiziellen Maler, die abstrakte oder sonstwie nonkonformistische Werke herstellten. Auch sie hatten ihr Publikum, obwohl sie von Zeit zu Zeit von der Polizei oder von örtlichen Parteiinstitutionen drangsaliert wurden, die Bulldozer aussandten, um, wie bei einem berüchtigten Vorfall im Jahre 1974, ihre Ausstellungen zu »beerdigen«.

Glasnost manifestierte sich in einer gewissen Demokratisierung: Einige jüngere Maler wurden in die Führung der Berufsverbände kooptiert, und man zeigte einen Teil ihrer Werke in den großen offiziellen Ausstellungen.[36] Doch die jüngeren Maler klagten weiterhin, daß diese Ausstellungen für sie uninteressant seien; sie veranstalteten eigene Vernissagen auf der Kusnezki-Most-Straße, im Ismailowo-Park und anderswo; eine

Zeitlang wurde der alte Arbat zu einem großen Markt für alternative Kunst, den die Hüter der älteren Schule als »provinziell« und »drittklassig« betrachteten.[37]

Die alternativen Ausstellungen wurden nicht ausschließlich mit Meisterwerken bestritten; man hörte von Besuchern, die ihr Eintrittsgeld zurückverlangten, selbst wenn sie nur zwanzig Kopeken bezahlt hatten. Aber wenigstens handelte es sich hier um ehrliche Fehlschläge, was sich über den Konkurs der offiziellen Kunst nicht sagen ließ. Einem Rezensenten zufolge waren die Maler früherer Jahre weder an der Kunst noch an ihrem Publikum, sondern nur an ihrem Einkommen aus Staatsaufträgen interessiert. Ab und zu entwickelte sich eine ideologische Diskussion; in solchen Fällen griff die Zeitschrift *Chudoschnik* (Der Künstler), das Organ des konservativen Künstlerverbandes der Russischen Föderation, die Zeitschrift *Iskusstwo* (Die Kunst) des Allunions-Verbandes an, weil diese sich nicht hinreichend wachsam gegen die angeblich stattfindende gewaltige antirealistische Verschwörung gegen Formalismus und Modernismus wehre.[38]

Es gab Disputte darüber, welche Werke der zeitgenössischen Kunst wo gezeigt werden sollten und welche »Avantgardisten« und »Kosmopoliten« von gestern zu rehabilitieren seien. Die Publizität, die Marc Chagall anläßlich seines hundertsten Geburtstags zuteil wurde, löste den Zorn der Konservativen aus. Allerdings richtete sich ihr Abscheu fast im gleichen Maße gegen die Avantgardisten rein russischer Herkunft des frühen zwanzigsten Jahrhunderts. Dann jedoch gab der Kulturminister bekannt, daß er persönlich zwar die realistische Kunst bevorzuge, die Existenz der Avantgarde aber nicht zu leugnen sei und Maler wie Kandinsky, Malewitsch, Talin, Larionow oder Filonow »ebenfalls Teil unserer nationalen Errungenschaften« seien. Daraufhin konnte die totale Opposition nicht mehr fortgesetzt werden, und das alte künstlerische Establishment mußte einige widerwillige Zugeständnisse machen.

Im Bereich der Musik kam es zu einem ähnlichen Trend: Jefim Golyschew, ein Vorläufer der Zwölftontechnik und Emigrant, wurde rehabilitiert; lebende Modernisten wie Schnittke, Gubaidulina, Denissow und Herschowia durften ins Ausland reisen. Im Ausland auftretende sowjetische Ensembles erhielten die Genehmigung, bis dahin verbotene Werke der führenden Komponisten aus der frühen, experimentellen, nachrevolutionären Epoche zu spielen.

Ein Überblick über die kulturelle Szene während der Blütezeit von Glasnost zeigt ein widersprüchliches Bild großen Wandels in einigen Gebieten, kaum einer Veränderung in anderen. Dieser Wandel war kein Geschenk von oben (wie Jewtuschenko es ausdrückte), sondern das Ergebnis eines langen Ringens einiger Schriftsteller und Künstler. Ihr Kampf wäre jedoch nicht von Erfolg gekrönt worden, wenn keine tolerantere Führung nachgerückt wäre. In mancher Hinsicht war der Aufstand eine Generationsfrage, doch da den »Rebellen« auch Männer und Frauen von mehr als siebzig oder achtzig Jahren angehörten, hatte die fortschreitende Liberalisierung eindeutig auch andere Aspekte. Der Widerstand gegen die neue Freiheit war sehr heftig – einerseits aus politischen Gründen, andererseits weil die alte Führung nicht bereit war, ihre beherrschende Stellung mit allen gesellschaftlichen und finanziellen Privilegien aufzugeben.

In vielen Bereichen war die Stellung der Feinde von Glasnost so stark, daß der Wandel sich auf ein Minimum beschränkte. Der Preis, den die Konservativen zu zahlen hatten, bestand aus zunehmender Isolierung und der Gefahr, übergangen zu werden und jede Bedeutung zu verlieren. Solche Gefahren waren größer auf dem Gebiet des Journalismus, der Musik und der Künste als auf dem der Parteigeschichte oder der Philosophie, wo ein Zugangsmonopol zu den Quellen und Publikationsmitteln den Fortschritt der Opposition eng begrenzte. Auch schienen die Zukunftsaussichten für jene, die sich dem Wandel widersetzten, nicht ganz hoffnungslos. Während die Befürworter von Glasnost Gorbatschow und Jakowlew zitierten, beriefen sich die Konservativen auf die Autorität Ligatschows, der die Intellektuellen bei verschiedenen Gelegenheiten ermahnt hatte, sich nicht in zerstörerischer, rein negativer Kritik zu ergehen; die Wahrheit erschöpfe sich nicht in der Konzentration auf alles Schlechte in der Gesellschaft.[39] In einem von Fjodor Burlazkis Dialogen drückte es ein Protagonist der alten Ordnung folgendermaßen aus: »Gut, wir haben es mit einer neuen Welle zu tun; gestern war es Iwans Stil, heute ist es Wassilis. Solche Wellen kommen und gehen, genau das ist das Wesen der Perestroika.«[40]

128

Zuweilen müssen die Konservativen Unbehagen verspürt haben, was die Zukunft betraf, aber das gleiche galt für ihre Gegner. Niemand konnte sicher wissen, wie weit Glasnost gehen und wie lange sie dauern würde. Eingedenk früherer Erfahrungen spürten die Reformer den länger werdenden Schatten des Gewehrschützen hinter sich. Die Situation in den Künsten, den Wissenschaften und den Medien ähnelte also der allgemeinen Lage. Es gab Hoffnung auf größere Freiheit, aber auch starken Widerstand gegen den Wandel, und niemand hatte die Gewißheit, daß Glasnost auf Dauer bestehen bleiben würde. Doch Schriftsteller und Künstler, Komponisten und Filmschaffende waren mutiger als je zuvor und eher bereit, die kulturelle Freiheit zu verteidigen. Dies war wohl der hoffnungsvollste Aspekt von Glasnost im kulturellen Bereich.

Die Wiedererstehung der russischen Rechten: zwischen Patriotismus und Faschismus

Mit dem Aufstieg von Glasnost wurde im Westen weithin angenommen, daß Gorbatschows Reformen zu einer Renaissance des linken, liberalen demokratischen Denkens in der Sowjetunion führen würden. Die neue Sowjetideologie werde ihre Wurzeln in den Idealen der Aufklärung, der Französischen Revolution und der demokratischen Tradition der russischen Radikalen des letzten Jahrhunderts suchen. Schließlich blickten Gorbatschow und seine Anhänger sehnsuchtsvoll auf die Gründerjahre nach der Revolution von 1917 zurück, auf die Epoche des Enthusiasmus und der relativen Freiheit, die Zeit kultureller Experimente, da der Himmel über Rußland blauer und die Sonne heller gewesen waren als irgendwo sonst, da russische Bücher, Filme und Erziehungsideen die Aufmerksamkeit und Unterstützung gutwilliger Männer und Frauen überall auf dem Erdball geweckt hatten.

Allerdings hätte klar sein müssen, daß größere Freiheit eine Vielfalt von Denkrichtungen hervorbringen würde. Der Neostalinismus hatte immer noch Bewunderer. Andere Sucher nach historischen Wurzeln ließen sich von der russischen nationalistischen Tradition, von den Slawophilen des neunzehnten Jahrhunderts und ihrer Ablehnung westlicher Ideen und des westlichen Modernismus inspirieren.

Die Wiedererstehung einer »russischen Partei« als einer ernst zu nehmenden Kraft hätte nicht überraschen dürfen. Schließlich hatte das demokratische Experiment in der russischen Geschichte nicht einmal ein Jahr, von März bis November 1917, gedauert. Die Einstellung dem Westen gegenüber war zwiespältig gewesen, und die russische Geistesgeschichte kannte nur wenige wahre »Westler«. Einst war der Sieg des Marxismus als endgültiger Triumph angesehen worden, den das Westlertum in dem langen Ringen mit dem Osten um die russische Seele davongetragen habe. Aber in der Geschichte sind Siege selten endgültig, und im Laufe der folgenden drei Generationen wurde der Marxismus mit seinen fortschrittlichen internationalistischen und modernistischen Elementen gewogen und für zu leicht befunden.

So bildeten sich auf der Suche nach einem neuen Gleichgewicht die Umrisse einer neuen russischen Ideologie heraus. Wenn sich der alte Optimismus verflüchtigt hatte, wenn allgemeine Klagen über das Verschwinden von Güte und Mitleid, von Wärme und Gewissen laut wurden, wenn es hieß, daß sich Materialismus, nackter Egoismus und moralische Anarchie durchgesetzt hätten, dann schien die Ursache vielen nur allzu klar: Es war ein unheilvoller Fehler gewesen, die vorrevolutionäre »verfluchte Vergangenheit« (Lenin) auszumerzen.

Der rechten, nachmarxistischen Doktrin zufolge war das russische Volk nicht in Finsternis gehüllt gewesen, wie Westler behaupteten. Im Gegenteil, die Russen hätten, selbst wenn sie Analphabeten gewesen seien, über viele Generationen hinweg eigene Werte und Überzeugungen, eine eigene Humanität und Würde entwickelt. Damals habe es die Wärme und Sicherheit der Familie und des Dorfes gegeben. Diese Menschen lauteren Charakters hätten füreinander gesorgt und Stolz auf ihr Vaterland empfunden; ihre Begabung habe sie der Notwendigkeit enthoben, die Sitten von Ausländern nachzuahmen. Doch nun sei dies alles – die ländliche Gemeinschaft, die Familie, der religiöse Glaube, eine positive Einstellung zur Arbeit, Respekt vor den Älteren, eine enge Beziehung zur Natur – vernichtet worden. Während das russische Volk physisch und moralisch entwurzelt worden sei, habe sich auch die Qualität des Lebens und der menschlichen Beziehungen verschlechtert. Es gehe den Menschen heute besser, was materielle Güter betreffe, aber sie seien unglücklich, seien dem Streß, der Anspannung und geistigen Leere des Großstadtlebens ausgesetzt. Die innere Ganzheit, die sie einst besessen hätten, sei verschwunden; das, was man in den zwanziger und dreißiger Jahren in Rußland zerstört habe, sei einerseits von einer seelenlosen, materialistischen Pseudokultur und andererseits von dem alles überrollenden »American Way of Life« mit Coca-Cola, Rockmusik und Jeans als auffälligsten Symbolen abgelöst worden. Dies war, kurz gefaßt, das Credo der »russischen Partei«, aber da sie den Marxismus-Leninismus nicht *expressis verbis*, sondern nur versteckt angreifen konnte, wurde das »Westlertum« zur Hauptzielscheibe.

Wer nach Anleitung und Inspiration in der Vergangenheit suchte, hielt sich nicht mehr an Belinski, Herzen und Tschernyschewski, die radikalen Demokraten des letzten Jahrhunderts, und schon gar nicht an Plechanow, der keine geistige Botschaft zu bieten hatte, sondern an Dostojewski, an die *potschwenniki* (Bodenständler) der 1860er Jahre, an die Tradition der Orthodoxen Kirche, an die kriegerischen Großtaten russischer Soldaten in vergangenen Epochen. In extremen Fällen kehrten die heutigen Nationalisten zum Chauvinismus der äußersten Rechten, der Schwarzhunderter der späten zaristischen Ära, zurück. Solowjow, einer der größten Philosophen des späten neunzehnten Jahrhunderts, hatte vorhergesagt, daß Chauvinismus die logische Folge der slawophilen Lehre sei, daß die Anbetung des eigenen Volkes zur Anbetung »nationaler Anomalien« und zu Obskurantismus führen müsse. Dies drückte sich in der Herabsetzung ausländischer und moderner Einflüsse aus, in den heftigen Angriffen auf die »verborgene Hand«, das heißt auf die finsteren Kräfte, die angeblich den Untergang all dessen planten, was den Russen heilig ist. Einmal mehr wurde das Gespenst des *schidomassonstwo* (der jüdisch-freimaurerischen Weltverschwörung) heraufbeschworen, manchmal in milder, manchmal in fanatischer Form.

Dies alles klang vertraut für diejenigen, die sich mit der Ideengeschichte im modernen Europa und vorrevolutionären Rußland befaßt hatten. Die Verherrlichung der Vergangenheit, die Attacken gegen den »faulenden Westen«, die Vorstellung, daß Rußland in Glückseligkeit leben würde, wenn es von Europa getrennt werden könnte – das alles ist nicht neu. In solchen Stimmungen sind mühelos die Gedanken der konservativen deutschen Romantiker des neunzehnten Jahrhunderts zu entdekken und, auf einem höheren intellektuellen Niveau, die der rechten deutschen »Kulturkritiker«, die die Seichtheit der rationalistischen westlichen Zivilisation angriffen. In der Philosophie der russischen Dorfschriftsteller gibt es auffällige Parallelen zu den mystischen Gestalten, die

der große norwegische Autor Knut Hamsun schuf, der von Gorki ebenso bewundert wurde wie von Thomas Mann und vom späteren prominenten Nazi-Kollaborateur Gide. Hamsuns Helden waren unverdorben
von der Zivilisation; sie hatten sich der seelenlosen Umgebung der Stadt
entzogen und lehnten den Materialismus, die moderne Industrie und
den amerikanischen Lebensstil ab. Sie meinten, Fortschritt sei a priori
schlecht, und glaubten an eine neue Religion und die Gemeinschaft mit
der Natur.

Aber bei allen hervorstechenden Ähnlichkeiten gab es gewisse Unterschiede, und die neue Lehre der »russischen Partei« war nicht einfach nur
eine Wiederaufnahme des Slawophilentums. Zudem wurde das Bild dadurch noch komplizierter, daß nicht alle Teile der »russischen Partei« aus
demselben Holz geschnitzt waren. Manche waren zutiefst politisch inspiriert, andere nicht; manche hatten einen starken Hang zur orthodoxen
Religion, andere waren antireligiös oder predigten sogar eine Rückkehr
zu heidnischen, vorchristlichen Göttern. Manche waren unverbesser-
liche Stalinisten, die meisten jedoch nicht. Manche waren äußerst pessimistisch hinsichtlich der Chancen, den Trend zur modernen Zivilisation
umzukehren; andere vertraten dagegen die feste Überzeugung, daß sich,
den Willen und die Führerschaft vorausgesetzt, eine geistige Renaissance
ereignen würde. Manche kritisierten nicht nur die sündigen Städte und
den »Fortschritt« heftig, sondern malten auch ein gnadenloses Bild des
moralischen Verfalls auf dem Lande. Andere dagegen glaubten, Rußland
habe eine historische Weltmission, die Menschheit zu erlösen, da es das
einzige Volk besitze, in dem geistige Werte noch tief verwurzelt seien.

Der Aufstand des neunzehnten Jahrhunderts gegen Fortschritt und
Modernität hatte sich hauptsächlich gegen den Liberalismus und die bür-
gerliche Kultur gerichtet; der neue russische Nationalismus war nachmarxistisch und nach sieben Jahrzehnten sowjetischer Realität entstanden, woraus sich wesentliche Unterschiede zwischen den beiden ergaben. Die Slawophilen, die wie die deutschen »Kulturkritiker« in einem
vergleichsweise liberalen System lebten, hatten mehr oder weniger frei
predigen können, was ihnen in den Sinn kam. Der politische Kontext,
in dem die »russische Partei« auftrat, war viel verwickelter. Die ideologische Reglementierung blieb stark. Man konnte natürlich Trotzki oder

Lunatscharski angreifen, man konnte Marx ignorieren, aber es war weiterhin ein Frevel, ein böses Wort über Lenin zu sagen. Es gab ein ideologisches Vakuum, und die Behörden begrüßten bis zu einem gewissen Grade die Tatsache, daß es vom Patriotismus, der den so sehr benötigten inneren Zusammenhalt schuf, gefüllt werden sollte. Aber man hatte es immer noch mit einer offiziellen Doktrin zu tun, von der allzusehr abzuschweifen nicht ratsam war. Man konnte Dostojewski gefahrlos bewundern, aber es war unbedacht, das Erbe der Aufklärung und der radikalen Intelligenzija zu verurteilen. Man konnte, in Maßen, gewisse positive Eigenarten der Orthodoxen Kirche als ein ästhetisches Phänomen loben, aber man konnte nicht als Missionar für die Kirche tätig werden. Man durfte Lenin zugunsten der zaristischen Politik und des russischen Chauvinismus zitieren, was aber nicht eben leicht war. Sogar die eingefleischten Antisemiten waren Beschränkungen unterworfen. Statt einfach die alte Parole der Schwarzhunderter, »Schlagt die Juden und rettet Rußland«, wiederaufleben zu lassen, mußten sie betonen, daß ihre Angriffe sich nur gegen die Zionisten richteten. Natürlich begriff jeder, was sie meinten, doch die Wirkung war nicht ganz die gleiche.

Die Entstehung eines neuen russischen Nationalismus als Teil der offiziellen Ideologie läßt sich bis in die frühen dreißiger Jahre zurückverfolgen, als die »antirussischen«, »nihilistischen« Ansichten Pokrowskis von der sowjetischen Geschichtsschreibung verurteilt wurden. Darauf folgte die Wiedereinsetzung Alexander Newskis, Dmitri Donskois, Minins und Poscharskis sowie jüngerer traditioneller Helden der russischen Geschichte. Während des Zweiten Weltkriegs erhielt das nationalistische Thema, was nicht verwunderlich ist, einen weiteren entscheidenden Aufschwung. Es erreichte seinen Höhepunkt mit der »antikosmopolitischen Kampagne« in Stalins letzten Jahren.

Doch erst während der Breschnew-Periode in den späten sechziger Jahren entstand so etwas wie eine neue russische Ideologie am Rande der offiziellen Lehre: in Romanen, Filmen, literarischen Essays und gelegentlich sogar außerhalb der Partei in den Grenzen des Samisdat. Ungefähr zur selben Zeit tauchten die *derewenschtschiki* auf, die Dorfschriftsteller Nordrußlands und Sibiriens, Romanautoren wie Abramow, Schukschin und Rasputin, die zu den begabtesten russischen Schriftstellern ihrer Zeit gehörten. Ihre Geschichten behandelten mit großer Einsicht, mit Einfühlungsvermögen und literarischer Meisterschaft das Schicksal gewöhnlicher Menschen, weit von den Zentren der politischen Macht und Kultur. Der Schluß von Romanen wie Astafjews *Pastuch i pastuschka (Schäfer und Schäferin)*, Schukschins *Kalina krasnaja* (Rote Mehlbeere), Rasputins *Proschtschanije s Matjoroi (Abschied von Matjora)* und *Poschar (Der Brand)*, um nur einige der bekanntesten zu nennen, weist erstaunliche Ähnlichkeit auf: das Thema des einsamen menschlichen Lebens und Todes im Herzen Rußlands. Dies war nicht »Blut und Boden«-Literatur nach deutschem Vorbild zur Verherrlichung der Vergangenheit; einiges von der Mystik des Bodens war vorhanden, aber nichts vom Blut. Auch wenn die Stadt nie etwas Gutes hervorgebracht haben sollte, so sind auch die Bedingungen auf dem Lande, einstmals oder heute, alles andere als idyllisch. Abramows Dorfbewohner gehen meist überaus gehässig miteinander um. Es gibt keinen Versuch, den moralischen Verfall auf dem Lande zu verbergen, der von der Auflösung der alten Gemeinschaften und der Einführung der modernen Technik herrührt. Die meisten dieser Werke wurden in einem zutiefst pessimistischen Stil geschrieben; es gibt keinen Chauvinismus und Fremdenhaß, nur ein wenig Spott den Touristen aus der Stadt gegenüber.

Gleichzeitig mit dem Wirken der *derewenschtschiki* – und teilweise als Ergebnis ihrer Schriften – wurden neue Gesellschaften mit Millionen von Mitgliedern gegründet, etwa die Allrussische Gesellschaft zur Erhaltung der Natur und die Allrussische Gesellschaft zur Erhaltung historischer und kultureller Denkmäler. Das Ziel der letzteren wurde in den späten siebziger Jahren in die sowjetische Gesetzgebung (Artikel 18 der Verfassung) aufgenommen. Ein öffentlicher Aufschrei der Empörung verhinderte die Umleitung der großen sibirischen Flüsse, durch die natürliche Großräume stark beeinträchtigt worden wären. Ähnliche öffentliche Kampagnen wurden gegen die Verschmutzung des Baikalsees und anderer Gebiete eingeleitet.

All diese Initiativen enthielten von einem orthodoxen Parteistandpunkt aus nichts Anstößiges. Problematischer waren da schon die gutbesuchten Ausstellungen des Malers Ilja Glasunow, dessen Motive der patriotisch-konservativen Tradition folgten, ohne das geringste Zugeständnis an die Sowjetzeit.

Am Rande dieser sich anbahnenden Bewegung trat zum erstenmal eine Reihe von Essayisten der radikalen Rechten auf, hauptsächlich in der Zeitschrift *Moladaja gwardija*, später auch in *Nasch sowremennik, Moskwa* und anderen Periodika. Ihre Botschaft lautete, daß das Vaterland vor allem infolge der moralischen Korruption der Intellektuellen, die sich vom Boden des russischen Volkes getrennt hätten, in großer Gefahr sei. Wenn sie nicht zu den russischen Wurzeln zurückkehrten, werde der »Minirock« das damalige Symbol des »geistigen Amerikanismus«, triumphieren. Solche Ansichten stimmten weitgehend mit denen der Slawophilen überein, abgesehen davon, daß es zu deren Zeit noch keine Miniröcke gab und Amerika noch kaum eine Rolle spielte; damals galt Europa als der große moralische Verführer. »Deshalb liegt nicht in Europa die Erlösung, sondern in einer Rückkehr zum Volk und zur Religion der Vorväter, in einer Wiederherstellung des früheren, von der Europäisierung geschwächten Gemeinschaftslebens«, erklärte Chomjakow, eine der Stützen des Slawophilentums. Damals wie heute griff man die russische »gebildete Gesellschaft« (die Intellektuellen) an, die sich in einem Zustand tiefen geistigen Siechtums befinde, weil sie sich dem Volk entfremdet habe. Von Danilewski und Leontjew leiteten die neuen Slawophilen ihre Verachtung des bürgerlichen Philistertums sowie ihre Bewunderung für die byzantinischen Quellen der russischen Kultur her.

Wenn die Slawophilen die petrinischen Reformen abgelehnt hatten, weil diese einen Bruch mit dem alten Rußland darstellten, mußten ihre Nachfolger die bolschewistische Revolution für eine ähnliche Katastrophe halten, obwohl sie dies nicht offen sagen konnten. Es gab Wege, dieses Hindernis zu umgehen: Man konnte zum Beispiel argumentieren, wie es einige von ihnen taten, daß der Bolschewismus an sich von Vorteil gewesen sei und die Schuld an allen Fehlentwicklungen bei den (nichtrussischen) frühen Bolschewiki liege, die alle Bande zu einer ihnen fremden Vergangenheit vorschnell durchschnitten hätten.

Aber eine solche Argumentation war nicht sehr überzeugend. Lenin hatte stets betont, daß es zwei russische Kulturen gebe, eine reaktionäre und eine progressive, und daß die erstere abzulehnen sei. Die neuen Slawophilen dagegen wollten das Verfahren umkehren. Außerdem stellte der Sozialismus nach Lenins Ansicht das neue Vaterland dar (*sozialism kak otetschestwo*), während die Slawophilen das Heilige Rußland und nicht eine importierte, fremde, abstrakte Idee als ihr Vaterland betrachteten. In einem berühmten Essay hatte Miljukow, der vorrevolutionäre russische Historiker und Politiker, auf den grundsätzlichen inneren Widerspruch des Slawophilentums aufmerksam gemacht, der letztlich seine Auflösung und seinen Niedergang bewirkte: den Kampf zwischen Chauvinismus einerseits und der christlichen Idee einer universellen Mission andererseits. Der Chauvinismus setzte sich durch, da die orthodoxe Religion für zahlreiche Slawophile (nicht für alle) kein oberster Wert an sich war, sondern nur deshalb Bedeutung besaß, weil sie ein entscheidendes Element des russischen Lebens ausmachte, weil sie die Religion des russischen Volkes war. Viele der nach 1960 auftretenden Slawophilen (oder Nationalbolschewiki, wie einige sie nannten) waren sogar noch weniger fest mit der Kirche verbunden. Aber sie sahen sich einem ähnlichen Dilemma gegenüber, was den Bolschewismus betraf. Sie mußten ihm zumindest Lippendienste erweisen, und manche gingen auf der Suche nach einer Synthese noch weiter. Während die Orthodoxe Kirche vor 1917 die Nationalreligion Rußlands verkörpert habe, argumentierten sie, sei diese Aufgabe danach vom Bolschewismus erfüllt worden. Wer die Kontinuität russischer Geschichte befürwortet, müsse das eine wie das andere akzeptieren.

Man hätte erwarten müssen, daß die Hüter der kommunistischen Parteiorthodoxie diese ideologischen Abweichungen scharf tadeln würden. Schließlich kann man sich leicht vorstellen, was geschehen wäre, wenn jemand in einem Roman, einem Drama oder einem Essay trotzkistische oder sozialdemokratische Ansichten befürwortet hätte. Aber im Falle der Nationalisten war die offizielle Reaktion seltsam milde und zurückhaltend. Es gab einige Kritik von oben, und Breschnew soll sich gelegentlich beschwert haben, daß er das Läuten von Kirchenglocken höre, sobald er seinen Fernsehapparat anstelle. Die Parteiphilosophen erklärten, daß die Verteidigung der zaristischen Autokratie und der Orthodoxen Kirche nicht mit dem Marxismus-Leninismus zu vereinbaren sei. Dies hatte zur Folge, daß die rechten Schriftsteller und Redakteure zeitweilig vorsichtiger wurden; einige erhielten andere Aufgaben. Aber auch diejenigen, die den neuen Nationalismus im Namen der Partei angegriffen hatten, verloren ihre Posten. Alexander Jakowlew von der ZK-Abteilung für Agitation und Propaganda, der den neuen Nationalismus 1972 in einem ausführlichen Artikel kritisiert hatte, wurde Botschafter in Kanada und tauchte erst unter Gorbatschow wieder in Moskau auf. Der russische rechte Flügel verzieh ihm diesen Angriff nie und kam fünfzehn Jahre später in der »Pamjat«-Propaganda immer wieder darauf zurück.

Die *Moladaja gwardija* wandelte ihren Kurs ein wenig ab. Daraufhin wandten sich die Schriftsteller der »russischen Partei« anderen Publikationen zu, vor allem der von Gorki gegründeten Literaturzeitschrift *Nasch sowremennik*, die zu ihrem Hauptorgan wurde; das Motto der Zeitschrift lautete nicht »Arbeiter aller Länder, vereinigt euch!«, sondern »Rußland, mein Vaterland!« Dieses Auf und Ab setzte sich für eine Reihe von Jahren fort. 1981/82 kam es zu neuer Kritik an *Nasch sowremennik*, und einige andere Zeitschriften, zum Beispiel *Sewer*, gerieten ebenfalls unter Beschuß; Chefredakteure mußten sich entschuldigen, einige wurden versetzt. »Rußland, mein Vaterland!« wurde für eine Weile fallengelassen.

Wie läßt sich erklären, daß die Nationalisten zu einer Zeit mit Samthandschuhen angefaßt wurden, als die offizielle Haltung anderen Abweichungen gegenüber streng und kompromißlos war, als Verstöße gegen die Parteilinie durch Entsendung in den GULag oder psychiatrische Zwangsbehandlung bestraft wurden? Die »russische Partei« hatte offensichtlich Gönner in hohen Ämtern, die entweder ihre Überzeugungen teilten oder wenigstens glaubten, daß etwas »gesunder Patriotismus« vonnöten sei, da der Marxismus-Leninismus viel von seiner früheren Anziehungskraft eingebüßt hatte. Breschnew waren die Nationalisten wahrscheinlich gleichgültig, Suslow und nach ihm Tschernenko könnten ihre Beschützer gewesen sein, aber dies alles gehört ins Reich der Spekulation. Es ist nicht einmal sicher, daß derartige Entscheidungen in der Führungsspitze, das heißt im Politbüro, getroffen wurden. Dafür steht fest, daß die Armee, stets besorgt um das Niveau der patriotischen Erziehung und die Motivation der Rekruten, der »russischen Partei« half. Andererseits konnten Andropow und Gorbatschow, die von der Modernisierung des Landes in Anspruch genommen waren, ihr nicht viel abgewinnen. Daraufhin stufte die russische Rechte Andropow und Gorbatschow als unpatriotische Führer ein, obwohl sie ihnen äußerlichen Respekt zollen mußten.

Es gab keine monolithische »russische Partei«, sondern viele Meinungsschattierungen. Aber es machte den Nationalisten, die allesamt zahlreiche Marxismus-Leninismus-Kurse durchlaufen hatten, keine große Mühe, ideologische Heuchelei zu betreiben. Sie gaben vor, daß ihre Ziele letztlich mit denen der Kommunistischen Partei übereinstimmten, abgesehen vielleicht von etwas unterschiedlichen Schwerpunkten. Auch ließen die Rechten den Symbolen der zaristischen Autokratie, zum Beispiel Nikolaus II. oder dem Oberhaupt des Heiligen Synods, kein direktes Lob zuteil werden. Sie erklärten nur, daß unter den Generälen, Diplomaten und anderen, die dem Zaren gedient hatten, wahre Patrioten gewesen seien, die das Beste für ihr Land gewollt hätten. Dies war eine zutreffende und scheinbar harmlose Aussage. Manchmal allerdings kamen die russischen Nationalisten der Blasphemie sehr nahe, beispielsweise als sie ihre Bewunderung für Stolypin, den gefährlichsten Feind der Linken im späten zaristischen Rußland, zum Ausdruck brachten.[1]

Die politischen Grenzen im rechten Lager waren durchaus nicht klar abgesteckt. So hatten die Neostalinisten, die häufig Atheisten der alten Schule waren, keine Sympathie für die religiös Gläubigen und für »alte Frauen in alten Dörfern«. Die Nationalbolschewiki erstellten eine umfassende Doktrin, die den Zarismus sowie den Stalinismus und die vorrevolutionäre religiöse Tradition einbezog. Es gab eine taktische Einheitsfront von Neostalinisten und Antimarxisten gegen Liberale und Modernisierer. Sie waren sich darin einig, daß Rußland nicht ein Übermaß an Demokratie, sondern eine starke Führung benötige.

Einige Dorfschriftsteller brachten einen Patriotismus zum Ausdruck, der nicht chauvinistisch war, sondern eine humanistische Botschaft hatte. Aber manche derselben Autoren ließen in ihren späteren Schriften Verachtung für die nichtrussischen Nationalisten erkennen. Ein hervorstechendes Merkmal der »russischen Partei« war ihre Unausgereiftheit. Es war eher eine Stimmung als eine systematische und rationale Lehre.

Im Laufe der letzten Jahre hat eine recht große Zahl von sowjetischen Intellektuellen eine Art geistiger Krise durchgemacht. Dies läßt sich zum Beispiel an den Schriften Wladimir Tendrjakows nachvollziehen, eines der führenden Autoren der Nach-Stalin-Zeit. Seine frühen Kurzgeschichten, etwa *Tschudotwornaja (Der wundertätige Nikolaus)*, waren mehr oder weniger atheistisch, wiewohl einige Kritiker meinten, sie seien der Religion gegenüber nicht ablehnend genug. Diese Geschichten beruhten auf der Annahme, daß eine erhebliche Anzahl von Menschen in der Sowjetgesellschaft religiös sei, weil sie keine gute Erziehung genossen oder viel Leid erlebt hätten. In Tendrjakows späteren Geschichten, zum Beispiel *Apostolskaja komandirowka* (Dienstverpflichtung als Apostel, 1967) und *Satmenije* (Dunkelheit, 1977), waren die Helden Wissenschaftler, erfolgreiche Menschen, teils sogar Parteimitglieder. Aber sie brauchten das Neue Testament, weil sie begriffen, daß die Wissenschaft keine Antwort auf die letzten Fragen liefert und nicht dazu beiträgt, Menschen glücklicher oder besser zu machen. Zwar waren die meisten dieser Helden keine Kirchgänger, sie waren nicht einmal religiös, aber sie wollten glauben.

Dieses Thema taucht häufig in literarischen Beschreibungen des sowjetischen Lebens auf, und nirgends deutlicher als in den Essays Wladimir Solouchins, eines anderen führenden Schriftstellers der Nach-Stalin-Zeit, der von Ikonen fasziniert war und ein Buch über sie veröffentlichte. Er schrieb im Jahre 1981, kein vernünftiger Mensch des zwanzigsten Jahrhunderts könne auch nur den geringsten Zweifel daran haben, daß es ein rationales Prinzip in der Welt, im Universum, in der Vielfalt des Lebens gebe.[2] Wenn dieses Prinzip (also die Vorsehung) nicht existierte, würde man annehmen müssen, daß komplexe Organismen wie Blume, Vogel oder Mensch das Ergebnis eines Zufalls seien, was unglaubhaft scheine. Die Hauptfrage war für Solouchin nicht, ob eine höhere Form der Vernunft existiert, sondern »ob sie mich kennt und an mir interessiert ist« – mit anderen Worten, ob ein persönlicher Gott oder bloß ein höheres Wesen existiert. Diese Argumentation war für die Partei natürlich unannehmbar. Solouchin mußte ätzende Kritik über sich ergehen lassen, und es gab ähnliche Angriffe auf andere Schriftsteller.

Der Rückzug vom Kult der Wissenschaft und vom naiven Optimismus früherer Jahre nahm unterschiedliche Formen an. Bei manchen führte er einfach zu größerer intellektueller Neugier, was die Religion betraf. Bei anderen bewirkte er eine Sammelwut, die sich auf Heiligenbilder und andere religiöse Kunstwerke richtete. Schon bei den frühen Slawophilen scheint die Sammelei ausgeprägt gewesen zu sein. Dazu Tschaadajew, ihr erster und vielleicht strengster Kritiker: »Unsere fanatischen Slawen mögen von Zeit zu Zeit in der Lage sein, durch ihre Nachforschungen Gegenstände von Interesse für Museen und Büchereien zutage zu fördern, aber ich bezweifle, daß es ihnen je gelingen wird, unserem historischen Boden irgend etwas abzuringen, das die Leere in unseren Seelen füllen, das der Verschwommenheit unseres Geistes schärfere Konturen verleihen könnte.« Bei vielen stellte sich eine größere Toleranz gegenüber der Religion ein, die man mit der Wissenschaft für vereinbar hielt.

Die »Gottsucher« schwankten zwischen einer pantheistischen Identifizierung mit der Natur und einem fundamentalistischen Glaubensbekenntnis, das auf das alte, vorrevolutionäre religiöse Establishment zurückging. Die religiöse Renaissance zielte keineswegs auf eine Auseinandersetzung mit der Partei ab, sondern ignorierte die kommunistische Lehre, weil sie keiner ernsthaften Diskussion für wert befunden wurde. Einige extreme Russophile verbanden inbrünstigen religiösen Glauben mit einer genauso inbrünstigen Ablehnung des Westens und mit der Überzeugung, daß eine gewaltige jüdisch-freimaurerische Verschwörung, das Werk des Antichrists (Satans), im Gange sei. Sie schlugen eine gemeinsame Front zwischen der Kirche und dem (bolschewistischen) Staat gegen diesen gemeinsamen Feind vor.

Noch extremere Ansichten wurden von Vertretern eines Neuheidentums geäußert, nach deren Einschätzung das Christentum zu stark vom Judaismus durchdrungen sei; sie propagieren eine Rückkehr zu den vorchristlichen, heidnischen Göttinnen des alten Rußland, etwa Perun und Daschbog. Man entdeckt auffällige Ähnlichkeiten mit Alfred Rosenberg und gewissen vornazistischen und nazistischen Sektierern wie Ludendorff, doch die Aussichten auf eine breite Unterstützung dieses Denkens waren in der Sowjetunion noch geringer als in Deutschland.

Wie wichtig ist die religiöse Renaissance im Rahmen der nationalen Wiedererweckung? Viel – vielleicht zuviel – ist über das Thema geschrieben worden; zwar gab es eine tiefverwurzelte religiöse Tradition im alten Rußland, doch auch die atheistische Tradition war tiefer verwurzelt als in jedem anderen Land. Lange Zeit galt es als selbstverständlich, daß die Zugehörigkeit zur Orthodoxen Kirche für einen russischen Patrioten unerläßlich sei. Aber gegenwärtig scheint der religiöse Faktor weniger wichtig zu sein als das nationale Element. Dies drückte Ossipow, eine der Schlüsselfiguren in der religiösen Wiedererweckung, am prägnantesten aus: »Ich selbst bin ein religiöser Mensch. Christus und seine Lehren stehen für mich letzten Endes über dem Nationalismus. Aber ich kenne die Seele des heutigen Russen – das nationale Element in ihm ist zur Zeit vitaler und offenkundiger als das religiöse.«

Die »Pikulisierung« der russischen Geschichte

Ein gutes Beispiel für einen von der Religion abgeschnittenen, ja antireligiösen Nationalismus liefert die erstaunliche Karriere eines Schriftstellers, nach dessen Namen man vergeblich in der Literaturgeschichte suchen würde, dessen Werke jedoch bei russischen Lesern viel populärer sind als die Bücher aller anderen Mitglieder der »russischen Partei.«[3] Nach einem kürzlichen Bericht über die Buchpreise auf dem Moskauer Schwarzmarkt kostete im Jahre 1988 einer von Valentin Pikuls Bänden rund hundert Rubel, verglichen mit fünfzig Rubel für ein Werk Pasternaks; Anna Achmatowa, Zwetajewa und Wyssozki sind für ungefähr dreißig Rubel zu haben. Und dies trotz der Tatsache, daß Pikuls Bücher in Millionenauflage erschienen sind. Nur ein paar Thriller (in den Genres »zeitgenössischer Detektiv« und »ausländischer Detektiv«) werden zu einem höheren Preis gehandelt.[4]

Valentin Pikul wurde 1928 in der Ukraine geboren, verließ die Schule nach fünf Jahren und erhielt eine Ausbildung in der sowjetischen Marine; im Krieg war er Schiffsjunge. Nach mehreren Anläufen auf anderen Gebieten wurde er Schriftsteller, und er hat im Laufe der Jahre eine lange Reihe historischer Romane veröffentlicht. Die meisten seiner Werke haben mit Krieg oder Diplomatie zu tun. All seine Helden sind Russen; die meisten Schurken sind Ausländer (oder Juden oder Freimaurer). Beobachter, die der Sache des russischen Nationalismus durchaus gewogen sind, haben Pikul faschistischer Sympathien bezichtigt. Es wäre zutreffender, ihn als einen Schriftsteller zu betrachten, der in der Tradition der vorrevolutionären extremen Rechten steht. Seine Bücher hätten mühelos in den Zeitschriften rechter Emigranten in Berlin oder Harbin veröffentlicht werden können. Autoren dieser politischen Richtung sind in jedem Land zu finden; manche hatten (oder haben) erhebliches Talent, und die bloße Tatsache ihrer Existenz sollte keine Überraschung oder Empörung auslösen. Am interessantesten ist die Publikumsreaktion: Pikuls Bücher werden in größerer Zahl verkauft als die jedes anderen Schriftstellers der Sowjetunion.[5] Der Umstand, daß anspruchsvolle Kritiker und Fachhistoriker ihn von Zeit zu Zeit mit einem milden Tadel bedachten, hat seine Anziehungskraft für die Massen nicht beeinträchtigt. Seine Schriften sind zutiefst antimarxistisch und antileninistisch, obwohl zur Beruhigung hin und wieder ein paar Lenin-Zitate eingeflochten werden. Für Pikul hat der historische Materialismus nie existiert; seine Romane bestehen aus geschickt aneinandergereihten – wahren, halbwahren, unwahren – Anekdoten, Boudoirgeheimnissen und Hofintrigen. Sein Werk ist ein großer Lobgesang auf die russische Marine und Armee und zuweilen auch auf russische Diplomaten.

Pikul hat sich selbst die Aufgabe gestellt, die Massen und besonders die junge Generation mit einem Geist des Patriotismus zu erfüllen, der, wie er einem Interviewer mitteilte, nicht in Diskotheken zu erlernen ist. Während sich die Dorfschriftsteller dem russischen Boden und der Natur widmen, betont Pikul die »Stimme des Blutes«, die uns aus der Vergangenheit erreicht. Die meisten Romane Pikuls spielen vor 1917, was Frontalzusammenstöße mit der Parteilinie verhindert. Aber bei den seltenen Gelegenheiten, in denen die Handlung sich jenseits der Revolution fortsetzt, zögert er nicht, sogar die Tscheka, also die Geheimpolizei, oder wenigstens die »kosmopolitischen Elemente« in der Tscheka anzugreifen. Nehmen wir das Verhör eines alten Marineoffiziers durch einen Tschekisten in *Tri wosrasta Okini-San* (Die drei Lebensalter des Okini-San): Der Admiral erklärt, er habe nicht der Monarchie, sondern Mutter

Rußland ehrenhaft gedient. Der bolschewistische Vernehmer macht eine spöttische Bemerkung über die dumpfen, analphabetischen Massen, woraufhin der Admiral leidenschaftlich seinen Glauben an das ewige Rußland hervorhebt, das sich letztlich durchsetzen werde. Es gibt keinen Zweifel daran, bei wem Pikuls Sympathien liegen.

Rekwijem karawanu RQ 17 (Requiem für Geleitzug RQ 17), von dem mehr als drei Millionen Exemplare verkauft wurden, ist die Geschichte eines britischen Schiffskonvois, der Waffen und Munition nach Rußland bringen sollte. Nach einer Reihe tragischer Fehleinschätzungen wurde er weitgehend zerstört. Laut Pikul waren Churchill und seine Militärführer nicht nur Narren und Feiglinge, sondern Verbrecher, die die russischen Kriegsanstrengungen bewußt sabotierten. Ausländische Leser werden Mühe haben, seine Empörung zu teilen, denn noch im Vorjahr war Stalin mit Hitler verbündet gewesen. Außerdem ist die Erzählung sachlich falsch, denn die Katastrophe war das Ergebnis von Fehlentscheidungen. Churchill hatte durchaus nicht den Wunsch, so viele Schiffe und so viel Kriegsmaterial zu verlieren, die Großbritannien dringend in der Heimat benötigte. Pikuls Geschichte scheint von einem mehrere Jahre zuvor erschienenen Buch David Irvings, eines britischen Autors der extremen Rechten, inspiriert worden zu sein.

Sehr anschaulich wird Pikuls Philosophie in seinem Buch *Na polednei tscherte* (An der letzten Linie, 1981), das die letzten Jahre der Romanow-Dynastie beschreibt. Der Zar und seine Hofclique sind Schwächlinge, die meisten Politiker erscheinen als müßige Schwätzer. Aber die wahren Schuldigen sind die Juden, der ewige »Gärstoff der Verwesung«, die mit Hilfe Rasputins, des von ihnen gewählten Instruments, den Sturz Rußlands planen. Sie versehen ihn mit unbegrenzten Geldmengen, einer Mätresse und sogar einem künstlichen Gebiß, um ihn bei Hof präsentabler zu machen. Es gab tatsächlich einige Juden in Rasputins Gefolge, aber sie »lenkten« ihn nicht. Die Macht in Rußland befand sich in den Händen der Antisemiten wie Nikolaus II., nicht in denen der Juden, die Pogromen und bürokratischer Mißhandlung ausgesetzt waren. Andererseits hatte die revolutionäre Bewegung einen unverhältnismäßig hohen Anteil von Juden – eine Tatsache, die in dem Buch nirgends erwähnt wird.

144

Nach dem Erscheinen dieses historischen Romans machte man Pikul darauf aufmerksam, daß er zu weit gegangen war, woraufhin er in seinem nächsten Buch *Istoritscheskije miniatjury* (Historische Miniaturen, 1985) prompt einige jüdische Randfiguren auftreten ließ, die positiv geschildert wurden; sie waren ganz nebensächlich für die Handlung, doch sie lieferten ein nützliches politisches Alibi. Dies verweist auf einen grundlegenden Makel in Pikuls Büchern und auch in denen gleichgesinnter Autoren: Ihnen fehlt der Mut, zu ihrer Überzeugung zu stehen, und sie machen sich große Mühe, ihren Fremdenhaß zu tarnen. Empörende Angriffe auf Ausländer werden damit eingeleitet, daß der Autor seine prinzipiell internationalistische Philosophie beschwört; kriegerische Aussagen werden stets von Bekundungen unverbrüchlicher Treue zu der Sache des Weltfriedens begleitet. Solcher Mangel an Aufrichtigkeit paßt sehr schlecht zu dem hohen moralischen Pathos dieser Literatur, und er steht auch nicht in der Tradition der großen russischen Schriftsteller des letzten Jahrhunderts. Wenn Pikul unter Glasnost vielleicht einige seiner Leser verloren hat, dann zum Teil deshalb, weil es auf der extremen Rechten sehr viel Konkurrenz gibt. Er ist weiterhin der Lieblingsautor des sowjetischen Armeeoberkommandos, das seine Bücher fast zur Pflichtlektüre erhoben und ihn gegen alle Angriffe in Schutz genommen hat. Allerdings wäre es ein Fehler, Pikul für den extremsten der heutigen russischen Schriftsteller zu halten. Er war im wesentlichen ein Produkt der Breschnew-Ära. Inzwischen ist er fast zu einem Autor des Establishments geworden, obwohl er weiterhin offiziellen literarischen Zusammenkünften ausweicht. Sogar seine Kritiker räumen ein, daß seine Werke das Interesse an der russischen Geschichte zumindest stimuliert haben. Nachdem sich die Schleusentore von Glasnost öffneten, wurde Pikul von engagierten »Schwarzhundertern« rechts überholt – also von Schriftstellern, die ihre geistige Heimat in und um die Rechtsgruppierung »Pamjat« fanden.[6]

Von links nach rechts

Pikuls Ansichten haben sich im Laufe der Jahre nicht geändert, was man von einer Reihe einstmals liberaler Autoren, die nun zu den Hauptsprechern der »russischen Partei« gehören, nicht sagen kann. Juri Bondarew und Wassili Below sind die herausragenden Beispiele in dieser Kategorie; beide stehen in der vordersten Front der Sowjetliteratur. Bondarew, 1924 geboren, wuchs hauptsächlich in Moskau auf, diente im Krieg als Artillerieoffizier, trat der Partei 1944 bei und ist seit zwanzig Jahren Vorstandsmitglied des sowjetischen Schriftstellerverbandes. Below wurde 1932 bei Wologda in Nordrußland geboren, wuchs in einem kleinen Dorf auf, arbeitete als Zimmermann, trat 1956 in die Partei ein und studierte (wie Bondarew) Literatur am Moskauer Gorki-Institut. Auch er ist seit Jahren Vorstandsmitglied des Schriftstellerverbandes. Bondarew machte sich einen Namen mit ehrlichen und bewegenden Kriegsromanen, die sich von den offiziellen, verlogenen Schilderungen der Stalin-Zeit stark abhoben. Ein anderer Roman, *Tischina (Vergiß, wer du bist)*, der erfolgreich verfilmt wurde, zeichnet ein gleichermaßen ehrliches Bild des unterdrückerischen Klimas in der späten Stalin-Periode. Die Handlung des Romans *Bereg* (Das Ufer) spielt in Deutschland: Nikitin, ein bekannter sowjetischer Schriftsteller, sieht auf einer Reise in die Bundesrepublik das Mädchen – nun eine Frau – wieder, dem er bei Kriegsende in Berlin begegnet war. Er liebt sie immer noch, beschließt aber, zu seiner Familie in der Sowjetunion zurückzukehren. Während des Rückflugs stirbt er an einem Herzinfarkt.

Bondarew ist ein »Held der Sozialistischen Arbeit« und Empfänger vieler hoher Staatspreise und Auszeichnungen. In den siebziger Jahren beschäftigte er sich immer mehr mit dem *homo moralis* (so lautet der Titel eines seiner Essays) und verwarf die »Gesellschaft amerikanischen Stils mit ihrem universellen Wohlstand«, in der er geistige Leere und eine Abkehr von der Moral erblickte. Er schrieb vernichtend über die »Massenanbetung der Königin Vulgarität und ihrer androgynen Hexe Unterhaltung« sowie darüber, daß »alle Mußestunden dem Kitsch gewidmet sind«, und er kritisierte die Frauenemanzipation als »weiblichen Faschismus«. In einem langen Dialog mit einem in Rußland geborenen Hollywooder Filmemacher macht er in seinem jüngsten Roman *Igra* (Das Spiel) seinen extremen Ansichten über Rockmusik, technischen Fortschritt, amerikanisches Analphabetentum und die USA als ein großes moralisches und intellektuelles Konzentrationslager Luft. Amerika sei die Verfechterin der Seelenverderbnis und der Großen Lüge.

Nach seiner Desillusionierung über den Modernismus im Ausland wie in der Sowjetunion wurde Bondarew immer schwarzseherischer: Auf dem achten Kongreß des Schriftstellerverbandes sagte er, wenn die Zerstörung von Natur und Architektur nicht beendet würde, wenn es nicht in Wissenschaft und Kritik zu einer moralischen Explosion käme, würden die Russen eines Morgens aufwachen und entdecken, daß alles verschwunden sei: die nationale Kultur des großen Rußland, seine Seele, seine Liebe zum Heimatboden, seine große Literatur, Philosophie, Malerei und so weiter. Im März 1987, bei einem Treffen des Sekretariats des Schriftstellerverbandes der Russischen Föderation, beschwor er sogar noch apokalyptischere Visionen herauf.

Wassili Below ist ein Schriftsteller mit ganz anderer Vorgeschichte. Seine große Liebe war das Dorfleben im alten Rußland gewesen, das bis zur Zeit der Kollektivierung überlebt hatte. Er schrieb mit großer Empfindsamkeit über die alten Handwerker und die Bettler des ländlichen Rußland, über dessen enge Verbindung zur Natur und über den liebenswerten Aberglauben sowie die wunderlichen Bräuche und Hausgeister der Bauern – ungebildeter und armer, doch letztlich von Harmonie erfüllter Menschen, die im Frieden mit sich selbst und dem Kosmos lebten.[7] Für Below, wie für die meisten Dorfschriftsteller, war die Stadt – besonders die Großstadt – stets unfreundlich und bedrohlich, wenn nicht gar gefährlich. Die Häuser seien zu groß und anonym, die Menschen kalt und still.[8] In den achziger Jahren entfernte Below sich von seinem Heimatboden, um die Wurzeln des Übels zu entdecken, zuerst in einer Reihe von Artikeln und dann in einem Roman, *Wsjo wperedi* (Alles liegt noch vor uns). In einem Artikel schreibt er voll Abscheu, wie er Rockgruppen und Striptease in der Provinzstadt Wologda beobachtete: Auf der Bühne waren ungefähr zwanzig fast nackte, nur mit Bikinis bekleidete Mädchen. Sie versuchten verzweifelt, erotisch zu wirken, indem sie Bauch und Hüften schüttelten. »Wo bin ich – in Wologda oder auf der Place Pigalle?« überlegte er. Belows Roman beginnt auf der Place Pigalle, wo die Heldin, eine wankelmütige Russin, einen pornographischen Film betrachtet, was mit eiserner Logik zu ihrem moralischen Untergang führt.[9]

Aber wenn Paris sündhaft ist, so ist Moskau nicht viel besser – ein Alptraum aus Metall, Glas, Gummi, Benzingestank und zu vielen Ausländern. Etwas Teuflisches geht vor, teilweise zu erklären mit der systematischen Vergiftung der russischen Seele und des russischen Körpers durch Alkohol und Drogen, durch zügellose sexuelle Ausbeutung, durch die Aktionen von Juden und anderen Kosmopoliten als Abgesandte des Satans. Below hat sowohl eine Diagnose als auch eine Heilung anzubieten. Um Menschen zu vernichten, sagt er, benötigt man keine Wasserstoffbomben; es reiche aus, Kinder zum Streit mit ihren Eltern zu treiben, Frauen gegen Männer aufzuhetzen: »Es ist nicht leicht, aber es kann vollbracht werden.« Und die Heilung: »Die *isba* (Hütte) hat Rußland stets gerettet. Wenn wir untergehen, dann gewiß nicht wegen der Pershings. Die *isba* ist wie ein Unterseeboot; sie ist fähig, lange zu überleben und sich selbst zu erhalten. Deshalb zerstören sie die *isba* überall auf der Welt mit blinder Wut.«

Belows Roman wurde von den liberalen Kritikern als obskurantistischer Unsinn geschmäht. Dies war der traurige Fall eines begabten Schriftstellers, der aus seiner natürlichen Umgebung in eine Welt gezogen war, die er sich nicht einmal zu verstehen bemühte, und das Ergebnis war eine groteske Karikatur. Es wäre jedoch unzutreffend, die antiwestliche Haltung und den Antimodernismus nur mit dem begrenzten Horizont und dem Abscheu von Provinzlern erklären zu wollen. Viele dieser Autoren haben sich in Moskau niedergelassen und fremde Länder besucht, was sie jedoch nicht hindert, ausgemachten Unsinn zu schreiben. So erfahren wir von Pjotr Proskurin, einem weiteren eingeschriebenen Mitglied der Rechten, daß die meisten Engländer sich keinen Anruf aus einer öffentlichen Telefonzelle leisten können.

Man erinnert sich an Schriftsteller in vielen literarischen Traditionen, die von links nach rechts oder von rechts nach links gerückt sind; man kann große Autoren nennen, die blühenden Unsinn über politische Fragen zu Papier brachten, und sogar noch mehr, die in einem bestimmten

Lebensstadium beschlossen, daß es ihre wichtigste Mission sei, schwülstige Platitüden über öffentliche Angelegenheiten von sich zu geben. Es gibt keinen Grund, weshalb Rußland eine Ausnahme sein sollte; im Gegenteil, die Versuchung dürfte größer sein, weil russische Schriftsteller traditionsgemäß über ein hohes Ansehen verfügen. Von jedem bekannte Autor wurde mehr oder weniger erwartet, daß er autoritative Erklärungen über den moralischen Zustand der Nation abgab. Zudem hatte man in den achtziger Jahren das Gefühl einer allgemeinen geistigen Leere, die irgendwie gefüllt werden mußte. Es gab neben dem Antimodernismus noch andere Faktoren, die eine Rolle für die Entstehung der Rechten spielten, etwa Antiintellektualismus, das Gespenst der Russophobie und eine vage Ablehnung der Großstadt, der wir uns nun widmen wollen.

Moralische Korruption in der Stadt

Die Vorstellung, daß das moderne Stadtleben die Quelle der Korruption sei, ist nicht neu und läßt sich an beiden Extremen des politischen Spektrums entdecken. Lateinamerikanische Revolutionäre (etwa Guevara) behaupteten, das Stadtleben sei das Grab der wahren Revolutionäre, und von heutigen Grünen sind gelegentlich ähnliche Äußerungen zu hören. Die Feindschaft gegenüber der Stadt war, wie George Mosse schrieb, ein wesentlicher Bestandteil für den Aufstieg des völkischen (und nationalsozialistischen) Denkens in Deutschland. Man akzeptierte das Kleinstadtleben, aber die Großstadt galt als künstlicher, bedrohlicher Koloß, wurzellos, dem Charakter nach international, das genaue Gegenteil von Naturverbundenheit und deshalb auch dem Geist des Volkes entgegengesetzt. Die Stadt symbolisierte industriellen Fortschritt und Modernität; beide wurden von der äußersten Rechten verabscheut, deren Parolen lauteten: »Städte sind die Gräber des Deutschtums« und »Berlin ist die Domäne der Juden«. Während Marx den Stumpfsinn des Landlebens beklagte, schrieb Wadim Koschinow, einer der Ideologen der russischen extremen Rechten, Millionen von Menschen hätten schon einmal den Wunsch verspürt, sich von der künstlichen Umgebung der Stadt zu lösen und in einem unberührten Flecken der Natur zu leben. Laut Koschinow ist es angesichts der Luftverschmutzung, des unaufhörlichen Lärms und der Notwendigkeit für viele Pendler, jeden Tag Stunden für den Weg zur Arbeit zu vergeuden, heute passender, vom Stumpfsinn des städtischen Lebens zu sprechen.[10]

Der Exodus aus dem Stadtkern verweist in den industrialisierten Ländern auf ein ernstes Problem. Das Aufkommen der Idee der Gartenstadt in Großbritannien um die Jahrhundertwende und die »Zurück zur Natur«-Bewegung in Deutschland etwa zur gleichen Zeit können als frühe Beispiele dieses Trends gelten. Die Parolen zeitgenössischer rechter Kritiker in Rußland klingen ähnlich wie die gewisser vornazistischer Sprecher, doch sie sollten trotzdem ernst genommen werden. Es ist nicht zu bestreiten, daß im Aufbauüberschwang der dreißiger Jahre (Moskaus »Generalplan« von 1935) und besonders in der späten Stalin-Ära zahlreiche Sünden wider den guten Geschmack verübt wurden. Historische Denkmäler wurden ohne Not zerstört, und die meisten der neuen oder sich rasch entwickelnden russischen Städte sind langweilig und häßlich, traditions- und charakterlos. Moskau wurde unter Stalin zu einer Stadt der Hochhäuser, monumental, eklektisch, kaum anders als die Politik jener Zeit. Die Stilmischung der Neubauten – von der griechischen Klassik über Neugotik bis hin zur Renaissance – hat viel Spott ausgelöst. Doch wenn man genauer hinsieht, entdeckt man noch vieles vom Moskau der Jahrhundertwende und des Jugendstils, und in Leningrad hat sich die traditionelle russische Architektur in noch größerem Maße erhalten.

Die sozialen und ästhetischen Probleme von Großstädten sind nirgends auf ideale Weise gelöst worden, aber auch das Leben auf dem Lande war nicht allzu gesund und behaglich. »Woher kommt nur plötzlich die Idee, daß die Stadt die Menschen korrumpiere?« fragt Georgi Semjonow. Seine Erklärung hat weniger mit den Ereignissen in der Stadt als mit der Zerstörung des Dorflebens und der Ausbeutung der Bauern in den dreißiger und vierziger Jahren zu tun, die eine umfassende Landflucht bewirkten.[11] Aber dies ist keine Begründung für den fanatischen Haß auf die Großstadt einerseits und für den Widerstand gegen jedwede architektonischen Eingriffe andererseits, auch wenn das betreffende Gebäude weder alt noch schön ist und einen Umbau dringend benötigt, nur weil sich Dostojewski ein paar Nächte lang darin aufgehalten hat.

Die weniger Extremen unter den Stadtgegnern verweisen mit einiger Berechtigung auf eine allgemeine Misere: die Anonymität des Großstadtlebens, die Entfremdung, den Verlust des Gemeinschaftsgefühls. Diese Meinung wird von vielen geteilt und hat mit der allgemeinen Unzufriedenheit über den sowjetischen Alltag zu tun. Das ästhetische Empfinden mancher Russen wird unzweifelhaft von der (zumeist fehlenden) Stadtplanung der letzten fünfzig Jahre verletzt, und einige sind zutiefst bekümmert über das Verschwinden historischer Wahrzeichen. Andere betrachten diese Verdrossenheit als ein nützliches Sprungbrett für ihre politischen Ambitionen. Mittlerweile finden sich Hunderttausende illegal Ansässiger (*limitschiki*) ungeachtet aller Reden und Schriften über die Schrecken des Großstadtlebens lieber mit völlig unzulänglichen Lebensverhältnissen in Moskau, Leningrad und anderen Großstädten ab, als in die Wärme und Geborgenheit der Kleinstadt und des Dorfes zurückzukehren.

Das Gespenst der Russophobie

Die russische Rechte ist zutiefst überzeugt, daß der Antikommunismus im Westen von Russophobie, also von Furcht und Haß allem Russischen gegenüber, abgelöst worden sei. Die Idee, daß sich die ganze Welt, begünstigt von dem »inneren Feind«, gegen Rußland verschworen habe, ist in der Geschichte des russischen Denkens tief verwurzelt; sie läßt sich bis zu den Slawophilen und sogar noch weiter zurückverfolgen. Die Tradition des Mißtrauens gegenüber Ausländern ist seit dem sechzehnten Jahrhundert reich dokumentiert. Die Slawophilen fügten nur eine philosophische Dimension hinzu. Zum Beispiel schrieb Tjutschew im Jahre 1864 an seine Schwester: »Es gibt kein einziges Interesse, keinen einzigen Trend im Westen, der sich nicht gegen Rußland verschwören würde, besonders gegen seine Zukunft, und der nicht versuchen würde, uns zu schaden.« Bei anderer Gelegenheit erwähnte er eine »Verschwörung der ganzen Hölle«, die auf die Zerstörung Rußlands abziele. Oder Iwan

Aksakow: »Wir sind nicht einmal die Plebejer, wir sind in den Augen Europas die Parias der Menschheit, Rußland ist allein durch die Tatsache seiner Existenz schuldig.« Dostojewski war ein weiterer großer Paranoiker, denn er glaubte, daß die ganze Welt gegen ihn persönlich und gegen sein Land konspiriere. Sowohl die zaristischen Regierungen als auch Stalin, der sie für seine Propaganda des Belagerungszustandes einsetzte, schlugen politischen Nutzen aus dieser Paranoia. Sie wird von einigen bekannten Denkern der russischen Emigrantengemeinde geteilt.

Natürlich gab es im England des neunzehnten Jahrhunderts eine antirussische Partei, zu deren radikalsten Sprechern Karl Marx gehörte, der sich wegen der ständigen Expansion Rußlands seit dem sechzehnten Jahrhundert Sorgen machte. Aber solche Ansichten galten als Randerscheinung; in den Napoleonischen Kriegen und in den beiden Weltkriegen waren Rußland und Großbritannien Verbündete. In Deutschland bestand eine starke prorussische Partei, und weder in Frankreich noch in den Vereinigten Staaten spielte die Frage im öffentlichen Denken eine Rolle.

Gewiß lagen negative Berichte vor, die Ausländer über Rußland und die Russen geschrieben hatten, aber solche Darstellungen gibt es praktisch über jedes Land – über die Vereinigten Staaten sogar in größerer Zahl als über Rußland. Weshalb also reagierten die Russen soviel heftiger als andere?

Großbritannien und Frankreich haben die Meinung von Ausländern traditionsgemäß kühl ignoriert oder höchstens belustigt zur Kenntnis genommen. Deutschland und Rußland dagegen zeigen sich befangener, was auf einen Mangel an Selbstbewußtsein hindeutet. Dies haben auch russische Beobachter wie Sinjawski festgestellt, der auf die Kontinuität zwischen der Wahrnehmung von Russophobie im neunzehnten Jahrhundert, Stalins Einkreisungstheorie und heutigen Überzeugungen der »russischen Partei« aufmerksam machte.[12]

Das Gegenstück zu der enorm übertriebenen Rolle, die der Russophobic zugemessen wird, ist der Antiintellektualismus der »russischen Partei«. Dieses Motiv stach auch in den Schriften der Slawophilen hervor. Ihrer Ansicht nach ließ sich ein großer Teil des Übels bis zu den petrinischen Reformen zurückverfolgen, aber gleichermaßen machten sie die »Gesellschaft« verantwortlich, die sich vom Volk und den traditionellen Werten abgewendet habe, um den Westen nachzuahmen. Der Gedanke einer Spaltung zwischen der europäisierten Intelligenzija und dem orthodoxen russischen Volk tauchte auch bei Dostojewski auf. In unserer Zeit haben die Rowdys aus den Moskauer Vororten ihren Abscheu über die »zunehmende Sucht« des modischen Moskau »nach westlichem Schall und Rauch« bekundet.[13]

Wiederum fallen die Parallelen zur völkischen Tradition in Deutschland auf. In beiden Fällen wurde »intellektuell« zu einem Schimpfwort, einem Synonym für kalten Rationalismus, Entfremdung vom Volk, für einen verderblichen Einfluß, dessen Vertretern der Glaube an die ewigen Werte und die Mission des Volkes fehle.

Auch in Stalins Rußland bestand eine tiefe Abneigung gegen Intellektuelle, die allerdings nie so weit ging wie in Deutschland. Die Intellektuellen wurden als eine der Stützen der Gesellschaft bezeichnet, aber erst an dritter und letzter Stelle, nach den Arbeitern und Bauern. Wenn man deutlich machen wollte, daß ein Intellektueller vertrauenswürdig sei, stellte man der Bezeichnung das Adjektiv *narodny* (Volks-) voran. Er hatte eine positive Rolle in der Gesellschaft zu spielen, aber seine politischen Instinkte galten als suspekt, und er mußte ständiger, sorgfältiger Kontrolle unterworfen werden.

Dieser Antiintellektualismus wurde nach Stalins Tod sowohl unter Neostalinisten als auch unter Nationalisten ausgeprägter. Für die Neostalinisten waren die (Moskauer) Intellektuellen die Feinde *par excellence*, tatsächliche oder potentielle Verräter, weil sie in der vordersten Front der Entstalinisierung standen, weil sie dauernd versuchten, irgendwelche verurteilten Volksfeinde zu rehabilitieren, und weil sie sich stets für die neueste Mode aus dem Westen, seien es Menschenrechte, Joga oder Hundehaltung, aufgeschlossen zeigten. Für Nationalisten wie Astafjew und Below waren die Intellektuellen unaufrichtige und lächerliche Gestalten. Einer der Helden in Astafjews *Der traurige Detektiv* (1986) fragt, was man mit den Intellektuellen anfangen solle, und liefert sofort die Antwort: Man müsse sie entweder umbringen oder auf das richtige Maß zurechtstutzen.

Aber der Antiintellektualismus erscheint geradezu bedeutungslos neben einem anderen Element der neonationalistischen Lehre: dem Glauben an finstere Kräfte, die die große russische Nation zersetzen und zugrunde richten wollen.

Die große Verschwörung

Der Glaube an eine weltweite Verschwörung, bei der der Teufel die Juden und Freimaurer als Werkzeuge benutzt, ist tief in der russischen Geschichte verankert. Ein Teil der ursprünglichen Inspiration ging von Frankreich und Deutschland aus, doch der russische Beitrag, darunter die *Protokolle der Weisen von Zion*, jene berüchtigte, zwischen 1903 und 1907 ersonnene Fälschung, spielte eine denkwürdige Rolle in der Geschichte des modernen Antisemitismus.[14] Solche Ansichten sollten in den 1980er Jahren wieder auftauchen.

Das wechselhafte Schicksal der Juden in der Sowjetunion braucht nicht im Detail geschildert zu werden. Während in den frühen Tagen der Sowjetherrschaft eine unverhältnismäßig große Zahl von Juden in der Führung der Kommunistischen Partei (wie auch in der Spitze der anderen linken Parteien) vertreten war, ging ihr Anteil danach stetig zurück. Seit mehr als dreißig Jahren hat es keinen Juden im Politbüro oder in den höchsten Rängen der Armee, der Sicherheitskräfte und des Außenministeriums gegeben. Doch während die Juden aus einflußreichen und prominenten Ämtern verschwanden, gibt es immer noch einen recht hohen Anteil in den Künsten und Wissenschaften. Ob diese Tatsache erheblich zum Anwachsen des Antisemitismus beigetragen hat, ist ungewiß, denn in den zwanziger und frühen dreißiger Jahren war der Antisemitismus in Rußland rückläufig, obwohl so viele Juden hohe Ämter besetzten. Aber damals wurde Antisemitismus von den Behörden mißbilligt, und man bestrafte seine offenen Erscheinungsformen.

Während das allmähliche Verschwinden von Juden aus einflußreichen Positionen und ihre Ablösung durch die einheimischen Eliten ein natürliches Phänomen war und nicht per se als Ausdrucksform von Rassismus betrachtet werden sollte, bildete sich nach 1945 eine recht starke

154

antijüdische Haltung in der Parteiführung heraus. Aber sie konnte aus ideologischen Gründen nicht offen vorgetragen werden; als Zielscheibe dienten der »Kosmopolit« und später der »Zionist«, nicht der Jude an sich. Aber jeder Jude war verdächtig, selbst wenn er jede Verbindung zu anderen Juden leugnete, denn er galt immer noch als Mitglied einer internationalen Gemeinschaft. Auch russische Nationalisten nannten ihn, wie vorher Treitschke, einen »Gärstoff der Verwesung«, empfänglicher für fremde (westliche) Einflüsse als andere Bürger. Antijüdische Diskriminierung führte zu jüdischer Emigration, die ihrerseits das russische Mißtrauen verstärkte – ein Teufelskreis.

Einzelne Juden konnten weiterhin ein bequemes und relativ sicheres Leben führen, besonders unter der Intelligenzija. Aber sie mußten sich doppelt vorsichtig verhalten, denn ihre Loyalität galt nicht als selbstverständlich.[15] Zu einer Zeit, da es zu einem allgemeinen Aufschwung des Nationalismus kam, war ihre Stellung anomal; sie konnten im besten Falle als *sowjetische* Patrioten durchgehen. Doch sowjetischer Patriotismus ist eine Abstraktion, keine lebendige Realität wie der russische Nationalismus. Sie konnten leidenschaftliche Patrioten, Puschkin-Experten und Spezialisten in russischer Geschichte sein, aber in den Augen ihrer Feinde waren sie Fremde, die sich der russischen Sprache bedienten, jedoch nicht dem Volke angehörten.

Dies alles mag die Feindseligkeit gegenüber Juden erklären, es liefert aber keine hinreichende Begründung für den Glauben an *schidomassonstwo*, die jüdisch-freimaurerische Verschwörung – ein Begriff, der von der extremen russischen Rechten Anfang des Jahrhunderts geprägt und später von den profaschistischen Elementen der russischen Emigration übernommen wurde. Ursprünglich umfaßte die angebliche Verschwörung auch Gruppen wie die Illuminaten und die Templer. Aber diese waren in Rußland kaum bekannt und wurden deshalb außer acht gelassen.

Der Gedanke, daß eine mächtige Verschwörung im Gang sei, um allgemeine wirtschaftliche Zerrüttung zu bewirken, alle traditionellen Werte zu untergraben, den religiösen Glauben zu zerstören, letztlich einen Weltkrieg zu entfesseln, die ganze Menschheit zum Judentum zu bekehren und die jüdische Weltherrschaft zustande zu bringen, gelangte in den sechziger und siebziger Jahren sowohl in die sowjetische Belletristik wie in die sowjetische Geschichtsschreibung. In extremster Form erschien er in Randgruppen wie »Pamjat«. Gewiß, man benutzte einige neue Methoden, um das *schidomassonstwo* zu »verkaufen«. In der ursprünglichen Version der Schwarzhunderter oder der Nationalsozialisten waren die Juden die Agenten aller revolutionären Bewegungen seit den Tagen der Französischen Revolution und sogar seit noch früheren Zeiten gewesen; obendrein bezeichnete man Lenin und Stalin als Juden, Halbjuden, Vierteljuden oder zumindest als Agenten der Juden. In der neuen russischen Version wurde die Vorstellung von den Juden als Revolutionären fallengelassen, obwohl man gelegentlich ihre angebliche Rolle bei der Ermordung der Zarenfamilie, um nur ein Beispiel zu nennen, erwähnte. Die Juden wurden nun zu Agenten Nazideutschlands und der Wall Street gemacht, und Adolf Eichmann verwandelte sich in einen der Weisen von Zion.

Es ist nicht leicht, Gründe und Erklärungen zu finden. Bei einem berühmten Prozeß in Bern wurden die *Protokolle* in den dreißiger Jahren einer sorgfältigen Analyse unterworfen, um ihre Echtheit festzustellen. In seiner Zusammenfassung sagte der vorsitzende Richter: »Ich hoffe, daß eine Zeit kommen wird, da niemand mehr begreift, wie sich im Jahr 1935 fast ein Dutzend völlig normaler und vernünftiger Männer vierzehn Tage lang das Gehirn zermartern konnte, um vor einem Gerichtshof in Bern die Echtheit dieser sogenannten *Protokolle* herauszufinden, die bei allem Schaden, den sie angerichtet haben und vielleicht noch anrichten werden, nichts als lächerlicher Unsinn sind.«

Richter Meyer war allzu optimistisch. Im Westen beschränkt sich der Einfluß der *Protokolle* nun auf eine kleine Randgruppe von extremistischen Fanatikern, aber es gibt Länder mit einem stärkeren Hang zu Verschwörungstheorien. Ein solches Land war Deutschland in den dreißiger Jahren, und in der UdSSR besteht eine ähnliche Tradition.

Warum sollten Männer und Frauen, die von vielen Jahrzehnten atheistischer Indoktrination geprägt sind, Todesangst vor dem Satan haben? Vielleicht ist die antireligiöse Erziehung weniger erfolgreich gewesen, als allgemein angenommen wird; vielleicht hat sie nicht einmal begonnen,

156

den tief in der russischen Geschichte verwurzelten Aberglauben zu beseitigen. Vielleicht hat diese Todesangst mit der ständigen Indoktrination unter Stalin und danach, mit den Aufrufen zu Wachsamkeit gegenüber verschiedenen Umsturzplänen, Verschwörungen und Volksfeinden zu tun.

Es ist genauso schwierig, eine rationale Erklärung für die Furcht vor freimaurerischen Einflüssen zu finden. Die Anhänger der *schidomassonst-wo*-Theorie sind leidenschaftliche Bewunderer Puschkins, und sie verehren die Slawophilen als ihre großen Idole. Aber Puschkin und viele Slawophile gehörten Freimaurerlogen an, was das gesamte Phänomen noch undurchschaubarer werden läßt. Führende sowjetische Historiker, sowohl Gelehrte als auch Populärwissenschaftler, haben Bücher geschrieben, die beweisen sollen, daß die Märzrevolution von 1917 von den Freimaurern durchgeführt wurde. Während es zutrifft, daß einige wichtige Gestalten der Parteien des Zentrums und der Linken Freimaurerlogen angehörten, waren die politischen Folgerungen aus diesem Umstand entweder belanglos oder überhaupt nicht existent; er verhinderte nicht, daß es zwischen ihnen zu politischen und persönlichen Auseinandersetzungen kam. Vor allem aber gab es keinen einheitlichen Plan: Rasputin wurde ebenso als Mitglied einer Verschwörung bezeichnet wie der Großfürst, der ihn erschoß.

Allein der Gedanke, daß freimaurerische Einflüsse bei der ersten Revolution von 1917 von überwältigender Bedeutung gewesen seien, schmälert die Rolle der bolschewistischen Partei, die laut offizieller Fassung der entscheidende Faktor für den Untergang des zaristischen Rußland war. Aber der paranoische Glaube an Verschwörungstheorien war in Büchern und Artikeln, die in den siebziger und achtziger Jahren veröffentlicht wurden, deutlich zu spüren. Nach einer jüngeren Quelle waren sowohl Nazideutschland als auch das faschistische Italien von Freimaurern durchsetzt: Hitler habe an freimaurerisch-spiritistischen Séancen teilgenommen; Rudolf Heß sei Freimaurer gewesen, ebenso wie Mussolini und die fünfundvierzig höchsten Würdenträger des faschistischen Italien.[16] Die Tatsache, daß Freimaurerlogen im Dritten Reich verboten waren, wird für reinen Schwindel gehalten. Derselben Quelle zufolge spielen sogar heute noch zwischen zehn und zwölf Millionen Freimaurer eine maßgebliche Rolle im politischen Leben Westeuropas und der Vereinigten Staaten.

Ein bemerkenswerter Beitrag zur Wiederbelebung der *schidomassonstwo*-Theorie wurde von der neuen »antizionistischen« Literatur geleistet, die sich in den siebziger Jahren entwickelte. Sie hatte wenig mit den Fachstudien zu tun, die sowjetische außenpolitische Experten über den Nahostkonflikt veröffentlichten, in dem die Sowjetunion seit Jahrzehnten die Araber gegen Israel unterstützt. Die neue antizionistische Literatur ist nicht vornehmlich am Zionismus, wie er gemeinhin verstanden wird, oder am Staat Israel interessiert – sie ist einfach nur antijüdisch. Während die meisten dieser Schriftsteller in der Öffentlichkeit davor zurückschrecken, den Nationalsozialismus zu rehabilitieren oder Völkermord zu begrüßen (was immer ihre privaten Gedanken zu dem Thema sein mögen), rechtfertigen sie die antijüdischen Pogrome im zaristischen Rußland und betrachten die Nazis als bloße Marionetten in den Händen der Zionisten, die sie zur Entfesselung des Zweiten Weltkriegs getrieben hätten. Nach Ansicht dieser Denkrichtung sind alle Juden Schurken, und jüdische Kommunisten sind noch gefährlicher als aufrichtige Zionisten. Aus taktischen Gründen enthalten solche Bücher gelegentlich »positive« jüdische Randfiguren, um dem Vorwurf des offenen Antisemitismus zu begegnen.[17]

Vor dem Aufstieg von Glasnost war solche Tarnung unumgänglich gewesen, doch mit dem Anbruch der neuen Freiheit schien sie nicht mehr unbedingt nötig zu sein. Die sowjetischen Medien berichten jetzt über Zusammenkünfte und druckten »Briefe an die Redaktion«, in denen behauptet wurde, der Marxismus sei eine zionistische Lehre, die so rasch und radikal wie möglich aufgegeben werden müsse; nicht nur Trotzki, sondern auch Lenin sei Jude gewesen; die meisten Parteiführer seien entweder Juden oder Freimaurer, und so weiter.[18] Die Katze war aus dem Sack, und die Parteiführung fand sich in der Rolle des Zauberlehrlings wieder: Wie sollte sie die Geister loswerden, die sie gerufen hatte? Als Antwort erschienen einige Artikel in Fachzeitschriften, in denen die offenkundigen Antisemiten kritisiert werden, weil sie von der Parteilinie abwichen und den Feinden des Sowjetstaates »objektiv« in die Hände spielten. Denn der mächtigste Feind sei nicht die jüdisch-freimaurerische Verschwörung, sondern der Weltimperialismus; wer dies leugne, verbreite Desinformation. Schlimmer noch, die Feinde der Sowjetunion nutzten eifrig jede Gelegenheit, auf nationalsozialistische und rassistische Spuren in sowjetischen Publikationsorganen zu verweisen, weshalb sie solche Bücher und Artikel sogar übersetzten und nachdruckten. Mehrere liberale Schriftsteller ergriffen die Initiative und machten auf den Einfluß aufmerksam, den der Hitlerismus auf die Schriften der antisemitischen Experten in der UdSSR ausübe, woraufhin die Kritisierten Klage wegen verleumderischer Beleidigung erhoben.[19]

Der offiziellen Parteilinie zufolge sind Antisemitismus und Zionismus gleichermaßen verwerflich. Doch in Wirklichkeit sind, in spärlicher Tarnung, sehr viele antijüdische Schriften herausgekommen, während die Veröffentlichung prozionistischer Bücher oder Artikel völlig undenkbar ist. Als ein KGB-Sprecher im Juni 1988 empfahl, Zionismus und Antisemitismus als gleichermaßen gefährlich für den Sozialismus zu definieren, war dies, so seltsam es erscheinen mag, ein Schritt in Richtung Liberalisierung. Zuvor hatte man nur den Zionismus als derartige Gefahr betrachtet; zahlreiche »Zionisten«, doch kein einziger Antisemit waren verhaftet worden. Als zum Beispiel die Leningrader »Pamjat«-Gruppe im Sommer 1988 eine Reihe von Massenversammlungen auf dem Rumjanzew-Platz organisierte (»in einer hysterisch aufgeladenen Atmosphäre des Hasses auf nichtrussische Nationalitäten«, wie eine sowjetische Zeitung schrieb), war die Miliz mit dabei, aber nicht, um die mit schwarzen Hemden bekleideten Aktivisten von »Pamjat« zu verhaften.[20] W. Prilukow, der Chef des Leningrader KGB, sagte in einem Interview: »Wir wollen nicht, daß diese Leute (gemeint war »Pamjat«) aus gegen sie ergriffenen repressiven Maßnahmen politisches Kapital schlagen.« Es sei besser, ihre Argumente mit ideologischen und politischen Mitteln zu widerlegen, als Märtyrer zu schaffen. Auf die Frage, weshalb unter diesen Umständen repressive Maßnahmen gegen die Demokratische Union, eine liberale »informelle Gruppe«, ergriffen worden seien, erwiderte er, dies sei ein anderer Fall, in dem man solche Maßnahmen vollauf rechtfertigen könne.[21]

Einer neuen russischen Ideologie entgegen

Die ideologische Krise, der sich die Sowjetunion gegenübersieht, ist durchaus nicht beispiellos. In einer Darstellung, die die Ansichten der rechten Intellektuellen in der Weimarer Republik beschreibt, heißt es:

> Die Reaktion der Rechten wie der Linken hatte darin bestanden, kulturelle Heilmittel zu empfehlen: Wandel des Lebensstils, Rückkehr zu alten Werten, einfachere und natürlichere Lebensweise. Daher der Ruf nach einer völkischen Kultur – im Gegensatz zur kosmopolitischen Zivilisation. »Kultur«, wie die Rechten sie sahen, sei im Volk verankert, habe eine Seele, während »Zivilisation« seelenlos, äußerlich, künstlich sei ...
>
> Wohin ein deutscher Patriot auch blickte, er fand wenig, was ihn hätte trösten können; die nationalen Werte wurden ungeniert untergraben und ins Lächerliche gezogen ... Über ganz Deutschland hinweg führten die Literaten das große Wort, Feinde der Ordnung, Profitmacher des Chaos. Wie Tuberkelbazillen infizierten sie alle schwachen Zellen des Gesamtkomplexes Gesellschaft. Selbst halt- und wurzellos, richteten sie ihre heftigen Angriffe gegen jegliche Manifestation eines gesunden Patriotismus. Sie waren schamlos und maßlos, sie waren die Apostel der Sensationsgier, sie suchten ständig nach neuen Trends, neuen Denk- und Lebensformen, mochten diese noch so wertlos sein. Ihr Würgegriff mußte gelöst werden, um eine kulturelle Gesundung zu ermöglichen ...
>
> Der Brandmarkung der Weimarer Kultur lag die Annahme zugrunde, daß der Prozeß des kulturellen Verfalls und der sittlichen Zersetzung keineswegs zufällig sei. Das alles sei abgemacht und zentral geplant, eine wohlüberlegte Verschwörung des Weltjudentums, um alles zu unterhöhlen, was in Deutschland noch gesund war, damit das Land sich nie mehr erholen und sich nicht zu neuer Größe erheben könne.[22]

Es gibt starke Ähnlichkeit zwischen diesen Anschauungen und der Einstellung der russischen Rechten. Nicht einmal die Tatsache, daß die einen vormarxistisch und die anderen nachmarxistisch waren, scheint von großer Bedeutung zu sein. Die Bestandteile der neuen russischen Ideologie stimmen im Grunde mit jenen überein, die im Laufe der letzten hundert Jahre in vielen Ländern als Reaktion auf das Moderne erschienen sind: Man bezieht Stellung gegen eine permissivere Gesellschaft und gegen die moderne Kunst.

Zwar hat sich die Sowjetgesellschaft sei langem von Alexandra Kollontais permissiven Theorien sexueller Freiheit entfernt (die ohnehin nie von mehr als einem kleinen Teil der Oberschicht in den Städten geteilt wurden), doch die Konservativen wünschen sich mehr Geburten und weniger Abtreibungen und Scheidungen sowie größeren Respekt der Jugend vor der älteren Generation. Sie treten für mehr Recht und Ordnung und überhaupt für größere Disziplin ein, was notwendigerweise eine Stärkung der Obrigkeit und nicht allzuviel Demokratie bedeutet. Selbst wenn sie viele der in der Vergangenheit begangenen Fehler (oder gar Verbrechen) bedauern, lehnen sie allzu deutliche Bußfertigkeit und Zerknirschung ab, da dies nur Verwirrung im Volk stiften würde, das heute mehr denn je Glauben und Zuversicht benötige. Sie bringen avantgardistischer Kunst (»Kulturbolschewismus« im Sprachgebrauch der Nazis) keine Sympathie entgegen, und sie halten die aus dem Westen importierte Massenkultur für eine sogar noch größere Gefahr.

Die Ideologie der neuen Rechten enthält ein stark populistisches Element: einerseits Angriffe auf westliche Plutokraten, andererseits auf *meschtschanstwo* (Spießbürgertum) und materialistischen Lebensstil. Es gibt ständige Klagen über die Laschheit und den mangelnden Idealismus der jungen Generation. Viele der Kritiker haben als junge Männer im »Großen Vaterländischen Krieg« bei der Armee gedient. Sie sahen ihre besten Freunde sterben, wurden verwundet und für ihren Mut ausgezeichnet. Weshalb hatte die heutige Jugend kein entsprechendes Gefühl der Pflichterfüllung und Selbstaufopferung? Die Älteren wurden doppelt zornig, wenn sie merkten, daß die Jungen wenig Interesse an ihren Heldentaten zeigten, sie als selbstverständlich hinnahmen oder für übertrieben und sogar lächerlich hielten.

Nach Ansicht der Rechten bedarf es einer tiefgehenden kulturellen und moralischen Revolution. Aber wovon könnten der Anstoß und die

Inspiration ausgehen? Sicher nicht von der wissenschaftlich-technischen Revolution, die in den sechziger und frühen siebziger Jahren so gepriesen wurde. Die zwiespältige Einstellung zum wissenschaftlichen Fortschritt ist keineswegs das Monopol des rechten Flügels, sondern sie war sogar noch früher bei einigen Science-Fiction-Autoren, in Tendrjakows Romanen und in den Aufsätzen des Literaturkritikers Anninski zu finden, der schrieb, er habe seit vielen Jahren mit der Vorahnung einer baldigen Katastrophe gelebt. Aber die Konservativen vertieften dieses Thema unerbittlicher als andere, und ihr instinktiver Pessimismus war finsterer.

Wenn die Wissenschaft keine Antwort bietet, woher soll die Rettung dann kommen? Natürlich aus der russischen Vergangenheit und ihrem reichen kulturellen Erbe. Aber man muß bei der Suche nach Inspiration äußerst wählerisch sein: Puschkin und Lermontow werden zwar bewundert, doch die Nationalisten halten mehr von dem Puschkin, der die »Verleumder Rußlands« anprangerte, als von Puschkin und Lermontow, den Barden der Freiheit. Sie geben Dostojewski den Vorzug vor Tolstoi, weil er für die heutige Zeit relevanter erscheint. Gogol, der große Patriot und Sittensatiriker, wird geschätzt, nicht jedoch Turgenew und Tschechow, die viel zu stark westlichen Einflüssen ausgesetzt gewesen seien. Und es gibt keinen Platz für die Tradition der radikalen russischen Intelligenzija.

Die Nationalisten sind bereit, führende Gestalten des Weißen Lagers im russischen Bürgerkrieg und in der Emigration zu rehabilitieren. Denn viele von denen, die ihr Land nach der Revolution verließen, hätten dies infolge eines tragischen Mißverständnisses getan. Aber sie seien gute Patrioten gewesen, wie etwa General Denikin, einer der Führer der Weißen Armeen, der seinen Mitemigranten im Zweiten Weltkrieg geraten habe, nicht mit den Nazis zu kollaborieren. Der kulturelle Verlust für Rußland sei gewaltig, und ein elementares Gerechtigkeitsgefühl verlange die Wiederaufnahme dieser verlorenen Söhne und Töchter, denn historisch gesehen sei Rußland »einzig und unteilbar« (dies war übrigens auch die Parole der Weißen Armeen).[23] Dieser Geist der Vergebung erstreckt sich auf Schriftsteller wie Bunin, auf leidenschaftliche Patrioten und politische Führer der alten Rechten, sogar auf einige der extremen

Rechten. Er umfaßt jedoch keine Liberalen, Sozialdemokraten und Juden.

Die Ideologie der russischen Rechten ist sehr facettenreich, und was für einen ihrer Bestandteile gilt, braucht nicht unbedingt auf einen anderen zuzutreffen. Manche Schriftsteller der Rechten haben Geringschätzung für die nichtrussischen Nationalitäten erkennen lassen; weiterhin herrscht die Auffassung, daß die Mittelasiaten sowie die Kaukasier zutiefst korrupt und undankbar für die großen Segnungen der russischen Kultur seien. Die Balten gelten nicht als korrupt, werden jedoch für übertrieben stammesbewußt gehalten, da sie bemüht seien, die Russen so stark wie möglich auszuschließen. Die Juden seien der offensichtlichste Gegner, und letzten Endes könne man in einer Krise nur Russen trauen. Der naive Glaube der alten Slawophilen an die slawische Solidarität ist seit langem verschwunden. Die Polen hätten sich als verräterisch, die Tschechen als ungehorsam, die Ostdeutschen als arrogant erwiesen, und sogar die treuen Bulgaren hätten sich zu ihrem Nachteil verändert.

Derartige Ansichten werden von Zeit zu Zeit offen zum Ausdruck gebracht, aber gewöhnlich zieht man es vor, seinen Gefühlen zu diesem heiklen Problem nicht in der Öffentlichkeit Luft zu machen. Denn dies führt zu einer umfassenderen Frage, die für die Zukunft Rußlands eine entscheidende Rolle spielt: Ist ethnische Reinheit, ist ein von äußeren korrumpierenden Einflüssen freier Staat das Ideal? Oder sind die Russen ein Volk mit einer großen historischen Mission, von der Vorsehung dazu aufgerufen, kleinere und weniger vom Glück begünstigte Völker unter ihre Fittiche zu nehmen?

Ideologisch gibt es bisher keine klare Antwort auf diese Fragen. Aber der Nationalstolz sowie handfeste Eigeninteressen schreiben eine Politik vor, die auf das Überleben des sowjetischen Reiches abzielt, und die Prediger ethnischer Ausschließlichkeit und Reinheit werden nicht viel Spielraum erhalten.

»Pamjat«

»Pamjat« (Gedächtnis) ist die extremste, sichtbarste und in mancher Hinsicht interessanteste Gruppe, die sich in den letzten Jahren bei der neuen russischen Rechten herausgebildet hat. Es gibt widersprüchliche Darstellungen ihrer Entstehung und Geschichte. Eine besagt, sie sei in den frühen achtziger Jahren beim Ministerium für Flugindustrie als kleiner Kreis von Enthusiasten gegründet worden. Sie habe aus Menschen bestanden, die sich aufrichtige Sorgen über die Zerstörung historischer Denkmäler machten, daraufhin Geschichtswissenschaftler und andere Experten zu Vorträgen einluden und an Wochenenden einen Teil ihrer Freizeit opferten, um bei der Restaurierung vernachlässigter Gebäude und Denkmäler, hauptsächlich Kirchen und Friedhöfe, zu helfen. Sie hätten zumindest offen keinerlei politische Ziele verfolgt.[24]

Einer anderen Version zufolge war »Pamjat« der Name eines Freundeskreises des mittlerweile verstorbenen Schriftstellers Wladimir Tschiwilichin, der einen Roman mit dem Titel *Pamjat* geschrieben hatte und im Jahre 1963 einer der ersten war, die auf Maßnahmen drängten, um den Baikalsee vor der Verseuchung zu retten. Auch diese Version besagt, daß die Gruppe zunächst keine ausgeprägten politischen Ansichten gehabt habe. Doch irgendwann im Jahre 1985, gleichzeitig mit dem Aufkommen von Glasnost und größerer Redefreiheit, spalteten radikale Mitglieder von »Pamjat« sich entweder ab oder belebten die schlummernde Gruppe von neuem. Man gründete ähnliche Gesellschaften in Swerdlowsk (»Otetschestwo«: Vaterland), Leningrad (»Spassenije«: Rettung) und anderen Städten. Aber es scheint keine landesweite Führung gegeben zu haben, und die Orientierung der Filialen war sehr unterschiedlich.

Die Moskauer »Pamjat« strebte entschlossen auf die politische Bühne. Sie etablierte sich als eine »patriotische« Vereinigung, und ihre Führer wurden bei öffentlichen Versammlungen als »führende Patrioten« vorgestellt. In ihren Reihen begannen Leute aufzutauchen, die kein Interesse an russischen kulturellen Traditionen hatten. »Immer mehr Energie wurde nicht auf reale Probleme, sondern auf die Suche nach mythischen Feinden verwendet«[25], schrieb die Zeitschrift *Ogonjok*. Zwar veranstaltete man immer noch kulturelle Zusammenkünfte zu Themen wie »Wieviel bedeutet Moskau für uns?« oder »Der russische Norden«. Einmal zeigte man einen Film über das Leben Lermontows, in dem die Juden und Freimaurer für den Duell-Tod des Dichters verantwortlich gemacht wurden. Aber diese »kulturellen« Programme dienten als Tarnung für andere Zwecke. Professor Janin, einer der bedeutendsten russischen Archäologen, der die Nowgoroder Expedition geleitet hatte, wurde einmal als Redner eingeladen, doch die Sitzung wurde von Leuten gesprengt, die nicht gekommen waren, um Vorträgen über ein so fernes und langweiliges Thema zu lauschen. Wenn »Pamjat«-Sprecher das Akademie-Mitglied Lichatschow erwähnten – den führenden russischen Mediävisten und angesehensten Autor, was Themen wie die Herausbildung des russischen Nationalcharakters und die Bewahrung des russischen nationalen Erbes betrifft –, so taten sie ihn gewöhnlich als »jenen Diener des Zionismus« ab.[26]

Zusammenkünfte von »Pamjat« haben an öffentlichen Orten wie dem Zentralen Haus der Sowjetischen Künstler und den Kulturzentren von Dynomo und SIL, den größten Moskauer Fabriken, stattgefunden. Andernorts haben lokale Parteibüros, wissentlich oder unwissentlich, für die Möglichkeit von Versammlungen gesorgt. Am 6. Mai 1987 trafen sich mehrere hundert Mitglieder von »Pamjat« zu einer Demonstration auf dem Oktoberplatz, marschierten zum Moskauer Stadtsowjet und forderten mit Erfolg ein Gespräch mit Boris Jelzin, damals Kandidat des Politbüros und Moskauer Bürgermeister. Die Demonstranten trugen Banner mit Parolen wie »Pamjat muß anerkannt werden«, »Schluß mit den Bauarbeiten auf dem Poklonnaja-Hügel« (die Arbeiten waren ohnehin bereits eingestellt) und »Lang lebe die Perestroika, nieder mit ihren Feinden«. Dies alles schien recht harmlos, doch inzwischen wurde sogar den sowjetischen Medien klar, daß »Pamjat« auch »absurde Erfindungen über eine mysteriöse Organisation verbreitete«, die angeblich überall in der Welt, aber hauptsächlich in der Sowjetunion mit dem Ziel operierte, die heilige russische Kultur zu vernichten, die Sowjetgesellschaft zu amerikanisieren und die wirtschaftlichen Probleme der UdSSR mit Hilfe der Bürokratie, »jenes Monsters des Weltfreimaurertums, des Zionismus und Imperialismus«, zu verstärken.[27]

Die Besucherzahl bei den »Pamjat«-Versammlungen war gewöhnlich hoch; jedoch wurden genaue Zahlen nie bekanntgegeben. Die Themen variierten je nach Zeit und Ort. Zuweilen stand der Kampf gegen den Alkoholismus im Mittelpunkt. In Leningrad gab die geplante Zerstörung des alten Hotels »Angleterre« (wo der Dichter Jessenin eine Zeitlang gewohnt hatte) Anlaß zu Straßendemonstrationen. Bei anderen Gelegenheiten zeigte man Filme mit stark patriotischem Unterton oder, von Marschmusik begleitet, Lichtbilder von Reisen in alte russische Städte. Nichtrussen waren ausgeschlossen.

Allmählich wurden einige Tatsachen über die »Pamjat«-Anführer bekannt. Einer der ersten, die ins Rampenlicht traten, war der »Journalist und Fotograf« Dmitri Wassiljew, ein halbgebildeter Demagoge mit beträchtlicher rednerischer Begabung. Ein anderer, Konstantin Andrejew, war Parteimitglied, doch die meisten bezeichneten sich als »parteilose Bolschewiki«, die der Partei und ihrem Generalsekretär zutiefst ergeben seien. Unter ihnen waren der Architekt Winogradow und mehrere Künstler. Zu den extremsten Gestalten gehörte ein pensionierter Oberst, den seine moderateren Genossen für eine Belastung hielten, da sie fürchteten, daß seine zügellosen Reden die Staatssicherheitsorgane zum Eingreifen veranlassen könnten. Einer der »Pamjat«-Anführer, Waleri Jemeljanow, ein früheres Parteimitglied, hatte nach dem Mord an seiner Frau mehrere Jahre in einer Nervenheilanstalt verbracht. Aber 1987 war sein Ruf wiederhergestellt, und er veröffentlichte Artikel in rechten Zeitschriften.[28]

Wassiljews Reden dauerten oft drei Stunden oder länger und streiften zahlreiche Themen, gewöhnlich ohne jeden erkennbaren Zusammenhang. Sie waren voll von wüsten Behauptungen, die auf einer modernisierten Fassung der *Protokolle* beruhten.[29] Seine Auftritte waren in der Regel dramatisch: Er verkündete, daß »finstere Kräfte« hinter ihm her seien, daß dies durchaus seine letzte Rede sein könne und daß das Publikum ihm deshalb vergeben möge, wenn er mit einer Maske oder einem falschen Bart erscheine.

Paradoxerweise waren nicht einmal die Nazis völlig von der Echtheit der *Protokolle* überzeugt gewesen; sogar die Schwarzhunderter benutzten sie mit einer gewissen Zurückhaltung. Stolypin, der große Held von »Pamjat« (laut *Iswestija* wird Wassiljews Wohnung von seinem und Lenins Bild geschmückt), ernannte einen polizeilichen Ausschuß für eine geheime Untersuchung ihrer Echtheit, und man befand, daß es sich um Fälschungen handelte. Zar Nikolaus II., der dem Text bis dahin vollauf vertraut hatte, ordnete daraufhin an, sie nicht mehr zu verwenden: »Die *Protokolle* sind fallenzulassen. Man kann eine lautere Sache nicht mit schmutzigen Methoden verteidigen.« Aber was im Jahre 1908 unzulässig gewesen war, wurde achtzig Jahre später legitim. Laut Wassiljew führt der offizielle sowjetische Katalog nicht weniger als drei Ausgaben der *Protokolle* in Lenins Bibliothek an: »Wenn der Führer des internationalen Proletariats, der Gründer unseres Staates, diese Frage untersuchte, bin ich, ein parteiloser Bolschewik, verpflichtet zu wissen, womit unser Führer sich beschäftigte.«

Einige alte Ideen der *Protokolle* wurden zu neuem Leben erweckt: Zum Beispiel sei die Moskauer Metro vermint worden, um eines Tages zu explodieren und alle Regierungszentren zu zerstören. Aber es gibt auch ein paar neue Ideen, etwa die Joghurt-Verschwörung, die anscheinend von dem Akademiemitglied Uglow, dem führenden Antialkoholismus-Ideologen, ersonnen wurde. Ihm zufolge werden russische Kinder systematisch mit Joghurt gefüttert, der, was die meisten Eltern nicht wissen, anderthalb Prozent Alkohol enthält und die Kleinen dadurch auf ein Leben der Ausschweifung und des körperlichen und geistigen Verfalls vorbereitet. Ein weiteres Mittel, um den Geist sowjetischer Kinder zu vergiften, sei das Bild des Mondes (eines alten Freimaurersymbols) auf Strampelanzügen; das gleiche gelte für den Abdruck sechszackiger Sterne, die oft in sowjetischen Zeitungen erscheinen.

Einigen »Pamjat«-Anführern zufolge sind jüdische Architekten dabei, Moskau derart umzubauen, daß die Hauptstraßen einem Davidstern ähneln würden. Es sei kein Zufall, daß die Puschkin-Skulptur dem hinter ihr stehenden Gebäude (dem Filmtheater »Rossija«) den Rücken zukehre – dies sei ein offenkundiger Affront gegen das russische Volk. Gewisse Linien auf einem kürzlich herausgekommenen Moskauer Stadtplan seien als Pfeil zu interpretieren, der genau auf das Hotel »Rossija« ziele. Auf einem Plakat werde das Herz eines russischen Bauern von einem Schwert durchbohrt, wenn man es aus einem bestimmten Blickwinkel betrachte. Anderswo sollte am Standort einer früheren Kirche eine »Grillbar« eröffnet werden. Ein »Pamjat«-Sprecher gab zu, nicht genau zu wissen, was »Grill« bedeute, aber er habe keinen Zweifel, daß man dort russische Frauen und Mädchen als Prostituierte beschäftigen werde. Laut »Pamjat« ist es äußerst gefährlich, die Wahrheit über die finsteren Kräfte zu enthüllen, die Rußland bedrängen; wer es wage, die Stimme gegen sie zu erheben, müsse damit rechnen, umgebracht oder zumindest telefonisch bedroht zu werden.

Die Haltung der achtbaren Rechten gegenüber »Pamjat« ist im großen und ganzen positiv.[30] Führende Intellektuelle in Leningrad und Nowosibirsk haben an ihren Versammlungen teilgenommen, prominente Schriftsteller wie Rasputin und Proskurin sind mit Einschränkungen bereit, die Organisation zu unterstützen, und andere enthalten sich jeden Kommentars. Der Chefredakteur von *Nasch sowremennik* hat Schriften von »Pamjat«-Mitgliedern abgedruckt und sie öffentlich vor ihren Kritikern in Schutz genommen; der bekannte Literaturkritiker Koschinow nannte »Pamjat« eine ehrenwerte Gruppe, distanzierte sich jedoch von einigen extremistischen Elementen, die sie unterwandert und ihr einen schlechten Ruf verschafft hätten.[31] Interessanter und weniger berechenbar war die Reaktion der Parteibehörden und der ungebundenen Intelligenzija. Führende sowjetische Zeitungen brachten mehrere Artikel über »Pamjat« und gleichgesinnte Gruppen und verurteilten ihre reaktionäre Tätigkeit. Allerdings waren diese Kommentare von ganz unbolschewistischer Sanftheit. Nur ganz selten wurde der Einfluß der Schwarzhunderter und des Nationalsozialismus erwähnt, und dann gewöhnlich nur zögernd; man schrieb, daß viele – vielleicht die meisten – »Pamjat«-Mitglieder wohlmeinende, doch von ein paar Demagogen irregeleitete Patrioten seien. Aufwiegelung zum Rassenhaß ist nach der sowjetischen Verfassung ein Verbrechen, aber in den offiziellen Medien war keine Rede davon, daß man die Aufwiegler zur Rechenschaft ziehen müsse. Statt dessen regte man einen Dialog an: »Pamjat«-Mitglieder sollten gelehrt werden, ihre Energie für konstruktive Arbeit zum Wohle des Landes einzusetzen. Doch aus den vielen Leserbriefen, die nach den Angriffen auf »Pamjat« geschrieben wurden, ging hervor, daß es keine Bereitschaft zum Dialog gab.[32]

Ein ähnlicher Widerwille, »Pamjat« direkt anzugreifen, bestand auch bei denen, die keiner Sympathie für diese Bewegung verdächtigt werden konnten. Man führte verschiedene Argumente an: Übermäßige Publizität in den Medien würde nur auf eine Randgruppe aufmerksam machen; »Pamjat« werde nicht deshalb zurechtgewiesen, weil ihre Aktivitäten an sich schlecht seien, sondern deshalb, weil sie einen schlechten Eindruck im Ausland erweckten. Ein Autor schrieb, wenn das Anwachsen des Anarchismus (laut Lenin) die Strafe für eine opportunistische Politik der Arbeiterbewegung sei, dann müsse man das Auftauchen von »Pamjat« als Strafe für den Bürokratismus der Breschnew-Ära ansehen.[33] Diese Erklärung leuchtete ein, wenn die Erhaltung und Restauration russischer Kulturdenkmäler das Hauptziel von »Pamjat« gewesen wäre. Doch in Wirklichkeit war ihre Zielsetzung überwiegend politischer Art, und in diesem Licht betrachtet, erschien die Erklärung seltsam: Hätte sich die Kommunistische Partei die antimarxistischen Parolen von »Pamjat« aneignen sollen, um ihr den Wind aus den Segeln zu nehmen? Es ist unwahrscheinlich, daß Lenin damit einverstanden gewesen wäre, und sogar Stalin hätte Vorbehalte gehabt.

Die Behandlung von »Pamjat« durch die Behörden ließ einen Mangel an Klarheit und innerer Überzeugung erkennen. Wer waren die Mitglieder von »Pamjat«, was war ihre gesellschaftliche Herkunft? Warum waren ihre merkwürdigen Ideen so bereitwillig aufgenommen worden? Die traditionellen faschistischen und halbfaschistischen Bewegungen der Vergangenheit, darunter auch die Schwarzhunderter, hatten ihre Anhänger unter den rückständigen Gesellschaftsschichten sowie unter den *spostati*, den Entwurzelten, gefunden; daneben gab es in ihren Reihen ein paar Anwälte und Angestellte, Polizisten, einige Ärzte, relativ viele Halbintellektuelle, kleine Ladenbesitzer und einen erheblichen Teil des Lumpenproletariats, also der Herumtreiber und der Bauern, die kurz zuvor in der Großstadt eingetroffen und noch nicht absorbiert waren.

Aber es ist keineswegs sicher, daß die Klassenanalyse einen Schlüssel für das »Pamjat«-Phänomen liefern kann. Wie läßt sich erklären, daß ein wichtiger Maler wie Ilja Glasunow und ein noch prominenterer Schriftsteller wie Valentin Rasputin verkündeten, es gebe viele gute Menschen in »Pamjat« und es sei eine Schande, daß eine Gruppe mit so lobenswerten Absichten von der Obrigkeit verfolgt werde? In der *Iswestija* wurde betont, daß »Pamjat« nicht einfach eine Gruppe von Hysterikern sei, sondern die Ansichten eines Teils der Bevölkerung repräsentiere, der Mühe habe, gewisse Wahrheiten, die gestern noch allgemein akzeptiert wurden, zu verwerfen und der sich deshalb in einem Zustand der Verwirrung und sogar der Panik befinde. Aber eine derartige Analyse ließ, wie der Autor selbst einräumte, die Tatsache außer acht, daß die sowjetischen Medien das »Pamjat«-Phänomen zunächst unterschätzt hatten und daß die Vereinigung von gewissen Angehörigen der Intelligenzija, nämlich Wissenschaftlern und Schriftstellern, unterstützt wurde.[34]

Der traditionelle Charakter von Verschwörungstheorien in Rußland spielte zweifellos eine entscheidende Rolle. Die absurden Anklagen, die man in den Moskauer Prozessen der dreißiger Jahre erhob, wie auch die Beschuldigungen gegen die »Ärzteverschwörer« von 1937 und 1953 bleiben im Gedächtnis. Sogar unter Gorbatschow wurden die USA wiederholt bezichtigt, im Rahmen einer weltweiten Verschwörung AIDS zu verbreiten. In den sowjetischen Medien wurde behauptet, daß es sich bei dem Massenselbstmord von Jonestown um einen Fall von Massenmord durch die CIA gehandelt habe; daß Mathias Rust bei seiner Landung auf dem Roten Platz nicht eigennützig gehandelt habe, sondern von finsteren Kräften geleitet worden sei; daß Regierungschefs wie Rashid Karamé, Samora Machel und andere von der CIA und den Zionisten umgebracht worden seien, die auch den Konflikt zwischen Armeniern und Aserbaidschanern angestiftet hätten.

Wo so viele Dämonen agieren, wird auch die teuflischste Intrige oder Verschwörung zumindest zu einer Möglichkeit. Manche Theologen meinen, daß der Gedanke an einen Pakt zwischen dem Teufel und menschlichen Wesen in einer Epoche geistiger Krise – also in einer Zeit drohenden Unheils, wenn Verzweiflung über die Ungerechtigkeit dieser Welt jeden Optimismus verdrängt – besonders stark sei. Das Wiederaufleben des Satanismus in der Sowjetunion ist vielleicht auf ähnliche Weise zu erklären – durch die Suche nach Schuldigen zu einer Zeit, da die Verderbnis der äußeren Welt allgemeinen Pessimismus auslöst.

Aber dies ist nichts als eine Hypothese; weder die Geschichte noch die Psychopathologie liefern eine eindeutige Erklärung für ein Phänomen wie »Pamjat«. Wie weit werden sich die Ideen von »Pamjat« aller Wahrscheinlichkeit nach verbreiten? Wie einflußreich könnten sie auf politischem Gebiet werden? Als der Einfluß der Schwarzhunderter am größten war, gewannen sie rund zehn Prozent der Wählerschaft für sich; ihre Nachfolger dürften schwerlich viel erfolgreicher sein. Die Verbreitung solcher Ideen, so hört man, wäre selbstmörderisch für den Zusammenhalt des Sowjetreiches. Eine russische Vereinigung »Pamjat« muß zur Entstehung ähnlicher Gruppen in den anderen Sowjetrepubliken führen, und die politischen Konsequenzen sind leicht vorherzusehen. Einige führende Angehörige der russischen extremen Rechten behaupten, daß sie dieser Gedanke nicht allzusehr beunruhige, aber die unverantwortlichen Politiker zeigen weniger Gleichmut. Allein aus diesem Grunde wird man wahrscheinlich stärker durchgreifen, wenn die Extremisten je zu einer realen Bedrohung für das System werden sollten.

Beunruhigender ist der indirekte Einfluß, den manche Ideen der »Pamjat«-Bewegung auf einige Politiker, Teile der Bürokratie und das Volk insgesamt ausüben. Während ihre extremeren Gedanken als exzentrische Verirrungen wohlmeinender, doch konfuser Aktivisten verworfen werden, scheint etwas von der Kulturfeindlichkeit abgefärbt zu haben. Es ist höchst unwahrscheinlich, daß Männer und Frauen, die mit den großen russischen Klassikern aufgewachsen sind, dieser Gruppe eine Erfolgschance geben werden. Aber es wäre voreilig, den Sieg von Vernunft und gesundem Menschenverstand für unvermeidlich zu halten. Aberglaube und Voreingenommenheit sind in Rußland tiefverwurzelt, und wenn der Humanismus Kants, Goethes und Beethovens im Deutschland der dreißiger Jahre keine Garantie gegen einen Rückfall in die Barbarei bot, dann werden Puschkin und Tolstoi vielleicht in ihrer Heimat auch nicht wirkungsvoller sein.

Wo sind »Pamjat« und ihre Anhänger in der europäischen historischen Tradition anzusiedeln? Wassiljew hat öffentlich erklärt, daß ihm weder am Faschismus noch an den Schwarzhundertern irgend etwas mißfalle. Die intellektuellen Mitläufer von »Pamjat« mögen sich bei so freimütigen Reden unbehaglich fühlen, denn sie hassen westliche Massenkultur, Ausländer und Juden, aber sie reagieren trotzdem aufgebracht, wenn sie als Jünger Adolf Hitlers abgestempelt werden. Die Russen wissen, daß Hitler die Sowjetunion überfiel und daß er ein böser Mensch war. Aber Faschismus im allgemeinen ist kein Thema, das in der Sowjetunion weithin untersucht und diskutiert wurde. Deshalb haben einige Russen gewisse faschistische Ideen übernommen, ohne sich dessen bewußt zu sein. Ideologisch stehen die »Pamjat«-Mitläufer teils in der Tradition der französischen Action Française und der rechtsextremen deutschen Denker. Aber es gab auch eine spezifische russische Tradition des extrem rechten Denkens, und es ist in unseren Tagen wiederentdeckt und in Erinnerung gerufen worden. Solche Meinungen hätten um die Jahrhundertwende kaum für einen Skandal gesorgt, aber sie tauchten in den 1980er Jahren auf, nach siebzig Jahren internationalistischer Schulung, die, wie sich nun herausstellte, weder gründlich noch dauerhaft gewesen war. Ende 1987 spaltete »Pamjat« sich in verschiedene Gruppen auf. Die von Waleri Jemeljanow und Igor Sytschew geführten Fraktionen trennten sich von Wassiljews Gruppen, die bei weitem die stärkste blieb. Diese Spaltungen schwächten die extreme Rechte nicht; im Gegenteil, »Pamjat« legte 1988/89 zunehmend Nachdruck auf ihren politischen, kämpferischen Charakter und bezeichnete sich als »Front«.[35] Die Mitglieder erschienen zu den Versammlungen in klassischer Faschistenuniform (Schwarzhemden) und ließen sich von ihren Anführern erklären, daß die Russen bald wie Indianer sein und im eigenen Land in Reservaten leben würden. Daher sei die sofortige und radikale »Entzionisierung« erforderlich, die das Verbot von Mischehen, die Deportation von Juden und anderen Minderheiten in ihre ursprüngliche Heimat und die Reinigung des russischen Geisteslebens von marxistischen und liberalen Einflüssen umfassen müsse.[36] »Pamjat« wurde von dem gemäßigteren Flügel der »russischen Partei« kaum, wenn überhaupt, kritisiert, vielleicht weil dieser dazu neigte, die Bedeutung der Extremisten zu bagatellisieren, vielleicht weil er meinte, daß es »auf der Rechten keine Feinde« gebe. Dagegen erschienen in den alternativen Medien (etwa den Zeitschriften *Glasnost* oder *Wybor*) gelegentlich Artikel von orthodoxen oder patriotischen Kritikern der »Pamjat«-Ideologie.

»Pamjat« ist nicht *die* »russische Partei«, genausowenig wie die Schwarzhunderter mit dem russischen Konservatismus identisch waren;

sie ist der extreme Flügel jener Partei. Ein großer Teil der von der russischen Rechten geäußerten Kritik ist ohnehin nicht spezifisch russisch, sondern andernorts gleichermaßen zu finden, und zwar auf der Linken wie der Rechten. Eine Aversion gegen gewisse Erscheinungsformen des Modernismus und, vor allem, der Massenkultur ist nicht notwendig »reaktionär«. Die Angriffe auf den ungezügelten Materialismus in der Sowjetgesellschaft, womit die Jagd nach materiellen Gütern gemeint ist, sind nicht ungerechtfertigt. Diese konservativen Stimmungen werden nur dann gefährlich, wenn die nüchterne Analyse heutiger sowjetischer Sitten hysterischen und apokalyptischen Trugbildern weicht, wenn der berechtigte Zorn über die gegenwärtigen Verhältnisse dazu verleitet, dort nach Schuldigen zu suchen, wo diese am wenigsten zu finden sind.

Die grundsätzliche Schwäche der neuen russischen Ideologie liegt weniger in ihrer Analyse der gegenwärtigen Umstände, wie extrem und exzentrisch sie auch sein mag, als in ihrem Unvermögen, überzeugende Rezepte für die Zukunft zu liefern. Die Inspiration zu einer moralischen und kulturellen Erneuerung kann nicht im zaristischen Rußland oder in der nicht mehr existierenden »heilen Welt« der Dörfer gefunden werden. Die Antworten stellen sich nicht dadurch ein, daß man zu den guten alten Tagen des Patriotismus und der Solidarität im Zweiten Weltkrieg zurückkehrt. Die Kritiker, die unglücklich über die gegenwärtige Lage sind, sollten ihr Augenmerk auf die Zukunft richten. Aber genau das widerstrebt ihnen, weil die Zukunft, im Gegensatz zur Vergangenheit, von den Ungewißheiten erfüllt ist, die sie so sehr verabscheuen.

Im Laufe der Geschichte hat es immer liberale und konservative Bewegungen, Parteien der Linken und der Rechten, Nationalisten und Internationalisten gegeben. Es wäre ein Wunder, wenn Rußland allein von solcher politischer Meinungsvielfalt ausgenommen wäre. Im Kontext der siebzigjährigen Sowjetgeschichte betrachtet, scheint die rechte Reaktion gegen die »linken Exzesse« der zwanziger und dreißiger Jahre fast unvermeidlich. Seit Jahrzehnten sind in der Sowjetunion unter einer linken Tünche, die stetig dünner wurde, konservative politische Maßnahmen empfohlen und durchgeführt worden. Die Rechte schuldet Stalin und, in Grenzen, auch seinen Nachfolgern Dank dafür, daß sie Rußland stark machten, was militärische Macht und politischen Einfluß betrifft.[37] Aber die Konservativen konnten weder am stalinistischen innenpolitischen System Gefallen finden, noch konnten sie die marxistisch-leninistische Ideologie akzeptieren, obwohl zumeist nicht mehr als mechanische Lippenbekenntnisse von ihnen erwartet wurden. Sie stimmten mit den Neostalinisten in vielen Fragen überein, aber sie hatten auch eigene Ideen und Idole, die sich nicht in ein marxistisch-leninistisches System, welcher Ausdeutung auch immer, einfügen ließen. Konservative und Neostalinisten hatten gemeinsame Feinde, aber ihr Bündnis blieb trotzdem zerbrechlich.

Es ist denkbar, daß die »russische Partei« einen Beitrag zum politischen Leben leisten kann. Aber wie so häufig in der Vergangenheit Rußlands hat der Trend zu Übertreibung, Fanatismus und Extremismus, der historische Fluch der russischen Linken, sein Gegenstück auf der Rechten – und heute offenbar stärker denn je.

»Was ist aus uns geworden?«
Glasnost und die Sowjetgesellschaft

Schukschins Seufzer »Was ist aus uns geworden?«, viele Jahre vor Glasnost ausgestoßen, hätte der neuen Politik durchaus als Parole dienen
können.[1] Die meisten Probleme der Sowjetgesellschaft waren schon vorher identifiziert worden; manche wurden gelegentlich angesprochen, andere, etwa Drogen und Prostitution, waren tabu. Jeder der Augen und
Ohren offenhielt, wußte um die wahre Situation. Was sich mit dem Aufkommen von Glasnost änderte, war die Perspektive: Früher hatte man
die Probleme als kleine Schönheitsfehler einer insgesamt positiven Bilanz betrachtet, nun jedoch wurden sie als große Gefahren für die Gesellschaft anerkannt. Auch die tieferen Gründe für die gesellschaftlichen
Übel waren nie gründlich und freimütig diskutiert worden; der offiziellen Parteilinie zufolge galten sie als Überreste der unglücklichen vorrevolutionären Vergangenheit. Aber während die Jahre verflossen, wurden
solche Erklärungen immer weniger plausibel; waren diese Übel vielleicht nicht in der Vergangenheit, sondern in der Gegenwart verwurzelt?
Hauptsächlich dank Glasnost – das heißt dank größerer Ehrlichkeit und
dem neu erblühenden Geist der Selbstkritik – wissen wir nun soviel
mehr über den wahren Zustand der Sowjetgesellschaft. Diesen außergewöhnlichen Enthüllungen sollten wir uns als nächstes zuwenden, denn
sie machen das wichtigste Element von Glasnost aus.

Die sechziger und siebziger Jahre waren eine Zeit gewesen, in der man
praktisch unablässig neue Siege in der Produktionsschlacht verkündet
hatte. Nur wenig Aufmerksamkeit wurde dem geschenkt, was später als
der »menschliche Faktor« bekannt wurde, nämlich Fragen der Moral, der

Ethik und der Lebensqualität. Gewiß, Menschen verschiedenster Überzeugung – »Liberale« genauso wie Russophile und natürlich die Dissidenten – spürten, daß etwas im argen lag. Gewiß, ab und zu wurden Leitartikel und Romane über Korruption, Unterschlagung und verschiedene andere dunkle Aspekte der Sowjetgesellschaft veröffentlicht.[2] Aber sie galten als Randphänomene, als untypisch, als Beschreibungen von Situationen, die durch Verwaltungsmaßnahmen, größere Wachsamkeit und strengere Kontrolle behoben werden konnten. Die Tatsache, daß die Probleme viel tiefer gingen und daß es keine bequemen Lösungen gab, wurde erst im Zeitalter von Glasnost eingeräumt.

Frauen und sowjetische Familie

Einst spielten Frauen eine prominente Rolle in der radikalen russischen Politik. Sofia Perowskaja, Vera Sassulitsch und andere traten in der Geschichte der russischen revolutionären Bewegung hervor. In der russischen Literatur, von Puschkin und Turgenew bis hin zu Maxim Gorki, wirkten Frauen oft aktiver und kühner als Männer. Wenn Rosa Luxemburg nicht nach Westen, sondern nach Osten emigriert wäre, hätte sie sich vielleicht unter den Führern der revolutionären Bewegung wiedergefunden. Aber mit dem Aufstieg Stalins verschwanden Frauen fast ganz aus den höheren Rängen von Partei und Staat, was vielen zweifellos das Leben rettete. Dieser Prozeß setzte sich nach Stalins Tod fort. In den späten fünfziger Jahren diente Jekaterina Furzewa eine Zeitlang als Kulturministerin, aber ohne großen Erfolg. Unter Gorbatschow erhielt A.D. Birjukowa den Posten eines der zwölf ZK-Sekretäre (zuständig für die Konsumindustrien), und eine andere Frau wurde zur Botschafterin in der Schweiz ernannt. Doch während Frauen im zwanzigsten Jahrhundert nicht nur in westlichen Ländern, sondern auch in der Dritten Welt hohe und höchste politische Positionen erreichten, blieb der sowjetische Parteiapparat praktisch eine männliche Domäne; zum Beispiel gab es keine einzige Frau unter den äußerst wichtigen Gebiets-Parteisekretären. Und wenn man eine Frau zuweilen mit einem zweitrangigen Posten bedachte, dann wohl eher aus Verlegenheit oder Pflichtgefühl als aus Überzeugung.

Das starke männliche Vorurteil gegen Frauen in der Politik äußerte sich zum Beispiel in der Aversion gegen die Rolle, die Raissa Gorbatschow auf den Reisen ihres Mannes spielte. Es war nicht Brauch gewesen, daß Frauen bei solchen Anlässen in der Öffentlichkeit neben ihren Männern auftraten. Andererseits steht nicht fest, ob sowjetische Frauen überhaupt von dem brennenden Wunsch verzehrt wurden, aktiv in die Politik einzugreifen. Ihre Hauptbeschwerden betrafen die Diskriminierung im Beruf: Während Frauen etwa fünfundsiebzig Prozent aller Lehrer, siebzig Prozent der Ärzte und vierzig Prozent des Personals in wissenschaftlichen Instituten stellten, gelangten nur ein paar von ihnen an die Spitze. Zudem wurden sie maßlos unterbezahlt, denn das Gehalt eines Lehrers betrug nur gut die Hälfte desjenigen eines Facharbeiters, und das Gehalt eines praktischen Arztes (im Unterschied zu dem eines führenden Spezialisten) war nicht viel höher.

Außerdem wurde ein großer Teil der am wenigsten qualifizierten Arbeit – darunter einige Tätigkeiten, die schwere körperliche Anstrengungen erforderten – von Frauen ausgeführt. Sowjetische Frauen waren zweifellos in dem Sinne emanzipiert, daß eine größere Zahl von ihnen in Fabriken und Büros arbeitete als in jedem anderen entwickelten Land. Aber viele meinten, immer noch nicht die gleichen Chancen wie ihre männlichen Kollegen zu haben und für die ihnen gewährten Chancen einen zu hohen Preis zahlen zu müssen. Da sowjetische Männer weniger geneigt sind, bei der Hausarbeit zu helfen, als ihre Geschlechtsgenossen in den meisten anderen entwickelten Ländern, da sowjetische Haushalte über weniger arbeitsparende Geräte verfügen als westliche und da vor allem die Institution der »Babuschka«[3] allmählich verschwand, wurde die dreifache Belastung für immer mehr sowjetische Frauen zu schwer. Wie konnten sie ihren Beruf effektiv ausüben und sich gleichzeitig um Haushalt und Kinder kümmern, stundenlang in Schlangen warten, Ehefrauen und Gefährtinnen ihrer Männer sein – ganz zu schweigen davon, etwas Zeit für sich selbst zu erübrigen? Wie konnten sie gleichzeitig zäh und zart, abgebrüht und weiblich sein? Sie waren wachsendem Druck von allen Seiten ausgesetzt und mußten sich den Vorwurf gefallen lassen, im Beruf genauso zu versagen wie zu Hause, oder die Bezichtigung, daß Erfolg auf einem Gebiet gewöhnlich durch Vernachlässigung der anderen bezahlt werde. Was sollte eine arbeitende Mutter zum Beispiel tun, wenn eines ihrer Kinder krank wurde, was gewöhnlich mehrere Male pro Jahr der Fall war?[4]

Dieser Druck wurde während der siebziger Jahre stärker, aber erst unter Glasnost wurde er zum Thema der öffentlichen Debatte. Immer lauter ertönten die Stimmen, die behaupteten, daß die Emanzipation zu weit gegangen und daß der Platz der Frauen im Heim sei, zumindest solange sie kleine Kinder hätten. Manche Männer waren der Ansicht, daß arbeitende Frauen in ihrem Verhalten und ihrer Ausdrucksweise derb geworden seien, daß sie ihre Weiblichkeit verloren hätten. Dies habe negative Folgen für das Eheleben und besonders für die Kinder. In einem typischen Leserbrief berichtete eine Ingenieurin aus Omsk, wie ihr kleiner Sohn sie gebeten habe, nicht »mit so einer Stimme« zu sprechen. Sie habe so mit ihm geredet, wie sie es von ihrem Arbeitsplatz her gewohnt sei, wo sie Befehle erteilen und brüllen müsse. Was solle sie tun – den Beruf aufgeben wie ihre Nachbarin?[5]

Die Frauen hielten dagegen, daß sie gewöhnlich nur deshalb einen Beruf ergriffen hätten, weil das Einkommen ihrer Männer nicht ausreiche; einige der Schwierigkeiten könnten gemildert werden, wenn die Männer geneigter wären, bei der Hausarbeit zu helfen, und wenn der Staat größere Wohnungen, mehr Kindergärten und andere Einrichtungen bereitstellte. Aber die grundsätzlichen Probleme blieben bestehen. Eine Frau merkte an, daß die wahrhaft emanzipierte Film- und Romanheldin, gewöhnlich eine Schauspielerin oder Journalistin, die frei von allen hemmenden Verpflichtungen ist, wenigstens zwei Hausangestellte benötige, wenn sie heiraten und immer noch schöpferisch weiterarbeiten wolle.[6]

Doch es gab auch Stimmen, die – nach dem Beispiel der extremeren Parolen der westlichen Frauenbefreiung – verkündeten, daß ein Ehemann und Kinder schließlich keine Voraussetzung für ein glückliches Leben seien. Frauen sollten sich zu »Freundschaftskreisen der gegenseitigen Hilfe« zusammenschließen.

Wie bereits erwähnt, spielt die Familie im Denken konservativer russischer Schriftsteller wie Wassili Below und Juri Bondarew eine zentrale

Rolle. Diese Idee ist noch augenfälliger in Astafjews *Der traurige Detektiv,*
der Geschichte eines von seiner Frau und seinen Kindern verlassenen
Polizeibeamten: »Dynastien, Gesellschaften und Imperien sind zu Staub
zerfallen, wenn sich die Familie in ihrem Innern aufzulösen begann ...«[7]

Diese Art Geschichtsphilosophie mag nicht ganz überzeugend sein,
aber allem vorliegenden Material zufolge ist das heutige sowjetische Familienleben oft sehr unglücklich. Die Statistiken zeigen nicht nur eine
skandalös hohe Zahl von Abtreibungen[8], sondern auch eine Schei-
dungsrate, die sich in Städten mit einer überwiegend jungen Bevölkerung, etwa in Togliatti, neunzig Prozent näherte. (Sie lag bei mehr als
fünfzig Prozent in Odessa, Charkow, Moskau, Leningrad, Riga, Donezk
und anderen Orten, war jedoch beträchtlich niedriger in den nichtrussischen Republiken.) Gleichzeitig hat die Zahl der unverheirateten Männer und Frauen stetig zugenommen, obwohl die Sowjetgesellschaft den
Junggesellenstand als feste Einrichtung traditionsgemäß mißbilligt. Sogar unter Glasnost haben sich die negative Haltung und die unheilvollen
Voraussagen nicht geändert: »Welchen Trost Junggesellen auch anführen mögen, um ihren Zustand zu rechtfertigen, so ist ihre objektive Situation doch von Anfang an wenig beneidenswert. Sie verwandelt sich
in großes Unglück und endet mit der persönlichen Tragödie. Für alles
auf dieser Welt gibt es einen Preis, auch für die angenehmen Jahre der
nichtehelichen Existenz.«[9]

Einige, die die Rückkehr der Frau an den heimischen Herd befürworten, machen für den Niedergang der Familie vor allem die sexuelle Revolution verantwortlich, das heißt die größere Permissivität, die sich während des letzten Jahrzehnts in der Sowjetunion ausgebreitet hat. Dieser
Kritik scheint ein – manchmal deutlich ausgesprochenes – Gefühl der
Nostalgie nach der patriarchalischen Familie des alten russischen Dorfes
zugrunde zu liegen, die wie so viele andere Traditionen für immer verschwunden ist. Andere sind der Meinung, daß sich die Situation mit verbesserten Wohnverhältnissen und vermehrten Einrichtungen für arbeitende Mütter sowie mit einem Rückgang des Alkoholismus (ein entscheidender Faktor für das Scheitern vieler Ehen) entspannen werde.

Man verweist auf die Notwendigkeit von Eheberatung, die bis vor
kurzem in der Sowjetunion praktisch unbekannt war, von Sexualerzie-

hung (die von den Konservativen mißbilligt wird) und anderen Erziehungsmaßnahmen. Allerdings ist es möglich, daß solche Maßnahmen die Wurzeln der in der Kleinfamilie bestehenden Krise nicht erreichen werden; obwohl die Wirtschaftsreformen dafür sorgen könnten, daß sich die Zahl der erwerbstätigen Frauen verringert und sie nach Hause zurückkehren, dürfte die Belastung nicht nachlassen, solange das Einkommen des Mannes nicht ausreicht, solange die Schlangen nicht verschwinden und die Wohnungssituation sich nicht radikal verbessert.

Der Krieg zwischen den Geschlechtern wird wahrscheinlich ein so bedeutender Faktor bleiben wie einst der Klassenkampf, und das Los vieler sowjetischer Frauen gibt weiterhin Anlaß zu großer Sorge. »Unsere Statistik (schrieb eine Kommentatorin) erweckt den Eindruck, daß sowjetische Frauen glückliche, schwerarbeitende, gutausgebildete Fachleute seien, die sich in Sport, Tanz und Gesang auszeichnen und in den Gewerkschaften und anderen öffentlichen Rollen aktiv sind. Dies ist ein höchst unzutreffendes Bild . . .«[10] Obwohl man die Wahrheit geahnt hatte, überraschte das Ausmaß von Unzufriedenheit und Frustration, das aus literarischen und nichtliterarischen Quellen hervorging. Lenin schrieb einmal, daß der Erfolg der Revolution auf lange Sicht von dem Grad der weiblichen Teilnahme abhänge. Aber die sowjetischen Frauen sind viel zu sehr von einer Unzahl anderer, dringenderer Beschäftigungen in Anspruch genommen worden, die alle weniger mit den Problemen der Revolution als mit denen des Überlebens zu tun haben.

Eine verlorene Generation?

Bei all den schmerzlichen Enthüllungen von Glasnost war es das Schicksal der jungen Generation, das die Führung und die öffentliche Meinung mehr als jedes andere Einzelproblem bewegte. Zwar verliert sich die Sorge manchmal in abstrusen Fragen, etwa der, ob Rockmusik verboten oder in das Regime integriert werden solle, ob sie bei den Betroffenen nicht nur moralische, sondern auch biochemische Veränderungen bewirke, ob Jeans schädlich für den weiblichen Körper seien und so weiter. Aber die prinzipiellen Fragen hatten eine reale Grundlage: Laut einer alten politischen Weisheit gehört demjenigen die Zukunft, der die Jugend für sich gewonnen hat, und vieles deutete darauf hin, daß der Kommunismus die junge Generation verloren hatte.

Diese Tatsache war um so schockierender, als sie so völlig im Gegensatz zu dem Enthusiasmus der Jugend in den zwanziger und frühen dreißiger Jahren stand, den der Kommunismus mit großem Geschick absorbiert und gelenkt hatte. Es war die Zeit der revolutionären Romantik und Selbstaufopferung gewesen, die nicht nur in zahllosen Gedichten und Romanen, sondern auch in den Massenbewegungen und freiwilligen Mobilisierungen ihren Ausdruck fand. Es war das heroische Zeitalter, in dem der Komsomol (der militante kommunistische Jugendbund) mitgeholfen hatte, Sibirien zu erschließen, in dem die Arbeit für die heilige Sache des Kommunismus wichtiger gewesen war als jeder individuelle Anspruch, als Liebe, Familie, persönliche Neigungen und Interessen. Dies waren die jungen Männer und Frauen, die später von Beginn des Krieges an – sehr oft als Freiwillige – tapfer für ihr Land kämpften.

Der Idealismus der zwanziger Jahre konnte die Greuel und den Zynismus der Stalin-Ära nicht überleben. Die Begeisterung und die Identifizierung mit dem Regime gingen deutlich zurück, wenn auch die Indoktrination der Jugend in der frühen Nachkriegszeit noch recht wirksam war. Doch mit der Verbesserung der Lebensverhältnisse erfolgte eine stetige Desillusionierung der jungen Generation. Die Aktivitäten im Komsomol wurden immer mechanischer; es gab kaum noch Aufgaben für die Jugend, und die bejahrten politischen Führer schienen sie nicht zu benötigen. Der einstige Idealismus verwandelte sich in offenen Materialismus, in die Erkenntnis, daß Geld der Schlüssel zum Glück war. Zwar antworteten einundfünfzig Prozent der von einer Jugendzeitschrift 1987 befragten Jugendlichen auf die Frage, ob sie an den Kommunismus glaubten, immer noch: »Ich glaube daran, obwohl ich Zweifel habe.« Aber die negativen Stimmen waren weit nachdrücklicher als die positiven (»Nein, nein, es ist ein Bluff, ein Märchen«). Andere erwiderten, es sei sinnlos, derartige Fragen (»Wird es den Kommunismus geben?«) überhaupt zu stellen, da die Antworten nicht wahrheitsgetreu sein würden (»Erinnert ihr euch nicht? Vor fünf Jahren hatten wir den Kommunismus schon aufgebaut ...«).[11]

Einige Angehörige der älteren Generation beschwerten sich heftig, weil die Jungen laut, destruktiv, disziplinlos und ohne Ideale seien und keinen Respekt vor den Älteren zeigten. Sie selber seien als Kinder ganz anders gewesen. Viele empfahlen, der Jugend Schwerarbeit zu verordnen.

Der Unterschied zwischen den Generationen kam in der Literatur schon früh zum Ausdruck. Typische Produkte der heroischen Komsomol-Periode waren Nikolai Ostrowskis *Kak sakaljalas stal (Wie der Stahl gehärtet wurde)*, die Geschichte eines Arbeitersohnes, der während der Revolution und des Bürgerkriegs trotz einer unheilbaren Krankheit zu einem beispielhaften Führer wurde; Nikolai Ognjows *Dnewnik Kosti Rjabzewa (Das Tagebuch des Schülers Kostja Rjabzew)* und Nikolai Bogdanows *Perwaja dewuschka (Das erste Mädel)*. Es waren in vieler Hinsicht primitive, doch aufrichtige und enthusiastische Romane. Welten lagen zwischen ihnen und Boris Wassiljews deprimierendem Werk *Welikolepnaja schestjorka* (Die glorreichen Sechs), der Geschichte eines Jugendlagers, in dem die Jungen Cowboys und Indianer spielen und durch Rücksichtslosigkeit oder offene Grausamkeit den Tod mehrerer alter und lahmer Pferde verursachen. Die Polizei stellt Ermittlungen an, doch da die Lagerleiterin die Karriere der Jungen, der »Hoffnung des einundzwanzigsten Jahrhunderts«, und ihren eigenen Ruf nicht ruinieren will, beschließt sie, die Affäre mit Hilfe einiger wohlplazierter Bestechungsgelder zu vertuschen.[12] Es ist schwer zu entscheiden, ob die Schuld eher bei den verwöhnten Kindern oder ihren Erziehern liegt.

Vox populi beklagte die Undankbarkeit der Kinder, doch diejenigen, die nach tieferen Gründen suchten, lieferten eine ausgewogenere Einschätzung. Igor Kom, ein Philosoph und Soziologe, schrieb in dem ideologischen Parteiorgan *Kommunist*, daß Jahrzehnte der Stagnation, in denen die meisten Dinge nicht erlaubt, gefährlich oder unmöglich waren, den größten Teil der älteren Generation verdorben hätten. Sie habe sich an solche Lebensbedingungen gewöhnt und ihre staatsbürgerliche Apathie an die Jugend weitergegeben. Die »Disziplin« der älteren Generation sei häufig kaum mehr als unterwürfiger Gehorsam und die Unfähigkeit gewesen, »nein« zu sagen. Ihre Angehörigen hätten sich schockiert gezeigt, wenn die Jungen fragten: »Wer sagt, daß dies nicht erlaubt ist, wer sagt, daß es unmöglich ist?«[13]

Gewiß, der Komsomol hatte mehr Mitglieder denn je (vierzig Millionen). Mironenko, sein Generalsekretär, war ein junger Mann, was früher selten der Fall gewesen war. Auf dem 20. Kongreß der Organisation im Jahre 1987 gab er zu, daß der Komsomol seine Autorität fast völlig verloren habe und daß die heutigen Jugendlichen ihn nur als Sprungbrett für eine Karriere im Establishment betrachteten. (Sowohl Andropow als auch Gorbatschow hatten ihre Laufbahn im Komsomol begonnen.) Und er fuhr fort: »Zwanzig Jahre lang fehlten uns Mut und Energie – nun hören wir die Frage: ›Sein oder Nichtsein?‹«[14]

Gorbatschow sprach auf dem Kongreß und fügte ein paar eigene Erklärungen hinzu: Innerhalb des Komsomols habe sich eine Elite herausgebildet, die viele Privilegien besitze, was bei den einfachen Mitgliedern Unzufriedenheit auslöse. Er erwähnte auch die Tatsache, daß Komsomol-Führer an höheren Lehranstalten, gleichgültig ob sie die Vorlesungen besuchten oder nicht, befriedigende Noten erhielten. Aber die Jugend sei keineswegs an allem schuld: Der Komsomol habe zwar wenig Initiative und Unabhängigkeit gezeigt, doch letztlich seien es die Erwachsenenorganisationen, zum Beispiel die örtlichen Parteikomitees und die Schulen, gewesen, die ihm seine Unabhängigkeit genommen hätten.[15]

Die Komsomol-Führer beschlossen, »den Weg zurück zu den Massen zu finden«, indem sie Zugeständnisse an die unabhängigen Initiativgruppen machten, die außerhalb ihrer Reihen entstanden waren. Die Moskauer Komsomol-Zeitung wurde geradezu bahnbrechend, als sie Kommentare zu Homosexualität, Prostitution, Rauschgiftsucht und anderen Tabuthemen druckte; daraufhin wurde sie von den Behörden ermahnt, wodurch sie sich den Ruf einer kühnen unorthodoxen Zeitung erwarb, obwohl sie weiterhin streng im Rahmen der Parteilinie blieb. Sie versuchte sogar, ein »Rock-Laboratorium« zu starten, aber die Rocker zogen es weiterhin vor (wie die Zeitung bedauernd anmerkte), ihren eigenen Aktivitäten, zum Beispiel nächtlichen Eskapaden auf donnernden Motorrädern, nachzugehen. Auch die anderen informellen Gruppen lehnten alle Angebote dankend ab.

Die Aktivitäten der unabhängigen Jugend nahmen sehr unterschiedliche Formen an. Eine Zeitlang spielten die *ljubery* eine prominente Rolle in den Medien. Dies waren Jugendliche aus einem Moskauer Arbeiter-vorort, die für ihre Aufsässigkeit, für häufige Zusammenstöße mit Punks, Rockern und anderen Jugendgruppen sowie für Ungehorsam in der Armee bekannt wurden.[16] Man bezichtigte die Miliz, bei den Aktivitäten dieser aggressiven Teenager ein Auge zuzudrücken, weil sie als willkommene Verbündete im Kampf für Recht und Ordnung und gegen Dissidenten betrachtet würden. Diese Vorwürfe waren offenbar nicht ganz unbegründet. *Ljubery* wurde zu einer umfassenden Bezeichnung für verschiedene, mitunter von Afghanistan-Veteranen geführte und ausgebildete Gruppen junger Leute, die ermuntert wurden, als Ordnungs-hüter gegen unliebsame Elemente, beispielsweise langhaarige Studenten und andere Nonkonformisten, vorzugehen. Solche Gruppen beschränkten sich keineswegs auf Moskau.

Beunruhigende Fälle neonazistischer Umtriebe wurden aus verschiedenen Teilen des Landes gemeldet. In Leningrad gab es seit Jahren Gruppen junger Leute, die sich bei ihren Märschen durch die Straßen mit braunen Hemden, Hakenkreuzen, Titeln wie »Sturmbannführer« und anderen Verzierungen der Hitler-Bewegung schmückten. In Kaliningrad (früher Königsberg) hatten Jugendliche mit Hakenkreuzen auf ihren Lederjacken sowie kurzgeschorenem und blondgefärbtem Haar zahlreiche alte deutsche Waffen in unterirdischen Bunkern entdeckt und sich angeeignet. Den sowjetischen Medien zufolge waren diese Gruppe sozial heterogen, doch die überwältigende Mehrheit ihrer Mitglieder stammte aus wohlhabenden Familien, die bereit waren, alles für ihre Sprößlinge zu tun. Wiederum hatte man ihre Aktivitäten ignoriert, bis die Jugendlichen beschlossen, eine Hakenkreuzfahne auf einem städtischen Gebäude hochzuziehen.

Gewöhnlich erklärte man ihre Streiche als Ergebnis jugendlichen Übermuts, des Wunsches, zu schockieren und öffentliche Aufmerksamkeit zu erregen, des Strebens nach Unterhaltung und des Mangels an hinreichender politischer Schulung. Aber in Murmansk zerstörten die jungen Sammler von Nazi-Souvenirs, geführt von einem ehemaligen Mitglied des elitären Grenzschutzes, das örtliche Denkmal für die im Großen Vaterländischen Krieg gefallenen Sowjetkrieger. Ähnliches Vandalentum wurde aus dem berühmten Leningrader Sommergarten gemeldet.[17] Manche sowjetische Kommentatoren meinten, man habe die junge Generation einfach nicht gründlich genug über den letzten Krieg unterrichtet; andere glaubten, daß die Wurzeln tiefer reichten. Die meisten waren sich einig, daß Ausschweifungen dieser Art nicht zuviel politische Bedeutung eingeräumt werden solle. Man kann sich leicht vorstellen, wie solche Vorfälle in den sowjetischen Medien hochgespielt worden wären, wenn sie sich in einem westlichen Land ereignet hätten.

Viel umfassender und gleichermaßen rätselhaft für die Erwachsenen war die Entstehung einer Gegenkultur, die wie im Westen mannigfaltige Formen annahm, von altmodischem Hippietum und Hare Krischna bis hin zu verschiedenen Erscheinungen der Rockmusik. Diese Trends bildeten sich zuerst in den späten sechziger Jahren in Moskau und Leningrad heraus und griffen im Laufe des folgenden Jahrzehnts sogar auf kleine Provinzstädte über. Sie erwiesen sich als so populär, daß Rockkonzerte schließlich Tausende – oft Zehntausende – verzückter Jungen und Mädchen anzogen. Die Behörden betrachteten diese Konzerte mit Unbehagen. »Uns ist es egal, was ihr in euren jämmerlichen Pamphleten schreibt«, erklärte ein Jugendlicher einer Zeitung. »Es gibt viele Millionen von uns . . .«

Die offizielle Einstellung zu alternativer Musik ähnelte zunächst der Haltung, die man dem Jazz in den zwanziger und dreißiger Jahren entgegengebracht hatte. Sie wurde weitgehend ignoriert oder mißbilligt, aber nicht völlig verboten. Selbst diejenigen, die ein Verbot befürworteten, mußten zugeben, daß dies seit der Erfindung des Tonbandgeräts praktisch unmöglich geworden war. Später schwankte die offizielle Linie zwischen dem Versuch, eine große Kampagne gegen Rockmusik einzuleiten, und stillschweigender Duldung, weil man hoffte, daß sie sich wie andere Moden früher oder später totlaufen werde. Aber die Rockmusik löste viel stärkere Leidenschaften aus als der Jazz es je getan hatte: Für die Konservativen verkörperte sie all das, was sich in der Sowjetgesellschaft in den letzten Jahren fehlentwickelt hatte – daher ihre Empörung über die Tatsache, daß wenig oder nichts zu ihrer Bekämpfung unternommen wurde. Für andere dagegen war die extreme Unduldsamkeit gegenüber der Rockmusik typisch für die reaktionäre Einstellung, die immer noch in weiten und einflußreichen Schichten der älteren Generation wirksam sei.

Charakteristisch für die konservativen Angriffe auf die Rockmusik war ein Brief von drei bekannten sowjetischen Schriftstellern in der *Prawda.*[18] Sie nahmen den preisgekrönten Film *Legko-li jest, byt molodym?* (Ist es leicht, jung zu sein?)[19] als Ausgangspunkt und schilderten ihren tiefen Kummer und ihre äußerste Empörung: Junge Leute wollten nicht mehr schwer arbeiten; ihr einziges Interesse richte sich auf Unterhaltung und das Streben nach materiellen Gütern. Den traditionellen Erziehungsfaktoren, also der Schule und den Eltern, seien mächtige Konkurrenten erwachsen, vor allem Fernsehen, Rundfunk, Kino, aber auch spezialisierte Jugendmedien, Schallplatten etc. Sie zitierten einen völlig unbekannten sowjetischen Komponisten namens Lobzow, der meinte, daß Rockmusik zu einem Gift und einer echten gesellschaftlichen Geißel geworden sei. Die Schuld liege in erster Linie bei Rundfunk und Fernsehen, die sich nur um den Geschmack der Bewohner der Moskauer Außenbezirke kümmerten und die nicht nur dieses Gift verstreuten, sondern auch für die ungezügelte Verbreitung ausländischer Pseudoromantik verantwortlich seien: Französische Königinnen und Gräfinnen, britische Räuber (wie Robin Hood), Detektive, Banditen und Prostituierte tummelten sich plötzlich im sowjetischen Fernsehen. Es sei kein Wunder, daß die sowjetische Jugend jedes Gefühl für wahre Werte verloren habe. Der psychische und moralische Schaden, der von dieser Gegenkultur angerichtet werde, sei von vielen Ärzten und Kunstwissenschaftlern im Ausland, etwa in Japan, dokumentiert worden, aber »unsere kompetenten Ärzte schweigen«. Die Autoren beendeten ihren Appell mit dem Eingeständnis, daß ein totales Verbot vermutlich nicht praktikabel sei, aber die Kulturwächter dürften nicht stumm bleiben. Die Jugend benötige hehre moralische Ideale und keine Pseudowerte: »Sie erwartet solche Helden von uns, und wir sind verpflichtet, sie ihr zu liefern.« Dieser Aufruf war recht typisch für einen bei der älteren Generation weitverbreiteten Geisteszustand. Die Kritik war häufig nicht unbegründet, doch sie wurde hysterisch vorgebracht, wobei man auf finstere Verschwörungen seitens des »inneren Feindes« und der ausländischen Widersacher Rußlands verwies.

Sprecher der extremen Rechten gingen sogar noch weiter; sie zitierten einen sowjetischen Medizinprofessor, der behauptet hatte, daß »rokomanija« eine echte Krankheit sei, da sie biochemisch auf den Organismus einwirke.[20] Sie sahen in der Rockkultur mit ihrer Ablehnung des rationalen Denkens den Kult des Herdeninstinkts, der Macht und der Grausamkeit verwirklicht. Zudem betonten sie ihren barbarischen Charakter, ihre Nähe zu Hitlers SS und zum Nationalsozialismus. Die Rockmusik sei eine Waffe, die von westlichen, imperialistischen Kulturträgern bewußt eingesetzt werde, um den Patriotismus und das allgemeine Wertsystem der sowjetischen Jugend auszuhöhlen.[21] Da einige dieser Eigenschaften, etwa die Irrationalität, der Weltanschauung der sowjetischen Rechten nahekamen, hätte man eine wohlwollendere Haltung erwarten sollen. Aber nach Ansicht der Konservativen waren diese Einflüsse westlicher und fremder Herkunft, von verborgenen Kräften manipuliert und auf die Untergrabung der russischen Kultur ausgerichtet. Die Begriffe »satanisch« und »diabolisch«, beliebte Schlüsselwörter in diesen Kreisen, fehlten auch bei der Diskussion von »rokomanija« nicht.

Die offizielle Haltung war, wie oben erwähnt, uneinheitlich. Alla Pugatschowa, die bekannteste sowjetische Popsängerin, erhielt nach einer angeblichen Ungezogenheit in einem Leningrader Hotel ein langes Auftrittsverbot. Andererseits brachte »Melodija«, die staatliche Schallplatten- und Tonbandgesellschaft, eine Platte der führenden, von Boris Grebenschikow geleiteten Rockgruppe »Akwarium« heraus und verkaufte innerhalb von ein paar Stunden zweihunderttausend Exemplare. Der staatliche Rundfunk und das staatliche Fernsehen verteidigten sich gegen die Angriffe der Konservativen mit dem Argument, die Rockmusik sei seit zwanzig Jahren zu einem Teil des sowjetischen Lebens geworden, und wenn sie manchen nicht gefalle, so sei das schwerlich ein objektiver Maßstab. Einst sei Zigeunermusik viel populärer gewesen als Tschaikowski oder Rimski-Korsakow, was jedoch keinen bleibenden Schaden angerichtet habe.[22] Man veröffentlichte sehr viel Tatsachenmaterial, damit die für politische Propaganda Zuständigen das Rockphänomen erklären konnten: seine Ursprünge, die verschiedenen Stadien seiner Entwicklung, die Unterschiede seiner Stilrichtungen.

Für eine Weile war das Thema Rockmusik in den Medien fast so wichtig wie die Abrüstung und die wirtschaftliche Lage.[23] Der Sommer des Jahres 1987 bildete den Höhepunkt für den Aufstieg der Rockmusik aus der »Unterwelt«; man veranstaltete große Konzerte, bei denen alle Haupttrends zu hören waren, und das sowjetische Fernsehen stellte sogar Michael Jackson vor.[24] Im Herbst 1987 begannen Rundfunk und Fernsehen, die mit einem offiziellen Eingreifen rechneten, ihre Rockprogramme einzuschränken, obwohl angesichts der enormen Beliebtheit der Rockmusik bei der sowjetischen Jugend ein frontaler Zusammenstoß und ein völliges Verbot unwahrscheinlich waren. Die »Zentristen«, die »Heavy Metal« und andere Erscheinungsformen der Rockmusik scharf ablehnten, vertraten den Standpunkt, die westliche Erfahrung habe gezeigt, daß sich diese Mode früher oder später abschwächen werde. Aber es gebe keine Garantie, daß nicht etwas gleichermaßen Verwerfliches an ihre Stelle treten werde. Daher sei es erforderlich, psychologisches Verständnis für die Ursachen des Phänomens zu entwickeln. Die Experten kamen zu dem Schluß, daß es um dieses Verständnis noch sehr schlecht bestellt sei.[25] Sie warnten, daß ein totales Verbot unwirksam sein werde, da die »süßen Früchte« des Verbotenen noch verlockender seien und sowjetische Jugendliche in verstärktem Maße westlichen Rundfunksendern zuhören würden.

Das Aufkommen der Rockmusik war die auffälligste, gewiß die lauteste, doch keineswegs die einzige Erscheinungsform kultureller Abweichung seitens der Sowjetjugend. Schon früher waren Hippies aufgetaucht (wodurch ein neues Verb entstand: *chipowat* – sich wie ein Hippie benehmen), sie waren aber nie eine Massenerscheinung wie im Westen geworden. Dann, Mitte der achtziger Jahre, schossen inoffizielle Jugendorganisationen aus dem Boden; laut *Prawda* gab es Ende 1987 schon rund dreißigtausend solcher Vereinigungen.[26] Ende 1988 sollen es bereits fünfzigtausend gewesen sein. Manche neigten der extremen Rechten zu, andere der Linken; häufig waren sie unpolitisch, manchmal wurden sie von den Behörden manipuliert. Einige bestanden aus Gruppen Heranwachsender, während das Durchschnittsalter in anderen zwischen fünfundzwanzig und fünfunddreißig Jahren lag.[27]

Im Jahre 1987 wurde das Wort »Arbat« zum Inbegriff der alternativen Jugendkultur, sowohl für ihre Verfechter als auch für ihre Kritiker. Der

Arbat, westlich des Kreml, ist eines der ältesten Viertel Moskaus; einst wohnten hier Puschkin, Herzen und Tolstoi. Im Arbat mischten sich Bürger des höheren Mittelstandes, Künstler und Handwerker – er war das Quartier Latin von Moskau. Später gab es hier den ersten Wolkenkratzer, das erste Kino und die erste Fußgängerzone der Stadt. Bulat Okudschawa widmete dem Arbat ein Lied, und Rybakow machte ihn zum Thema seines Romans *Die Kinder vom Arbat*. Aus nicht ganz ersichtlichen Gründen wurde der alte Arbat zu einer Art Hyde Park oder Greenwich Village: einer Bühne für die alternative Jugendkultur, für Dichter, die ihre Verse rezitierten, für Künstler, die ihre Bilder und Skulpturen anboten, für Rocker, »Breakdancers« und alle möglichen Bands, die vor dem Wachtangow-Theater auftraten. Der Arbat wurde zu einem Mekka all dessen, was viele ärgerte: Jeans, langes Haar, kulturelles und religiöses Sektierertum aller Art. Heerscharen junger Leute aus ganz Moskau, ja aus der ganzen Sowjetunion, strömten in das Viertel – sehr zur Empörung der (meist bejahrten) Bewohner, der Polizei und des Komsomols. Der Kommunistische Jugendverband gestand offen ein, daß »wir diese Gelegenheit verpaßt haben«; die Miliz gab bekannt, daß es 1987 im Arbat innerhalb von acht Monaten zu dreitausend Festnahmen wegen verschiedener Delikte gekommen sei.[28] Die Geduld der Parteibehörden wurde von den jungen Bohemiens, der provozierenden Häßlichkeit ihrer Kleidung und den Texten ihrer Bands gründlich auf die Probe gestellt. Aber es war schwierig, diese einmal entstandene Szene wieder völlig zu beseitigen: Der Arbat war zu einem Symbol der Freiheit geworden.

Mit Walkie-talkies ausgerüstete Spezialeinheiten der Miliz streiften durch das Viertel, um unliebsame Elemente auszusondern. Beispielsweise wurde ein junger Mann, der Lieder von Dean Reed und Paul Simon sang, aufs Revier gebracht; die Kontrolleure verstanden kein Englisch, und sein Auftritt hatte Mißtrauen erregt. So überlebte von dem Geist von Glasnost und Demokratie, der den Arbat im Mai und Juni 1987 durchdrungen hatte, bis zum Herbst nur eine zensierte Variante.[29] Als der nächste Frühling kam, schoben sich immer noch wogende Menschenmengen durch die Fußgängerzone, um nach »Action« zu suchen, die es nicht mehr gab. Eine sowjetische Zeitung fragte: »Vor kurzem war der Arbat eine lebendige, singende und tanzende Straße – ein Ort der Debatten an allen Tagen der Woche. Was ist aus all dem Gesang, der Musik, den Debatten und Rezitationen geworden? Es gibt kein ausdrückliches Verbot für diese Aktivitäten; die Exekutive des Moskauer Stadtsowjets hat lediglich Vorschriften für das Treiben der Bürger auf dem Arbat erlassen.«[30]

Außerhalb des Arbats zeigte die Miliz weniger Toleranz. Vertreter der alternativen Jugendkultur – oder einfach jene, die ihr Haar lang trugen – hatten eine gute Chance, festgenommen oder grob angefaßt zu werden, gewöhnlich wegen irgendeines formellen Vergehens, zum Beispiel weil sie ihren Ausweis nicht bei sich trugen, wozu jeder Sowjetbürger gesetzlich verpflichtet ist.[31] Solche Vorfälle waren nicht dazu geeignet, die Beziehungen zwischen der jungen Generation und der Obrigkeit zu verbessern.

Es gab noch einen weiteren beunruhigenden Trend: den abnehmenden Respekt nicht nur vor dem Komsomol, sondern auch vor der Schule und der Familie. Die meisten Beobachter sind der Ansicht, daß das sowjetische Erziehungswesen in den schwierigen fünfziger Jahren viel effektiver als in den achtziger Jahren gewesen sei. Abel Aganbegjan, der führende Sowjetökonom, beklagte die Tatsache, daß der Haushaltsanteil des Erziehungswesens von zwölf auf sieben Prozent gefallen sei – im Gegensatz zu den meisten anderen Ländern, darunter die USA, wo er zugenommen hatte. Lehrer wurden maßlos unterbezahlt, weshalb der Beruf nicht mehr die Qualifiziertesten anzog. Das Unterrichtsniveau im Fach russische Sprache und Literatur scheint gesunken zu sein; aus Mangel an qualifizierten Lehrern wurden Fächer wie Zeichnen und Gesang in vielen sowjetischen Schulen nicht mehr unterrichtet.

In einem Roman des altgedienten sowjetischen Schriftstellers Wenjamin Kawerin erklärt die Heldin, sie schäme sich, unter Fremden zuzugeben, daß sie Lehrerin sei. Der Beruf habe, im Gegensatz etwa zu dem des Leiters eines Schuhgeschäfts, nicht an Ansehen gewonnen. Aber es schien zweifelhaft, daß Kawerins Vorschlag, den Unterricht in russischer Literatur zu verbessern (»weil sie sich mit dem Gewissen und mit moralischer Pflicht beschäftigt ...«), die Krise im Erziehungswesen würde beheben können.

Gleichzeitig tauchte wieder ein Phänomen auf, das man seit Jahrzehnten für inexistent gehalten hatte, nämlich das der jugendlichen Prostituierten und *besprisorniki*: der Kinder, deren Eltern sie im Stich gelassen hatten, die keine Eltern mehr besaßen oder von zu Hause weggelaufen waren. Die meisten Russen kannten dieses Problem aus den Büchern und Filmen der späten zwanziger und frühen dreißiger Jahre, zum Beispiel aus *Der Weg zurück* oder Makarenkos *Pedagogitscheskaja poema (Der Weg ins Leben)*; sie waren schockiert, als eine konservative Zeitung plötzlich auf seine Wiederkehr aufmerksam machte.[32] An anderer Stelle wurden beunruhigende Einzelheiten über den Umgang mit Kindern in einem Waisenhaus in Angarsk (Sibirien) veröffentlicht, wo man die Insassen systematisch prügelte, hungern ließ, in Isolation hielt und auf verschiedene andere Weise mißhandelte. Der Artikel löste Tausende von Leserbriefen aus, die den Eindruck vermittelten, daß der Fall keineswegs untypisch war, daß sich in vielen anderen Heimen ähnliches oder Schlimmeres abgespielt hatte, daß seit langem Kritik geäußert wurde, jedoch unwirksam geblieben war.[33] »Die erzieherische Arbeit in vielen unserer Waisenhäuser und Internate ist auf Steinzeitniveau«, schrieb eine andere Zeitung.[34]

Noch vor diesen Enthüllungen hatte das Politbüro die Einrichtung spezieller, nach Lenin benannter Kinderfonds erörtert. Es war jedoch zweifelhaft, ob Verwaltungsmaßnahmen und die Bereitstellung von mehr Geld Abhilfe schaffen würden. Größere finanzielle Aufwendungen konnten vielleicht helfen, die Sterblichkeitsziffer von Babys und Kleinkindern (sie gehörte zu den höchsten in Europa) zu senken, aber es war durchaus nicht sicher, daß sich die Jugendkriminalität dadurch verringern ließ.

Ein Gesinnungswandel war erforderlich; man gab zu, daß eine große Kluft zwischen Mythos und Realität lag, was die Einstellung zu Kindern in der Sowjetgesellschaft anging. Theoretisch waren Kinder »die einzige privilegierte Klasse in unserer Gesellschaft«, um eine berühmte Parole früherer Jahre zu zitieren. In Wirklichkeit galten Kinder allzuoft als lästig – als laut, ungezogen, materialistisch, faul und in jeder Hinsicht der Elterngeneration unterlegen. Die Gesellschaft bekämpfte die Kinder in den Clubs, in den Schulen, in den Hauseingängen; sie war nicht mehr liebevoll zu ihnen, wie ein Schriftsteller es ausdrückte, und dies in einem Land, das einst berühmt für die Obhut und Liebe gewesen war, die es seiner Nachkommenschaft angedeihen ließ. Man argumentierte, dies sei in hohem Grade ein Ergebnis der Stagnation, die Kinder hätten zu den Hauptopfern der Breschnew-Ära gehört.[35] Aber solche Erklärungen waren nicht plausibel, denn weder Breschnew noch seine Mitarbeiter hatten Kinder gehaßt. Wenn sich die Einstellung der Gesellschaft verändert hatte, dann über einen längeren Zeitraum hinweg und unabhängig von der Zusammensetzung des Politbüros.

Der *weschtschism* (Materialismus) der Jugend reflektierte eine entsprechende Haltung der Erwachsenen; der Widerwille, hart zu arbeiten, hatte wahrscheinlich ähnliche Gründe. Gewiß, die Kinder der achtziger Jahre litten nicht unter den Entbehrungen, die ihre Eltern und Großeltern dreißig und sechzig Jahre zuvor durchgemacht hatten, aber Dankbarkeit von ihnen zu erwarten war nicht nur psychologisch, sondern auch historisch unangebracht. In westlichen Gesellschaften gibt es seit undenklichen Zeiten Generationsaufstände. In der Sowjetunion mit ihrem autoritären Regime waren direkte politische Zusammenstöße dieser Art ausgeschlossen. Aber trotzdem war das System nicht erfolgreicher, wenn es darum ging, der Jugend seine Überzeugungen, seine Werte und seinen Lebensstil zu überliefern. Die offizielle Propaganda wurde weitgehend ignoriert, und Widerstand drückte sich in kultureller Revolte oder einfach in einem Rückzug aus der Politik aus. Dies war für einige der Älteren höchst erstaunlich, aber es hätte keine Überraschung sein sollen, wenn man die mangelnde Anziehungskraft der Sowjetideologie, die Langeweile der Sowjetgesellschaft und die enorme Diskrepanz zwischen Wort und Tat bedenkt, auf die junge Leute besonders empfindlich reagieren. Der Rat, die Familienbande zu stärken, die patriotische Erziehung zu vertiefen und mehr Rücksicht und Anteilnahme zu zeigen, war nicht besonders hilfreich. So grundlegende Änderungen konnten nicht durch einen Beschluß des Politbüros, vielleicht nicht einmal durch einen moralischen Kreuzzug bewirkt werden. Sie konnten nur aus einem profunden Gesinnungswandel, aus einem Wandel in der Motivation und den Werten der Sowjetgesellschaft hervorgehen.

Verbrechen und Bestrafung

Mit Glasnost wurden Ziele verfolgt, die sich zwar nicht gegenseitig ausschlossen, die jedoch auch nicht leicht miteinander vereinbar waren: Recht und Ordnung wiederherzustellen und gleichzeitig Gesetzreformen durchzuführen, die Rechte des Individuums auszuweiten und einen Mißbrauch der Justiz zu vermeiden. Die Existenz von Verbrechen in der Sowjetgesellschaft war nie ein Geheimnis gewesen; von Zeit zu Zeit berichteten die Medien, daß eine Gruppe von Dieben oder Veruntreuern gefaßt worden sei und die gerechte Strafe erhalten habe. Die Belletristik war wie immer etwas freimütiger als die Massenmedien, doch aufmerksame Leser konnten aus dem Studium der Zeitungen folgern, daß Korruption und Unterschlagung in bestimmten Wirtschaftsbereichen, etwa im Einzelhandel und im Bauwesen, weitverbreitet waren und daß es einem ehrlichen Funktionär schwerfallen mochte, seine Tugend zu bewahren.[36]

In der Sowjetunion war allgemein bekannt, daß es mehr Verbrechen gab, als offiziell zugegeben wurde: Rowdytum auf den Straßen, Raub von öffentlichem und privatem Eigentum, Mord und Totschlag (obwohl nie amtliche Ziffern veröffentlicht wurden). Gleichwohl müssen die Enthüllungen über das Ausmaß des organisierten Verbrechens und die Existenz umfangreicher Mafias ein Schock gewesen sein; zuweilen waren die Tatsachen so bestürzend, daß sie nicht einmal unter Glasnost publik gemacht werden konnten.

In einer gründlich recherchierten Untersuchung über die Verhältnisse in Usbekistan hieß es, daß die Republik unter zwanzig Familienclans aufgeteilt sei, die systematisch Schmiergelder erpreßten, gutorganisierte Raubzüge durchführten und Mordaufträge übernahmen, wobei die Bezahlung zwischen dreißig- und sechzigtausend Rubel lag.[37]

Gewöhnlich waren Partei- und Staatsfunktionäre – manchmal auch die Miliz und sogar das KGB – in die Gaunereien verwickelt. Es schien, daß selbst die höchsten Amtsträger der mittelasiatischen Republiken von den Verbrechen gewußt und bis zu einem gewissen Grade davon profitiert hatten. Das gleiche galt offenbar für Aserbaidschan und Georgien, wo periodische »Säuberungen« notwendig wurden. Der Lebensstil der »Nomenklatura« in diesen Gebieten war so aufwendig, daß ihr offizielles Einkommen dafür nicht annähernd ausgereicht hätte. Diese Zustände beschränkten sich keineswegs auf die nichtrussischen Republiken. Wie sich herausstellte, war der Parteichef von Rostow der Hauptbeschützer der örtlichen Mafia; die Situation in der Moldau war ähnlich; auch Grischin und Romanow, die Parteisekretäre von Moskau und Leningrad, scheinen bei verbrecherischen Aktivitäten zumindest ein Auge zugedrückt zu haben. Korruption wurde zu einem wesentlichen Bestandteil des Systems, und diejenigen, die überführt wurden, zeigten wenig Reue. Im Gegenteil, die Behörden stießen auf offene Verachtung: Das Begräbnis des Rostower Parteichefs wurde zum Anlaß für eine Demonstration der untergeordneten Mafiosi. Sie sahen keinen Grund zum Bedauern; schließlich war es ein offenes Geheimnis, daß auch Mitglieder der Familie Breschnew und der Leitung des MWD (des Innenministeriums) in Korruption verstrickt gewesen waren.

Während die Häufigkeit von Verbrechen keine große Überraschung war, erwies sich die Beteiligung von Mitgliedern – oder früheren Mitgliedern – der Armee und der staatlichen Sicherheitsorgane als etwas Neues. Zum Beispiel hatte ein sowjetischer Milizoberst namens Soltanow, wie offizielle Quellen berichteten, Gangster zur Ermordung einer Frau angeheuert, die eine Kampagne gegen Korruption betrieben und Soltanows Ehefrau der Annahme von Bestechungsgeldern überführt hatte.[38]

Auf der Moskauer Moschaisk-Chaussee fand ein bewaffneter Raubüberfall im Wildwest-Stil auf einen gepanzerten Geldtransporter statt. Menschen wurden während des Angriffs getötet und verwundet. Hubschrauber nahmen an der Jagd auf die Banditen teil, und als alles vorbei war, stellte sich heraus, daß unter den Bandenmitgliedern frühere Angestellte des KGB und des MWD sowie der Staatsanwaltschaft waren.[39]

Eine andere beispiellose Enthüllung betraf eine Flugzeugentführung auf dem Fluplatz in Ufa durch Angehörige einer Eliteeinheit der »inneren Streitkräfte« des MWD. Die an dem Anschlag Beteiligten wollten die Sowjetunion um jeden Preis verlassen; im Laufe der Entführung wurden zwei Männer, die Widerstand leisteten, erschossen. Die Beteiligten hatten kein Geheimnis aus ihrem Plan gemacht, doch niemand hatte ihnen Aufmerksamkeit geschenkt.[40] Danach rollten zahlreiche Köpfe; unter den Leidtragenden waren die Chefs der »inneren Streitkräfte«, die

Stabschefs und die Angehörigen der politischen Hauptabteilung. Aber es gab immer noch keine befriedigende Antwort auf die Frage, wie so etwas hatte geschehen können.

Gewaltverbrechen von Afghanistan-Veteranen wurden zu einer häufigen Erscheinung. Beispielsweise wurde Andrei Bobunow – ein früherer Fallschirmjäger, ein musterhaftes Mitglied des Komsomols, ein guter Sohn und Verlobter – Chef einer bewaffneten Bande, die mehr als ein halbes Jahr lang Raubüberfälle und Morde (auch an Angehörigen seiner eigenen Bande) beging. Da er lange Zeit politischer Propaganda ausgesetzt gewesen war, hatte er nach seiner Verhaftung Antworten bereit: »Was wollt ihr von uns – wir haben nur im Geist der sozialen Gerechtigkeit gehandelt; wir waren Rächer, die Schwarzmarkthändlern und anderen unproduktiven Elementen Güter und Geld wegnahmen. Wir waren Kämpfer gegen die Doppelmoral . . .«[41] Die späteren Ermittlungen zeigten, daß die wahren Motive dieser selbsternannten Robin Hoods alles andere als uneigennützig gewesen waren.

Ein weiterer interessanter Mordfall, in dem zur Verteidigung ideologische Argumente angeführt wurden, betraf Sergei Lopatin, einen Leningrader Komsomol-Aktivisten, der in Afghanistan eine militärische Auszeichnung erhalten hatte. Zusammen mit Freunden, die eine ähnliche Biographie besaßen, hatte er (laut offiziellem Bericht) »zwei Jugendliche bestialisch überfallen«, von denen der eine getötet, der andere schwer verletzt wurde. Die Täter verteidigten sich damit, daß die beiden Jungen, denen sie in einem Kino begegnet waren, zu einer Gruppe »dekadenter, langhaariger junger Leute mit fremdartiger Kleidung« gehörten. Nach weiteren Ermittlungen zeigte sich, daß eines der beiden Opfer ein sozialer und psychologischer »Fall« war, während sich der andere, fünfzehn Jahre alt, als Musterschüler hervorgetan hatte.

Wir wissen nicht, wie hoch die Verbrechensquote in der Sowjetunion ist, da man nur wenige Statistiken veröffentlicht hat, die zudem noch unvollständig sind.[42] Der Innenminister ließ wissen, daß es zwar zu viele Verbrechen gebe, die Zahl in Amerika jedoch weitaus höher sei. Der für Öffentlichkeitsarbeit zuständige Oberst im Moskauer Polizeihauptquartier verkündete im September 1987, daß die Verbrechensquote »insgesamt« um sieben Prozent, besonders was Morde, Vergewaltigungen und

Straßenraub betraf, zurückgegangen sei, während sich die Zahl von Einbrüchen und Autodiebstählen erhöht habe.

Einer der führenden russischen Kriminalreporter bemerkte sarkastisch, daß die sowjetischen Medien zwar höchst detaillierte Ziffern über Diebstähle nicht nur in den USA, sondern auch in Paraguay, Uruguay und Madagaskar veröffentlichten, jedoch nicht mit Ziffern über Verbrechen dienen könnten, die in der Sowjetunion begangen würden.[43] Aus vielen Berichten geht hervor, daß solche Diebstähle zu einer Plage geworden waren und Berufsverbrecher Hunderte davon verübt hatten.

Wir wissen nicht, ob die Zahl der Verbrechen ansteigt oder nicht. Zwar ertönt der laute Schrei nach schärferen Maßnahmen, aber bei der Erklärung der Verbrechensursachen werden kaum Fortschritte erzielt. Traditionsgemäß wird behauptet, daß die Sowjetgesellschaft alle Verbrechen vom Kapitalismus geerbt habe, daß sie ein sehr hartnäckiges Phänomen seien und daß die Propaganda der bourgeoisen Staaten sowie ihr Einfluß auf das sowjetische Bewußtsein und Verhalten eine wichtige Rolle spielten.[44] Doch solche Erklärungen stellen sowjetische Experten immer weniger zufrieden; sie haben statt dessen konkrete individuelle Fallstudien vorgeschlagen. Sie gingen daran, andere potentielle Ursachen kriminellen Verhaltens zu untersuchen, und sie begannen einzuräumen, daß antisoziale Ausdrucksformen weniger mit dem Kapitalismus als mit den Unvollkommenheiten der Sowjetgesellschaft zusammenhängen müssen.

Glasnost hat auch einiges Licht auf das Justizwesen in der Sowjetunion geworfen, auf Justizirrtümer und die Verweigerung von Gerechtigkeit auch in ganz unpolitischen Fällen. Der Schriftsteller Juri Araktschejew beschrieb den Prozeß gegen einen jungen Mann namens Klimenko, der angeklagt wurde, 1970 eine alte Frau in der Nähe eines Kleinstadtbahnhofs in Turkmenien ermordet zu haben.[45] Nachdem man ihn zum Tode verurteilt hatte, wurde er letztlich dank der unermüdlichen Anstrengungen seines Anwalts und eines Polizeibeamten, der seine Karriere auf Spiel setzte, freigesprochen. Justizirrtümer ereignen sich überall und zu allen Zeiten, doch das Außergewöhnliche an diesem Fall waren die systematischen Bemühungen verschiedener Gerichte, die Angelegenheit rund zehn Jahre lang aus Solidarität oder auf Befehl von oben zu vertuschen, obwohl sie von Klimenkos Unschuld überzeugt waren. Wie nicht überraschen wird, kam Araktschejew zu dem Schluß, daß solche Fälle in Zukunft nur zur verhindern seien, wenn stärkere Garantien für die Rechte des Individuums eingeführt würden.

Drei andere Fälle von vielen, die nun ans Licht kamen, sollen hervorgehoben werden. Der eine betraf einen Arzt in Woroschilowgrad, der mit dem örtlichen Parteisekretär aneinandergeraten war; dieser benötigte Beweismaterial gegen einen ihm lästigen Journalisten. Als Dr. Kreinin die Zusammenarbeit verweigerte, machte man bei ihm eine Haussuchung und fand Videobänder von völlig harmlosen ausländischen Filmen, woraufhin der Arzt zu drei Jahren Haft verurteilt wurde (wegen der »Organisation von Gruppen zum Betrachten ausländischer Filme«). Sein Bruder erhielt eine Strafe von zweieinhalb Jahren, und ihre Mutter wurde wegen »Mangels an bolschewistischer Wachsamkeit« aus der Partei ausgeschlossen.[46] Wiederum waren zahllose Anträge und übermenschliche Anstrengungen nötig, bis die Brüder freigelassen wurden, nicht weil es irgendeinen Zweifel an ihrer Unschuld gegeben hätte, sondern weil sich unter den Dutzenden von Richtern und anderen Justizbeamten im Bezirk kein einziger fand, der mutig genug war, sich einer offenkundigen Intrige der örtlichen Parteiführung entgegenzustellen.

Ein schwerwiegender Skandal ereignete sich in Witebsk. Dort waren zwischen 1971 und 1985 Jahr für Jahr ein oder zwei junge Frauen ermordet worden. Man verhaftete zahlreiche Verdächtige; einer der Angeklagten wurde hingerichtet, ein anderer erblindete im Gefängnis. Alle hatten gestanden, doch die Morde setzten sich fort, bis die Identität des wahren Mörders aufgedeckt wurde. Er arbeitete halbtags bei der Polizei. Die Affäre führte dazu, daß sich der Generalstaatsanwalt nach Witebsk begab, um die Kompetenz der örtlichen Polizei und vor allem die Methoden zu untersuchen, mit denen sie Verdächtigen Geständnisse abrang.[47]

Zuletzt ein Fall, der an der Grenze des Lächerlichen liegt: A.M. Mirek, ein bedeutender Musikwissenschaftler und Instrumentensammler, verkaufte einen Teil seiner Kollektion an ein Leningrader Museum. Später behaupteten Museumsvertreter, er habe ihnen einen zu hohen Preis abverlangt. Mirek wurde verhaftet und monatelang im Gefängnis festgehalten, bis man befand, daß kein Material für eine Anklage vorlag. Die

Angelegenheit wurde von dem bekanntesten sowjetischen Gerichts-journalisten beschrieben, der daraufhin viele Briefe erhielt, in denen die illegale Verhaftung des Musikwissenschaftlers gerechtfertigt oder mit Befriedigung aufgenommen wurde.[48]

Starke Kräfte setzten sich für eine Justizreform ein, aber es gab ebenso starken – oder sogar stärkeren – Widerstand dagegen. Eine Mehrheit der Sowjetbürger stimmte nicht mit Lenin überein, der im Jahre 1920, nach dem Ende des Bürgerkriegs, die Abschaffung der Todesstrafe verlangt hatte. Arkadi Waksberg, der erwähnte Gerichtsjournalist, zitierte Leser-briefe von Historikern, Schriftstellern und Künstlern, die für die öffent-liche Hinrichtung nicht nur von Gewaltverbrechern, sondern auch von Dieben, Betrügern und Rowdys plädierten. Einige forderten die Er-schießung »und wenn möglich Vierteilung« der Schuldigen, nachdem eine Gruppe von Heranwachsenden auf sadistische Weise einen jungen Hund umgebracht hatte. Einer der Zitierten schrieb: »In diesen grausa-men Zeiten brauchen wir nicht distanzierte Intellektuelle, sondern Kämpfer ohne Gnade, deren Hände bei der Vollstreckung nicht zittern.« Waksberg hob hervor, daß keiner dieser Rechtskämpfer gegen krasse Justizirrtümer, deren Folge sogar Hinrichtungen gewesen waren, prote-stiert hatte.[49]

Professor A. Jakowlew, ein führender sowjetischer Rechtsexperte, machte eine ähnliche Erfahrung. Er hatte in einem Artikel argumentiert, daß nichts auf einen Verbrechensrückgang durch strengere Strafen schließen lasse. Nachdem 1962 die Todesstrafe für den Diebstahl von Staatseigentum eingeführt worden sei, habe sich die Zahl solcher Fälle sogar erhöht, und die Täter neigten dazu, größere Werte zu stehlen als vorher, denn »man kann nur einmal aufgehängt werden«. Hunderte von Briefschreibern entgegneten, daß er sich irre, daß in einer revolutionären Periode keine Gnade gezeigt werden dürfe, daß Stalin diejenigen zu Recht nach Sibirien gesandt habe (»für wenigstens zehn Jahre«), die zu spät zur Arbeit gekommen seien oder als Bauern nicht die Norm erfüllt hätten.[50] Andere Leser schlugen die strengsten Strafen auch für Trinker und Obdachlose vor; sie sollten im Schmutz leben und als Nahrung ver-faulte Kartoffeln erhalten.

Solche Meinungen basierten, wie ein Kommentator schrieb, nicht auf revolutionärem Eifer, sondern auf schierem Haß und auf dem Glauben, daß es unter Stalin weniger Verbrechen gegeben habe und daß seine Methode die einzig richtige gewesen sei, um das Problem der Kriminalität zu bewältigen. In Wirklichkeit hatte es damals mehr Verbrechen gegeben, die Zahl der von der Regierung begangenen Untaten nicht einmal mitgerechnet. Aber man hatte die Fakten nicht veröffentlicht und dadurch den Eindruck von Recht und Ordnung geschaffen.

Die Todesstrafe wird in vielen Ländern von einer Bevölkerungsmehrheit befürwortet, besonders wenn sich eine Welle von Verbrechen ereignet. Aber interessanterweise scheint die Forderung nach schärfster Bestrafung für gewalttätige wie für gewaltlose Verbrechen in der Sowjetunion stärker zu sein als in den meisten anderen entwickelten Ländern. Die tieferen Ursachen dieser Einstellung müßten untersucht werden, denn sie könnten einen wichtigen Schlüssel zur politischen Psychologie ganzer Gesellschaftsschichten enthalten.

In der durch Glasnost ermöglichten Debatte gab es keine Einmütigkeit, was das Rechtsprinzip der Unschuldsvermutung betrifft. Die sowjetische Gesetzgebung ist in dieser Hinsicht inkonsequent. Während in der Verfassung (Artikel 160) erklärt wird, daß nur die von einem Gericht für schuldig Befundenen bestraft werden sollen, kommt dieser Gedanke in der sowjetischen Strafgesetzgebung überhaupt nicht zum Ausdruck. Laut einer Umfrage von 1987 setzten vierzig Prozent aller sowjetischen Richter automatisch voraus, daß die Angeklagten schuldig seien.

Die Zahl von gerichtlichen Freisprüchen war in der Sowjetunion geringer als in jedem anderen Land. Dies löste starke Kritik aus, und in einer im Dezember 1986 veröffentlichten Entscheidung machte der Oberste Gerichtshof der UdSSR den Richtern Vorwürfe, weil sie das Prinzip der Unschuldsvermutung ignoriert hätten. Die Reaktion der Richter ließ nicht auf sich warten. Ein offizieller Sprecher gab bekannt, daß es während der ersten sechs Monate des Jahres 1987 mehr Freisprüche gegeben habe als im gesamten Jahr 1986, daß die Zahl der von höheren Instanzen aufgehobenen Fälle um fünfzig Prozent gestiegen und daß eine erheblich geringere Zahl von Gefängnisstrafen verhängt worden sei.[51] Dies alles klang ermutigend, doch die grundsätzliche Frage blieb weiterhin: In welchem Maße folgen sowjetische Richter einfach nur Befehlen von oben? Wieviel Unabhängigkeit besitzt die Rechtsprechung, und welche Garantie hat der einzelne gegen willkürlich handelnde Staatsorgane? Hier steht dem sowjetischen Justizwesen noch ein gigantisches Reformwerk bevor, das gerade erst zaghaft in die Wege geleitet wird.

»*Was ist aus uns geworden?*«
Alkoholismus und andere Übel

Alkoholismus

Die erste bedeutende soziale Kampagne, die unter Glasnost eingeleitet wurde, richtete sich gegen den Alkoholismus (Beschluß des Zentralkomitees vom 7. Mai 1985), und das Thema stand danach lange im Vordergrund. Es war eine der wenigen Fragen, in der alle Mitglieder des Politbüros, liberale wie konservative, vollauf übereinstimmten. Diese Kampagne war nicht die erste ihrer Art. Das Problem der Trunkenheit reicht weit in die russische Geschichte zurück. Fast alle ausländischen Besucher, beginnend mit dem sechzehnten Jahrhundert, beschrieben schon vor der Einführung des Branntweins, das heißt des Wodkas, alkoholische Exzesse, besonders an Feiertagen. »Das Trinken ist ihr ganzes Vergnügen«, kommentierte der Diplomat George Turberville im Jahre 1568.

Harte alkoholische Getränke wurden zum erstenmal von Genueser Kaufleuten, die sich auf den Balearen niedergelassen hatten, über ihre Schwarzmeerkolonien importiert; auch einige Alchimisten dürften beteiligt gewesen sein.[1] Wahrscheinlicher ist jedoch, daß der größte Teil des Alkohols nach der Einverleibung Nowgorods im Jahre 1477 über den Ostseehandel nach Rußland gelangte.[2] Die ersten Trinkstuben wurden von Iwan IV. eingerichtet. Zunächst durften sie nur von den Angehörigen der Opritschnina, seiner Leibgarde, besucht werden. Später, gegen Mitte des sechzehnten Jahrhunderts, verkauften die amtlich lizenzierten Trinkstuben (*kabaki*) staatlich hergestellte Getränke. Seitdem ist Wodka ein wesentliches Merkmal des russischen Lebensstils gewesen: »Wodka war für die Bauernschaft der wichtigste Teil eines Festmahls. Er war ein Grundbestandteil aller Vergnügungen, der Kirchenfeste, der Familienfeiern und so weiter. Auch wurden Zeremonien mit ihm gleichsam besiegelt; man trank Wodka, wenn man ein Geschäft machte oder einen Handel abschloß.«[3]

Die sozialen und medizinischen Folgen des Alkoholismus sind häufig beschrieben worden; in Rußland gab es eine starke Abstinenzbewegung, die sowohl von der Kirche als auch von den meisten Radikalen, einschließlich Lenins, unterstützt wurde. Doch angesichts der hohen staatlichen Einnahmen durch Alkohol hatte die Bewegung bis 1914, als mit Ausbruch des Krieges ein totales Verbot der Alkoholherstellung verkündet wurde, keinen bleibenden Erfolg. Dies verhinderte natürlich nicht die illegale Destillation von Selbstgebranntem (*samogon*), aber das Verbot dauerte bis 1925 und scheint starke und unmittelbare Auswirkungen auf die Verbrechensrate, die Arbeitsproduktivität und den allgemeinen Gesundheitszustand gehabt zu haben.[4] Der britische Staatsmann David Lloyd George nannte es in seiner damaligen Haushaltsrede den größten ihm bekannten Akt nationalen Heldentums. (Das Verbot harter alkoholischer Getränke in Vichy-Frankreich scheint ähnliche Folgen gehabt zu haben.)

Mitte der zwanziger Jahre nahm man die Produktion von Spirituosen wieder auf. Auf dem 14. Parteitag erklärte Stalin, die Alternative zu den Profiten, die der Staat aus dieser Quelle beziehen könne, sei die finanzielle Versklavung durch die kapitalistischen Mächte. Das Wodkamonopol brachte dem Staat fast sofort eine halbe Milliarde Rubel ein – eine Summe, die im Laufe der Jahre ständig stieg. Aber dafür mußte ein ungeheurer Preis bezahlt werden. Ein beliebter Vergleich der Antialkoholiker betraf das Ansteigen der Alkoholproduktion und der Bevölkerung zwischen 1965 und 1980: die erstere stieg siebenunddreißigmal mehr als die letztere.[5] Solche Vergleiche sind fragwürdig, aber es trifft zu, daß sich die Herstellung von Spirituosen zwischen 1950 und 1980 in absoluten Zahlen verzehnfacht hat.

Sowjetische Experten meinen, daß der vom Alkoholismus angerichtete meßbare Schaden wenigstens zweimal – möglicherweise mehr als dreimal – so hoch sei wie die Einnahmen des Staates. (Entsprechende Zahlen für die Vereinigten Staaten deuten auf ein ähnliches Verhältnis

202

hin: Einnahmen von 46 Milliarden Dollar standen im Jahre 1983 Verluste bis zu 100 Milliarden Dollar gegenüber.)[6]

Die Angaben über den Grad des Alkoholismus in der Sowjetunion gehen auseinander. Den Gesundheitsbehörden zufolge gibt es höchstens viereinhalb Millionen Alkoholiker in der UdSSR, was, wenn es zutrifft, viel günstiger ist als die Lage in den Vereinigten Staaten, die mehr als zehn Millionen Alkoholiker und weitere acht Millionen »Problemtrinker« zählen.[7] Andererseits hat der Alkoholkonsum in den USA während der letzten fünf Jahre stetig abgenommen.

Nach internationalen Vergleichen war der Pro-Kopf-Konsum von Spirituosen in der Sowjetunion stets niedriger als in einer Reihe von westlichen Ländern. Aber die Zuverlässigkeit dieser Zahlen ist ungewiß. Sie lassen *samogon* und regionale Unterschiede außer acht, also die Tatsache, daß im (moslemischen) Mittelasien weniger und in Nordrußland entsprechend mehr getrunken wird.

In einem Medienbericht wurde behauptet, daß es 1983 eine Häufigkeit von 36,7 Prozent »Alkoholmißbrauch« unter sowjetischen Männern gegeben habe. Sowjetische Kommentatoren erklären die hohe Säuglingssterblichkeit im Laufe der letzten zwanzig Jahre (viermal so hoch wie in Japan oder Schweden) mit Alkoholimus. Sie behaupten, Alkohol sei der entscheidende Faktor für die bis zu achtzig Prozent aller Scheidungen, habe enorme Auswirkungen auf die Arbeitsproduktivität und sei für bis zu vierzig Prozent der Kosten des sowjetischen Gesundheitswesens verantwortlich.[8] Auch besteht kein Zweifel, daß Alkoholismus sich erheblich auf die Verbrechensquote auswirkt und daß viele Verkehrsunfälle auf sein Konto gehen.

Die sowjetischen Medien sind voll von Greuelgeschichten über die Häufigkeit und die Folgen des Alkoholismus. Einige scheinen stark übertrieben zu sein, was jedoch unvermeidlich sein mag: Da Alkoholismus geradezu zu einer Seuche geworden und so tief in der Sowjetgesellschaft verwurzelt ist, kamen die für die Antialkoholkampagne Zuständigen wahrscheinlich zu dem Schluß, daß nur eine Schocktherapie und bewußte Übertreibung wirksam seien. Sie könnten recht haben, denn die zurückhaltende Methode früherer Kampagnen, die »kultiviertes Trinken« – das heißt ein paar Gläschen Wein, ein oder zwei harte

Getränke vor oder nach einer Mahlzeit – gestatteten, blieb wirkungslos; daher sind strengere Maßnahmen gefordert. Aber der schrille Tenor der jüngsten Antialkoholismuskampagne hat auch starke politische Untertöne.

Diese politische Ausbeutung eines legitimen Anliegens nimmt verschiedene Formen an. Man hat zum Beispiel behauptet, daß Alkoholismus in erster Linie das Ergebnis ausländischer Intrigen sei, besonders von Juden, Freimaurern und Imperialisten (einschließlich Präsident Kennedys), die darauf abzielten, Geist und Körper des russischen Volkes zu vergiften und dadurch seinen moralischen und physischen Ruin herbeizuführen. So heißt es, daß Samuel Alexejewitsch Greig, der amtliche Hauptlieferant der russischen Armee im achtzehnten Jahrhundert, beschlossen habe, die russischen Soldaten durch Einflößung von Alkohol zu ruinieren. Aber Greig war ein sturer Schotte; er lieferte nur, was bestellt wurde. Gewiß war die Nachfrage nach Alkohol in Rußland seit langem stark gewesen. Schon in der Nestorchronik hieß es: »*Wesselije Rossii jest pitjo*« (»Die Freude Rußlands ist das Trinken«). Nach diesem ersten historischen Dokument des alten Rußland, das uns überkommen ist, lehnte Großfürst Wladimir von Kiew den Islam als Alternative zum Heidentum ab, »weil Rußland das Trinken liebt, weil wir nicht ohne es auskommen können«.[9]

Die bleibenden Ergebnisse der Kampagne gegen den Alkoholismus werden erst in vielen Jahren erkennbar sein. Was die kurzfristigen Folgen angeht, so meldeten offizielle Sprecher einen leichten Rückgang alkoholbedingter Verbrechen und eine noch größere Abnahme (um 37 Prozent im Jahre 1986, verglichen mit 1984) von Verkehrsunfällen, die durch Trunkenheit am Steuer verursacht wurden. Auch wurden genauso verblüffende, unmittelbare medizinische Konsequenzen vermeldet, dies stieß jedoch auf den Widerspruch maßgeblicher medizinischer Demographen.

Aber man berichtete auch von Fehlschlägen: Die *samogon*-Herstellung war im Gebiet von Gomel um ungefähr 25 Prozent gestiegen; auch in Donezk herrschte große Nachfrage nach Selbstgebranntem. In Poltawa hatte der Wodkaverkauf stark zugenommen. Die Kognakherstellung war in den mittelasiatischen Republiken, in Aserbaidschan, Georgien und Lettland gestiegen. In der Karelischen Republik waren 279 Kommunisten im Rausch festgenommen worden.[10] Führende Funktionäre, darunter der stellvertretende Vorsitzende der Planungsorganisation »Gosplan« und ZK-Sekretäre verschiedener Republiken, wurden streng gemaßregelt.

In der Hitze der Kampagne diskutierte man am wenigsten über die Ursachen des Alkoholismus. In den zwanziger Jahren hatte die einmütige Ansicht geherrscht, daß der wachsende materielle Wohlstand und die erhöhte Bildung der Arbeitermassen dazu beitragen würden, Trunkenheit und Alkoholismus den Boden zu entziehen.[11] Doch in Wirklichkeit hat sich der Alkoholkonsum gegenüber 1913, dem letzten Jahr vor dem Erlaß des Verbots, fast verdoppelt, obwohl der Lebensstandard sowie das kulturelle Niveau gestiegen sind. Wie ist dies zu erklären?

Einige Rechte schlugen vor, Alkoholiker als Verbrecher und Feinde der Gesellschaft zu behandeln. Dies entsprach der traditionellen, in Ost und West verbreiteten Meinung, daß Alkoholiker nicht krank, sondern sündhaft seien. Doch in den letzten Jahrzehnten hat die Ansicht, daß Alkoholismus eine Krankheit sei, in den meisten Ländern an Boden gewonnen. Eine Definition der American Medical Association aus dem Jahre 1957 besagte: »Alkoholismus ist eine Krankheit, für die die Inanspruchnahme durch Alkohol und der Verlust der Kontrolle über seinen Konsum typisch sind.« Manche der physiologischen Merkmale von Alkoholikern scheinen genetischen Ursprungs zu sein, und auch sowjetische Forscher haben auf den »Unruhefaktor« in der menschlichen Psyche aufmerksam gemacht, der aus biochemischen Prozessen hervorgehe.

Diese Theorien werden jedoch keineswegs von allen Experten geteilt; viele betrachten Alkoholismus eher als ein Verhaltens- denn als ein klinisches Problem und meinen, daß zahlreiche Trinker den Alkohol aufgeben könnten, wenn sie es nur wollten. Man hat in der Sowjetunion verschiedene sozialökonomische Gründe angeführt, um die Ursachen des Alkoholismus zu erklären. Einer der Gründe sei die rasche Urbanisierung in den letzten Jahrzehnten (doch dann müßte gezeigt werden, daß in den Dörfern weniger getrunken wurde als in den Städten). Man hat den Streß der neuen technologischen Revolution erwähnt, aber es gibt noch andere, größere besorgniserregende Hypothesen. Könnte der

205

Alkoholismus nicht – wie einige andere Mißstände, die in letzter Zeit zugenommen haben – mit den Widersprüchen in der gegenwärtigen Gesellschaft zu tun haben: zum Beispiel mit der Divergenz zwischen Wort und Tat?[12] Der frühe Optimismus der zwanziger Jahre ist unzweifelhaft verblichen. Das Akademiemitglied Uglow meint, daß allgemeine Abstinenz innerhalb von fünf Jahren zu erreichen sei, aber kaum jemand teilt seine Ansicht.[13] Im Januar 1988 wurde als Reaktion auf die starke Unbeliebtheit der Antialkoholismuskampagne zweihundert neuen Wein- und Biergeschäften in Moskau eine Konzession erteilt. Außerdem sollten dadurch die enormen Schlangen auf den Straßen verringert werden, die zu einem neuen Merkmal sowjetischer Städte geworden waren. Allmählich setzte sich die Meinung durch, daß die Regierung den Kampf gegen den Alkoholismus nicht gewinnen würde, ebensowenig wie die Prohibition in den Vereinigten Staaten erfolgreich gewesen war, und daß man neue, andere Methoden benötigte, um den von übermäßigem Alkoholkonsum verursachten Schaden einzuschränken.[14]

Drogen und Prostitution

Narkomanija (Rauschgiftsucht) hat unter Glasnost fast genausoviel Publizität erhalten wie der Alkoholismus. Bis etwa 1985 wurde die Existenz eines derartigen gesellschaftlichen Problems kaum oder überhaupt nicht erwähnt. Aitmatows Roman *Placha (Der Richtplatz)* enthielt eines der ersten Eingeständnisse, daß es hier ein bedeutendes Problem gab[15], und zwar hausgemacht, nicht von Ausländern importiert. Gewisse Drogenmengen wurden offenbar in die UdSSR eingeschmuggelt, hauptsächlich von Studenten aus der Dritten Welt, aber dies war unerheblich im Vergleich zu anderen Quellen, darunter Afghanistan. Der Umfang des sowjetischen Drogenproblems ist unzweifelhaft geringer als der des Alkoholismus; in den USA fordert Alkohol fünfundzwanzigmal so viele Leben wie Drogenmißbrauch, und in der Sowjetunion dürfte das Verhältnis noch höher sein. Aber während jeder über den Alkoholismus unterrichtet war, gab es keine Informationen über Drogen, wodurch das

Eingeständnis einen starken Schock auslöste, besonders da die neue Epidemie vorwiegend junge Menschen heimsuchte.

In den wichtigsten Städten wurden Pläne zur Bekämpfung des Problems verabschiedet, oft jedoch nach kurzer Zeit wieder fallengelassen, weil man merkte, daß sie wirkungslos waren; hohe Polizeibeamte gaben Interviews, Wissenschaftler wurden um Erklärungen gebeten. Die unmittelbare Reaktion bestand darin, Rauschgiftgenuß durch Verbote, Verhaftungen und Bestrafungen zu bekämpfen, was nach Ansicht des Moskauer Staatsanwaltes ganz unzureichend war; er plädierte dafür, vorbeugende, erzieherische Arbeit zu leisten und Strategie zum Umgang mit minderjährigen Süchtigen zu entwickeln. Ein detailliertes und anscheinend realistisches Bild ergab sich aus dem Interview mit einem hohen Polizeibeamten, der in Leningrad für das Problem der Rauschgiftsucht zuständig war. Seinen Informationen zufolge reichte es zurück bis in die frühen sechziger Jahre, aber damals habe es sich in Grenzen gehalten und unterschiedliche soziale und psychologische Ursachen gehabt. Die jüngste Zunahme der Rauschgiftsucht hänge mit dem allgemeinen moralischen Verfall und dem Wunsch »labiler Elemente« zusammen, »Zivilisationsprodukte zu kosten« und neue, überwältigende Empfindungen zu erleben. Ende 1987 hätten etwa fünfzehnhundert Männer und Frauen medizinische Hilfe erhalten, aber insgesamt gebe es vielleicht fünftausend Abhängige in der Stadt.[16] Die Leningrader Süchtigen bezogen den größten Teil des Rauschgifts aus dem mittelasiatischen Republiken, aber auch aus Transkaukasien, der Ukraine und der Region Krasnodar. Einiges stahl man aus Krankenhäusern und Apotheken; weiteres wurde an Ort und Stelle von Personen mit chemotechnischen Kenntnissen hergestellt. Viel Wissen wurde offenbar nicht benötigt, denn ein Schüler der neunten Klasse (ungefähr fünfzehn Jahre alt) erklärte: »In unserer Klasse weiß jeder, wie man einem Medikament das narkotische Destillat entzieht.«[17]

Ein hoher Moskauer Polizeibeamter teilte mit, daß etwa ein Viertel aller in der Hauptstadt benutzten Narkotika aus einer bestimmten Droge, die in der medizinischen Praxis gebräuchlich sei, hergestellt werde. Auf Druck der Behörden wurde die Ausstellung entsprechender Rezepte stark eingeschränkt, aber die Zahl der Drogenabhängigen in Moskau nahm weiter zu.[18] Demselben Gewährsmann zufolge benötigte der durchschnittliche Abhängige ungefähr hundertsiebzig bis zweihundert Rubel pro Tag, was fast dem durchschnittlichen Monatseinkommen entspricht; ein zwanzigjähriges Mädchen namens Larissa, das in der Moldauischen Republik interviewt wurde, hielt hundertvierzig bis hundertfünfzig Rubel für ausreichend.[19] Als der Interviewer anmerkte, daß niemand fünftausend Rubel im Monat verdiene, erwiderte Larissa, es sei nicht besonders schwierig, Menschen auf der Straße in ihren Wohnungen zu bestehlen, Geld von »reichen« Besuchern der Stadt zu erhalten, und so weiter. »Und Sie sind nie ertappt worden?« »Nein, nie . . .«

Aus den vielen Briefen und Interviews, die in den sowjetischen Medien veröffentlicht wurden, ergab sich ein allgemeines Bild, das in mancher Hinsicht dem der Rauschgiftsüchtigen im Westen entspricht. Die meisten Drogenbenutzer sind jung oder sehr jung und werden von Freunden an die Sucht herangeführt; Eltern und Lehrer merken gewöhnlich nichts, und wenn sie die Wahrheit doch erfahren, sind sie völlig unfähig, mit der Situation fertig zu werden.[20] Viele Süchtige halten eine Heilung für unmöglich; aus ihren Antworten spricht viel Verzweiflung und Zynismus. Ein Reporter erfuhr von einem Sechzehnjährigen, daß »wir alle aus Langeweile angefangen haben, Drogen zu nehmen«; die Betroffenen lesen keine Bücher und haben kaum intellektuelle Interessen.

Die Frage, ob der Jugend mehr oder weniger Freiheit gewährt werden solle, beschäftigt die sowjetischen Behörden in zunehmendem Maße. Früher wurde Komsomolvorsitzenden häufig Mangel an Unabhängigkeit vorgeworfen, aber als die junge Generation eigene Initiativen entfaltete, waren die Behörden nicht bereit zu akzeptieren, daß dies außerhalb der geregelten Bahnen geschah. Jede Zufluchtstätte außerhalb der Welt der Erwachsenen galt als gefährlich. Die einzige »Heilung«, so hieß es, seien Arbeit und die »Integration der Jugend in den revolutionären Prozeß der UdSSR«.

Solche Empfehlungen sowie die Forderung nach stärkerer elterlicher Kontrolle und schulischer Aufsicht erwiesen sich als völlig ungeeignet. Überarbeitete Eltern und Lehrer sind kaum imstande, Kontrolle auszuüben, und auch das Verlangen, junge Leute arbeiten (oder schwerer arbeiten) zu lassen, ist nicht realistisch. Ein hoher Moskauer Parteifunktionär berichtete, wie er versucht habe, bei der Post eine Teilzeitbeschäftigung für seinen Sohn zu finden, damit dieser den Kauf neuer Schlittschuhe finanzieren könne. Man habe den Jungen nach Hause geschickt, da es keine Arbeit für Leute seines Alters gebe.

Viele dieser Klagen mögen uns im Westen vertraut vorkommen, aber die Probleme der jungen Generation scheinen durch die Langeweile, die der Sowjetgesellschaft anhaftet, und die Erschöpfung der früheren ideologischen Impulse verschärft zu werden. Der Generationskonflikt kennt keine Grenzen, und der Gedanke, wieder striktere gesellschaftliche Kontrollen einzuführen, dürfte kaum Erfolg haben, wenn der Jugend nicht auch Herausforderungen und eine Botschaft geliefert werden. Die deutsche Jugendbewegung des frühen zwanzigsten Jahrhunderts hatte ein solches Ethos; das gleiche gilt bis zu einem gewissen Grade für die Pfadfinder und die verschiedenen religiösen Jugendbewegungen. Faschismus und Kommunismus hatten in ihren Frühphasen die Fähigkeit, ihren jungen Anhängern großen Enthusiasmus zu vermitteln; auch einige sozialistische Parteien, etwa die österreichische zwischen den beiden Weltkriegen, waren recht erfolgreich bei der Erziehung ihrer Jugendgruppen. Aber in der heutigen Welt ist auf Reaktionen, die früher wirksam waren, kein Verlaß mehr. Die westlichen Gesellschaften haben im Gegensatz zu den kommunistischen Systemen nie behauptet, ein Allheilmittel zu besitzen – daher die größere Stärke des Schocks in der Sowjetunion.

Ein weiteres Problem, das unter Glasnost ans Licht befördert wurde, war die Verbreitung von weiblicher und männlicher Prostitution, von Geschlechtskrankheiten und, in geringerem Maße, von Aids (in der UdSSR *Spid* genannt). Nach sowjetischem Gesetz ist Prostitution kein Verbrechen, da sie wie die Arbeitslosigkeit offiziell schon vor langen Jahren beseitigt wurde. Inoffiziell bestand sie laut vielen Berichten weiter, wenn auch in geringerem Umfang als in den meisten anderen Gesellschaften. Seit 1986 gibt es zahllose Meldungen über das Anwachsen der Prostitution, hauptsächlich unter jungen Mädchen zwischen fünfzehn und neunzehn, und die Zunahme von Geschlechtskrankheiten. In manchen Fällen machte man ausländische Einflüsse verantwortlich: Die

»schlechten Mädchen« würden sich, begünstigt von Portiers und Empfangschefs, in den Bars und Restaurants der Luxushotels sammeln. Später folgten jedoch Berichte über Prostitution aus allen möglichen Gebieten der Sowjetunion, in denen es wenig – oder gar keine – Ausländer gibt.[21]

Wie sich herausstellte, war Prostitution in den oberen Klassen der Mittelschule recht verbreitet; einige der von der Miliz gefaßten Mädchen zeigten sich trotzig – wenn sie sexuelle Beziehungen zu fremden Männern hätten, so gehe das niemanden etwas an. Sie kannten die Gesetze und bestanden auf ihren Rechten. (Die Lage von männlichen Prostituierten ist verwickelter, da homosexuelle Akte nach den Gesetzen der meisten Sowjetrepubliken mit bis zu fünf Jahren Gefängnis – bis zu acht Jahren, wenn der Partner minderjährig ist – bestraft werden können.) Die meisten Prostituierten sind keine Profis, sondern arbeiten in Fabriken oder Büros, sind Studentinnen oder Hausfrauen. 1987 waren nur 1100 hauptberufliche Prostituierte in Moskau registriert.[22] Für alle anderen war die zeitweilige Prostitution eine einfache und schnelle Methode, relativ viel Geld zu verdienen, das sie für den Kauf von Konsumgütern sparten, die für sie sonst unerreichbar gewesen wären, etwa ein Auto.

Selbst unter Glasnost ist es schwierig, das volle Ausmaß der Prostitution und der mit ihr verbundenen Probleme abzuschätzen: Sie gehört immer noch zu den Themen, über die keine freiwilligen Informationen herausgegeben werden. Bisher liegen nur sehr wenige Romane oder Filme vor, die sich mit dieser Frage beschäftigen, und die Moskauer Komsomolzeitung wurde von den Behörden scharf kritisiert, weil sie zu freimütig darüber berichtet hatte.[23]

Was Aids betrifft, so war im September 1987 eine Million Menschen in der Sowjetunion einem Test unterzogen worden; nur 102 Träger des Virus wurden gefunden, darunter achtzig ausländische Bürger, die das Land verlassen mußten. (Der erste Todesfall, eine Leningrader Prostituierte, wurde im Oktober 1988 gemeldet.) Trotzdem hielten die Behörden das Problem für so gravierend, daß sie eine Spezialabteilung im Gesundheitsministerium einrichteten. Das Präsidium des Obersten Sowjets verkündete diese und andere Maßnahmen in einem Sonderbeschluß über die vorbeugende Behandlung der Aids-Infektion.[24] Obwohl

Aids bisher nicht weit verbreitet ist, wurde es zu einem wichtigen Thema für die sowjetische öffentliche Meinung. Es schuf außenpolitische Probleme, da in der Sowjetunion studierende Afrikaner zuweilen geächtet wurden. Es gab die üblichen Leserbriefe, in denen man die Isolierung von Virusträgern nach Art von Leprakolonien oder Konzentrationslagern vorschlug. Eine Gruppe von Absolventen eines medizinischen Instituts drückte die Hoffnung aus, daß man kein Heilverfahren für Aids finden werde, damit die Seuche innerhalb kurzer Zeit alle Rauschgiftsüchtigen, Homosexuellen und Prostituierten beseitigen könne.[25] Solche Forderungen nach einer besseren rassischen Gesundheit waren nicht originell; sie wurden, wie man sich erinnern wird, früher auch in anderen Ländern vorgebracht. Fairerweise muß hinzugefügt werden, daß derlei Stimmen vereinzelt blieben.

Die sowjetische Medizin

Das sowjetische Gesundheitswesen war viele Jahre lang der Stolz der Partei, um Gorbatschows Worte in seinem Buch *Perestroika* zu zitieren; Besuchern aus dem Ausland wurden stets einige vorbildliche Krankenhäuser und Kinderkrippen gezeigt. Die Statistik war höchst eindrucksvoll: es gab 1,2 Millionen Ärzte und dreizehn Betten pro tausend Personen – Zahlen, die nirgendwo ihresgleichen hatten. Zwar leisteten Gerüchten zufolge nur die besten sowjetischen Ärzte Herausragendes, während die Fähigkeiten des Durchschnittsarztes zu wünschen übrigließen; und obwohl das Gesundheitswesen offiziell nichts kostete, waren die Chancen, in einem Krankenhaus relativ gut behandelt oder von einem Arzt erster Wahl untersucht zu werden, ohne zusätzliche Zahlung nicht gut. Doch diese Dinge galten als geringfügige Nachteile oder als von der westlichen Propaganda verbreitete Verleumdungen.

Aber in den späten siebziger Jahren veröffentlichte Statistiken wiesen auf eine unnatürlich hohe Kindersterblichkeitsrate sowie auf ein Sinken der Lebenserwartung hin; während sie für Männer in Japan siebenundsiebzig, in Frankreich und den USA vierundsiebzig Jahre betrug, lag sie in der Sowjetunion nur bei fünfundsechzig Jahren. Die Lebenserwartung für einen männlichen Sowjetbürger von fünfzig Jahren war 1986 niedriger als 1939. Zudem vergrößerte sich die Spanne zwischen der Lebenserwartung von Männern und Frauen. Während einige dieser negativen Trends mit Alkoholismus, schlechter Ernährung und mangelnder körperlicher Betätigung zu erklären waren, war die schlechte Qualität der medizinischen Versorgung der wohl wichtigste Einzelfaktor. In anderen Ländern waren die Aufwendungen für das Gesundheitswesen während des letzten Jahrzehnts um das Doppelte gestiegen (sie betrugen 1987 11,3 Prozent des US-Budgets); während des gleichen Zeitraums waren sie in der Sowjetunion von 4,1 auf 3,9 Prozent gefallen.[26]

Was dies bedeutete, wurde unter Glasnost offengelegt. Die *Prawda* nannte sowjetische Ärzte Krieger, die mit Pfeil und Bogen kämpften; ihre Ausrüstung lasse nicht zu, die sowjetische Medizin am Niveau anderer Länder zu messen. Wie sich erwies, gaben die Vereinigten Staaten allein für medizinische Technologie eine Summe (35 Milliarden Dollar) aus, die das gesamte sowjetische Gesundheitsbudget (16 Milliarden Rubel) bei weitem übertraf. Die häufigste Todesursache in der Sowjetunion war der Herzinfarkt, doch man führte pro Jahr nur ein paar Operationen am offenen Herzen aus, während sich diese Zahl in den westlichen Ländern auf Hunderttausende belief.[27] Wie sich herausstellte, war die Qualität der sowjetischen Pharmaindustrie erschreckend; von den existierenden Medikamenten wurde ein großer Teil unter Bedingungen gelagert, in denen sie sich nicht halten konnten; andere wurden fehlgeleitet oder gingen während des Transports verloren.[28] Geräte wie Spritzen und Nadeln waren knapp oder überhaupt nicht zu erhalten.

Was die Krankenhäuser betraf, so schienen die Horrorgeschichten, die man sich in den sechziger und siebziger Jahren erzählt hatte, zuzutreffen. Aus örtlichen Berichten ergab sich ein trostloses Bild. Zum Beispiel waren Krankenzimmer in Woronesch seit Jahrzehnten nicht instandgesetzt worden; von der Decke herabfallender Putz hatte einen Patienten getötet. Der neue Gesundheitsminister Tschasow besuchte Georgien und tadelte die Zustände in der Republik. Aber andernorts war die Situation offenbar nicht besser: Nur fünfundzwanzig bis dreißig Prozent der Schulkinder in Tadschikistan wurden für gesund befunden.[29]

Die tadschikischen Behörden waren stolz darauf, als erste billige Krankenhausbauten ermöglicht zu haben; die Kosten pro Krankenhaus betrugen weniger als fünftausend Rubel – ein Allunionsrekord. Das war weniger als die in der Rinderzucht für einen Kuhstall aufgewendete Summe, und entsprechend stand es um die Qualität.

Werdende Mütter in Moskau gerieten geradezu in Panik bei dem Gedanken, ihr Kind in einer örtlichen Entbindungsstation zur Welt zu bringen, und der Minister nahm es ihnen nicht übel. Seinen Angaben zufolge wurden nur zwölf von dreiunddreißig Entbindungsstationen einfachsten sanitären Anforderungen gerecht.

Was das fachliche Niveau der jungen Ärzte anging, so entdeckte man, daß vierzig Prozent weder ein Röntgenbild noch ein EKG interpretieren konnten. Andererseits lag ihr Monatsgehalt bei 135 Rubel, vierzig Prozent unter dem durchschnittlichen Monatseinkommen in der UdSSR, Tschasow kämpfte für höhere Mittel für das Gesundheitswesen und gab bekannt, daß der entsprechende Haushaltsanteil bis zum Jahre 2000 acht Prozent des Gesamthaushalts ausmachen werde.[30] Aber das Jahr 2000 war noch weit, und außerdem stand keineswegs fest, daß Geld allein die medizinische Versorgung entscheidend verbessern konnte. Es fiel schwer genug zuzugeben, daß die medizinische Versorgung in westlichen Ländern von weit höherer Qualität war, aber es war noch peinlicher einzuräumen, daß die Gesundheitskosten in den entwickelten Industrieländern dank staatlicher und privater Krankenkassen bedeutend umfassender gedeckt waren. In der *Literaturnaja gaseta* schrieb ein Leser: »Was wollen sie denn? Unsere Medizin ist umsonst und deshalb nichts wert« (ein Wortspiel mit dem russischen *nitschego ne stoit,* das sowohl »Es kostet nichts« wie »Es taugt nichts« bedeuten kann). Weshalb hatte die Öffentlichkeit so lange gebraucht, die traurigen Tatsachen zu durchschauen und zu protestieren? Zum Teil wohl deshalb, weil die obere Gesellschaftsschicht, die »Nomenklatura«, über eigene Krankenhäuser verfügte, die, wie man hörte, recht gut ausgerüstet waren.[31]

Die Enthüllungen lösten eine öffentliche Debatte darüber aus, ob die kostenlose medizinische Versorgung eingestellt werden solle.[32] Die große Mehrheit sprach sich gegen derartige Vorschläge aus. Zwar wurde eine gebührenpflichtige Klinik in Moskau eröffnet – das siebenstöckige Krankenhaus hatte zweiundzwanzig Ärzte und hundertzwanzig Betten auf vier Stationen –, und es gab rund zwanzig gebührenpflichtige Polikliniken.[33] Die Praxis der Jahre 1987–89 zeigte jedoch, daß man nicht viele solcher »Kooperativen« zulassen würde. Trotzdem sind die Argumente, die von beiden Seiten in der Debatte angeführt wurden, von erheblichem Interesse. Die Befürworter einer Abschaffung der Gebührenfreiheit meinten, daß es ohnehin schon seit langem keine kostenlose medizinische Versorgung mehr gebe; ein Journalist aus Tschita, der als Patient in fünf Moskauer Krankenhäusern gewesen war, schrieb: »Niemand schämt sich, Geld zu nehmen; dies ist in unserem Gesundheitswesen die Norm ... In unseren Krankenhäusern, besonders in unserer Hauptstadt, gibt es keinen Platz für Menschen mit leeren Taschen.«

Derlei Kommentare wurden durch Zahlen untermauert. Nach zuverlässigen Schätzungen beliefen sich die Summen, die zwischen Patienten und medizinischem Personal ausgetauscht wurden, auf zwei bis drei Milliarden Rubel, das heißt auf ein Siebtel des gesamten Gesundheitsbudgets. Dem stellvertretenden Leiter einer Moskauer Kommission zur Betrugsbekämpfung zufolge nahmen sogar die Ärzte in der berühmten Moskauer mikrochirurgischen Augenklinik 1500 bis 2000 Rubel für eine Operation. Aber Dr. Fjodorow, der Leiter der Klinik, behauptete, es handele sich um eine Verschwörung seiner eigenen Feinde und der Gegner der Perestroika; zwei seiner Ärzte, die man festgenommen und sechs Tage hintereinander verhört hatte, mußten freigelassen werden, weil keine Anhaltspunkte für Korruption vorlagen.

Die Befürworter einer bezahlten Medizin brachten vor, daß die Sowjetbürger Hunderte von Milliarden Rubel als Sparguthaben bei der staatlichen Bank deponiert hätten, und fragten, wieso man nicht einen Teil dieses Geldes für ein besseres Gesundheitswesen verwenden könne?[34] Die große Mehrheit der Patienten sei durchaus bereit, der Stationsschwester fünf und dem Arzt zehn Rubel – der übliche Preis für eine gewöhnliche Konsultation – zu zahlen, weigere sich aber, ein System zu akzeptieren, das den gegenwärtigen Zustand legalisieren würde.

Andere Zahlen nannte ein Arzt in einem Leserbrief: Für einen Rubel würde das am Krankenhauseingang sitzende »Tantchen« dem Patienten Lebensmittel (oder Getränke) bringen, selbst wenn diese im Gebäude verboten seien; für einen Rubel könne man die Bettwäsche wechseln lassen oder Hausschuhe erhalten; mit zehn Rubeln könne man die Nachtschwester bewegen, sich um einen bejahrten Verwandten zu kümmern. Manche Ärzte würden Kognak, andere fünfzig, wiederum andere fünfhundert Rubel nehmen, je nach Spezialisierung und Ansehen. Eine Krankenschwester könne drei Rubel für eine Injektion in der Wohnung des Patienten, ein Physiotherapeut zehn Rubel für seine Arbeit verlangen. Es falle ihm schwer, schrieb der Arzt, seinen Kollegen und den Krankenschwestern angesichts ihrer Arbeitsbelastung und ihres niedrigen Einkommens Vorwürfe zu machen. Aber er verurteile Bezahlungen, für die keinerlei Dienste geleistet würden, zum Beispiel den Verkauf von Terminen für Spezialisten, die meist eine lange Warteliste hätten. Die Zeitschrift kommentierte diesen Leserbrief so: »Warum flüchten die Kranken aus unseren Krankenhäusern? Weil sogar ein Arzt wie er selbst, der durch seine Beziehungen erstklassige medizinische Hilfe erhalten könnte, bei dem Gedanken, ins Krankenhaus eingeliefert zu werden, entsetzt war.«[35]

Die meisten Ärzte scheinen für eine radikale Änderung des Gesundheitswesens zu sein, unter ihnen der zuständige Minister, der erklärte, daß »kostenlose medizinische Versorgung die Menschen dazu verleite, nicht mehr an ihre Gesundheit zu denken«.[36] Aber eine Reform ist unwahrscheinlich; viele Bürger berufen sich auf sozialistische Ideale und erklären, daß es ein Rückzug von den sozialistischen Errungenschaften ihres Landes wäre, wenn man für medizinische Leistungen bezahlen müßte. Solche Sorgen um die ideologische Reinheit sollten mit einiger Skepsis betrachtet werden. Entscheidend ist der Widerwille, für etwas zu bezahlen, das man früher umsonst bekommen hat.

Es gibt andere Gesichtspunkte, die nicht ignoriert werden können: das niedrige Einkommen vieler Sowjetbürger, besonders der Jugend und der Alten, hätte zur Folge, daß diese Bevölkerungsschichten große Mühe haben würden, eine Behandlung zu bezahlen, wenn man nicht irgendeine Art von Bedürftigkeitsprüfung einführen würde. Auch steht nicht fest, daß die Qualität der sowjetischen Medizin, im Unterschied zum Einkommen der Ärzte, wesentlich ansteigen würde, wenn die medizinische Versorgung nicht mehr kostenlos wäre. Denn die Hauptinvestitionen (für Gebäude, medizinische Technologie etc.) würden weiterhin vom Staat bestritten werden müssen.

Weder die Unterfinanzierung des sowjetischen Gesundheitswesens noch seine kläglichen Leistungen sind ein spezifisches Merkmal der Breschnew-Periode. Sie reichen mehrere Jahrzehnte zurück; der Hauptunterschied besteht darin, daß es bisher für den Minister, für führende Gesundheitsfunktionäre und Ärzte nicht üblich war, sich kritisch zu äußern und höhere Aufwendungen zu verlangen. Auch konnte die allgemeine Unzufriedenheit nicht öffentlich zum Ausdruck gebracht werden. Dies ist die wichtigste Neuerung, die Glasnost hier wie auf den meisten anderen Gebieten bewirkt hat. Trotzdem ist eine radikale Verbesserung der öffentlichen Medizin unwahrscheinlich; die Mittel, die der Regierung zur Verfügung stehen, sind begrenzt, und das Gesundheitswesen steht immer noch hinter anderen Prioritäten zurück.

Die nationale Frage: Eine Lösung steht noch aus

Die sowjetische Nationalhymne beschwört den »unverbrüchlichen Bund freier, von Großrußland vereinter Republiken«. Wie im Falle des Gesundheitswesens und des Erziehungssystems wurde auch die Methode, mit der die Sowjetmacht die nationale Frage gelöst hatte, als Vorbild für die Menschheit gepriesen. Während das zaristische Rußland ein Gefängnis der Völker gewesen sei, habe konsequente marxistisch-leninistische Politik den Schlüssel zur Überwindung der nationalen Spannungen und Konflikte geliefert. Marx hatte sich allerdings nie sehr für diese Probleme interessiert, da er wie die meisten Menschen seiner Zeit glaubte, daß sich nationale Unterschiede in nicht allzu ferner Zukunft infolge des wirtschaftlichen und technischen Fortschritts verwischen würden. Auch Lenin hatte nationalen Fragen nicht viel Zeit oder Gedanken gewidmet. Dagegen hatte sich Stalin als junger Mann mit dem Thema beschäftigt – vielleicht weil er nichtrussischer Herkunft war – und eine Definition von Nation und nationaler Souveränität vorgelegt, die nicht besser und nicht schlechter war als die gängigen Definitionen seiner Zeit.

Die Tatsache, daß verschiedene kleine Völkerschaften während des

Zweiten Weltkriegs zwangsevakuiert wurden, deutete darauf hin, daß man Nichtrussen kein Vertrauen schenkte, ungeachtet der Erklärungen über die große und dauerhafte Freundschaft unter den Sowjetvölkern. Aber insgesamt hielten sich die Fälle offener nationaler Konflikte, die sich in der Nachkriegszeit ereigneten, (zum Beispiel 1956 in Georgien und 1969 in Taschkent), in engen Grenzen. In der Ukraine und im Kaukasus kam es bei Fußballspielen zu Ausschreitungen, aber solche Zusammenstöße ereigneten sich überall in der Welt und waren kein Anlaß zu großer Sorge. Zwar verließen viele Juden in den späten siebziger Jahren die Sowjetunion und noch mehr äußerten den Wunsch zu emigrieren – das gleiche galt für die Volksdeutschen –, aber dies waren, so meinte man, die Ausnahmen, die die Regel bestätigen.

Das äußerliche Bild zeigte Kooperation und Harmonie, obwohl Fachleute seit langem argwöhnten, daß die Nationen der UdSSR nicht viel füreinander übrig hatten und noch weniger für die dominierende Nation, die Russen. Das Zeitalter von Glasnost ermöglichte die Überprüfung dieser Annahmen; es gab Äußerungen nationaler Unruhe in Mittelasien sowie in den baltischen Republiken, unter Tataren, Aserbaidschanern und Armeniern. Die Gärung war schon früher vorhanden gewesen, aber aus einer Vielzahl von Gründen nicht offenkundig geworden. Andere Entwicklungen trugen unabhängig von Glasnost zu den Konflikten bei, etwa der demographische Aufschwung in den mittelasiatischen Republiken, die allgemeine Verstärkung der nationalistisch-religiösen Tendenzen im Nahen Osten und in Asien, die sich auf die Sowjetunion auswirkte, und in zunehmendem Maße ein offiziell geduldeter russischer Nationalismus, der ähnliche Entwicklungen in den nichtrussischen Republiken auslösen mußte.

Vor 1987 war die Erörterung der Beziehungen zwischen den verschiedenen Sowjetnationen mehr oder weniger tabu gewesen. Die Art und Weise, wie die Sozialwissenschaftler diese Beziehungen dargestellt hatten, so ließ Gorbatschow verlauten, erinnere ihn zuweilen eher an selbstzufriedene Trinksprüche als an eine ernsthafte Diskussion. Aber warum sollte man gerade die Sozialwissenschaftler verantwortlich machen? Die politische Führung hatte sich nicht anders benommen. Zwar hatte Breschnew auf dem 26. Parteitag (1981) erklärt, daß es in einem großen multinationalen Staat wie der Sowjetunion zwangsläufig zu gewissen Problemen kommen müsse, aber weder er noch irgendein anderer hoher Politiker erläuterte je genauer, was damit gemeint war. Ein Parteiexperte schrieb im Rückblick, man habe endlos Gemeinplätze und abstrakte Ideen wiedergekäut; erst mit dem 27. Parteitag (1986) sei der Einfluß des Dogmatismus gebrochen und die These vom Fehlen nationaler Probleme aufgegeben worden.[37] Zutreffender wäre die Feststellung, daß die Unruhen von Alma-Ata im Januar 1987 den tatsächlichen Wendepunkt bildeten.

Vor Glasnost war es in sowjetischen Publikationen (einschließlich der Verfassung von 1977) üblich gewesen, sich auf die Existenz einer sowjetischen Nation und eines sowjetischen Volkes zu berufen, die unter der Führung der Kommunistischen Partei irgendwann in den späten sechziger Jahren geschaffen worden und in der Geschichte der Menschheit einzigartig seien. Diese reine Abstraktion hatte nichts mit der Wirklichkeit zu tun, aber sie löste einige Besorgnis bei den Nichtrussen aus, weil sie auf der Voraussetzung beruhte, daß die Vormachtstellung der Russen in einer solchen Nation zur Entnationalisierung aller anderen Unionsmitglieder führen werde. Sowjetische Experten scheinen sich der Inkonsequenz dieser Lehre und ihres provozierenden Charakters zumindest teilweise bewußt gewesen zu sein.

Deshalb hörten sie auf (abgesehen von ein paar Ausnahmen, etwa Andropow im Dezember 1982), von der Verschmelzung der verschiedenen Nationen zu sprechen – ein Konzept, das einst sehr verbreitet gewesen war. Aber gleichzeitig versuchte die zentrale Führung, die nichtrussischen Völker kulturell zu assimilieren, hauptsächlich durch Verstärkung der russischsprachigen Erziehung vom Kindergarten bis hin zur Universität. Weiterer Groll resultierte daraus, daß die meisten der in den nichtrussischen Republiken lebenden Russen, darunter die politische Führung, keinen Versuch machten, die örtlichen Sprachen zu lernen.

Man könnte mühelos Argumente dafür anführen, weshalb das Studium der russischen Sprache aus Prinzip wie aus taktischen Gründen gefördert werden sollte; die Ausbildung der mittelasiatischen Rekruten in der Sowjetarmee etwa wurde zu einem immer stärkeren Problem, weil sie das Russische nicht ausreichend beherrschten. Aber man hätte in

Moskau wissen müssen, daß Verwaltungsmaßnahmen dieser Art, wenn man sie nicht mit großem Takt anwandte, auf heftige Proteste stoßen und sich letzten Endes als kontraproduktiv erweisen würden.

Außerdem hätte man wissen müssen, daß kulturelle Assimilierung, selbst wenn sie erfolgreich ist, nicht notwendig politischen Goodwill hervorbringt. Die Tatsache, daß die meisten Iren das Englische besser beherrschen als ihre eigene Sprache und daß die Basken besser Spanisch sprechen und verstehen als Baskisch, hat die separatistischen Neigungen dieser Völker keineswegs eingeschränkt.

Das russische Drängen auf kulturelle Assimilierung kollidierte bei praktisch allen wichtigen nichtrussischen ethnischen Gruppen mit dem Hang zu nationaler Selbstbehauptung; ausgenommen waren nur die sehr kleinen Gruppen wie die Mordwinen und die Mari. Weit davon entfernt, die Völkerfreundschaft zu befürworten und die russische Kultur und Lebensweise zu akzeptieren, zeigte die junge Generation überall stärkeres Nationalbewußtsein. Die Zahl von Mischehen ging zurück. Russen emigrierten aus Mittelasien und, wenn auch nicht ganz so häufig, aus den transkaukasischen Republiken. Durch die höhere Geburtenziffer der mittelasiatischen Völker (dreimal so hoch wie die der Russen) nahm ihr politisches Gewicht stetig zu. Sogar in Kasachstan hatten die Einheimischen, die seit etwa 1930 gegenüber russischen Siedlern in der Minderheit waren, im Jahre 1987 numerische Gleichheit erreicht.[38] Während das sowjetische Mittelasien noch in den fünfziger Jahren ein Synonym für Buchara und Sarmakand gewesen war – das heißt für exotische Städte, die reich an historischen Erinnerungen und mittelalterlichen Gebäuden waren –, stammte schon dreißig Jahre später einer von vier sowjetischen Armeerekruten aus diesen Republiken, und nach demographischen Berechnungen würde das Verhältnis wahrscheinlich bald bei eins zu drei liegen. Man sprach immer häufiger von der »Gelbfärbung der Roten Armee«.

Glasnost zeigte, daß es zu keiner Verschmelzung (*slijanije*) und nicht einmal zu einer starken Annäherung (*sblischenije*) gekommen war und daß die Situation in den nichtrussischen Republiken, besonders in Asien, weit von dem früher gemalten idyllischen Bild entfernt war. Das Ausmaß der Korruption muß der Parteiführung unter Breschnew bekannt gewesen sein, aber das damalige Politbüro zog es vor, keine schlafenden Hunde zu wecken. Dies änderte sich unter Andropow, zwischen Ende 1983 und 1987 wurden alle Parteichefs in den fünf mittelasiatischen Republiken sowie die meisten Kreis- und Gebietssekretäre abgelöst. Viele wurden der Korruption, der Unterschlagung und ähnlicher Vergehen angeklagt; einige verloren ihre Parteimitgliedschaft, ein paar erhielten Gefängnisstrafen, und ein Kreissekretär wurde zum Tode verurteilt. Nach Berichten, die über die Situation in Usbekistan unter Raschidow und in Kasachstan unter Kunajew ans Licht kamen, übertrafen die Zustände sogar die schlimmsten Befürchtungen. Beide Männer waren seit vielen Jahren im Amt gewesen und hatten dem Moskauer Politbüro angehört.

Die wirtschaftliche Lage war schlecht und hatte keine Aussicht auf Besserung, aber noch schlimmer war das allgemeine politische, soziale und moralische Klima. Wie sich herausstellte, war der Einfluß des Kommunismus viel oberflächlicher gewesen, als sogar die Skeptiker vermutet hatten; religiöse Bräuche und quasireligiöse Traditionen waren ungebrochen.[39] Die Gesellschaftsstruktur wurde im Grunde immer noch vom Stammessystem bestimmt; Verwandtschaftsbeziehungen und Sippenzugehörigkeit waren von weit größerer politischer Bedeutung als die Parteimitgliedschaft. Korruption war nicht die Ausnahme, sondern die Regel; eine Reihe von Mafias, deren Regiment unangreifbar war, hatte die Republiken unter sich aufgeteilt und die Partei, die örtlichen Regierungen und höheren Lehranstalten an sich gebracht. Zwei Ideologien, zwei Wertsysteme und Lebensstile bestanden nebeneinander. Bei offiziellen Anlässen wiederholten die einheimischen Führer all die üblichen Formeln über Kommunismus und Völkerfreundschaft, genauso wie sie in der Moschee die rituellen Gebete sprachen. Aber in Wirklichkeit deutete nichts darauf hin, daß sie die offizielle Ideologie akzeptierten. Sie waren keine Separatisten oder Panislamisten, sondern sie bevorzugten einfach den Status quo, vorausgesetzt, man ließ sie in Ruhe herrschen und Geld verdienen. Aber sobald ihre Position bedroht wurde – wie im Dezember 1986, als der kasachische Erste Parteisekretär von einem Russen abgelöst wurde –, kam es zu Demonstrationen, Zusammenstößen, aktivem und passivem Widerstand, wie die Ereignisse in Alma-Ata zeigten.[40]

Mit ihrer eingefleischten Vetternwirtschaft ähnelten die mittelasiatischen Republiken eher nahöstlichen als sowjetischen Staaten; zudem wies ihre Wirtschaft einen recht gutentwickelten Privatsektor auf.[41] Bis zu einem gewissen Grad war dies alles das logische Ergebnis der traditionellen Politik. Wenn man Iwan den Schrecklichen wieder zu einem positiven Helden der russischen Geschichte erhob, war es unlogisch und ungerechtfertigt, den mittelasiatischen Völkern das Recht zu verwehren, Timur oder Babur als Teil ihres historischen Erbes zu betrachten. Der Nationalismus ließ sich nicht auf die Russische Föderation beschränken.

Im großen und ganzen hatten die Russen einen »korrekten« Kurs verfolgt. Sie waren konstruktiv vorgegangen und hatten zum Beispiel die einheimische Intelligenzija gefördert, selbst wenn dies eine Senkung der Standards bedeutete. Es handelte sich also in erster Linie nicht um eine fehlerhafte Politik, sondern darum, daß ein Zusammenstoß nationaler Ambitionen eine befriedigende Lösung verhinderte. Auch ist den Russen kaum vorzuwerfen, daß sie örtliche Schlüsselpositionen für sich reservierten (das Amt des Zweiten Sekretärs, des KGB-Chefs und einige andere). Ohne sie hätte Moskau jede Kontrolle über das örtliche Geschehen verloren. Es war nicht die Schuld der Russen, daß die neue Intelligenzija, die sie selbst herangezogen hatten, sich schließlich gegen sie wandte.

Dies war die Erfahrung aller imperialen Mächte der Geschichte gewesen, und das sowjetische Imperium bildete keine Ausnahme. Imperien haben häufig eine progressive Rolle gespielt, und es ist nicht ohne weiteres einzusehen, daß die volle Unabhängigkeit der verschiedenen Bestandteile der Sowjetunion zu Frieden, Fortschritt und Wohlstand beitragen würde; die meisten von ihnen wären nicht lebensfähig. Das Problem bestand nicht darin, daß die Sowjetunion gescheitert war, wo auch andere scheiterten, sondern darin, daß nur die Sowjetunion behauptet hatte, die »nationale Frage« gelöst zu haben. Vielleicht glaubte man eine Zeitlang in Moskau sogar aufrichtig an diese These, denn das marxistisch-leninistische Vermächtnis verleitete die Führung, die Bedeutung des Nationalismus zu verkennen. Vielleicht war man tatsächlich überzeugt, daß der »Klassenfaktor« auf lange Sicht viel maßgeblicher sein werde als nationale Vorlieben und Vorurteile.

Die »moslemischen« Republiken stellten das größte und besonders akute Problem dar, einfach weil sie am bevölkerungsreichsten waren und die höchste Geburtenziffer hatten. Die *Prawda* war so nervös, was dieses Thema betraf, daß sie demographische Projektionen schlicht ablehnte.[42] Die gleichen Probleme ergaben sich in dieser oder jener Form auch in anderen Republiken. So bildete der Jahrestag der Unterzeichnung des deutsch-sowjetischen Paktes von 1939 im Jahre 1987 den Anlaß zu großen Demonstrationen in den drei baltischen Republiken. Laut einem geheimen Zusatzprotokoll dieses Paktes waren die baltischen Republiken in die sowjetische Einflußsphäre übergegangen und 1940 von der Roten Armee besetzt worden.

Im Laufe der siebziger Jahre hatten sich die drei baltischen Republiken enger zusammengeschlossen; sie gehörten demselben Wirtschafts- und Verwaltungsgebiet sowie einem einheitlichen (»baltischen«) Militärkreis an. Gleichzeitig wuchs die kulturelle Zusammenarbeit zwischen ihnen. Sie hatten gemeinsame Klagen Moskau gegenüber: über den Verlust ihrer Unabhängigkeit, über die Tatsache, daß viele ihrer Einheimischen nach Sibirien deportiert worden waren, sowie über die politische und kulturelle Russifizierung. Die Moskauer Reaktion war von Überraschung und Zorn gekennzeichnet. Man hatte geglaubt, daß die Schlacht gegen den (bourgeoisen) Nationalismus in diesen Republiken gewonnen sei; nun stellte sich heraus, daß der Kampf noch längst nicht beendet war – und dies, obwohl die sowjetische Führung in den baltischen Republiken im Laufe der Jahre viele kulturelle Zugeständnisse gemacht hatte.[43] Während der Kreml im Falle Mittelasiens bereit war einzuräumen, daß einige taktische Fehler begangen worden waren, so galt dies nicht für den »fernen Westen«, der vom Moskauer Standpunkt aus nicht nur einen höheren Lebensstandard als das übrige Land, sondern auch erhebliche Autonomie genoß.

Zwischen den Unruhen von Alma-Ata im Januar 1987 und den baltischen Protesten im August desselben Jahres sah sich die Parteiführung dreitägigen Demonstrationen (21. bis 23. Juli) ausgesetzt, die von Tataren auf dem Moskauer Roten Platz abgehalten wurden. Wiederum war das Problem älteren Datums: Die Krimtataren, die während des Zweiten Weltkriegs nach Mittelasien deportiert worden waren, hatten seit dreißig Jahren für ihre Rückkehr und die Wiederherstellung ihrer autonomen Republik auf der Krim gekämpft. Im Gegensatz zu den deportierten Völkerschaften des Kaukasus waren sie nie rehabilitiert worden, und man hatte nur ein paar tausend von ihnen die Rückkehr gestattet.

Bei ihrer Kampagne hatten die Tataren bemerkenswerte Solidarität und Hartnäckigkeit bewiesen, doch die Antwort der Behörden war stets die gleiche gewesen: Andere Menschen hätten sich auf der Krim niedergelassen; sie sei übervölkert und könne die Tataren nicht aufnehmen. Im Juli 1987 machte man ihnen das widerwillige Zugeständnis, eine von Staatsoberhaupt Gromyko geleitete Kommission einzusetzen, die ihre Klage untersuchen sollte. Aber der Zorn der Behörden war unmißverständlich, denn man warf den Tataren in einer offiziellen Erklärung vor, während des Krieges mit den deutschen Invasoren zusammengearbeitet zu haben; außerdem behauptete man, die Demonstrationen seien von »feindlichen Elementen« organisiert und von den meisten Tataren gar nicht befürwortet worden.

Die kaukasischen Republiken besitzen traditionsgemäß einen vergleichsweise hohen Lebensstandard; wie die baltischen Republiken verfügten sie über ein gewisses Maß an Autonomie. Zudem waren die traditionellen Spannungen unter ihnen meist größer gewesen als die Spannungen zwischen ihnen und den Russen. Doch auch hier setzte Glasnost nationalen Druck frei, der sich seit langem angestaut hatte; er wurde von dem Groll über die Versuche, den Heimatsprachen der Kaukasier eine zweitrangige Stelle zuzuweisen, sowie von der sich verschlechternden wirtschaftlichen Lage in diesen Gebieten genährt, obwohl das Bestehen einer »Zweitwirtschaft« den Verfall linderte. Es kam zunächst zu einem plötzlichen und recht beträchtlichen Anstieg der von Armeniern beantragten Ausreisevisa. Im Gegensatz zu Deutschen und Juden, deren Anträge häufig abgelehnt wurden, gaben die Armenier sich große Mühe, ihre Anträge zu »entpolitisieren«, nicht an öffentlichen Protesten teilzunehmen und ihren Ausreisewunsch mit dringenden persönlichen Gründen, etwa Familienzusammenführung, zu begründen.

Dann erreichte der nationale Konflikt im Februar und März 1988 mit Massendemonstrationen in Jerewan und dem antiarmenischen Pogrom im Sumgait einen neuen Höhepunkt. Dabei ging es um das Schicksal des

223

autonomen Gebiets Berg-Karabach, einer armenischen Enklave innerhalb Aserbaidschans, deren Bevölkerung sich mit überwältigender Mehrheit für einen Zusammenschluß mit Armenien ausgesprochen hatte. Die Abstimmung wurde von den Behörden in Moskau ignoriert, zweifellos aufgrund der Annahme, daß jedes Zugeständnis in Status- und Grenzfragen anderswo zu ähnlichen Forderungen führen würde. Im Unterschied zu den Unruhen in Mittelasien und in den baltischen Republiken richtete die nationale Empörung sich in diesem Fall nicht gegen die Russen. Nichtsdestoweniger brachten die Rebellionen die Parteiführung in die schwierige Lage, zwischen den nationalen Ambitionen der Armenier und der Aserbaidschaner wählen zu müssen, was zwangsläufig entweder die eine oder die andere Seite aufbringen würde.

Das unmittelbare Opfer war Glasnost, denn die Reformgegner konnten nun argumentieren, daß solche Zusammenstöße in der Stalin-Zeit – und sogar in der Breschnew-Ära – undenkbar gewesen wären. Die Berichte in den sowjetischen Medien waren bruchstückhaft und manchmal ganz und gar unwahr. Wie in anderen Fällen nationaler Unruhe in der Sowjetunion machte man kleine Gruppen von Extremisten verantwortlich, die von äußeren Kräften (diesmal von amerikanischen Sowjetologen) angestachelt und manipuliert worden seien. Die Sowjetologen hätten den Unruhestiftern ihre Anweisungen mit Hilfe von Rundfunksendern in den Vereinigten Staaten, in Großbritannien und in der Bundesrepublik Deutschland übermittelt. Es gab Anzeichen für einen Rückzug von Glasnost nicht nur in der Theorie, sondern auch in der Praxis. In der *Prawda* war zu lesen: »Glasnost und Demokratisierung sind sehr starke Waffen, aber sie müssen mit großer Vorsicht eingesetzt werden.«[45]

Ukrainer und Weißrussen sind mehr als jede andere Volksgruppe in der Sowjetunion von Moskau umworben worden. Als der Anteil der Großrussen auf fünfzig Prozent oder weniger fiel, wurde eine gemeinsame »slawische Front« unerläßlich. Dies war nicht immer der Fall gewesen und der Argwohn Moskaus gegenüber Äußerungen des ukrainischen Nationalismus setzte sich auch unter Glasnost fort. Die informellen Vereinigungen, gegen die sich der Zorn der zentralen Führung richtete, behaupteten, sich nur mit der ukrainischen Kultur zu befassen.[46] Aber im Kreml hieß es, daß eine Beschäftigung mit kulturellen Angelegenheiten, wie harmlos sie an sich auch sein mochte, früher oder später zu politischen Aktivitäten führen müsse. Ukrainische Schriftsteller und Teile der Intelligenzija setzten sich dafür ein, ihre Heimatsprache an den Schulen zum Pflichtfach zu machen. Ein von der ukrainischen Führung im August 1987 verabschiedetes Aktionsprogramm kam einigen dieser Forderungen entgegen, ließ jedoch viele andere unerfüllt.

Die offizielle Parteilinie zur Nationalitätenfrage und zur »Völkerfreundschaft« blieb im wesentlichen bestehen. Gorbatschow erklärte auf dem siebzigsten Jahrestag der Oktoberrevolution, die nationale Frage sei gelöst, obwohl die Beziehungen zwischen den verschiedenen Sowjetnationen noch ein aktuelles Problem seien. Die Partei müsse eine überaus aufmerksame und taktvolle Politik betreiben: »Wenn wir auf Zeichen legitimer Unzufriedenheit oder legitimer Proteste stoßen, werden wir die Ursachen solcher Phänomene ernsthaft prüfen.« Aber wer sollte entscheiden, was legitime Fragen waren?

Mit Takt und der Bereitschaft zu Zugeständnissen gibt es eine realistische Chance, die nationalen Konflikte im Baltikum einzudämmen, weil die dortigen Nationen klein sind. Aber in Mittelasien und im Kaukasus steht die Sowjetführung einer Situation gegenüber, die in absehbarer Zukunft unlösbar sein könnte. Andere Imperien, etwa Österreich-Ungarn, schlugen einen liberalen Kurs ein und versuchten, die einheimische Bevölkerung an der Regierung des Landes zu beteiligen. Deshalb wurde Ungarn von den Habsburgern praktisch Unabhängigkeit gewährt, und viele Nichtdeutsche dienten in Schlüsselpositionen der Wiener Regierung (Badeni und Potocki als Ministerpräsidenten, Bilinski als Finanzminister, Dunajewski und Habitinek als Justizminister, Madejski und Rittner als Bildungsminister und so weiter). Im Sowjetsystem ist es undenkbar, daß Mittelasiaten Ämter von ähnlicher Bedeutung erhalten. Man schenkt ihnen nicht genug Vertrauen, denn wie spätestens unter Glasnost klar wurde, war der Kommunismus in diesen Gebieten nicht sehr tief eingedrungen; andererseits empfand man wenig Sympathie für die Nachfahren derjenigen, die Mittelasien besetzt und kolonisiert hatten. Aber in gewissem Maße sind nun die Angehörigen aller Minoritäten verdächtig, und der Aufstieg eines neuen Stalin erscheint unmöglich, wenn auch nur, weil die Russen sich nicht mehr damit abfinden würden, von dem Angehörigen einer anderen Nation beherrscht zu werden.

Die Moskauer Führung folgte in Mittelasien einer harten Linie, nicht nur indem sie Aufstände niederschlug und strengere Kontrollen einführte, sondern auch, was die wirtschaftliche Entwicklung betraf. Während Sibirien achtzehn Prozent der sowjetischen Binneninvestitionen erhielt, bekam Mittelasien nur zwölf Prozent, obwohl seine Bevölkerung erheblich größer war und schneller wuchs. Sibirien mag zwar verheißungsvoller sein, was rein wirtschaftliche Kriterien angeht, aber dies ist ein schwacher Trost für Usbeken und Kasachen. Gute ökologische Argumente sprachen dafür, die Projekte zur Umleitung der sibirischen Flüsse in den Süden einzustellen. Aber dabei waren die Bewohner Mittelasiens zweifellos die Verlierer, und die Krumen, die ihnen nach den Unruhen von Alma-Ata hingeworfen wurden – zum Beispiel eine bessere Versorgung mit Lebensmitteln –, hatten kaum Einfluß auf die langfristigen Wirtschaftsaussichten der Region.

Es gibt keine Garantie dafür, daß ein liberalerer Kurs in Mittelasien zu Frieden und Entgegenkommen seitens der örtlichen Bevölkerung führen würde, genausowenig wie die Kooptierung einiger örtlicher Funktionäre ins Politbüro oder ins ZK-Sekretariat einen grundsätzlichen Einstellungswandel zur Folge hätte. Man würde diese Funktionäre als Außenseiter betrachten, als den Gemeinschaften, die sie vertreten sollten, entfremdet. Die gleichzeitige Existenz verschiedener Nationalitäten im Rahmen eines einzigen Staates liefert überall Konfliktstoff. Der Gedanke, daß Klassensolidarität stärker sei als nationale Solidarität, ist auf der ganzen Welt von der Realität widerlegt worden. Somit mag ein harter Kurs der Moskauer Führung die einzig machbare Methode sein, aber es ist eine Strategie, die in eine Sackgasse führt; sie beruht auf der Hoffnung, daß der Nationalismus früher oder später verschwinden wird. Dies mag als philosophische These in der Perspektive mehrerer Jahrhunderte zutreffen, aber die sowjetischen Führer interessieren sich wie alle Politiker für kurzfristige Perspektiven; in diesem Lichte betrachtet, dürfte Mittelasien weiterhin ein Unruheherd bleiben.

Ob die Gärung aktiven oder bloß passiven Widerstand hervorruft, ob es zu offenen Rebellionen oder bloß zu mürrischer Befolgung von Befehlen kommen wird, hängt von der Effektivität der Staatssicherheitsorgane ab. Geburtenkontrolle, eine Politik mit Zuckerbrot und Peitsche sowie die Anwendung altehrwürdiger »Divide et impera«-Prinzipien könnten die Probleme entschärfen und eine Explosion verhindern. Aber die Wunde dürfte schwerlich heilen; der Kommunismus hat den menschlichen Charakter in Mittelasien noch weniger umgewandelt als im europäischen Rußland oder im Kaukasus. Weder Takt noch Appelle an die Vernunft und an das gemeinsame Interesse werden zur Lösung der Probleme ausreichen. Es gibt zu viele Mittelasiaten, um eine Bevölkerungsumsiedlung ins Auge zu fassen; sogar Stalin vergriff sich nur an den kleineren Nationalitäten. Gemessen an der bisherigen Erfahrung werden die Grenzen von Glasnost und Perestroika, von Demokratisierung ganz zu schweigen, in Mittelasien und im Kaukasus also weit enger sein als in anderen Teilen der Union. Die Sowjetführung wird eine Politik der Stärke betreiben müssen, denn wenn die Mittelasiaten bisher relativ ruhig gewesen sind, dann hauptsächlich deshalb, weil sie die überwältigende Macht der Russen fürchteten und wohl zu recht vermuteten, daß sie vor deren Einsatz nicht zurückschrecken würden.

Eine moralische Revolution

Glasnost brachte viele Enthüllungen über den Zustand der Sowjetgesellschaft, und fast alle waren negativ. Dies hat großen Ärger bei den Konservativen ausgelöst, die behaupteten, daß die Enthüllungen einseitig gewesen seien und einen schlechten Einfluß auf die Moral gehabt hätten. Übermäßige Publizität für die Fehlschläge vergangener Jahrzehnte habe die Legitimität der herrschenden Partei und die allgemeine Entschlossenheit, für eine bessere Zukunft zu arbeiten, schwächen müssen; denn wenn die Gesamtbilanz von siebzig Jahren soviel Zweifelhaftes aufweise, welche Hoffnung gebe es dann für eine radikale Verbesserung irgendwann in der Zukunft?

Einiges spreche dafür, die Mängel in einem größeren Rahmen zu betrachten. Drogenmißbrauch, Alkoholismus und Prostitution seien in fast jeder Gesellschaft zu finden; die Entfremdung der jungen Generation sei eine verbreitete und immer wiederkehrende Erscheinung. Das sowjetische Gesundheitswesen mochte unzureichend sein, aber stimme es denn nicht, daß in den Vereinigten Staaten viele Menschen auch keinen medizinischen Schutz haben oder im Falle einer schweren, sich lange hinziehenden Krankheit dem finanziellen Ruin ausgesetzt sind? Auch nationale Konflikte seien eine allgemeine Erscheinung unserer Zeit; zwar habe die Sowjetunion keine Ideallösungen gefunden, aber das lasse sich schließlich von keinem Staat behaupten. Stimme es nicht trotz aller Fehlschäge und Mängel, daß die meisten jungen Leute weder Alkoholiker noch Drogenabhängige, noch Prostituierte sind, daß das Familienleben in den meisten Fällen nicht mit einer Tragödie endet, daß die Sowjetbürger überwiegend keine Verbrecher und nicht alle Richter korrupt oder inkompetent sind?

Aber solche Argumente gehen am Kern der Debatte vorbei, denn allein das Sowjetsystem hat seit Jahrzehnten behauptet, im Gegensatz zu anderen Gesellschaften alle grundlegenden sozialen Probleme gelöst zu haben. Laut offizieller Propaganda, die sich an das Ausland wie das Inland richtete, waren der Zustand der Sowjetgesellschaft in jeder Hinsicht ausgezeichnet und ihre Zukunftsaussichten über alle Maßen glänzend gewesen. Gerade wegen der enormen Kluft zwischen Propaganda und Realität war unvermeidlich, daß die Reaktion so heftig sein würde.

Man behauptete, daß schon das Eingeständnis von Mängeln und Fehlern ein Zeichen von Stärke sei. Gorbatschow und seine Kollegen verzichteten selten auf dieses Argument. Aber es bedeutete auch, daß die Sowjetunion ihre Ansprüche aufgeben mußte, dort Erfolg gehabt zu haben, wo andere scheiterten, und dies wiederum entzog dem Anspruch, die fortschrittlichste Gesellschaft der Geschichte aufgebaut zu haben, jede Grundlage. Doch man mußte noch andere Schläge hinnehmen, und es ist nicht sicher, ob die eingangs gestellte Frage – »Was ist aus uns geworden?« – sich lediglich auf quantifizierbare soziale Übel bezog: auf die sinkende Lebenserwartung, den Alkoholismus und die ungenügende Finanzierung des Gesundheitswesens. Diejenigen, die sich um den moralischen Zustand der Nation sorgten, interessierten sich nicht in erster

Linie für die wirtschaftliche Zuwachsrate, sondern für Entwicklungen, die das Wesen der Menschen selbst beeinflußt hatten.

Daher rühren Rasputins Klagen über das niedrige Niveau der Sitten und der Moral, über Gleichgültigkeit, über die allgemeine Reizbarkeit, über Betrügerei.[47] Daher rührt das Gejammer eines anderen Schriftstellers über *chamstwo*, über die Grobheit der Menschen in Moskau, die einander dauernd anrempelten, ohne sich je zu entschuldigen; es sei offenkundig falsch, ausländische Einflüsse, Horrorfilme oder zweifelhafte Videos verantwortlich zu machen, denn diese Trends hätten sich auf einheimischem Boden entwickelt.[48] Daher rührt Anninskis Frage: Woher kommt all diese Bosheit und Wut unter den Menschen?[49] Daher rührt Granins Appell an die Nächstenliebe, einst ein bekanntes Merkmal des russischen Volkes. Sein Artikel löste, wie erwähnt, eine Flut von Briefen und Vorschlägen aus, wie man ein Beispiel setzen und einen Wandel bewirken könne. Die Verbrechensziffern schienen viele Kritiker weniger zu beunruhigen als das Verschwinden von Güte, Großzügigkeit und der Bereitschaft, Freundschaft zu schließen.

Was konnte der Grund dafür gewesen sein, daß die Menschen hart und gefühllos geworden waren? Die harschen Lebensbedingungen; die nicht endenwollenden Schlangen vor den Geschäften, die Wut und Neid erzeugten; oder ein politisches System, das Verstellung und Mißtrauen hervorbrachte? Was die Lebensbedingungen betrifft, so waren sie für die meisten Menschen im letzten Jahrhundert noch schlechter gewesen. Es gibt keine Methode, Güte statistisch zu messen; vielleicht bestand eine Tendenz, die gute alte Zeit zu verherrlichen, die in Wirklichkeit gar nicht so gut gewesen war. Aber die Klagen gingen nicht nur von ein paar Dorfschriftstellern aus, sondern von sehr vielen Seiten, von »Liberalen« genauso wie von »Konservativen«, von der extremen Rechten genauso wie von Menschen, deren Liberalismus und Toleranz über jeden Zweifel erhaben war, etwa bei dem Akademiemitglied Lichatschow.[50] Allein die Tatsache, daß so viele Menschen in die Vergangenheit zurückblickten, statt die Augen nach vorn zu richten, lieferte den Beweis, daß man mit der gegenwärtigen Situation unzufrieden war und kein Vertrauen zur Zukunft hatte. Das Gefühl herrschte vor, daß die russische Geschichte irgendwie, irgendwann die falsche Richtung eingeschlagen hatte und dadurch viele der alten Tugenden verschwunden waren. Die Überzeugung verstärkte sich, daß ein höherer Lebensstandard keine Alternative zu Güte und Menschlichkeit war und daß das russische Volk eine kulturelle und moralische Revolution benötigte, um seine Seele wiederzufinden. Außerdem verstärkte sich die Ansicht, daß die gegenwärtige politische Doktrin nicht richtungweisend für eine derartige Revolution sein konnte.

Glasnost und die Sowjetwirtschaft

Infolge von Glasnost haben wir mehr über die Wirtschaft als über alle anderen Bereiche der Sowjetgesellschaft erfahren. Glasnost konnte keinen fundamentalen Wandel bewirken, aber dadurch, daß sie die Wahrheit über die früheren Leistungen und den gegenwärtigen Zustand der Sowjetwirtschaft enthüllte, hat sie eine realistische Diskussion über die Notwendigkeit und die Richtung eines Wandels ermöglicht. Es gibt eine interessante Parallele zwischen dieser Diskussion und der Debatte über die sowjetische Geschichtsschreibung und den Stalinismus: der ursprüngliche Impuls ging nicht von den führenden Experten aus, sondern von Personen, die zuvor eher Randfiguren gewesen waren. Während der Dramatiker Schatrow, der Romanautor Rybakow und einige ihrer Kollegen eine nationale Debatte über den Stalinismus auslösten, erfüllten kaum bekannte Wirtschaftsjournalisten wie Seljunin und Forscher wie Schmeljow eine ähnliche Funktion, was die Sowjetwirtschaft betraf. Ihre Artikel, die nicht in den Fachzeitschriften, sondern in den literarischen Monatsjournalen herauskamen, wurden von Hand zu Hand gereicht, mit der Schreibmaschine vervielfältigt und von einem Ende der Sowjetunion bis zum anderen diskutiert. Nachdem die Debatte einmal begonnen hatte, fand sie allerdings größere Unterstützung unter Wirtschaftswissenschaftlern, als sie der Geschichtsdebatte bei den Historikern an den Akademien und Universitäten beschieden gewesen war. Die Notwendigkeit, eine offene Debatte auszulösen und neue Wege einzuschlagen, war seit langem, wenn auch vorsichtiger, von Prominenten wie Aganbegjan, Abalkin und Saslawskaja unterstrichen worden (teils sogar schon vor Gorbatschow). Aber die ersten wirklichen Enthüllungen waren den Außenseitern zu verdanken.

Was die Ursprünge der Krise angeht, so verfügen wir über Gorbatschows eigene Darstellung. In der zweiten Hälfte der siebziger Jahre sei etwas geschehen, was auf den ersten Blick unerklärlich schien: »Die Antriebskraft, der Schwung im Land wurden immer geringer. Ökonomische Mißerfolge nahmen zu. Schwierigkeiten häuften und verschlimmerten sich ... Anzeichen dessen, was wir Stagnation nennen, und andere Phänomene, die dem Sozialismus wesensfremd sind, tauchten im gesellschaftlichen Leben auf. Eine Art ›Bremsmechanismus‹ lähmte die gesellschaftliche und ökonomische Entwicklung ... Etwas Seltsames ging vor sich; das riesige Schwungrad einer gewaltigen Maschine drehte sich, doch die Treibriemen zu den Arbeitsplätzen rutschten ab oder drehten durch ... Die Dynamik des Bruttowachstums wurde ... zum bloßen Selbstzweck ... Als Folge davon kam es zu einer Güterverknappung.«[1] Die allgemeine Beschreibung scheint zutreffend, auch wenn die Metaphern fragwürdig sind; lockere Treibriemen können schließlich gestrafft werden, aber dies war ganz offensichtlich auf wirtschaftlichem Gebiet unmöglich. Auch setzte die Stagnation nicht plötzlich und auf unerklärliche Weise ein, sondern sie hatte sich seit langem angebahnt und war sogar von einigen westlichen und sowjetischen Ökonomen vorhergesagt worden. Die sowjetische Planwirtschaft hatte sich unter bestimmten historischen Bedingungen entwickelt; sie hatte stets auf quantitatives Wachstum abgezielt und war während der Vorbereitung auf den Krieg in Maßen effizient gewesen. Aber sie hatte sich seit den Tagen Stalins im Grunde nicht geändert, und mit dem Heraufziehen einer neuen wissenschaftlich-technischen Revolution war sie weitgehend nutzlos geworden, hatte sich in einen gigantischen »Bremsmechanismus« verwandelt.

Die kritische Situation wäre schon früher deutlich geworden, wenn es sich bei der UdSSR um eine offene Gesellschaft gehandelt hätte. Häufig setzte sich der quantitative Zuwachs fort, und auf dem Papier gab es kein Problem. Zum Beispiel meldete die Schuhindustrie die jährliche Produktion von 788 Millionen Paar Schuhen, womit jedes andere Land bei weitem übertroffen wurde (in den USA produzierte man jährlich 200

Millionen Paar). Was sie nicht meldete, war die Tatsache, daß viele dieser Schuhe entweder von einer Größe waren, nach der keine Nachfrage bestand, oder eine so schlechte Qualität hatten, daß niemand sie tragen konnte. Die Statistiken waren falsch oder irreführend, und da die Elite der Gesellschaft nicht nach brauchbaren Schuhen Schlange stehen mußte, war sie vielleicht nicht einmal über die Existenz des Problems unterrichtet.

Doch nach 1970 gingen sogar die Wachstumsziffern zurück und zeigten an, daß irgend etwas mit der Sowjetwirtschaft nicht stimmte; der durchschnittliche Jahreszuwachs zwischen 1975 und 1985 betrug nur zwei Prozent, und von 1979 bis 1982 gab es überhaupt kein Wachstum. Und da die Bevölkerung der Sowjetunion zunahm – wenn auch etwas langsamer als früher –, bedeutete dies, daß der Lebensstandard zumindest eines Teils der Bevölkerung sank.

Die Manager reagierten durch Erhöhung der Ausgaben, durch den Einsatz von immer mehr natürlichen Ressourcen und Arbeitskräften, um den fallenden Zuwachsraten entgegenzuwirken. Aber die Ergebnisse waren absehbar: »Sie [die Sowjetunion] ist der größte Energieproduzent der Welt, wendet jedoch zwei- bis dreimal mehr Energie je Produkteinheit auf als die führenden Industrieländer. Sie ist der größte Weizenproduzent der Welt, doch zwanzig Prozent der Ernte gehen durch unzureichende Beförderung und Speicherung zwischen Feld und Mühle verloren. Sie ist eine der bevölkerungsreichsten Nationen der Welt, leidet jedoch an Arbeitskräftemangel, teils wegen der niedrigen Produktivität.«[2]

Offizielle Sprecher hätten zur Verteidigung der Sowjetwirtschaft vorbringen können, daß das Wachstum in der Schweiz und in Schweden während der letzten ein oder zwei Jahrzehnte auch nicht überwältigend gewesen war; daß der Börsenkrach 1987 nicht in Moskau, sondern in New York stattgefunden hatte; daß Länder wie Großbritannien, die Bundesrepublik Deutschland und Spanien zwei bis drei Millionen Arbeitslose besaßen, und so weiter. Es ist sowjetischen Sprechern hoch anzurechnen, daß sie selten derartige Scheinargumente anführten. Denn die Bürger der Sowjetunion sind nicht so wohlhabend wie die der Schweiz oder Schwedens. Außerdem haben weder der Kapitalismus noch irgendein ökonomisches Mischsystem zu allen Zeiten stetigen Zuwachs versprochen; im Gegenteil, der Fortschritt war sprunghaft, mit vielen Jahren der Stagnation und des Rückgangs. Nicht einmal in Japan gibt es eine offizielle Ideologie, die sich verpflichtet, infolge der angeblichen Überlegenheit ihres Wirtschaftssystems ständig hohes Wachstum hervorzubringen. In der Sowjetunion dagegen bestand eine solche ideologische Verpflichtung, die Produktion der übrigen Welt zu übertreffen. Daher die peinliche Lage und das Gefühl des Versagens, als sich der erwartete Fortschritt nicht einstellte.

Eine der Begleiterscheinungen von Glasnost war die Kritik an offiziellen Statistiken. In einem erstaunlichen Artikel, der in der literarischen Monatszeitschrift *Nowy mir* veröffentlicht wurde, nennen zwei Autoren falsche und manchmal absurde Ziffern, die man publiziert hatte, ohne je auf Widerspruch zu stoßen. Zum Beispiel war das Bruttosozialprodukt von 1928 bis 1965 nicht um das Neunzigfache, sondern nur um das Sechs- oder Siebenfache gewachsen – eine achtbare, aber nicht außergewöhnliche Zahl.[3] Dies wurde vom Leiter der sowjetischen Statistischen Verwaltung bestritten, der erläuterte, daß man im Jahre 1928 im größten Teil des Landes noch nicht über Elektrizität verfügt, erst an der Schwelle der Industrialisierung gestanden und den Pflug als wichtigstes landwirtschaftliches Gerät benutzt habe.[4] Aber er räumte auch ein, daß seine Dienststelle keineswegs einwandfrei arbeitete und daß es viele Lücken und Mängel gab. Die ökonomische Analyse wurde immer noch durch eine einfache Auflistung von Ziffern ersetzt, ohne das Wesen der stattfindenden Prozesse, ohne die Mängel und Probleme zu enthüllen.

Laut westlichen Experten setzte sich die Manipulation der Statistik aus politischen Gründen jedoch auch unter Glasnost weiter fort, wenigstens auf bestimmten Gebieten – zum Beispiel, was die unwillkommenen Nebeneffekte der Antialkoholkampagne betraf.[5] Kein Außenseiter kann mit Sicherheit sagen, ob dies damit zu tun hatte, daß man der Zentralverwaltung ungenaue Ziffern vorlegte, oder ob die Chefstatistiker die Wahrheit kannten, doch den Wünschen der Führung entgegenzukommen suchten.

Im August 1987 wurde die Statistische Zentralverwaltung der Perestroika unterzogen und erhielt einen neuen Namen: Staatliches Statistikkomitee der UdSSR.[6] In einem gewissen Maße wirkte sich Glasnost auch hier aus; zum erstenmal seit vielen Jahren wurden Ziffern über Getreideernte, Säuglingssterblichkeit und Lebenserwartung veröffentlicht. Aber andere wirtschaftliche und soziale Statistiken, etwa Verbrechens- und Selbstmordziffern, blieben tabu. Manche publizierten Ziffern schienen höchst zweifelhaft; Seljunin meldete offenen Widerspruch gegen die amtliche Statistik an, derzufolge 75 Prozent der industriellen Produktion in den Konsum gingen und nur 25 Prozent für Investitionen aufgewendet wurden. Er behauptete, das Verhältnis liege eher bei sechzig zu vierzig.[7]

Selbst nach 1986 bestanden einige Tabuzonen weiter. Aber man kann nicht leugnen, daß Experten wie Nichtexperten mit unendlich mehr Offenheit als vorher zu sprechen und zu schreiben begannen. Nicht nur die reformorientierten Journale, sondern auch die konservativen Zeitungen und Zeitschriften sowie Rundfunk und Fernsehen brachten lange und deprimierende Litaneien über die wahren Zustände und die Notwendigkeit eines Wandels. Wir werden nur auf eine dieser Darstellungen eingehen, die von Akademiemitglied Abel Aganbegjan, einem von Gorbatschows engsten Beratern, stammte und deshalb maßgebend war. Er führte aus, daß das Land weniger Mittel ins Gesundheitswesen stecke als jede andere entwickelte Nation, daß das sowjetische Erziehungswesen in den Tagen des Sputnik sehr gut gewesen sei, daß sich die amerikanischen Aufwendungen seitdem jedoch verdreifacht hätten, während die sowjetischen zurückgegangen seien.[8] Die Sowjetunion habe die niedrigsten Mieten der Welt, aber ihre Wohnungsqualität sei kümmerlich. Viele Menschen besäßen einen Privatwagen und ein Farbfernsehgerät, hätten aber kein fließendes Wasser, und nur ein Drittel sei an das Kanalisationssystem angeschlossen. Siebzehn Prozent aller sowjetischen Familien müßten getrennt leben, da sie keine eigene Wohnung besäßen, und die Pläne zur Abhilfe reichten nicht aus; denn wenn man im Laufe jedes Fünfjahrplans zehn Millionen Wohnungen baute, würde das Problem erst in fünfzig Jahren gelöst sein. Es gebe eine gewaltige Diskrepanz zwischen der Miete und den realen Wohnraumkosten (ungefähr drei Rubel pro Quadratmeter oder hundertachtzig Rubel für eine durchschnittliche Dreizimmerwohnung). Da hundertachtzig Rubel jedoch fast dem durchschnittlichen Monatseinkommen in der Sowjetunion entsprächen, sei eine Wohnung für die meisten Bürger bei voller Kostenbeteiligung nicht erschwinglich. Aganbegjan schlug nicht vor, daß die reale Miete gezahlt werden solle, deutete aber an, daß Mieterhöhungen ratsam sein könnten: Das sowjetische Volk habe rund 250 Milliarden Rubel auf Sparkonten angesammelt, da es das Geld nicht nach Belieben ausgeben oder investieren könne. Weshalb solle man einen Teil dieser Summe nicht dafür verwenden, die Wohnbedingungen zu verbessern?

Was, so fragte Aganbegjan weiter, gebe es im siebzigsten Jahr der Sowjetunion, vierzig Jahre nach Kriegsende, in den Geschäften zu kaufen? Die UdSSR sei eine Großmacht, doch sie müsse Friseurscheren importieren und sei nicht in der Lage, ein brauchbares Kinderfahrrad herzustellen. Das in den fünfziger Jahren produzierte Auto (»Pobeda«) sei haltbarer als die gegenwärtig produzierten Modelle; die Fernsehgeräte der fünfziger Jahre hätten zwei Jahrzehnte funktioniert, während die jetzigen allein in Moskau jährlich rund zweitausend Brände verursachten. Kurz, das Hauptproblem betreffe die Qualität, das größte Unglück sei die Diktatur der Hersteller über die Konsumenten. Die Lebensmittelversorgung sei unbefriedigend, vor allem was Gemüse und Obst betreffe: »Wenn man bedenkt, daß wir ein entwickeltes Land sind, ist unsere Ernährung schlecht und unausgewogen.« Der jährliche Fleischverzehr hätte achtzig Kilo pro Person betragen müssen, liege aber nur bei einundsechzig Kilo; und der größte Teil davon werde in gefrorenem Zustand verkauft, das heißt, er hatte die Hälfte seines Nährwertes verloren.

Aganbegjan sah grundsätzliche Mängel sowohl im Lohn- als auch im Preissystem. Es sei unvorstellbar, daß die Regierung Milch und Fleisch in Höhe von fünfzig Milliarden Rubel pro Jahr subventionieren müsse. Andererseits sei die Lohnstruktur so beschaffen, daß qualifizierte Mechaniker für die Hälfte des Lohnes, den sie in einer Fabrik erhalten würden (250 bis 300 Rubel pro Monat), als Privatchauffeure arbeiteten. Auf diese Weise hätten sie Zeit für zusätzliche Tätigkeiten. Es falle schwer, diesen Mechanikern einen Vorwurf zu machen, wenn man den Schmutz und die unhygienischen Arbeitsbedingungen vieler Fabriken bedenke.

Die Herstellung von Schund und der Mangel an Dienstleistungen hatte eine »Zweitwirtschaft« (oder »Schattenwirtschaft«) entstehen lassen – ein weiteres Thema, das unter Glasnost allgemeine Diskussionen auslöste.[9] Jeder wußte von ihr, fast jeder hatte sich der Schattenwirtschaft ständig oder sporadisch bedient – manchmal aus ganz uneigennützigen Gründen, etwa im Falle eines Chefingenieurs, der ein Ersatzteil nicht über die regulären Kanäle bezog, weil die Produktion sonst ins Stocken geraten wäre. In der Zeit vor Glasnost hatten die Medien lediglich über einige der eklatantesten Fälle berichtet, etwa über den Kaviar-Schwarzhandel in Moskau und Rostow, doch der Umfang der Zweitwirtschaft war nie vollständig enthüllt worden. Erst jetzt stellte sich heraus, daß unter Berücksichtigung all jener, die vom Staat nicht angebotene Dienstleistungen ausführten – zum Beispiel Schallplatten aus Röntgenfotos herstellten, Desingnerkleidung schneiderten, Pudel und Schoßhunde frisierten, zu Hause Hellseherei oder Psychoanalyse betrieben, westliche Videobänder vervielfältigten und Fotokopien von *Lolita* anfertigten, von den Mechanikern und Bauarbeitern gar nicht zu reden –, eine Zahl von zwanzig Millionen Beschäftigten in der Zweitwirtschaft nicht unrealistisch schien.[10] Die Erstwirtschaft, so hieß es häufig, stelle nichts als »Illusionen« her, Dinge, die sich anfassen, aber nicht für den vorgesehenen Zweck benutzen ließen.

Glasnost brachte sehr viele freimütige Äußerungen maßgebender Ökonomen hervor. Neben Aganbegjan, der zahlreiche Artikel[11] veröffentlichte und fast täglich Interviews im In- und Ausland gab, war Tatjana Saslawskaja am häufigsten zu hören. Sie hatte in der berühmt gewordenen Nowosibirsker Studie von 1983 ausgeführt, daß sich ein beträchtlicher Bevölkerungsanteil (vor allem die manuellen Arbeiter) vom System entfremdet habe und nur etwa ein Drittel der Arbeitskräfte ihrer Leistungsfähigkeit gerecht werde. Sie betonte weiterhin, daß sich in den siebziger und achtziger Jahren eine Situation entwickelt habe, in der eine korrupte Schicht des Verwaltungspersonals und der Wirtschaftsmanager unverhüllter Habgier und Unmoral erlegen sei und ihr Verhalten sich zur Norm entwickelt habe. Der materielle Schaden für die Gesellschaft lasse sich berechnen, aber der moralische Schaden sei noch größer.[13] Sie war die erste, die auf die entscheidende Bedeutung des »menschlichen Faktors« hinwies.

Ein anderer einflußreicher Ökonom, der sich im Geiste von Glasnost mit der Wirtschaftslage auseinandersetzte, war das Akademiemitglied L.I. Abalkin. Er betonte wiederholt, daß es keine Rückkehr zu der alten stalinistischen Planwirtschaft geben könne, da sie weder der Entwicklung der Sowjetgesellschaft noch den Idealen von Demokratie und Gerechtigkeit entspreche. Sie nehme keine Rücksicht auf den Grad der Reife, auf Bildung und Qualifikation des sowjetischen Volkes und vernachlässige die Erfordernisse der wissenschaftlich-technischen Revolution.[14]

Einige der besonders unorthodoxen und am breitesten diskutierten Beiträge zur Wirtschaftsdebatte stammten jedoch von Autoren, die zuvor kaum einschlägig bekannt gewesen waren, etwa von Nikolai Schmeljow, dessen berühmter Artikel »Vorschüsse und Schulden« ein typisches Produkt des Glasnost-Zeitalters ist.[15] Schmeljows These besagte in kurzen Zügen, daß die Bolschewiki nach der Revolution keine wohldurchdachte Wirtschaftstheorie besessen hätten. Die Erlasse des »Kriegskommunismus« (1918–21), die als Grundstein der sozialistischen Wirtschaft gedient hätten, seien ein zeitweiliger Notbehelf gewesen. Dagegen habe die NÖP den ersten wissenschaftlichen, realistischen Ansatz geboten und gleichzeitig den Sieg der Vernunft dargestellt. Die Abkehr von der NÖP in den späten zwanziger Jahren habe schwerste Auswirkungen auf die Sowjetwirtschaft gehabt. Wenn man dies nicht zugebe, »werden wir uns wieder, wie 1953 und 1965, zu halbherzigen Maßnahmen verurteilen«. Die zentrale Planwirtschaft (»das administrative Managementsystem«) sei ihrem Wesen nach unfähig, für eine bessere Produktionsqualität oder für eine höhere Effizienz im Produktionsprozeß zu sorgen. Gosplan (das Staatliche Plankomitee der UdSSR) sei so sehr von der alltäglichen Routine des Wirtschaftsbetriebs in Anspruch genommen (»es achtet mit größter Wachsamkeit darauf, daß Schuster Schuhe herstellen und Pastetenbäcker Pasteten backen«), daß es keine Zeit für eine wirklich strategische Planung habe. Die Arbeit der Betriebe werde von viel zu vielen Ministerien und Bürokraten behindert. Schmeljow zitierte Lenin: ». . . in unserem Land wird alles vom üblen, bürokratischen Morast der ›Ämter‹ überschwemmt – Ämter sind Scheiße, Erlasse sind Scheiße.«

Die zentrale Planwirtschaft habe vernichtende wirtschaftliche Ergebnisse, besonders was die Produktivität und Innovationen angehe. Aber –

und damit schloß Schmeljow sich Saslawskaja an – ihre gesellschaftlichen Folgen seien sogar noch schlimmer: »Wir finden nun massenhaft Apathie und Gleichgültigkeit, Diebstahl, Mangel an Respekt vor ehrlicher Arbeit und gleichzeitig aggressiven Neid auf jene, die viel verdienen, selbst wenn sie es auf ehrliche Weise tun.« Schmeljows Analyse der gegenwärtigen Bedingungen interessiert uns hier stärker als seine Vorschläge für künftige Reformen, darunter die Abschaffung eines großen Teils der Verwaltung und größere Freiheit für Privatinitiative: »Laßt uns unsere ideologische Jungfräulichkeit verlieren, die ohnehin nur in Leitartikelmärchen existiert.« Der Genossenschaftssektor in den Städten müsse ausgeweitet werden; in der Wirtschaft habe es Auswahl und Wettbewerb zu geben. Und zuletzt (dies war der umstrittenste Teil seiner Vorschläge) sprach er von dem Schaden, den »unser parasitäres Vertrauen auf garantierte Arbeit« anrichte: ». . . heute ist, wie ich glaube, jedem klar, daß wir Schlampigkeit, Trunkenheit und Schundarbeit in erster Linie übermäßiger Vollbeschäftigung zu verdanken haben.«

Das Urteil Schmeljows und anderer Systemkritiker ging erheblich weiter als die Analyse vieler westlicher Experten, die die Sicherheit des Arbeitsplatzes sowie eine hohe Wachstumsrate, stabile Preise und eine relativ einheitliche Vermögensverteilung für die Hauptstärken des Sowjetsystems hielten.[16] Oder, wie ein westlicher Experte es ausdrückte: Der sowjetische Gesellschaftsvertrag beruhe auf Egalitarismus, Stabilität und Sicherheit.[17] Nicht alle westlichen Sozialhistoriker hatten in den siebziger Jahren geschrieben, was Schmeljow 1987 zu Papier brachte: »Einst lautete die Parole, die Kulaken als Klasse zu vernichten, doch im Grunde war es die Bauernklasse, die beseitigt wurde« – mit all den sich daraus ergebenden Konsequenzen. In einem Artikel in der Zeitschrift *Osteuropa Wirtschaft* hieß es noch 1986, daß amerikanische Experten die Leistung der Sowjetwirtschaft systematisch geschmälert hätten. In Wirklichkeit hatten sie die Sowjetwirtschaft überschätzt.

Sogar unter Glasnost war es erstaunlich, daß Schmeljows Artikel veröffentlicht werden konnte. Und noch verblüffender war, daß selbst jene, die nicht mit seinen Empfehlungen übereinstimmten, seine Beschreibung der gegenwärtigen Sachlage im wesentlichen nicht bestritten.[18] Popkowa erwiderte, daß das Sowjetsystem keine Aussicht habe, mit der

Effizienz und der Produktionsleistung der hochentwickelten kapitalistischen Länder zu konkurrieren. Aber schließlich habe es andere – und wichtigere – geistige Werte zu bieten. Der Versuch, sozialistische und marktwirtschaftliche Mechanismen miteinander zu verbinden, sei zum Scheitern verurteilt; solche Kompromisse seien einfach nicht realistisch, genau wie eine Frau nicht »ein bißchen schwanger« sein könne – ein Vergleich, den Otto Lazis, ein führender Glasnost-Denker und Redakteur von *Kommunist*, für unangemessen hielt.

Verschiedene Schlagworte wurden in die Debatte eingebracht. Zum Beispiel unterschied Saslawskaja zwischen dem »preußischen« und dem »amerikanischen« Wirtschaftsansatz, die ihr beide unangebracht schienen. Am häufigsten zitiert wurden Streljanys *kawaleristy* (Kavalleristen) und *kupzy* (Kaufleute). Die ersteren waren die Draufgänger, die Anhänger des Voluntarismus, die alle Probleme durch Anordnungen und Erlasse lösen würden.[19] Die *kupzy* dagegen waren für behutsame Verantwortlichkeit, für die Offenlegung von Gewinn und Verlust. Schmeljow bevorzugte eindeutig die *kupzy*, während Antonow, ein Konservativer, behauptete, beide Kategorien gehörten der Vergangenheit an. Wenn die Kavalleristen sich durchsetzten, würde Rußland sich allmählich in einen drittrangigen, unterentwickelten Staat verwandeln. Aber die Kaufleute seien noch heimtückischer, denn unter ihrer Herrschaft würde die Sowjetgesellschaft so merkantil werden wie die USA oder Israel, wo alles zum Verkauf stehe, und am Ende würde sie den kapitalistischen Unternehmern zum Opfer fallen.[20] Aber es gebe einen dritten Weg: Die Zukunft gehöre einer Generation »zivilisiert zusammenarbeitender Menschen«. Während Schmeljow seine Ideen auf aufgeklärtes Eigeninteresse und gesunden Menschenverstand stützte, lehnte Antonow solchen Egoismus ab, der nie etwas Gutes hervorbringen könne.

Aber seine Einschätzung des heutigen Zustandes der sowjetischen Gesellschaft und Ökonomie unterschied sich kaum von der Schmeljows, ja sie war in mancher Hinsicht sogar noch pessimistischer. Selbst wenn eine Zuwachsrate von drei bis fünf Prozent während des nächsten Fünfjahrplans zu erreichen sei, werde dies nur minimale Auswirkungen auf das Wohlergehen des Volkes haben. Insgesamt würde der Staat nur ein paar Milliarden Rubel mehr zur Verfügung haben, womit sich die

240

drängenden sozialen Bedürfnisse kaum lindern ließen (beispielsweise könne man die Mindestrente um zehn Rubel erhöhen).

Antonow vertrat die Ansicht, daß die Russen das begabteste aller Völker seien. Doch gleichzeitig äußerte er sich wenig hoffnungsvoll über den moralischen Zustand sowohl der sowjetischen Jugend als auch der älteren Generation, denen es an Zurückhaltung, Takt, Höflichkeit und vielen anderen, inzwischen abhanden gekommenen Tugenden des alten Rußland fehle. Die Heilung liege allein in einer moralischen und kulturellen Revolution: einer Rückkehr zu alten Werten, zu verstärkter patriotischer Erziehung, zu Antiliberalismus und Antikapitalismus. Er forderte eine Bewegung, die denen der rechten »Kulturkritiker« Deutschlands und Frankreichs gegen Ende des neunzehnten Jahrhunderts ähnelte.[21] Aber konnte man wirklich damit rechnen, daß inbrünstiger Patriotismus die Sowjetbürger veranlassen würde, Plunder zu kaufen, härter zu arbeiten und effektiver neue wissenschaftlich-technische Methoden einzuführen?

Antonow räumte ein, daß dies nicht sehr wahrscheinlich sei; die Mehrheit werde in der vorhersehbaren Zukunft nicht von *duchownost* (Geistigkeit), Kultur und Bewußtsein motiviert werden. Daher bleibe es einer Elite, einer Avantgarde, überlassen, den Weg zu kommunistischer Uneigennützigkeit zu weisen. Dies sind aus der Verzweiflung geborene Ratschläge, die mehr mit der Askese mancher Saint-Simon-Anhänger oder vielleicht Dostojewskis gemein haben als mit dem Marxismus-Leninismus. Wie in anderen Ländern wendet sich kulturelle und soziale Verzweiflung eher nach rechts als nach links, wo Optimismus und Fortschrittsglaube traditionell beheimatet sind.[22]

Ein Überblick über die wirtschaftlichen Debatten, die in den frühen achtziger Jahren begannen und unter Gorbatschow zusätzlichen Auftrieb bekamen, müßte zahlreiche andere Themen behandeln, vom Schicksal von Gosplan bis hin zum Problem der Konvertierbarkeit des Rubels. Unser Hauptaugenmerk galt dem Einfluß von Glasnost, das heißt einer relativ offenen Diskussion. Alle Experten hatten entschiedene Ansichten über ihr Spezialgebiet, aber die meisten waren durch Ausbildung und Konvention daran gewöhnt, ihre Meinung vorsichtig, ausgewogen und oft in Fachbegriffen auszudrücken. Deshalb kamen die interessanteren und provozierenderen Beiträge zu der Debatte häufig aus den Randbereichen der Profession.

»Die Idiotie des Landlebens«

Die Geschichte der sowjetischen Landwirtschaft ist seit langem eine Leidensgeschichte. Der Bewohner eines Dorfes bei Wolgograd schrieb am Ende einer langen und leidenschaftlichen Darstellung des jammervollen Landlebens, er sei nicht »erst gestern aufgewacht – wir sahen es, aber wir konnten es nicht laut aussprechen. Es schockierte uns, wir schrieben darüber, aber unsere Bemühungen wurden von den betreffenden Behörden unterbunden«.[23]

Das mag stimmen, soweit von detaillierten Fakten und Zahlen die Rede ist, aber ein allgemeines Bild der sowjetischen Landwirtschaft war unzweifelhaft schon viel früher in Hunderten von Büchern und Tausenden von Artikeln geschaffen worden, beginnend mit Valentin Owetschkins Skizzen in Stalins letztem Jahr bis hin zu den Werken der *derewenschtschiki* (Dorfschriftsteller). Überhaupt wurde mehr über das Land als über das Stadtleben geschrieben.

In der politischen Spitze der Sowjetunion wußte man natürlich um das Problem und um die Notwendigkeit, neue Initiativen zu ergreifen. Unter Breschnew war ein umfassender »Lebensmittelplan« ausgearbeitet worden, hauptsächlich von Gorbatschow, der damals im Politbüro für Landwirtschaft verantwortlich war. Etwa ein Viertel aller sowjetischen Investitionen war seit Jahren in die Landwirtschaft geflossen – ein Prozentsatz, der in anderen entwickelten Ländern beispiellos ist. Ein sowjetischer Autor schrieb, daß die Industrie seines Landes sechsmal so viele Traktoren und sechzehnmal so viele Mähdrescher wie die Vereinigten Staaten produziere. »Aber«, fügte er spöttisch hinzu, »wenn die US-Industrie so viele Mähdrescher produzieren wollte, wie in unserem Land nutzlos herumstehen, würde sie siebzig Jahre benötigen.«[24] Man schätzte, daß die Produktivität der sowjetischen Landwirtschaft fünfzehn bis fünfundzwanzig Prozent der amerikanischen betrug. Seit Stalin hatte es zahllose Reformen gegeben, doch trotz all der enormen Investitionen (sechshundert Milliarden Rubel über einen Zeitraum von fünfundzwanzig Jahren) wuchs der Ertrag während des letzten Jahrzehnts nur um ein Prozent pro Jahr (manchmal überhaupt nicht). Weizen sowie andere Nahrungsmittel mußten aus dem Ausland importiert werden. Ein Kilo Fleisch, das man in den Läden für 1,77 Rubel verkaufte, wurde vom Staat mit 3,68 Rubel subventioniert; ein Liter Milch, der vierundzwanzig Kopeken kostete, mußte mit neunundzwanzig Kopeken subventioniert werden. Die Menschen in den Sowchosen und Kolchosen fristeten eine kümmerliche Existenz; jeder, der es konnte, zog fort, besonders aus den Nichtschwarzerdegebieten Nord- und Mittelrußlands.

Es gab verschiedene Erklärungen für das Scheitern der sowjetischen Landwirtschaft. Manche vertraten den Standpunkt, daß das System im Kern fehlerhaft sei, da es von allzu starrer zentraler Planung, Mangel an Anreizen und einer allgemeinen Ausrichtung auf quantitativen Ausstoß gekennzeichnet sei.[25] 1986 soll ein relativ gutes Jahr gewesen sein; laut Aganbegjan erzielte man damals genauso viel Zuwachs (fünf Prozent) wie während des gesamten vorhergehenden Fünfjahrplans. Aber es ist nicht sicher, in welchem Maße Glasnost sich auf die landwirtschaftliche Statistik erstreckt. Einige westliche Experten argwöhnten, daß die Ziffern manipuliert seien, und auch sowjetische Autoren berichteten, daß es zu früh sei, die Siegesfanfaren ertönen zu lassen: »Im Jahre 1986 liefen die Dinge an vielen Orten so ab wie 1952 und 1962 und 1972 und 1982 . . .«[26]

Zu Gorbatschows Reformen gehörte auch die Einrichtung von Gosagroprom, einem Superkomitee, das die vielen Ministerial- und Parteibürokratien ersetzen sollte, die es den Kolchosen und Sowchosen fast unmöglich machten, einigermaßen rationell zu arbeiten. Aber bald wurde klar, daß die neue Organisation das Leben für die Agrargemeinden noch komplizierter machen würde. Es schien vernünftig, die landwirtschaftlichen Investitionen angesichts der rasch sinkenden Erträge (um zwanzig Prozent in den frühen achtziger Jahren!) nicht zu erhöhen und die Planung nicht auf eine verstärkte Produktion auszurichten, sondern die Verluste bei der Lagerung und beim Transport gezielt zu verringern. Auch schien es vernünftig, eine engere Beziehung zwischen Lohn und Ertrag herzustellen, den Höfen größere Freiheit beim Absatz ihrer Übersollproduktion zu geben sowie Brigaden oder *podrjady* (Untereinheiten), die aus Familienangehörigen bestehen konnten, größere Autonomie zu gewähren. Viele dieser Neuerungen waren jedoch nicht besonders originell; seit den frühesten Tagen der Kollektivierung hatte es in der sowjetischen Landwirtschaft *podrjady* gegeben. Auch konnte von Übersollproduktion keine Rede sein, solange die Planziele unverändert hoch angesetzt wurden. Und selbst wenn die Bauern einen Überschuß erzielten, würden sie auf zusätzliche Einkünfte verzichten müssen, solange sie ihre Erzeugnisse nicht in die Stadt bringen konnten. Denn das Transportsystem ist ein notorisch schwaches Glied in der Kette der sowjetischen Landwirtschaft, sogar noch schwächer als in der Industrie.

Kurz, die meisten Experten waren sich zwar einig, daß es gelingen könnte, die Lebensmittelimporte innerhalb von ein paar Jahren durch Rationalisierung und Improvisationen – und mit viel Glück (zum Beispiel eine Reihe guter Ernten) – zu reduzieren und vielleicht sogar ganz einzustellen. Aber niemand erwartete aufgrund eines eklektischen Reformwerks in absehbarer Zukunft einen radikalen Wandel. Vorerst bestand die Hauptaufgabe der Behörden darin, die Produktivität zu erhöhen. Aber es war unwahrscheinlich, daß dies ohne erheblich verbesserte Lebensbedingungen auf dem Lande möglich sein würde. Manche meinten, daß es in Anbetracht der charakteristischen Nachteile des Dorflebens nicht nur fair, sondern auch notwendig sei, auf dem Land höhere Löhne als in der Stadt zu zahlen.

Das wahre Ausmaß des Elends in weiten Landgebieten kam erst unter Glasnost ans Licht: Das Statistikamt teilte mit, daß das durchschnittliche Monatseinkommen auf dem Lande nur hundertfünfzig, in den Städten dagegen zweihundert Rubel betrage. Aber dies war nur ein Aspekt, wahrscheinlich der unwichtigere. Während der Staat in den Städten für Wohnungen sorgte, mußten die Bauern den Hausbau selbst bezahlen. Lebensmittel waren erheblich teurer im Dorf als in der Stadt (zum Beispiel war der Preis von Fleisch und Wurst etwa doppelt so hoch). Alle Industrieprodukte, darunter Textilien, konnten, wenn überhaupt, nur in der Stadt gekauft werden; sogar für Brot mußten Bauern häufig ins Kreiszentrum oder in die Stadt fahren.

Die medizinische Versorgung war um vieles schlechter als in der Stadt. Es gab kaum Krankenhäuser, und auf 2500 Menschen kam nur ein Arzt (verglichen mit 700 in der Stadt). Die Arbeitsbedingungen für Ärzte galten als katastrophal. Es war schwierig und zuweilen unmöglich, Lehrer zu finden, denn man hatte keine Unterkünfte oder Verpflegung für sie. Kinder mußten oft zehn oder fünfzehn Kilometer zu Fuß zur Schule gehen; theoretisch sollten sie abgeholt werden, aber in Wirklichkeit fielen die Busse, besonders im Winter, monatelang wegen Benzinmangels aus. Nach einem harten Arbeitsleben wurde der Bauer mit der niedrigsten Rente des Landes, etwa vierzig Rubel pro Monat, belohnt – und dies zu einer Zeit, da das offizielle Existenzminimum wenigstens doppelt so hoch angesetzt war. In den alten Tagen war die Lage sogar noch schlechter gewesen, da Bauern nicht einmal einen inländischen Paß besaßen, so daß sie nicht das Recht hatten, von ihrem Wohnort fortzuziehen. Nun konnten sie einen Paß erhalten, und das Ergebnis war, daß »häufig nur diejenigen zurückblieben, die sonst nirgends gebraucht wurden.«[27]

Ökologische Belange

Glasnost hatte auf ökologischem Gebiet eine besonders starke Wirkung. Oft wird der Sieg der »Umleitungsgegner« (womit die Gegner der geplanten Umleitung der sibirischen Flüsse gemeint sind) als das überzeugendste Beispiel für die Kraft der sich herausbildenden öffentlichen Meinung genannt. Der Beginn der ökologischen Bewegung liegt weit vor der Glasnost-Ära. Während die Planer der sowjetischen Industrialisierung und der landwirtschaftlichen Kollektivierung nicht viel Interesse an der Erhaltung der Natur hatten, entwickelten sich solche Anliegen noch zu Stalins Zeiten. Leonid Leonows Roman *Russki les (Der russische Wald)* war vielleicht ihre erste bedeutsame Äußerung. Seine Botschaft war klar, obgleich sein politischer Rahmen, dem Zeitgeist entsprechend, etwas primitiv erschien: Grazianow, der Hauptschurke und Feind des Waldes, war in jüngeren Jahren ein zaristischer Agent provocateur gewesen ...

Die ökologische Sache wurde in den frühen sechziger Jahren von Wladimir Tschiwilichin, einem rechten Schriftsteller, in einer Reihe von Aufsätzen und Artikeln aufgegriffen, die die Verschmutzung des Baikalsees zum Thema hatten.[28] Mittlerweile hatte sich herausgestellt, daß nicht Zarismus oder Trotzkismus die Feinde waren, sondern Parteiführer und Industriemanager von makellosem Ruf und großem Einfluß. Die Zensur begann sich einzuschalten, und man benötigte Mut, um sich für eine Sache einzusetzen, die damals alles andere als populär war.[29] Aber ein paar Jahre später nahmen sich die Dorfschriftsteller, von denen viele sibirischer Herkunft waren, eines Problems an, das in Rasputins *Proschtschanije s Matjoroi (Abschied von Matjora)* ergreifend beschrieben wird. Es ist die Geschichte einer kleinen Siedlung auf einer Insel, die evakuiert werden muß, um einem riesigen Stausee zu weichen.

Der aktivste Kämpfer gegen die Flußumleitung und ihre ökologischen Folgen war der parteilose Sergei Salygin, ein erfahrener sibirischer Schriftsteller, der 1986 zum Chefredakteur von *Nowy mir* ernannt wurde. Er gab seine schriftstellerische Arbeit für eine Reihe von Jahren nahezu auf, und seine lobbyistische Tätigkeit (darunter Auseinandersetzungen mit dem industriellen Establishment wie auch mit dem Präsidenten der Akademie der Wissenschaften) hatte schließlich Erfolg: In einer gemeinsamen Resolution beschlossen das Zentralkomitee der Partei und der Ministerrat im Jahre 1986, das Projekt einzustellen. Die gute Sache, vertreten von Salygin und den Umweltschützern, hatte triumphiert.[30] Aber ein paar Monate später begann der Gegenangriff. Einige Experten behaupteten, Salygin und seine Anhänger hätten die Tatsachen verfälscht, und Sprecher der mittelasiatischen Republiken (die von dem Umleitungsplan begünstigt worden wären) beklagten sich heftig, zumal der Lebensstandard in ihren Republiken ohnehin schon um dreißig bis vierzig Prozent niedriger sei als in anderen Teilen der UdSSR. Die mittelasiatische Bevölkerung werde sich wahrscheinlich schneller erhöhen als anderswo, und wenn man der Region zusätzliche Wasserzufuhr vorenthalte, müsse sie noch ärmer werden.[31] Die bittere Debatte ging weiter; sie kam zweifellos einer öffentlichen Diskussion westlichen Stils näher als jede andere Auseinandersetzung in der Sowjetunion. Zudem war es ein Fall, in dem die höchsten Behörden eindeutig von der öffentlichen Meinung beeinflußt wurden.

Bei aller ihnen eigenen Bedeutung und Dramatik waren die Kontroversen um den Baikalsee und die sibirischen Flüsse nur ein Teil eines viel

246

größeren Problems; der chronischen Wasserverschmutzung in den meisten sowjetischen Flüssen, der ernsten regionalen Wasserknappheit (zum Beispiel des Schrumpfens des Aralsees), der Luftverschmutzung in vielen sowjetischen Städten und der negativen ökologischen Folgen neuer Industrieprojekte, etwa der Ölförderung in Westsibirien und der Verlegung von Pipelines.[32] Die Verschwendung natürlicher Ressourcen war in der Sowjetunion wahrscheinlich größer als im Westen, gerade weil die Ressourcen so unerschöpflich schienen. Die Erkenntnis, daß sie begrenzt waren, stellte sich erst relativ spät ein, und die Mittel zur Bekämpfung von Vergeudung und Verschmutzung waren weniger effizient als im Westen.

Zwar hatten in allen Republiken seit 1963 Umweltschutzgesetze existiert, aber man bemühte sich kaum, sie durchzusetzen. Die verhängten Geldstrafen waren im Vergleich mit dem angerichteten Schaden lächerlich, und bis vor kurzem wurden nur sehr wenige Anlagen geschlossen oder verlegt, weil sie eine Gefahr für die Natur darstellten. Selbst im Falle des Baikalsees ist das Verschmutzungsproblem nach einem Vierteljahrhundert der Debatten und der Einberufung zahlloser hochrangiger Ausschüsse und trotz einer ZK-Sondersitzung (Dezember 1986) keineswegs gelöst; nur das öffentliche Bewußtsein ist geschärft worden.

Unter Glasnost begannen ökologische Anliegen – vor allem infolge der Tschernobyl-Katastrophe im April 1986 –, in der öffentlichen Debatte immer häufiger eine wichtige Rolle zu spielen. Die sowjetische Informationspolitik nach Tschernobyl war kein Ruhmesblatt in den Annalen von Glasnost. Drei Tage lang wurde das Ereignis in den sowjetischen Medien überhaupt nicht erwähnt, und selbst danach gab man einige der wesentlichen Tatsachen nicht bekannt. W. Gubarews Theaterstück über Tschernobyl, *Sarkofag (Der Sarkophag)*, ist in London, Wien und anderen westlichen Hauptstädten, nicht jedoch in Moskau aufgeführt worden. Die Regierungspolitik lief darauf hinaus, nur ein Minimum an Informationen zu veröffentlichen, doch weit davon entfernt, die Bevölkerung zu beruhigen, gab dies nur Anlaß zu übertriebenen Gerüchten.[33] J. Welichow, einer der Krisenmanager zur Zeit von Tschernobyl, erklärte als Zeuge vor einem amerikanischen Senatsausschuß, daß die Sowjetregierung während der ersten Tage der Katastrophe einige entscheidende Fakten zurückgehalten habe, weil sie über die inländischen Folgen besorgt gewesen sei. Solche Selbstkritik war ermutigend und wurde im Westen als Ausdruck von Glasnost begrüßt. Weniger ermutigend war die Tatsache, daß Welichows Aussage und ähnliche Erklärungen von den sowjetischen Medien nicht veröffentlicht wurden. Auch der offizielle Bericht, den die UdSSR im August 1986 den westlichen Regierungen und der Internationalen Atomenergiebehörde vorlegte, wurde im Inland nicht im einzelnen bekanntgemacht. Nach Tschernobyl entwickelte sich zwar eine offenere Berichterstattung über andere Katastrophen, doch keine davon hatte eine auch nur entfernt vergleichbare Dimension.

Im Juli 1987 verabschiedeten die obersten Behörden eine Resolution zur Verbesserung des Umweltschutzes mit dem Titel »Über die radikale Umstrukturierung des Naturschutzes im Lande«. Ungefähr gleichzeitig wurde eine halboffizielle »Greenpeace«-Vereinigung unter Vorsitz von Salygin gegründet. Der damalige Staatspräsident Gromyko begrüßte in einer Rede die öffentliche Diskussion über ökologische Fragen und die Maßnahmen, die zur Verbesserung der Lage getroffen werden sollten.[34] Nach der Verabschiedung der Resolution und nach der Einrichtung eines Staatlichen Komitees für Umweltkontrolle bereitete man verschiedene Rahmenprogramme für die Entwicklung und Standortzuweisung industrieller und landwirtschaftlicher Projekte vor. Ende Januar 1988 wurde in einer Sondersitzung des Politbüros der Fortgang der Pläne zur Erhaltung von Rohstoffen geprüft.[35]

Im Gefolge dieser offiziellen Ermutigung erschienen in den sowjetischen Medien viele Berichte und Klagen über flagrante Fälle von Umweltverschmutzung. Zum Beispiel wurde gemeldet, daß viele Seen (darunter Ladoga, Aral und Sewan) und Flüsse (darunter Don, Ob und Kama) in letzter Zeit erheblich beeinträchtigt worden seien und daß die Verschmutzung in einhundertvier Städten um das Zehnfache über der Risikogrenze liege. Besonders häufige Klagen hörte man aus den Städten der Ukraine und Kasachstans, aber auch Armeniens, wo Tausende von Menschen gegen die toxischen Abwässer von Fabriken bei Jerewan und im Arakstal demonstrierten.[36]

Die literarische Wochenzeitschrift *Literaturnaja Ukraina* veröffentlichte Briefe von sieben bekannten Schriftstellern (unter ihnen war der Sekretär des Partei-Kreiskomitees von Poltawa), in denen sie gegen den Bau eines Atomkraftwerks bei Tschigirin (der einstigen Hauptstadt der Ukraine) am Dnepr protestierten. Die Unterzeichner erklärten, sie seien nicht im Prinzip gegen nukleare Einrichtungen, aber es sei nicht wünschenswert, solche Werke in einem dichtbevölkerten Gebiet und in der Nähe eines großen Flusses zu bauen, wo nicht wiedergutzumachender Schaden angerichtet werden könne.[37] In Kasan, um ein weiteres Beispiel zu nennen, unterzeichneten Tausende von Einwohnern eine Petition gegen den Bau einer biochemischen Anlage, doch die Behörden nahmen keine Notiz davon. Dies veranlaßte den *Iswestija*-Korrespondenten zu dem Schluß: »Wir sind weit davon entfernt, die Wissenschaft der Demokratie gemeistert zu haben.«[38]

Die ökologischen Debatten markierten für Glasnost einen Schritt nach vorn. Es war ein bescheidener Schritt, weil die Klagen durchaus nicht immer Erfolg hatten und weil die Diskussionen ein Thema betrafen, das politisch nicht kontrovers war. Schließlich wollte jeder die Natur erhalten, niemand hatte ein Interesse an Verschmutzung, und die einzige Frage war, wie das Ziel zu einem akzeptablen Preis erreicht werden könne. Doch letzten Endes, wie Lemeschew schrieb, »vermag nur noch die Öffentlichkeit für den Schutz der Natur zu kämpfen. Aber der Öffentlichkeit fehlt es an Mitteln. Mächtige Manager weisen die Forderungen der Öffentlichkeit nach Umweltschutz gewöhnlich als Emotionen zurück, die man nicht ernst zu nehmen brauche ...«

Armut und die »Unterversorgten«

Unter Glasnost richtete sich sehr viel Augenmerk auf die Lebensbedingungen, die Einkommensverteilung und die Sozialpolitik. Beispielsweise gab man bekannt, daß das jährliche Pro-Kopf-Einkommen 1986 2096 Rubel betrug und daß das Einkommen der wohlhabendsten zehn Prozent dreieinhalb mal höher lag als das der am schlechtesten verdienenden Familien.[39] Einer anderen Schätzung zufolge hatten etwa vierzig Prozent aller Familien, das heißt rund hundert Millionen Menschen, ein Einkommen von weniger als monatlich hundert Rubel pro Person.[40] Da es in der Sowjetunion ungefähr sechzig Millionen Rentner gibt und da die durchschnittliche Altersrente bei 67 Rubel liegt (ehemalige Kolchosmitglieder erhalten noch weniger), wobei das Maximum auf 132 Rubel festgesetzt ist, dürfte klar sein, daß die Mehrheit aller Ruheständler ein unter der Armutsgrenze liegendes Einkommen hat.[41]

Die Situation junger Ehepaare mit Kindern, chronisch Kranker und von Familien mit nur einem Ernährer (es sei denn, er gehört einer sehr hohen Einkommensgruppe an) ist ähnlich. Das Existenzminimum ist, je nach den örtlichen Bedingungen, natürlich sehr variabel; in manchen Gebieten lag es angeblich bei fünfzig, in anderen bei neunzig Rubeln. Außerdem wurde hervorgehoben, daß die Renten stets hinter der schleichenden Inflation zurückblieben.[42]

Die Inflation drückt sich manchmal nur in Kopeken aus, etwa wenn es um die Eintrittskarte zu einem Moskauer Schwimmbad, um ein Ferngespräch oder die monatlichen Heiz- und Wasserkosten geht. Aber die Kopeken addieren sich zu beträchtlichen Summen, wie Journalisten ermittelt haben.[43] Während der allgemeine Trend in der Breschnew-Ära zur *urawnilowka* (Gleichmacherei) ging, von der manuelle Arbeiter am meisten profitierten, stellte sich später heraus, daß weite Bevölkerungsschichten in einem Zustand der Armut lebten oder, um die offizielle Umschreibung zu benutzen, »unterversorgt« waren. In den Medien erschienen Berichte über einen Elektroingenieur im Telegraphenamt, der sich eine Eheschließung nicht leisten konnte, über einen Koch mit zwei Kindern, der 85 Rubel im Monat verdiente, eine Krankenschwester, die neunzig Rubel erhielt und einen Rentner, der mit 75 Rubel auskommen mußte. Dies waren typische Beispiele, und man betonte, daß auf einem solchen Einkommensniveau nicht einmal elementare Bedürfnisse befriedigt werden konnten.[44]

Das Politbüro unter Gorbatschow übte scharfe Kritik an der *urawnilowka*, da sie einer höheren Produktivität im Weg stehe. Gleichzeitig plante die Parteiführung Anhebungen der Mindestrenten, die sich, absolut gesehen, verringert hatten. Denn wie konnte man die Preise erhöhen und Subventionen streichen, solange große Teile der Bevölkerung an oder unter der Armutsgrenze lebten?

Unter Glasnost wurde es zum erstenmal möglich, über eine Erscheinung zu sprechen, die vorher geleugnet worden war: die *bomschi* (Obdachlosen). Wie es schien, hatte niemand sie zuvor je gesehen, doch nun entdeckte man sie plötzlich nicht nur in den Großstädten, sondern fast überall – in heruntergekommenen mittelasiatischen Dörfern ebenso wie in den nördlichen Seehäfen; sie suchten Zuflucht in Höfen, Kellern und Bahnhöfen.[45] Man gab nun offiziell zu, daß die Sowjetunion im Jahre 1980 auf den elften Platz im Wohnungsbau pro Kopf der Bevölkerung gefallen war, während sie 1960 noch den zweiten Platz in der Welt belegt hatte.[46] Nicht minder bedeutsam waren die nun anhebenden öffentlichen Debatten über Themen wie Lohnpolitik, Sozialleistungen, nichterarbeitete Einkommen, private Erwerbstätigkeit und soziale Gerechtigkeit im allgemeinen.

Viele Artikel und Briefe in den Medien sowie kleinere Meinungsumfragen zeigten, daß die Regierungspläne zur Erhöhung der wirtschaftlichen Leistungsfähigkeit bei großen Bevölkerungsschichten auf starken Widerstand stießen. Während die meisten Angehörigen der Intelligenzija für eine Lohn- und Preisreform, darunter die Aufhebung der Höchstgrenze für Gehälter, eintraten[47], hatten die meisten Arbeiter und Angestellten ernste Zweifel. Nach einer 1987 durchgeführten Meinungsumfrage glaubten nur 21 Prozent der leitenden Kader und nur 28 Prozent der einfachen Arbeiter, daß ihr Einkommen steigen würde, wenn sie sich stärker anstrengten und mehr produzierten. Noch beunruhigender für die Regierung war die Tatsache, daß die Zahl der Optimisten unter den einfachen Arbeitern in einer ähnlichen, ein Jahr zuvor veranstalteten Umfrage doppelt so hoch gewesen war.[48] Die Menschen haßten das gegenwärtige System, aber sie fürchteten, in Zukunft für ein niedrigeres Einkommen schwerer arbeiten zu müssen. Der Einwand, daß die Subventionslast für den Staat mit jedem Jahr zunehme, machte keinen großen Eindruck auf diese Schichten. Häufig hörte man, daß die Preise unter Stalin nie gestiegen waren; weshalb sollten sie sich nun unter der Perestroika erhöhen?

Auf massive Feindseligkeit stießen die bescheidenen Zugeständnisse, die den Genossenschaften im Jahre 1987 gemacht wurden. Zum Teil beruhte dies auf Neidgefühlen: »Wenn ich mir dies oder jenes nicht leisten kann, warum soll sich dann der *tschastnik* [Privatunternehmer] daran vergnügen?« Neben dieser stark ausgeprägten Eifersucht gab es auch die reale Furcht, daß Privatinitiative zu »legalisierter Spekulation« führen werde und überhaupt ein Schritt in die falsche Richtung, fort von den kommunistischen Idealen, sei.[49] Ein starker Hang zur Gleichmacherei bei Teilen der Arbeiterklasse prallte mit den Forderungen des technischen Personals, der Wissenschaftler, Lehrer und Mediziner zusammen, deren Einkommensniveau in der Breschnew-Ära beträchtlich gesunken war. Die Bevölkerung hegte ähnliche Ängste im Hinblick auf die Arbeitslosigkeit, die sich, wie man meinte, aus der Kampagne gegen Überbeschäftigung entwickeln würde (diese Kampagne stand ganz oben auf Gorbatschows Tagesordnung). Was würde mit den Arbeitern und Angestellten geschehen, wenn unrationelle Betriebe in Zukunft Konkurs anmelden müßten und nicht mehr vom Staat gerettet werden würden? Die Regierung und ihre Fachleute mußten behutsam vorgehen und stets das polnische Beispiel der frühen achtziger Jahre im Gedächtnis behalten, als ähnliche Reformen, darunter scharfe Preiserhöhungen, eine Massenprotestbewegung ausgelöst hatten.

Es ist schwer nachzuweisen, ob die freimütigen Debatten über gesellschaftliche und wirtschaftliche Probleme sich sofort positiv auf die Geschwindigkeit und den Umfang der geplanten Reformen auswirkten. Glasnost zeigte, daß zwischen verschiedenen Gesellschaftsgruppen offene Interessenkonflikte bestanden. Waren diese Konflikte »antagonistischen« oder »nichtantagonistischen« Charakters (um auf Begriffe der Stalin-Ära zurückzugreifen)? Gehörten die Beteiligten unterschiedlichen Gesellschaftsklassen oder nur verschiedenen Berufsständen an? War die Gesellschaftsstruktur so kompliziert geworden, wie Akademiemitglied Saslawskaja behauptete (sie hatte mehr als siebzig soziale Gruppen gezählt)? Dies waren interessante theoretische Fragen, die ausführlich debattiert werden könnten. Aber es gab keinen Zweifel, daß seit langem reale gesellschaftliche Konflikte unter der Oberfläche geschwelt hatten, und es war eine der Folgen von Glasnost, daß sie ans Licht drangen. Das soll nicht heißen, daß die Konflikte unlösbar gewesen wären, aber es bedeutete jedenfalls, daß es schwieriger geworden war, das Land zu regieren.

Glasnost im Ausland

Das neue Denken in der Außenpolitik

In der sowjetischen Außen- und Verteidigungspolitik haben sich einige faszinierende Veränderungen ergeben, seit Gorbatschow von seinen Kollegen im Politbüro zum Primus inter pares gewählt wurde. Verschiedene Funktionäre und Kommentatoren räumten ein, daß man in der Außenpolitik früher Fehler gemacht habe; die sowjetischen Truppen wurden aus Afghanistan abgezogen, und es kam generell zu einer spürbaren Verbesserung des internationalen Klimas. Der neue Außenminister Eduard Schewardnadse erklärte, das alte strategische Konzept der Sowjetunion, so stark sein zu müssen wie jede denkbare Koalition von Feindstaaten, sei nicht nur falsch, sondern widerspreche auch dem nationalen Interesse.[1]

Gleichwohl ist das »neue Denken« in der Außen- und Verteidigungspolitik nicht annähernd so spektakulär wie Glasnost im Inland. Die Außenpolitik beruht auch in demokratischen Gesellschaften auf einem gewissen Grad an Geheimhaltung, und dies gilt um so mehr für die nationale Sicherheit. Wenn es völlige Offenheit zwischen Nationen gäbe, könnte man vielleicht ohne Diplomatie auskommen; wenn internationale Beziehungen den Vorschriften des Propheten Jesaja und der Bergpredigt entsprächen, wären Verteidigungsbudgets und stehende Heere, Kriegsflotten und Luftstreitkräfte überflüssig.

Grundlegende Faktoren in der sowjetischen Außen- und Verteidigungspolitik bleiben, ungeachtet aller Entwicklungen im Inland, zwangsläufig unverändert. Praktisch seit der Oktoberrevolution gibt es in der UdSSR einen Vorrang der Innen- vor der Außenpolitik. Man vernachlässigt die Außenpolitik in Moskau keineswegs, sondern nutzt alle Möglichkeiten, den Einfluß und die Sicherheit der Sowjetunion zu vergrößern. Aber die Parteiführung ist sich einig, daß ihre Hauptanstrengungen sich auf die Innenpolitik zu konzentrieren haben. Diese Haltung stützt sich auf die zutreffende Annahme, daß eine schwache oder stagnierende Wirtschaft nicht nur im Inland, sondern auch für die internationale Reputation der UdSSR negative Folgen haben würde. Forderungen nach mehr Glasnost in der Gestaltung der sowjetischen Außenpolitik sind immer wieder laut geworden, doch ist es sinnlos, auch in diesem Bereich von einer »Glasnost-Ära« zu sprechen, wie es häufig im Westen getan wird. Der korrekte Begriff für den neuen Ansatz in der sowjetischen Außenpolitik ist *Nowoje myschlenije* (Neues Denken), und er kam schon vor Gorbatschow in Gebrauch.[2]

Dieses »neue Denken« könnte als Ausbruch aus dem Negativismus definiert werden, der die sowjetische Außenpolitik in den frühen achtziger Jahren kennzeichnete. Man legt nun Nachdruck auf die West und Ost gemeinsam berührenden Probleme, etwa auf nukleare Abrüstung, Epidemien oder gewisse ökologische Fragen, ohne jedoch den grundsätzlichen »Klassencharakter« der sowjetischen Außenpolitik und eine »Friedensstrategie« aufzugeben, die sowohl die Gefahr eines Weltkriegs verringern als auch die Länder schwächen soll, die als Hauptfeinde der Sowjetunion empfunden werden. Immerhin gibt es heute einige Unterschiede im Ansatz, besonders was den »Klassencharakter« der sowjetischen Außenpolitik betrifft, der in der Praxis, wenn auch nicht in der Theorie, ohnehin bei Bedarf verwässert werden konnte. Zur Zeit ist es schwieriger als vor zehn oder zwanzig Jahren, die Parteilinie zu definieren, die nicht mehr fugenlos ist. Die Beziehungen zwischen der Sowjetunion und dem Westen (vor allem den Vereinigten Staaten) hatten sich in den frühen achtziger Jahren so sehr verschlechtert, daß Verhandlungen auf fast allen Gebieten praktisch zum Stillstand gekommen waren. Selbst im Rückblick läßt sich nicht mit Sicherheit feststellen, ob dies die Folge einer bewußten Politik der Sowjetführung war oder ob sie sich, was wahrscheinlicher sein mag, in eine außenpolitische Sackgasse manövriert hatte. Im Jahre 1984 wuchs die Einsicht, daß die Militarisierung der sowjetischen Außenpolitik das Land isolierte, was nicht in seinem Interesse sein konnte. Daher der allmähliche Rückzug von der »Boykott-politik«, der unter Andropow begann und sich unter Gorbatschow fort-setzte.

Gorbatschows erste außenpolitische Statements waren so vorsichtig wie seine Reden zu anderen Themen. Gewiß, auf dem 27. Parteitag, ein Jahr nach seiner Wahl, sprach man von taktischer Flexibilität, von der Bereitschaft, einen Dialog einzugehen und für beide Seiten akzeptable Kompromisse zu erzielen.[3] Aber daneben wurde wieder die angeblich immer stärker werdende Krise des parasitären, faulenden Imperialismus rituell beschworen – gemeint waren nicht nur die Vereinigten Staaten, sondern auch Westeuropa und Japan –, die die »kapitalistische Welt« an die Schwelle der Revolution gebracht habe. Man charakterisierte die USA als »die Lokomotive des Militarismus, ein System des monopolisti-schen Totalitarismus« (!). Zwar wurde nicht geleugnet, daß die kapitali-stische Welt immer noch fähig war, ihre Produktionsleistungen zu erhöhen, aber sie sei trotzdem zum Untergang verurteilt, weil sie ihre sozialen Probleme, zum Beispiel zunehmende Arbeitslosigkeit, nicht lösen könne. Einige Hinweise auf globale gegenseitige Abhängigkeit und auf die Möglichkeit einer Kooperation im gegenseitigen Interesse waren zu hören. Auch begann man zu fragen, ob es nicht eine Ver-schwendung sei, jedes Jahr so viele Milliarden für die Rüstungshaushalte auszugeben.

Die Sowjetpropaganda demonstrierte 1985/86, in den ersten beiden Gorbatschow-Jahren, im Ausland kein überwältigendes Maß an Glas-nost. So hieß es, das sowjetische Beispiel habe gezeigt, daß die nationale Frage, »eines der dramatischsten Probleme der Menschheit«, innerhalb relativ kurzer Zeit gelöst werden könne. Das Recht auf Wohnung sei in der Sowjetunion durch die Verfassung garantiert, und die medizinische Versorgung sei kostenlos; zwischen 1986 und 1990 werde sich das Real-einkommen um etwa ein Drittel erhöhen. Unter den vielen sowjeti-schen Errungenschaften waren einige, die man bis dahin nie erwähnt hat-te: »Das sowjetische Volk ist stolz darauf, daß unser Land sich den Titel des letzten Bollwerks der romantischen Liebe in der Welt erhalten hat.«[4] Jeder erwartet, daß ein Staat sich in der Auslandspropaganda von der be-sten Seite zeigt, aber derartige Behauptungen gingen offensichtlich über die normalen Grenzen des guten Geschmacks und der Plausibilität hinaus.

Wenn die sowjetischen Außenpolitiker sich eng an derlei Interpretationen gehalten hätten, wären in den Beziehungen zum Westen wohl kaum Fortschritte gemacht worden. Aber sie hielten sich nicht daran. Seit Gorbatschows Besuch in London im Jahre 1984, also noch bevor er Generalsekretär wurde, zeigte die sowjetische Diplomatie sich bereit, engere Beziehungen zum Westen sowie zu China und Japan zu knüpfen. Dies drückte sich vor allem in dem Wunsch aus, Rüstungskontrollabkommen zu erzielen. Daneben gab es Vorschläge, die Handelsbeziehungen durch »Gemeinschaftsunternehmen« zu verstärken, und die Sowjetunion war plötzlich bereit, über »Angelegenheiten von allgemeinmenschlichem Interesse« zu sprechen.

Dieser neue Stil machte im Westen ausgezeichneten Eindruck. Mrs. Thatcher erklärte als erste, daß ihr Gorbatschow gefalle und daß »man mit ihm ins Geschäft kommen« könne; kurz darauf äußerte Mitterrand sich ähnlich, und auch Bundeskanzler Kohl imponierten Gorbatschows »natürliche Autorität« und Detailkenntnisse. Schließlich zeigte sich sogar US-Präsident Reagan hingerissen von dem Charme der Gorbatschows, als sie im Dezember 1987 Washington besuchten. Noch bemerkenswerter war der Eindruck auf die öffentliche Meinung und die westlichen Medien (wovon unten noch die Rede sein wird).

Viele Unklarheiten blieben jedoch bestehen, vor allem die grundsätzliche Frage, ob die neue Annäherung nur eine vorübergehende, auf ein paar Jahre berechnete, taktische Anpassung darstellte oder ob es sich um einen wirklichen Bruch in der sowjetischen Außenpolitik, um eine langfristige Neuorientierung handelte. Einige sowjetische Kommentatoren schienen das letztere zu befürworten, da es unrealistisch sei, verbesserte Beziehungen zum Westen zu erwarten, wenn die Vorstellung von einem elementaren, unversöhnlichen Antagonismus, von einem früher oder später zu vernichtenden Feind, nicht fallengelassen würde.[5] Die meisten sowjetischen Sprecher zogen es vor, die Frage offenzulassen.

Es gab noch andere Widersprüche. Der neuen politischen Einschätzung zufolge ging der amerikanische Einfluß zurück, während Westeuropa und Japan sich zu neuen Machtzentren herausbildeten. Doch die sowjetische Führung verhandelte trotzdem meist mit Washington, dem immer noch bei weitem wichtigsten Partner (und Gegner). Die Russen waren zwar für eine unabhängige europäische Politik, lehnten jedoch jeden Schritt zu einer engeren politischen und militärischen Zusammenarbeit innerhalb Westeuropas ab. Auf dem Gebiet der Rüstungskontrolle bestand ein ähnlicher Widerspruch zwischen dem Wunsch, gewisse Waffensysteme wegen ihrer enormen (und wachsenden) Kosten zu begrenzen und abzubauen, und dem gleichzeitigen Bestreben, möglichst keinen der Vorteile im Wettrüsten aufzugeben, die sie in den siebziger Jahren erlangt hatten.

Der Außenhandel war ein weiterer Bereich, in dem Fortschritte schwierig schienen. Man hatte aufrichtiges Interesse daran, die Handelsbeziehungen zum Westen auszuweiten, um die Modernisierung der Sowjetwirtschaft zu fördern; dieses Ziel wurde wiederholt auf dem 27. Parteitag und bei späteren Gelegenheiten hervorgehoben. Aber in Wirklichkeit kam es zwischen 1985 und 1987 zu einem beträchtlichen Rückgang des Austausches mit den wichtigsten Handelspartnern (mehr als zwanzig Prozent im Falle der Bundesrepublik Deutschland), was unter anderem auf den sinkenden Ölpreis (Öl ist der bedeutendste sowjetische Exportartikel) und den Dollarverfall zurückzuführen war. Um die Verringerung der Deviseneinnahmen auszugleichen, beschloß die Sowjetregierung, Gemeinschaftsunternehmen mit westlichen und japanischen Konzernen zu begründen. In den frühen zwanziger Jahren, während der Neuen Ökonomischen Politik, hatte es ähnliche Projekte gegeben, aber die Versuche, diese Tradition wiederaufleben zu lassen, waren offensichtlich nicht wohldurchdacht; angesichts der bürokratischen Komplikationen und anderer Schwierigkeiten zeigten mögliche ausländische Partner nur geringes Interesse.

Die emsigste Tätigkeit entwickelte sich im Bereich der Rüstungskontrolle. Die Sowjetunion ergriff die Initiative mit einer Reihe von Vorschlägen, die weit über alle von Gorbatschows Vorgängern gemachten Angebote hinausgingen[6], darunter die Verringerung der strategischen Waffen um die Hälfte, der allmähliche Abbau aller Kernwaffen bis zum Jahre 2000 und die Einschränkung der konventionellen Streitkräfte in Europa. Diese und andere Vorschläge waren recht vage, besonders was den entscheidenden Punkt der Verifizierung betraf. Aber sie trugen dazu bei, den sowjetischen Unterhändlern die Initiative zurückzugeben, da der Eindruck entstand, daß Gorbatschow ein Mann des Friedens sei, während Reagan halsstarrig wirkte und eine Verschleppungstaktik zu bevorzugen schien, die jedes bedeutsame Zugeständnis an die Sache des Weltfriedens ausschloß.

Dieser Eindruck wurde in gewissem Maße durch das Ergebnis der Konferenz von Reykjavik (Oktober 1986) verstärkt, bei der die Sowjets eine Verringerung aller strategischen Interkontinentalraketen um fünfzig Prozent innerhalb von fünf Jahren und ihre vollständige Beseitigung bis zum Ende des Jahrhunderts sowie die »Null-Lösung« für Mittelstreckenraketen anboten. Die Amerikaner waren mit diesen Vorschlägen im Prinzip einverstanden, und wenn die Konferenz ein Fehlschlag wurde, dann deshalb, weil die russische Seite nicht willens war, das amerikanische SDI-Programm zu akzeptieren. Viele westliche Experten waren nach Reykjavik der Meinung, Gorbatschow habe seine weitreichenden Vorschläge in der festen Überzeugung gemacht, daß das Gesamtpaket mit seiner Alles-oder-Nichts-Forderung (das heißt mit dem Bestehen auf der Einstellung von SDI) für die Amerikaner unannehmbar sein werde. Aber Gorbatschow lenkte später ein, und das amerikanische Beharren auf SDI war hinfort kein Hindernis mehr für die erfolgreichen Verhandlungen über die Beseitigung von Mittelstreckenraketen, so daß auf dem Washingtoner Gipfeltreffen vom Dezember 1987 ein Abkommen unterzeichnet wurde. Auch die Gespräche über Interkontinentalraketen wurden nicht beeinträchtigt.

Weder die komplizierten Abrüstungsverhandlungen noch die westlichen Ängste und Zweifel (was die »Abkoppelung« und die größere Verletzlichkeit Europas für einen konventionellen Angriff betraf) sind in unserem Zusammenhang von unmittelbarer Bedeutung. Was jedoch wenigstens in kurzen Zügen untersucht werden sollte, ist das Ausmaß, in dem sich das »neue Denken« in der sowjetischen Verteidigungspolitik widerspiegelte. Unter Gorbatschows Führung haben die Streitkräfte keine so wichtige Rolle gespielt wie unter Breschnew – eine politische Tatsache, die sich auf verschiedene Weise manifestiert hat.[7] Was die Grundhaltung zu einer starken Verteidigung angeht, so war Gorbatschows Engagement unübertroffen, aber im Gegensatz zu Breschnew stellte er Fragen nach dem Management der Streitkräfte und nach den Militärausgaben. Da er besser über die schwierige Wirtschaftslage des Landes unterrichtet war als seine Vorgänger, mußte er den bestehenden Konsens überprüfen: Wurden die wirtschaftlichen Aufwendungen für die Streitkräfte optimal genutzt? War der Einsatz von Menschen und Ressourcen verschwenderisch? Wenn ja, welche Änderungen und Reformen ließen sich durchführen? Dies wiederum führte zu einer grundsätzlichen Frage nach dem strategischen Nettowert des sowjetischen Militärpotentials: Wie stark war die Sowjetunion, verglichen mit ihren potentiellen Feinden? Ähnliche Fragen waren zuletzt unter Chruschtschow gestellt worden und hatten Beschränkungen der Militärausgaben nach sich gezogen. Gorbatschow scheint die Weltlage weit optimistischer eingeschätzt zu haben als die Militärführer, die in den Jahren 1985 und 1986 gern den Eindruck erweckten, daß die internationalen Spannungen explosiv seien und die Welt an der Schwelle einer umfassenden Krise stehe.

Die erste Reaktion der höchsten Offiziere auf Glasnost und Perestroika bestand in höflicher Gleichgültigkeit. Man erwies den neuen Parolen Lippenbekenntnisse, aber im allgemeinen schienen die Streitkräfte zu glauben, daß die Reformen ausschließlich den Zivilsektor betrafen. Kaum ein Wandel in der Struktur und im Management der Streitkräfte wurde für nötig gehalten, und man ließ keinen Zweifel daran, daß die Einmischung von Zivilisten unwillkommen sei. Die Armeeführung verübelte Medienberichte über den Krieg in Afghanistan und über die Behandlung zurückkehrender Veteranen, da sie ein schlechtes Licht auf die Leistung der Streitkräfte warfen. Niemand wagte, es freimütig auszudrücken, aber große Teile der Öffentlichkeit waren erstaunt darüber, daß die gewaltige Sowjetarmee, die stärkste Streitmacht der Welt, im Laufe von sieben Jahren unfähig gewesen war, den schlecht ausgebildeten und mangelhaft ausgerüsteten Afghanen eine entscheidende Niederlage zuzufügen. Die Armee war verärgert über solche Andeutungen, und sie beklagte sich über unzureichende moralische Unterstützung durch die sowjetischen Erziehungsbehörden und die Medien. Einige Filmemacher und Schriftsteller (zum Beispiel Alexander Prochanow, den die Rezensenten die »Nachtigall des Generalstabs« nannten) hatten es sich zur Aufgabe gemacht, die Taten der sowjetischen Streitkräfte in Afghanistan und anderswo zu glorifizieren, doch die meisten Autoren vermieden das Thema, und die Armeebefehlshaber entdeckten pazifistische (»remarquistische«) Untertöne in den Werken bekannter Schriftsteller wie Ales Adamowitsch. Die Armeeführung hielt wenig von den Hinweisen führender Wissenschaftler, daß es unproduktiv sei, begabte junge Studenten zu rekrutieren und dadurch das Land (also letzten Endes auch die nationale Verteidigung) um den Beitrag zu bringen, den sie in den besten Jahren ihrer wissenschaftlichen Karriere leisten könnten. In den Medien wurden Beschwerden darüber laut, daß die Söhne von Eltern mit guten Beziehungen während des Armeedienstes bevorzugt behandelt würden. Vor allem gab es verbreitete Kritik daran, daß junge Rekruten während der Grundausbildung mißhandelt wurden – weniger von den Offizieren (die sich unwissend stellten) als von niedrigeren Dienstgraden und besonders von Wehrpflichtigen im letzten Dienstjahr, die selbst die gleichen Demütigungen erlitten hatten.[8]

Kurz gesagt, die oberste Armeeführung fürchtete, daß sich aus Glasnost und Perestroika viele Komplikationen ergeben würden – daher der passive Widerstand, der etwa bis Anfang 1987 dauerte.

Auf dem ZK-Plenum vom Januar 1988 drohte Gorbatschow all jenen mit Degradierung, die nicht mit den neuen Reformen kooperieren wollten. Schon vorher hatte im sowjetischen Oberkommando und im Verteidigungsministerium eine Umbildung begonnen. Sie wirkte sich nachdrücklich auf die militärische Einstellung zur Reformpolitik aus, zumal die neuen Befehlshaber keineswegs immer auf der Beförderungsliste obenan standen, sondern niedrigere Ränge bekleideten, dafür aber als Reformanhänger bekannt waren. Marschall Sokolow, der Verteidigungsminister, wurde von General Dmitri Jasow abgelöst, nachdem der junge deutsche Pilot Mathias Rust »außerplanmäßig« mit einer Cessna 172 auf dem Roten Platz gelandet war. In einer seiner Reden warf Jasow ungenannten Offizieren vor, die negativen Tendenzen in den Streitkräften nicht beseitigt zu haben: »Wir müssen der Wahrheit ins Auge blicken: Manche von uns haben das Pflicht- und Verantwortungsgefühl für die Erfüllung unserer Aufgaben verloren.«[9]

Was immer die langfristigen Ergebnisse solcher Ermahnungen sein mögen, vom Frühjahr 1987 an zeigten die Militärbefehlshaber jedenfalls in ihren Reden und Artikeln ein deutlicheres Engagement für die neue Reformpolitik. Sie begriffen, daß es ein Fehler gewesen war, die Entschlossenheit der Zivilführung zu unterschätzen. Auch in Fragen der militärischen Doktrin schlossen einige, wenn auch nicht alle, sowjetische Militärführer einen Kompromiß mit den zivilen strategischen Denkern, die eindeutig von Gorbatschow unterstützt wurden. Im Zusammenhang mit der Stationierung der SS-20-Raketen wurden Bedenken angemeldet, die früher unvorstellbar gewesen wären. Alexander Bowin, ein maßgebender Kommentator, merkte an, daß die Herstellung und Dislozierung dieser Raketen offensichtlich sehr teuer gewesen seien. »Und wenn wir uns einverstanden erklären, sie zu vernichten, erhebt sich die Frage, weshalb wir sie überhaupt produziert haben? Solche Fragen werden nicht nur von mir gestellt, und man würde sich eine kompetente Antwort wünschen.«

Sowjetische Militärs hatten größere Mühe als Zivilisten, die Tatsache zu akzeptieren, daß, ungeachtet der Lehren von Clausewitz, Lenin und anderen, ein thermonuklearer Krieg nicht mehr die Fortsetzung der Politik mit anderen Mitteln sein könnte, daß es nicht länger Sieger und Besiegte geben würde. Einige Militärschriftsteller argumentierten weiterhin, daß sich zwar seit dem neunzehnten Jahrhundert sehr viel geändert habe, es jedoch zumindest voreilig sei, die klassische marxistische Konzeption von gerechten und ungerechten Kriegen aufzugeben. Zudem bestehe immer die Gefahr eines Überraschungsangriffs – ein Gedanke, der in der sowjetischen militärischen Publizistik in den frühen achtziger Jahren eine wichtige Rolle gespielt hatte.[10] Die Diskussionen verliefen scheinbar auf abstrakter Ebene, aber sie führten notwendig zu äußerst aktuellen und praktischen Fragen: wieviel für die Verteidigung auszugeben sei, welchen Charakter ein künftiger Krieg haben werde, wer im Wettrüsten überlegen sei und ob man eine neue Militärdoktrin benötige – Fragen, die westlichen Strategen und politisch Verantwortlichen nicht unvertraut sind. Man war geneigt, diese Debatten als Spiegelbild ähnlicher Auseinandersetzungen im Westen zu betrachten, aber das traf nur zur Hälfte zu.

Es hatte Widerstand gegen Gorbatschows offenkundige Bereitschaft gegeben, Washington in den Abrüstungsverhandlungen Zugeständnisse zu machen – zum Beispiel, was das Moratorium zur Einstellung von Nukleartests betraf.[11] Manche Einwände wurden offen oder verschlüsselt vorgebracht; zahlreichere Einsprüche gelangten, wie man annehmen darf, nie aus dem Bereich strikter Vertraulichkeit heraus. Diese kritische Haltung ging auf Marschall Ogarkow, Generalstabschef bis 1984, und seine Vorgänger zurück. Sie argumentierten, die internationale Lage sei kritisch, es könne jederzeit zu einem Krieg kommen, und nur die sowjetische Überlegenheit sei eine Garantie für eine erfolgreiche Verteidigung und den letztlichen Sieg. Doch die Zeit verging, und der Krieg blieb aus; das Militär verbrauchte immer mehr Mittel, und wenn die Sowjetunion auch in mancher Hinsicht überlegen war, genügte dies nicht, um dem Land einen entscheidenden Vorteil zu verschaffen.

Diese Debatten verursachten heftige Konflikte und schmerzliche Gegensätze, wie Dobrynin es einmal ausdrückte.[12] Die radikaleren neuen Denker sprachen von einem »globalen Sicherheitssystem«, sogar von einem historischen Kompromiß (Burlazki). Doch dies waren Spekulationen von Außenseitern. Die orthodoxen Strategen wurden von einer seit Anfang 1987 währenden Auseinandersetzung über die *dostatotschnost* (Angemessenheit) der Bewaffnung in Anspruch genommen. Der Begriff wurde von Akromejew, dem sowjetischen Generalstabschef, akzeptiert und ging in die Beschlüsse des Warschauer Pakts und damit in die offizielle Doktrin ein.[13] Aber die Frage war weiterhin, wie man Angemessenheit interpretieren sollte; das Wort »Parität« wurde weniger häufig benutzt. Die Armeebefehlshaber betonten immer noch die wachsende Gefahr eines imperialistischen Angriffs und »neigten dazu, aus politischen Gründen westliche Vorteile in manchen Bereichen zu übertreiben«.[14] Ob die Einwände von Zivilisten irgendeinen wesentlichen Effekt auf diejenigen hatten, die für die politische Schulung der Armee verantwortlich waren, bleibt zweifelhaft. Zum Beispiel schrieb A.I. Kirillow, der Chef der Armeezeitung *Sa rodinu*: »Der Imperialismus bereitet sich auf den Krieg vor. Niemand kann es leugnen.«[15]

Die aufgeklärteren Militärführer meinten, daß das sowjetische Oberkommando überaus interessiert am Erfolg der Reformpolitik sein müsse, da diese zur Modernisierung der Wirtschaft und damit letztlich auch zur Stärkung der Streitkräfte führen werde. Deshalb sei man willens, »Angemessenheit« auf einem niedrigeren Niveau zu akzeptieren; allerdings wurde behauptet, daß die Amerikaner wahrscheinlich nicht einverstanden sein würden. Einige militärische Denker und zahlreiche zivile Strategen brachten vor, daß es nicht mehr nötig sei, sich der westlichen Rüstung in jeder Hinsicht anzupassen – im Gegenteil, eine solche Reaktion sei schädlich (»weil die Amerikaner uns zermürben möchten«).[16] Manche Zivilisten gingen soweit zu sagen, daß Angemessenheit als die Fähigkeit interpretiert werden könne, einen Krieg zu verhindern und das Land zu verteidigen – eine Formel, die auch Gorbatschow benutzte. Es ging um das Vermögen, eine mögliche Aggression abzuschrecken, zugleich aber eine offensive Kriegführung auszuschließen.[17]

Dies alles war geradezu sensationell, verglichen mit der strategischen Doktrin der siebziger Jahre. Die sowjetische Außenpolitik war unter Gorbatschow viel dynamischer geworden, was allerdings ein sehr zweifelhaftes Kompliment war, denn wie im Falle von Glasnost hatte man auf einem sehr niedrigen Niveau begonnen. In den frühen achtziger Jahren hatte die Sowjetunion sich selbst ins Abseits manövriert, weshalb die vielen diplomatischen Verhandlungen und Staatsbesuche, die die Perestroika begleiteten, im Ausland beträchtlichen Eindruck machen mußten. Die sowjetischen Diplomaten begannen, eine ganz andere Sprache zu sprechen; sie folgten dem Beispiel der Parteiführung und waren bereit, einstige Tabuthemen zu erörtern; dadurch entstand die Erwartung, daß es bald zu einem Durchbruch, einem radikalen Wandel der Ost-West-Beziehungen, kommen müsse.

Die sowjetische Diplomatie gab sich Mühe, die Beziehungen zum Vereinigten Königreich und auch zur Bundesrepublik Deutschland zu verbessern, die in den siebziger Jahren Moskaus bevorzugter westlicher Handelspartner gewesen war. Aber weder diese Aktivitäten noch die Besuche von sowjetischen Staatsmännern in Skandinavien, Spanien, Lateinamerika und in anderen Teilen der Welt, noch die relative Zurückhaltung der sowjetischen Medien[18] hatten unmittelbare bedeutende Änderungen zur Folge. Allerdings hatte der Kreml dies aller Wahrscheinlichkeit nach gar nicht erwartet. Der Zweck war, Flagge zu zeigen und zu demonstrieren, daß die Sowjetunion nicht nur eine Supermacht, sondern auch eine gemäßigte, verantwortungsvolle Kraft in der Weltpolitik war – und als solche behandelt werden wollte.

Auch in der sowjetischen Fernostpolitik gab es mehr Kontinuität als Wandel. Die Frage eines allasiatischen Forums wurde wiederum aufgeworfen, und in einer Rede in Wladiwostok unterstrich Gorbatschow, daß die Sowjetunion eine pazifische Macht sei. Aber diese Ideen unterschieden sich nicht grundsätzlich von Breschnews gescheitertem Plan für ein kollektives fernöstliches Sicherheitssystem. Es kam zu einer Annäherung zwischen der UdSSR und den seit kurzem unabhängigen Pazifikstaaten, und der sowjetische Außenminister besuchte Tokio, aber die Sowjetregierung war nicht bereit, irgendwelche territorialen Zugeständnisse zu machen.

In Gesprächen mit den Chinesen machten die Russen immerhin ein paar Konzessionen. Sie akzeptierten die Grenzziehung zwischen beiden Ländern in der Mitte des Amur und des Ussuri statt auf der chinesischen Seite, und sie versprachen, Maßnahmen zu ergreifen, was die drei wichtigsten Zankäpfel anging: Afghanistan, Kambodscha und die Verringerung der Truppen an den 7500 Kilometer langen Grenzen. Die Beziehungen normalisierten sich bis zu einem gewissen Grade; die Chinesen entsandten eine Delegation zur Siebzigjahrfeier der Oktoberrevolution, und der Handel zwischen den beiden Ländern verstärkte sich. Gorbatschow nannte China eine »sozialistische Großmacht«, und die Chinesen dämpften ihre feindseligen Kommentare. Aber selbst wenn eine befriedigende Lösung für alle wichtigen offenen Fragen gefunden wird, dürfte das gegenseitige Mißtrauen zwischen den beiden führenden kommunistischen Staaten so tief verwurzelt sein, daß eine Rückkehr zu dem engen Verhältnis, das unter Stalin und Mao bestand, illusorisch scheint.

Auch wenn die sowjetischen Streitkräfte überraschend schnell aus Afghanistan abgezogen wurden, änderte sich die sowjetische Außenpolitik im Kern weniger als die Innenpolitik. Damit war allerdings zu rechnen gewesen, denn selbst wenn Gorbatschow und seine Kollegen an einer tiefgreifenden Neuorientierung der sowjetischen Außenpolitik interessiert waren, blieb ihnen wenig Zeit, dieses Ziel zu verfolgen, da sich ihre Aufmerksamkeit und ihre Bemühungen notwendigerweise auf die Innenpolitik konzentrieren mußten. Die Priorität der Innen- über die Außenpolitik war eindeutig und unbestritten, denn nichts lag dem Generalsekretär ferner als der Wunsch, eine »zweite Front« zu eröffnen, während der Kampf an der »Heimatfront« gerade erst begann.

Das sowjetische Außenministerium unterstützte Glasnost und Perestroika. Die Herausgabe einer Hauszeitung (*Westnik*), die im Jahre 1918 erstmals erschienen, aber seit langem eingestellt war, wurde wiederaufgenommen, und Schewardnadse hielt eine Rede, in der er innere Reformen verlangte. Er gab ein Beispiel für die Art von Reformen, an die er dachte: Ihm sei mitgeteilt worden, daß ein großer Experte auf einem spezifischen Gebiet, das von großer Bedeutung für das Land sei (selbst unter Glasnost wollte der Minister nicht deutlicher werden), seit vielen Jahren im Ministerium arbeite. Doch da es ein sehr bescheidener Mann sei, der nie sein eigenes Lob gesungen habe, seien seine Talente nicht genutzt worden. Und nun stehe der Mann kurz davor, in Pension zu gehen. Welch eine Verschwendung![19]

Es war eine traurige Geschichte, aber sie hätte sich fast überall in der Welt ereignen können; sie demonstrierte die Humanität und Rücksichtnahme des sowjetischen Außenministers. Zudem lieferte sie eine gute Illustration dafür, wie er Glasnost und Perestroika interpretierte. Aber so bescheiden Schewardnadses Reformen zunächst auch waren, so stießen sie doch bei einigen Beamten des Ministeriums auf erheblichen Widerstand. Denn in derselben Rede teilte er mit, daß viele Genossen, sowohl frühere wie gegenwärtige Angestellte des Ministeriums, über die Glasnost-Politik verärgert seien und meinten, daß sie der Autorität des Außenministeriums schade. Schewardnadse teilte diese Ansicht nicht. Seiner Auffassung nach verlangte der wahre Geist der Partei heutzutage nicht nur schöpferischen Marxismus-Leninismus und berufliche Kompetenz, sondern auch die Verteidigung des eigenen Standpunktes gegen Kritiker innerhalb und außerhalb des Ministeriums – dies sei besser als das früher so häufige Bestreben, nur nicht aufzufallen.

Im Laufe der Zeit tauchten dann zunehmend Anzeichen für eine selbstkritische Haltung im außenpolitischen Denken auf. Im der Außenpolitik gewidmeten Abschnitt des offiziellen Arbeitspapiers, das man für die außerordentliche Parteikonferenz im Juni 1988 vorbereitet hatte, wurden, zumindest in allgemeinen Zügen, Fehler bloßgestellt, die in der Vergangenheit nie eingeräumt worden waren. Gromyko, der langjährige frühere Außenminister, Arbatow, eine einflußreiche Gestalt unter Breschnew, und andere »Njetsager« wurden direkt oder indirekt aufs Korn genommen. Einige Fehler wurden im Juni 1988 auf einer Pressekonferenz von hohen Beamten und einem Historiker, Wladislaw Daschitschew, eingeräumt, der auf der Grundlage spezifischer Beispiele nachwies, daß es lächerlich sei, die frühere sowjetische Außenpolitik als unfehlbar zu bezeichnen.[20] Daschitschew erläuterte, daß die München-Politik der Westmächte kurz vor dem Zweiten Weltkrieg nicht nur von Antikommunismus (wie Moskau in der Vergangenheit stets behauptet hatte), sondern auch von der Annahme motiviert war, daß Stalin nach der »Enthauptung« der Roten Armee kein zuverlässiger Verbündeter mehr sei. Auch könne man dem Westen im Grunde keine Vorwürfe machen, wenn er über Stalins Nachkriegsexport des Sowjetsystems besorgt gewesen sei und den Parolen über die inbrünstige Beziehung der Sowjetunion zur Sache des Friedens wenig Glauben geschenkt hätte. Daschitschew merkte an, daß es in den fünfziger und sechziger Jahren keine klare Vorstellung von den wahren nationalen Interessen der Sowjetunion gegeben habe und daß deshalb umfassendere Interessen zugunsten zweitrangiger, kurzlebiger Gewinne in Ländern der Dritten Welt geopfert worden seien.

Derartige Eingeständnisse einzelner Autoren oder sogar offizieller Sprecher hatten jedoch nicht unbedingt einen sofortigen fundamentalen Wandel der sowjetischen Außenpolitik zur Folge. Ein solches Umdenken kann sich auch im günstigsten Fall nur sehr langsam vollziehen und bestimmte Grenzen nicht überschreiten. Die weitreichendste maßgebliche Erklärung über das neue Denken in der Außenpolitik wurde nach der 19. Parteikonferenz, wie es sich protokollarisch gehört, vom Außenminister persönlich abgegeben. Schewardnadse verurteilte das »traditionelle Denken« heftig und erklärte unverhohlen, daß die Lehre von den internationalen Beziehungen als Klassenkampf nicht mit dem Erfordernis der friedlichen Koexistenz vereinbar sei. Er unterstrich, daß man die Lektionen des Zweiten Weltkriegs im Lichte der jüngeren Erfahrung nicht hinreichend kritisch geprüft habe: Krieg sei nicht mehr ein rationales Mittel der Politik, und nationale Sicherheit werde nicht durch den Umfang des militärischen Arsenals garantiert. Schewardnadse sagte, der Ruf der Sowjetnation habe großen Schaden gelitten, weil sie einen gewaltigen Vorrat von (chemischen) Waffen angesammelt habe, »die sich nur als über die Maßen barbarisch beschreiben lassen«. Auch kritisierte er den Verlust von vierzehn Jahren bei den Wiener Gesprächen über den Abbau konventioneller Truppen, wobei er allerdings den Westen weitgehend für das Scheitern verantwortlich machte.[21] Diese und andere Formen der Selbstkritik stellten offensichtlich einen neuen Anfang im außenpolitischen Denken der Sowjetunion dar. Aber sie führten nicht unbedingt zu sofortigen radikalen Änderungen in der praktischen Politik; selbst in relativ zweitrangigen Fragen, etwa was Berlin oder die Kooperation Österreichs mit der Europäischen Wirtschaftsgemeinschaft betraf, machte man nur langsame Fortschritte.

Glasnost im Westen

Glasnost wurde im Westen enthusiastisch begrüßt. Zunächst herrschte allerdings eine gewisse Zurückhaltung, da die Medien die Wahl Andropows mit übermäßigen Erwartungen bedacht und auch zu viele gute Worte über die Vernunft und Umsicht Tschernenkos verloren hatten. Angesichts der späteren Enttäuschungen schien nun etwas Vorsicht ratsam zu sein. Doch nach Gorbatschows erstem Amtsjahr häuften sich die Kommentare über einen neuen sowjetischen Führungsstil. 1987 kam dann echte Begeisterung auf: Ein Umschwung habe sich ereignet, der Kalte Krieg sei endlich vorbei. Die Gorbatschow-Revolution bedeute einen der großen Wendepunkte in der Geschichte der UdSSR.

Wie immer gab es Unterschiede und Nuancen: Der Enthusiasmus war erheblich stärker in den Vereinigten Staaten und in der Bundesrepublik als in Frankreich oder Italien. Nur wenige Wirtschaftswissenschaftler teilten den Optimismus der Massenmedien, was Gorbatschows Chancen betraf. Liberale politische Beobachter wie Theodore Draper (der sich im *Dissent* äußerte) warnten vor überzogenen Hoffnungen. Draper wurde von Martin Walker unterstützt, einem britischen Zeitungskorrespondenten in Moskau, der einer der optimistischsten westlichen Kommentatoren vor Ort gewesen war. Nach einer Vortragsreise durch die Vereinigten Staaten zeigte Walker sich erstaunt über die Bereitschaft der amerikanischen Sowjetologen, seinen Mutmaßungen über den künftigen Kurs der Gorbatschowschen Reformen zuzustimmen oder sie gar als zu pessimistisch zu kritisieren. Er war nicht allzu erfreut: »Die Fähigkeit der amerikanischen Medien, einen sofortigen Mythos heraufzubeschwören, das Gewöhnliche zu verherrlichen und zu heiligen, sollte nie unterschätzt werden.« Er fürchtete, daß das amerikanische Pendel, das gegenwärtig Euphorie anzeigte, »mit großer Geschwindigkeit von Zuversicht zu Verzweiflung, von Vertrauen zu Ablehnung« zurückschwingen könnte. Ein Jahr später, kurz bevor er Moskau verließ, schrieb Mr. Walker noch eindringlicher: »Ich scheine die ersten drei Jahre [in Moskau] damit verbracht zu haben, die langmütigen Leser des *Guardian* an den Rockaufschlägen zu packen und ihnen zu versichern, daß sich die Dinge hier wirklich auf dramatische und wundersame Weise änderten. Und ich habe das letzte Jahr damit verbracht, das Pendel der öffentlichen Meinung anzuflehen, ein wenig abzuwarten, weil die Dinge sich doch nicht so sehr veränderten. Der Appetit auf Perestroika ist im Westen völlig außer Kontrolle geraten. Dies bleibt die Sowjetunion – ein Ort, an dem Glasnost nach Belieben des Staates außer Kraft gesetzt werden kann.«[22]

Wie läßt sich der herzliche Empfang erklären, der Gorbatschow und seiner neuen Linie sogar in solchen westlichen Kreisen bereitet wurde, die normalerweise kaum Wohlwollen der sowjetischen Politik gegenüber empfinden? Es gab ein paar offensichtliche Gründe. Der Stil und das politische Programm Gorbatschows waren natürlich ein gewaltiger Schritt nach vorn, verglichen mit der Breschnew-Ära, von früheren Kapiteln der sowjetischen Geschichte gar nicht zu reden. Eine dauerhafte Wende zum Besseren war viele Male erwartet und vorausgesagt worden: nachdem die Sowjetunion 1941 in den Krieg eingetreten war, nach dem Sieg über die Achsenmächte, nach Stalins Tod im Jahre 1953 und bei mehreren späteren Gelegenheiten, zuletzt nach der Wahl Andropows. In all diesen Fällen waren die Hoffnungen verfrüht gewesen. Aber es gab immer noch einen großen Vorrat an Goodwill der Sowjetunion gegenüber; früher oder später mußte sie sich doch einfach in eine Demokratie europäischen Stils verwandeln.[23]

Die Folgen einer solchen historischen Wende schienen klar: eine sicherere Welt, in der ein Atomkrieg ausgeschlossen war; enorme Ersparnisse bei den Rüstungsausgaben; eine wohlhabendere, von Furcht befreite Welt. Die potentiellen Vorteile der Demokratisierung und Liberalisierung der UdSSR waren überwältigend, und deshalb durfte es nicht überraschen, daß sich die westlichen Medien mit ihrem natürlichen Hang zur Übertreibung an Hoffnungen und Möglichkeiten klammerten und sie in Fakten und Gewißheiten verwandelten. Und schließlich fand der in westlichen Medien stets ausgeprägte Hang zur Personalisierung politischer Probleme in Gorbatschow einen ausgezeichneten Kandidaten, einen »Star«, wie *Der Spiegel* schon 1985 zu Recht feststellte, einen »Mann des Jahres«, um mit amerikanischen Nachrichtenmagazinen zu sprechen. Hier war endlich ein sowjetischer Parteichef, mit dem westliche Reporter sich identifizieren konnten: charmant, mit einer attraktiven Frau, schlagfertig, mit einem Sinn für Humor, kompetent, vernünftig, ein Mann des Friedens – ein Staatsmann mit sicherem Gefühl für die Menge, ein vortrefflicher »Kommunikator«. Es war kein Wunder, daß der Beliebtheitsgrad einer solchen Figur in den meisten westlichen Ländern sehr hoch war, manchmal höher als der ihrer eigenen Spitzenpolitiker.

Der frühere Präsident Carter nannte Gorbatschow den »humanitärsten von allen Führern der Welt«. Führende Medienvertreter wurden ebenfalls von soviel Charisma überwältigt; einer von ihnen beschrieb die Szene folgendermaßen: »... ein Murmeln der Erregung erhob sich, und die Gorbatschows betraten den Raum; es war, als seien ein König und seine Gemahlin in unserer Mitte erschienen, oder Medienberühmtheiten, deren wirkliche Gesichter – jugendlich, lebendig und lächelnd, selbstbewußt – viel attraktiver wirkten als ihre Reproduktionen. Auf Zeitungsfotos schien Gorbatschow manchmal aufgedunsen, vierschrötig und stur; in Person strahlt er geradezu Energie und Kraft aus, die Herzlichkeit eines von Natur charismatischen Führers, der seinen Wert kennt und dessen Widerspiegelung in den Augen anderer genießt.«[24]

Solche Reaktionen waren in hohem Maße durch den unverfälschten

Charme zu erklären, der von Gorbatschow und seiner Frau ausging. Weder Ligatschow in Paris noch Ryschkow in Stockholm und Oslo, noch Schewardnadse in Lateinamerika, noch irgendein anderer hoher sowjetischer Politiker lösten ähnliche Ekstase aus.

Der Eindruck, den der Parteichef machte, beeinflußte natürlich die Beurteilung seiner Politik. Gorbatschow war offensichtlich ein freundlicher und anständiger Mann, der Anerkennung verdiente. Warum waren einige westliche Regierungschefs so kühl? Kritiker machten geltend, daß Gorbatschow die am weitesten reichende »Aufpolierung« des Sowjetsystems seit einem halben Jahrhundert eingeleitet habe und daß sich neue Möglichkeiten eröffneten, weil die Sowjetunion sich auf vielen Gebieten langgehegten westlichen Vorstellungen nähere.[25] Aber statt sich auf diese Änderungen einzustellen, nehme der Westen eine Abwartehaltung ein. Andere Kommentatoren betonten ebenfalls die Bedeutung der Reformen und warnten vor einer unangemessen skeptischen Reaktion, die den weiteren Anpassungsprozeß der UdSSR bremsen könne.[26] Solche Äußerungen schienen ein wenig unfair, und sei es nur, weil kein sowjetischer Politiker je so universellen Jubel empfangen hatte; Gorbatschow war zum Symbol der westlichen Hoffnung auf einen Wandel in der Sowjetunion geworden. »Wenn Henry Kissinger und ein paar Senatoren warnten, daß die Demokratien weniger sicher werden würden, wenn Gorbatschow Erfolg hätte«, so waren dies, wie die *Washington Post* schrieb, »leise Stimmen inmitten des Tumults.«[27]

Wenn im Westen bei allem Goodwill und aller Sympathie eine Abwartehaltung herrschte, so galt das gleiche auch für die sowjetische Öffentlichkeit[28], denn die Sowjetbürger hatten den verheißungsvollen Ruf nach Reformen zu oft vernommen. Führende westliche Politiker – von Mrs. Thatcher (die ihn »einen mutigen Mann« nannte) bis Denis Healey, von deutschen Sozialdemokraten bis hin zu Franz Josef Strauß – fanden überschwengliche Lobesworte für Gorbatschow. Wenn sie ihn noch enger umarmt hätten, so hätte es der Todeskuß sein können. Auch westlichen Wirtschaftsführern konnte nicht vorgeworfen werden, daß sie kein Wohlwollen zeigten. Amerikanische Bankiers waren bereit, der Sowjetunion günstigere Kredite zu geben als zum Beispiel Brasilien.

Der damalige US-Präsident Reagan hatte die Stimmung ein paar Tage vor Gorbatschows Washington-Besuch im Dezember 1987 festgelegt, als er im nationalen Fernsehen versicherte, daß Gorbatschow a) die kommunistische Idee der Weltherrschaft aufgegeben habe, b) für völlige nukleare Abrüstung eintrete und c) nicht für den Krieg in Afghanistan verantwortlich sei.[29] Konnte mehr von einem Mann erwartet werden, der die Wendung »das Reich des Bösen« für die Sowjetunion geprägt hatte?

Eines der wichtigsten Sprachrohre des westlichen Kapitalismus, die *Financial Times*, bedachte Gorbatschows Buch *Perestroika* mit einer überschwenglichen Rezension. Auch George Kennan war optimistisch: »Gorbatschow hat den bisher tatkräftigsten Versuch unternommen, einige der Bedingungen und politischen Maßnahmen zu ändern, auf die die Menschen hier [in den USA] so negativ reagiert haben ... Die Aussichten für eine bedeutsame Verbesserung der sowjetisch-amerikanischen Beziehungen werden, solange Gorbatschow seine hervorragende Stellung behält, größer sein als zu irgendeinem Zeitpunkt seit der Revolution.«[30] Die *New York Times* sprach von dem »Publikationsereignis des Jahres«; nur das *Wall Street Journal* brachte eine negative Rezension.[31] In der Bundesrepublik Deutschland, die nicht für großzügige Vorschüsse an Autoren bekannt ist, zahlte ein Verlag beispiellose 1,5 Millionen Mark für *Perestroika*, und innerhalb weniger Tage erwies sich, daß man kein unvernünftiges Risiko eingegangen war, denn *Der Spiegel* zahlte 1,2 Millionen Mark für den Serienvorabdruck, und das Buch steht bis heute auf der Bestsellerliste.

Unter den russischen Emigranten im Westen waren die Meinungen geteilt. In einigen Emigrantenzeitschriften wurden Glasnost und Perestroika in Anführungszeichen gesetzt, und Wladimir Bukowski schrieb, daß mit Gorbatschow ein neuer Stalinist an der Macht sei. Schon zu Beginn der Glasnost-Kampagne war Gorbatschow von zehn prominenten Emigranten aufgefordert worden, einen greifbaren Beweis dafür zu liefern, daß es zu entscheidenden Änderungen gekommen sei. Sie selbst seien nicht infolge eines tragischen Mißverständnisses ausgewandert, sondern aufgrund tiefgehender Differenzen mit einem Regime, das nicht bereit gewesen sei, die künstlerische Freiheit des Ausdrucks anzuerkennen. Werde es in Zukunft keine derartigen Einschränkungen geben?

Ihr Brief wurde – zur allseitigen Überraschung – zusammen mit einer ausführlichen Erwiderung in *Moscow News* veröffentlicht. Weniger überraschend war, daß der Chefredakteur daraufhin von den Behörden getadelt wurde, die seine Entscheidung für einen politischen Fehler hielten. Aber man löste ihn nicht ab, und auch dies war ein Fortschritt in Richtung Glasnost.

Boris Wail, ein anderer emigrierter Autor, veröffentlichte einen Aufsatz mit dem Titel »Glasnost: eine halb gewonnene Schlacht«. Wail, der in der Menschenrechtsbewegung aktiv gewesen war, warnte seine Mitemigranten vor »bloßem Negativismus«: »Mit unseren maximalistischen Forderungen an Gorbatschow rufen wir die Erinnerung an unsere Gegner wach, denn ist es nicht reiner Bolschewismus, von Gorbatschow zu verlangen, daß er das KGB morgen auflösen und ein Vielparteiensystem einführen möge?«[32]

Einige Neuankömmlinge aus der Sowjetunion wie Anatoli Schtscharanski zeigten sich weit skeptischer und drückten die Befürchtung aus, daß der Westen von Glasnost verführt werden könne, denn es falle westlichen Politikern und Journalisten schwer, sich den Ansprüchen von Gorbatschows westlich zugeschnittener Politik zu entziehen. Gorbatschow sei eine Hoffnung; er biete neue Chancen, aber nur dann, wenn man sein tiefstes Wesen durchschaue, und dies sei für Westler ein großes psychologisches Problem. Andere Emigranten haben ein sowjetisches Visum beantragt und in vielen Fällen die Erlaubnis erhalten, ihre alte Heimat von neuem zu besuchen.

Auch die Trotzkisten konnten sich über die Bedeutung der sowjetischen Ereignisse nicht einig werden. Das »Internationale Komitee der Vierten Internationale« erklärte, Gorbatschow sei ein unverbesserlicher Feind der Arbeiterklasse, und warf ihm Mangel an Sympathie und Unterstützung für die revolutionäre Bewegung außerhalb Rußlands sowie Feigheit vor; wie habe er nur das Rüstungskontrollabkommen mit Washington unterzeichnen können? Aber Ernest Mandel, der erfahrene trotzkistische Ideologe, begrüßte Gorbatschow als den »Vertreter des aufgeklärtesten Flügels der Bürokratie«, und andere, wie Healy und Ban-

272

da (von der »Revolutionären Arbeiterpartei«), gingen sogar noch weiter und bezogen einen Standpunkt, der von dem der Kommunisten kaum zu unterscheiden war: In der UdSSR gehe keine kapitalistische Restauration vor sich, sondern es handele sich im Gegenteil um eine Bewegung von großer gesellschaftlicher und politischer Bedeutung.[33]

Die nichttrotzkistische extreme Linke schätzte Gorbatschows Reformbewegung ebenfalls positiv ein. Sie wurde ermutigt durch Berichte in britischen und amerikanischen Zeitschriften wie *New Left Review* und *In These Times*, die von Boris Kagarlizki und ein paar anderen linken Dissidenten aus Moskau und Leningrad verfaßt worden waren. Diesen Quellen zufolge strömten junge Leute überall in der Sowjetunion in sozialistische Clubs; sie seien weniger als die Dissidenten der siebziger Jahre an Menschenrechten und hauptsächlich an der Rückkehr zu einem »positiven Marxismus« interessiert. Einer der Gewährsleute schrieb, die wichtigste Nachricht aus der Sowjetunion sei, daß an der Basis eine linke Erweckung stattfinde, die an die westliche Radikalisierung der sechziger Jahre erinnere. Dies war, milde ausgedrückt, maßlos übertrieben: Ein paar junge Intellektuelle hatten zwanzig Jahre nach ihren westlichen Kollegen ein Interesse an Marcuse, Gramsci und sogar Bakunin entdeckt.

Es gibt manchen Grund zu der Annahme, daß das Leningrader Manifest vom 21. November 1985, das von der »Bewegung für sozialistische Erneuerung« unterzeichnet war und bei einigen westlichen Medien großes Aufsehen erregte, ebenfalls aus diesen Kreisen hervorgegangen war.[34] Das Manifest forderte einen systematischen Wandel und enthielt eine Reihe vernünftiger Vorschläge. Aber niemand wußte, wen es repräsentierte – fünf, fünfzehn oder vielleicht sogar fünfzig Menschen – und ob die Verantwortlichen überhaupt Parteimitglieder waren. Anfang 1988 räumte Kagarlizki ein, daß nicht viel Interesse an den Ideen des Manifests bestand: Einerseits sei der Neostalinismus weitaus populärer geworden, andererseits seien die Liberalen in der Sowjetunion vorwiegend »kulturorientiert« und überließen den Konservativen die wirtschaftliche Sphäre.[35]

Im großen und ganzen entdeckten westliche Beobachter also in der Sowjetunion das, was sie entdecken wollten. Dies war nicht verwunderlich, denn es gab in einer verwirrenden Situation widersprüchliche Zeugnisse aller Art – für fast jeden etwas. Es war durchaus nicht leicht, aus diesem Chaos gegensätzlicher Darstellungen diejenigen Fakten auszuwählen, die nicht mit westlichen Wünschen, sondern mit der sowjetischen Realität übereinstimmten.

Zwei Gruppen waren an den Ereignissen in der UdSSR naturgemäß besonders interessiert: die Sowjetexperten im Westen und die Führer anderer kommunistischer Länder. Wenige Sowjetologen könnten behaupten, die Perestroika, von Glasnost gar nicht zu reden, vorausgesehen zu haben, außer vielleicht jene Schönfärber, die stets erklärt hatten, daß die allgemeine Lage in der UdSSR befriedigend sei und eine erstaunliche Verbesserung unmittelbar bevorstehe. Sie handelten nach dem alten englischen Sprichwort: Wer oft schießt, trifft irgendwann ins Ziel. Die meisten Beobachter der sowjetischen Szene, ob in Moskau oder im Ausland, nahmen im ersten Jahr nach Gorbatschows Wahl keine dramatischen Veränderungen wahr, und es ist auch im Rückblick schwer, ihnen Vorwürfe zu machen, da es keine dramatischen Änderungen gab. Zwar war die Formulierung »Breschnewismus ohne Breschnew« nicht ganz zutreffend, aber von einer mächtigen Reformbewegung konnte jedenfalls nicht die Rede sein. Gorbatschow und seine Anhänger konnten sich nur sehr langsam durchsetzen; es gab erheblichen Widerstand im Politbüro, und vielleicht wußte damals nicht einmal Gorbatschow selbst, wie seine nächsten Schritte aussehen würden.[36]

Deshalb waren die Sowjetologen 1985 und den größten Teil des Jahres 1986 hindurch mit Recht vorsichtig. Aber als Glasnost zur offiziellen Politik erhoben und mit viel größerem Nachdruck gefördert wurde, wuchs ihre Erregung. Einige meinten, daß sich in der UdSSR Ereignisse von größter Tragweite abspielten: eine wahre Revolution, eine Rückkehr zur innerparteilichen Demokratie, die seit mehr als sechs Jahrzehnten nicht mehr existiert hatte; die Einleitung tiefgreifender wirtschaftlicher und gesellschaftlicher Reformen, die durchaus den Rahmen des Systems sprengen könnten; die Entwicklung eines neuen Geistes der Ehrlichkeit; ein Aufblühen der Kultur – kurz, nach vielen vergeblichen Anläufen ein Abbau des stalinistischen Systems. Sie fühlten sich durch die Rehabilitierung Bucharins und anderer Altbolschewiki sowie durch die

Offenlegung sozialer Mißstände bestätigt, die noch ein paar Jahre zuvor ganz unmöglich gewesen wären. Zwar war man sich nicht einig, wohin dies alles führen werde: zu unverfälschtem Leninismus und einer politischen NÖP oder vielleicht sogar noch weiter, zum demokratischen Sozialismus. Aber der Glaube verstärkte sich, daß die Demokratisierung, selbst wenn sich zeitweilige Rückschläge einstellen sollten, unumkehrbar sei.

Wie Professor Moshe Lewin hervorhob, hat sich die Sowjetunion in den letzten Jahrzehnten infolge der Verstädterung stark gewandelt. Stalin sei das Produkt des russischen Dorfes gewesen, doch heute wohnten die meisten Bürger in Städten und hätten eine gute Ausbildung genossen. Die neue sowjetische Führung besitze den politischen Willen, den Mut und die intellektuellen Mittel, um die längst überfälligen Reformen durchzuführen; es gebe innerhalb der Partei ein Übermaß an aufgestauter sozialer Energie und Kreativität, das nur freigesetzt zu werden brauche. Der Weg zur Reform sei nicht von unüberwindlichen Hürden verstellt, deshalb »entfaltet sich nun eine der ungewöhnlichsten Geschichten unserer Zeit«.[37] Die konservativen Kräfte hätten ihre Chance gehabt und seien gescheitert. Die Reformen würden zu einem demokratisierten Einparteiensystem führen, das heißt zu einem neuen autoritären System (*à la russe*). Aber dies sei kein Grund zur Verzweiflung, denn schließlich »sind die meisten Regime der Geschichte autoritär gewesen«.

Einige Sowjetologen empfahlen größere Besonnenheit und rieten, Glasnost und Perestroika nicht allzusehr anzupreisen, wie es der Entspannungspolitik in den siebziger Jahren widerfahren war, so daß sich bittere Enttäuschung einstellte, als die hochgesteckten Hoffnungen nicht erfüllt wurden.

In der russischen Haltung westlichen Sowjetexperten gegenüber war ein deutlicher Wandel zu erkennen. Früher war »Sowjetologie« ein negativer Begriff gewesen, der nur hinter »Faschismus« und »Trotzkismus« zurückstand, und eine ganze Industrie hatte Bücher und Artikel produziert, die die feindseligen und lügenhaften Schriften aller westlichen Sowjetologen zu widerlegen suchten. Im Jahre 1987 begannen in den sowjetischen Medien relativ objektive Berichte über Konferenzen von

Sowjetologen in Harvard und Berkeley, London und Köln zu erscheinen; diese Berichte waren zuweilen etwas herablassend und ironisch, aber nicht entfernt so abweisend wie in der Vergangenheit. Sogar Interviews mit ein paar auserwählten Experten wurden nun in der sowjetischen Presse veröffentlicht.[38]

Es sei noch einmal erwähnt, daß es in diesem Buch vornehmlich um Glasnost und nicht um andere Aspekte der sowjetischen Vorgänge geht. Man sollte sich auch daran erinnern, daß laut einigen westlichen Sowjetologen eine Art Glasnost sogar schon unter Breschnew existiert hatte, obwohl der Begriff noch nicht geläufig war. Zum Beispiel heißt es in einem einflußreichen Lehrbuch der siebziger Jahre, daß es durchaus möglich gewesen sei, für entscheidende Änderungen des politischen Lebens zu plädieren, daß in praktisch jedem politischen Bereich heftige Debatten stattgefunden hätten und daß das System von Einrichtungen, bei denen ein Bürger Beschwerde einlegen konnte, äußerst weitgespannt (»größer als in westlichen Ländern«) gewesen sei. In Rußland habe es nicht mehr Geheimhaltung als in westlichen Demokratien gegeben; »das Prinzip der Geheimhaltung beruht auf der für ein parlamentarisches System typischen Amtsverschwiegenheit«, die allerdings bis ins Extrem getrieben worden sei.[39]

Wenn dies zutreffend gewesen wäre, hätte Gorbatschow das Zeitalter von Glasnost nicht einzuläuten brauchen. Recht viele westliche Sowjetologen hatten sowohl die offiziellen Angaben als auch die Behauptungen des Breschnew-Regimes akzeptiert und waren später in der peinlichen Lage, von der neuen Moskauer Führung eines Besseren belehrt zu werden. Sie hatten einen zu positiven Standpunkt bezogen, gleichgültig ob es sich bei ihrem Fachgebiet um die Geschichte der Sowjetunion (insbesondere was die Kollektivierung und die Säuberungen, aber auch den Krieg und die Nachkriegszeit anging) oder um zeitgenössische politische und soziale Probleme handelte. Wie Professor Severyn Bialer schrieb: »Diese [neuen Daten] gehen über alles hinaus, was sogar die konservativsten Kritiker über das Sowjetsystem gesagt haben.«[40] Ein anderer Experte kommentierte, daß Perestroika nicht nur in der Sowjetunion, sondern auch in der Sowjetologie benötigt werde. Um ein typisches, doch keineswegs extremes Beispiel zu geben: Einige westliche Er-

276

forscher des sowjetischen Rechtssystems hatten behauptet, daß der stalinistische Terror zwar eine Rechtsbeugung gewesen sei, jedoch geringere Spuren als allgemein angenommen im Justizsystem hinterlassen habe. Es klang recht plausibel, aber von sowjetischen Gewährsmännern, die besser unterrichtet sein dürften, verlautet nun, daß Generalstaatsanwalt Wyschinskis »Rechtsgrundsätze« (etwa die Schuld-, nicht die Unschuldsvermutung) bis zum heutigen Tag bleibenden Einfluß auf das sowjetische Justizsystem hätten.[41]

Laut einigen westlichen Untersuchungen war die Tragweite der großen Säuberungen der dreißiger Jahre stark übertrieben worden: Während die oberen und mittleren Ränge der Partei von ihnen betroffen worden seien, habe ein großer Teil der Bevölkerung weiterhin ein mehr oder weniger normales Leben geführt. Unter Glasnost wurde nun bekannt, daß das Leben durchaus nicht normal weitergegangen war, daß ein Klima allgemeiner Angst geherrscht hatte und sogar noch mehr Menschen, als man gewöhnlich vermutet hatte, vorübergehend oder für immer verschwunden waren. Es wäre sinnlos, ausgewählte westliche Untersuchungen zu kritisieren – aus dem einfachen Grunde, daß das Phänomen recht verbreitet war. Im Lichte von Glasnost erschien ein beträchtlicher Teil der westlichen Literatur über die sowjetische Gesellschaft und Politik der sechziger und siebziger Jahre (aber auch manches von den damaligen historischen Studien) einseitig und irreführend, da ein Bild vermittelt wurde, das eher den offiziellen Erklärungen als der Realität entsprach.

Man könnte argumentieren, allein die Entstehung von Glasnost habe den Beweis geliefert, daß das Sowjetregime nicht totalitär, daß die Freiheit in Rußland nicht tot sei (wie manche behauptet hatten), daß die Demokratie überlebt habe oder wieder zum Leben erweckt worden sei. Aber die Leistungen der Sowjetologie waren, was die Vorhersage von Glasnost und Perestroika betraf, trotzdem nicht beeindruckend. »Die meisten von uns wurden völlig überrascht«, schrieb Professor Stephen Cohen. »Nach Breschnew erwarteten wir ein sich durchwurstelndes, konservatives Regime oder eine sehr engstirnige technokratische Führung. Unser Fach war nicht sehr erfolgreich . . .[42] Da Sowjetologie keine Naturwissenschaft ist, kann sie a priori keine Voraussagen machen; deshalb ist solche Selbstkritik etwas zu streng. Wenn man einen Fehler gemacht hatte, dann nicht deshalb, weil die Voraussagen nicht stimmten, sondern weil man ohne gebührende kritische Analyse unwahre offizielle Erklärungen und Zahlen akzeptiert hatte. Zwar war Gorbatschow vor 1985 in manchen Studien als einer der möglichen künftigen Parteichefs genannt worden, aber diese Voraussagen waren mit vielen Wenn und Aber abgesichert, und seine politischen Ansichten galten als »weitgehend unbekannt«.[43]

Nachdem man das Heraufziehen von Glasnost nicht sofort erkannt hatte, bestand danach eine Neigung, besonders in den Vereinigten Staaten und in der Bundesrepublik, voreilige Schlüsse zu ziehen. Manche westdeutsche Autoren verkündeten, daß Glasnost bereits gesiegt habe (nur wenige sowjetische Kommentatoren hätten dies behauptet), oder sie sagten zumindest voraus, daß der Kampf nicht mit einem Kompromiß, sondern nur mit einem Sieg der einen oder der anderen Seite enden könne. Sie tadelten jene ihrer Kollegen, die eine etwas vorsichtigere Beurteilung vorzogen, und warfen ihnen vor, die Macht der Feinde von Glasnost zu überschätzen.[44]

Dagegen nahmen französische und italienische Beobachter, darunter auch italienische Kommunisten, die Entwicklungen in Moskau mit großem Interesse und viel Sympathie zur Kenntnis, waren aber trotzdem deutlich skeptischer. Zum Beispiel erklärte G. Chiesa, der Moskauer Korrespondent von *L'Unità*, in einer Konferenz, er sehe enorme Hindernisse auf Gorbatschows Weg; ohnehin seien die Aussichten des Generalsekretärs und seiner Kollegen im Politbüro nicht ganz identisch.[45] Einige britische Kommentatoren, sowohl aus London als auch aus Moskau, teilten den allgemeinen Enthusiasmus über den Fortschritt von Glasnost, äußerten sich jedoch auch über die erlittenen Rückschläge und Einschränkungen. Ein britischer Korrespondent sinnierte nach der Pressekonferenz, in der Rehabilitierung Bucharins bekanntgegeben worden war:

Ich konnte mich des Gefühls nicht erwehren, wie winzig dieser Anfang ist, dieses plötzliche schwache Glänzen der Wahrheit, das nach einem halben Jahrhundert der Lügen zum Vorschein kommt, und

wie nahezu unmöglich es für Gorbatschow sein muß, alle Details der
Vergangenheit einzugestehen, ohne das gesamte aus ihr hervorgegan-
gene System zu verhöhnen... Während man, als Gerassimow sprach,
der außergewöhnlichen Phraseologie lauschte, die wir mittlerweile
von Parteifunktionären erwarten, verspürte man etwas Gespensti-
sches. Der Terror mag vorbei sein, aber die tote Sprache, der tiefverwurzelte Brauch offizieller Umschreibung, die systematischen
Auslassungen, streng ausgewählten Wahrheiten und klaffenden
Halbwahrheiten... all das wird immer noch auf Pressekonferenzen
zur Schau gestellt... Dieser erstaunliche Jargon formt das Bewußtsein
der gewöhnlichen Bürger. Ich habe kaum je gehört, daß Russen von
stalinistischen Massenmorden sprachen. Sie sagen »Repressionen«,
»die Zeiten waren schwer« oder, am häufigsten, »sie waren sehr kompliziert«.[46]

Eine Gruppe, die sich weitgehend einmütig zeigte, waren die Experten
für die Sowjetwirtschaft. Nur wenige bestritten, daß sich ein gewisser
Produktivitätszuwachs (der »Effekt des neuen Besens«) einstellen könne, doch praktisch keiner erwartete eine entscheidende Verbesserung:
»Gorbatschows Modernisierungskampagne verläßt sich zu sehr auf
Druck von oben und allzu straffe Pläne, als daß sie für eine echte Verwandlung der sowjetischen Industrielandschaft förderlich sein könnte.«[47]
Und schließlich gab es jene, die behaupteten, Glasnost sei ein Bluff
oder, eleganter ausgedrückt, hauptsächlich nur Propaganda, die einen
günstigen Eindruck im Ausland erwecken solle – folglich sei sie »Desinformation«. Eines ihrer Hauptargumente war, daß die Kluft zwischen
Worten und Taten nie so tief gewesen sei wie im Zeitalter von Glasnost.
In Wirklichkeit bedeute Glasnost einen rascheren Wechsel der Kader,
gegenseitige Denunziationen und mehr Bewegungsfreiheit für die Intelligenzija, aber strengere Disziplin für den Normalbürger.[48] Derart negative Kommentare waren angesichts der Tatsachen unhaltbar. Selbst wenn
sich später herausstellen sollte, daß Glasnost nur ein vorübergehendes,
keineswegs unumkehrbares Phänomen war, so handelte es sich nicht
um »Betrug«, und die Enthüllungen waren keineswegs auf die *Moscow
News* beschränkt. Zweifellos konnte man sich freier äußern als zu irgend-

einem anderen Zeitpunkt seit 1927, und offene – oder überwiegend offene – Debatten waren nicht das gleiche wie »gegenseitige Denunziationen«. Man mochte Glasnost als einen sehr unbefriedigenden und unvollständigen Schritt in Richtung größerer Freiheit betrachten, aber es war jedenfalls kein Schritt zurück.

Und wie stand es um die Reaktion anderer kommunistischer Regime in Osteuropa und anderswo? Rumänien und Kuba distanzierten sich sofort nachdrücklich von der Reformbewegung. In anderen Ländern fand Perestroika Unterstützung. Die DDR und die Tschechoslowakei wiederum zögerten, Gorbatschows kühneren Reden gebührende Publizität zuteil werden zu lassen. Polen und Ungarn hatten schon lange vor 1986 eigene Reformen durchgeführt – das erstere gezwungenermaßen, das letztere freiwillig –, und beide begrüßten die neuen Moskauer Initiativen als Bestätigung der Richtigkeit ihrer Maßnahmen. Nach anfänglichem Zögern wurde Bulgarien zu einem leidenschaftlichen Verfechter der Wirtschaftsreform – so leidenschaftlich, daß Präsident Schiwkoff Ende 1987 von seinen sowjetischen Freunden ermahnt werden mußte, weniger ehrgeizig und etwas vorsichtiger zu sein; schließlich sei nicht davon die Rede, daß die Partei die wirtschaftliche Gesamtleitung aufgeben solle.

Für Nordkorea war die Reform offenkundig uninteressant; was China betrifft, so hat es seine eigene Variante von Glasnost und Perestroika durchgemacht, die sich in vieler Hinsicht von der sowjetischen Erfahrung unterscheidet (worauf noch einzugehen sein wird). Im Laufe der Zeit – besonders nachdem Husáks Nachfolger ernannt war – wurden die Tschechen etwas aufgeschlossener. Die DDR dagegen blieb verstockt; sie konnte für sich beanspruchen, von allen osteuropäischen Ländern in der besten wirtschaftlichen Verfassung zu sein, und zwar infolge strenger Zentralisierung: der Konzentration aller Industriebetriebe in hundertfünfzig großen Kombinaten. Warum sollte man etwas ändern, das relativ gut funktionierte, jedenfalls nach osteuropäischen Maßstäben? In Wirklichkeit war die Vorstellung, daß die DDR eine dynamische Wirtschaftsmacht sei, kaum mehr als ein Mythos. Ihr Wachstum war bestenfalls bescheiden, ihr Handel mit dem Westen hatte sich stetig verringert, und im Vergleich mit der Bundesrepublik hinkte sie weiter zurück als vor zwanzig Jahren.[49] Aber im Gegensatz zu Polen war sie nie einem Bankrott ausgesetzt gewesen.

Kurt Hager, das für Ideologie zuständige Politbüromitglied, fragte, ob man seine Wohnung neu zu tapezieren habe, nur weil ein Nachbar das gleiche tue. Dieser Vergleich muß die Reformer in Moskau verärgert haben, aber sie hatten Dringenderes zu tun, als sich auf eine polemische Auseinandersetzung mit ihren Ostberliner Genossen einzulassen.

Dies alles betraf die Perestroika; außerhalb Polens und Ungarns gab es in Osteuropa wenig Zuspruch für mehr Glasnost. Im Gegenteil, man fürchtete vielerorts, daß ihre Ausbreitung die loyalen Regime erschüttern könne. Die kleinen örtlichen Dissidentengruppen in der DDR und anderswo wurden durch Gorbatschows neuen Kurs ermutigt und beriefen sich sogar auf seine Autorität. Die ostdeutsche Führung zögerte nicht: Während Gorbatschow politische Gefangene freigelassen und Sacharow gestattet hatte, aus Gorki zurückzukehren, ordnete Honecker Massenfestnahmen an, und Dutzende von Pazifisten und aktiven Kirchenvertretern wurden in die Bundesrepublik abgeschoben. Auch die tschechoslowakische Regierung wurde in Verlegenheit gebracht, als man in Moskau darüber nachsann, ob der militärische Einmarsch von 1968, der den »Prager Frühling« beendete, ratsam gewesen sei. Aus Prag verlautete sofort, daß die damalige tschechische Reformbewegung im Gegensatz zu der jetzigen sowjetischen von in- und ausländischen Kräften der Reaktion manipuliert worden sei.

Die Umstände waren in der Tat anders. Der russische Kommunismus war, historisch betrachtet, ein einheimisches Produkt, wohingegen der Kommunismus in Osteuropa während des Zweiten Weltkriegs und danach von der Roten Armee importiert worden war. Während es in Rußland eine gewisse Identifizierung mit dem Kommunismus gab, konnte davon in Osteuropa kaum die Rede sein. Nationalistische Ressentiments schwelten unter der Oberfläche; die Dissidenten waren gering an Zahl, doch sie verfügten potentiell über umfassende Unterstützung. Wenn man ihnen den kleinen Finger reichte, würden sie die ganze Hand nehmen – und noch mehr. Sogar in einem vergleichsweise stabilen kommunistischen Regime wie dem der DDR blieben weiterhin starke Zentrifugalkräfte wirksam. Ein annehmbarer Lebensstandard mit viel Information und Unterhaltung durch das westliche Fernsehen sowie hervorragende sportliche Leistungen hatten daran nicht viel geändert.

Letztlich hing der innere Frieden von der Demobilisierung der Massen ab, doch Glasnost und Demokratisierung würden den gegenteiligen Effekt haben und sehr viel Ungewißheit und Unsicherheit schaffen. Deshalb war es kein Wunder, daß ein Film wie Abuladses *Pokajanije (Die Reue)* in der DDR heftig verurteilt und in den meisten anderen osteuropäischen Ländern ignoriert wurde. Man bezeichnete ihn als »historisch unzutreffend«, »nihilistisch« und »inhuman«. Er untergrabe die Einheit von Partei und Massen; seine Thematik sei Wasser auf die Mühlen der antikommunistischen Kräfte.[50]

Die politische Landschaft Osteuropas war also recht mannigfaltig geworden; die Mehrheit der Staaten entschied sich für pragmatische Umgestaltungen in der Wirtschaft, doch gegen politische Reformen und Glasnost. Solche Mannigfaltigkeit konnte als ermutigendes Zeichen interpretiert werden, denn wenigstens war der bindende, monolithische Konsensus der Stalin-Zeit überwunden.

Die Perestroika führte in der Tat zu Uneinigkeit in Osteuropa: Wie konnte die UdSSR größere Integration mit ihren osteuropäischen Verbündeten erzielen, wenn diese Länder keine Reformpolitik akzeptierten, die sich mehr oder weniger an den sowjetischen Kurs hielt? Und war eine gemeinsame ideologische Grundlage jenseits der alten Klischees nicht unumgänglich für die kommenden Jahre? Es gab keine offensichtlichen Antworten auf diese Fragen, aber die wirtschaftliche Neuordnung, aus einer umfassenden Perspektive betrachtet, schien in Osteuropa akzeptabler als kulturelle Freiheit und politische Reform, das heißt als Glasnost und Demokratisierung.

Die Grenzen von Glasnost

Die Enthüllungen der Glasnost-Ära hatten einen verblüffenden Effekt, nicht etwa, weil die Wahrheit über die sowjetische Vergangenheit und Gegenwart in Rußland oder im Ausland völlig unbekannt gewesen wäre. Die große Neuheit bestand darin, daß es nun möglich war, offen über das zu reden und zu schreiben, was gestern noch tabu gewesen war. Glasnost löste einen Zustand der Euphorie aus, aber vornehmlich außerhalb Rußlands, denn die Sowjetbürger hatten aus bitterer Erfahrung gelernt, daß das, was der Staat gewährte, fast jederzeit wieder fortgenommen werden konnte. Nur wenige in der Sowjetunion wagten es, sich Glasnost offen zu widersetzen. Aber die politischen »Bosse« empfanden wenig Begeisterung für Glasnost, und man kann nicht leugnen, daß es für sie viel leichter gewesen war, das Land unter dem alten System zu verwalten. Auch bei breiten Schichten der Bevölkerung hatte Glasnost noch nicht Fuß gefaßt.

Gleichzeitig griff außerhalb der UdSSR ein fälschlicher Glaube um sich, daß Glasnost ein Synonym für Freiheit und Demokratie sei. In Amerika und Westeuropa wurde es zu einem allgemeinen Schlagwort für einen radikalen Wandel, der, wie man meinte, bereits stattgefunden habe. Aber allen positiven Elementen zum Trotz war Glasnost weder Freiheit noch Demokratie, sondern nur eine der Voraussetzungen für beide. Zudem blieb unklar, in welchem Maße sie sich außerhalb Moskaus verbreitet hatte; und sogar in der Hauptstadt war Glasnost nicht unbegrenzt. Die Sowjetunion und vor ihr das zaristische Rußland waren auf Geheimhaltung bedachte, nicht rechenschaftspflichtige Regime gewesen. Es war unrealistisch anzunehmen, daß die Gesellschaft sich über Nacht – oder auch im Laufe mehrerer Jahre – in eine offene Demokratie verwandeln würde. Deshalb wäre die Geschichte von Glasnost nicht vollständig, wenn wir nicht ihre Beschränkungen und Hemmnisse erwähnten.

Nach Gorbatschows Wahl am 11. März 1985 und nach seiner programmatischen Rede am Lenin-Mausoleum tauchte der Begriff Glasnost immer häufiger in den sowjetischen Medien auf.[1] Doch für etwa ein Jahr blieb er nur eine Parole, und die meisten Tabus bestanden weiter. Die Parole wurde auf dem 27. Parteitag im Februar 1986 bekräftigt, aber die Art und Weise, wie die sowjetischen Medien die Tschernobyl-Katastrophe im April 1986 behandelten, ließ Zweifel daran aufkommen, daß die neue Offenheit aufrichtig war.[2] In der zweiten Hälfte des Jahres 1986 begannen die Medien allmählich, sich mit Themen wie Prostitution und Homosexualität zu befassen, aber von den Behörden waren erste Warnungen zu hören: Glasnost sei nicht gleichbedeutend mit Zügellosigkeit und Sensationsmache.[3] Akademiemitglied Viktor Afanasjew, Chefredakteur der *Prawda* (auf die sich Glasnost kaum auswirkte), sprach auf dem sechsten Kongreß des Journalistenverbandes (März 1987) ähnliche Warnungen aus. Reaktionäre Schriftsteller wie Juri Bondarew, Pjotr Proskurin und Felix Tschujew behaupteten, Glasnost sei schon viel zu weit gegangen und vornehmlich destruktiv geworden; ihre Anhänger seien keine ehrlichen Patrioten, sondern »Pseudodemokraten«.

Anfang 1987 beschränkte Glasnost sich in der Tat nicht mehr auf Artikel über Prostitution; Leitartikel, Berichte und Leserbriefe äußerten sich zu zahlreichen Themen, deren Erörterung früher nicht zulässig gewesen war. Romane, Dramen und Filme, die man seit vielen Jahren verboten hatte, kamen nun heraus. Nicht alle Medien nahmen an der Glasnost-Kampagne teil; Zeitungen außerhalb Moskaus, Leningrads und Kiews erweckten häufig den Eindruck, daß die neuen Parolen sie nicht erreicht hätten. Auch steht nicht fest, daß es außerhalb der Großstädte viel spontanes Interesse an Glasnost gab. In Moskau sahen sich zwei Millionen Menschen Abuladses Film *Pokajanije (Die Reue)* an, doch in der gesamten Sowjetunion fanden sich nur acht Millionen weitere Besucher. Wirklich populäre sowjetische Filme hatten achtzig Millionen Zuschauer.[4] Aber der Einfluß der großstädtischen Zeitungen, der Literaturzeitschriften und der populären Fernsehprogramme wie »*Wsgljad*« (Meinung) war so groß, daß Themen, die man in Moskau aufgeworfen hatte, innerhalb von ein oder zwei Tagen im ganzen Land diskutiert wurden.

Doch je mehr Glasnost es gab, desto stärkerer Widerstand erhob sich, und zwar nicht nur von unbedeutenden Parteisekretären in fernen Gebieten oder von konservativen Schriftstellern, die um ihren Ruf und ihre Tantiemen fürchteten. Auch innerhalb des Politbüros wurde Opposition gegen Glasnost gemacht. Gorbatschows Kollegen hatten nie viel Begeisterung gezeigt, was größere Offenheit betraf, und sie benutzten den Begriff weit weniger häufig als der Generalsekretär. Der hartnäckigste »Bremser« war Ligatschow, der zweite Mann in der sowjetischen Führung. Seine ersten Warnungen wurden Mitte 1986 an einer recht unerwarteten Stelle veröffentlicht, nämlich in der Zeitschrift *Teatr*.[5] Kritik an negativen Erscheinungen sei schön und gut, aber sie müsse stets durch Lob für die Errungenschaften des Sozialismus in der Sowjetunion ausgeglichen werden. Sie habe konstruktiv zu sein und von einem optimistischen Ansatz auszugehen. In den folgenden Monaten kehrte er viele Male zu diesem Thema zurück. Er befürworte Perestroika, und Perestroika ohne Glasnost sei undenkbar, erklärte er in einem Interview in Paris. Aber Glasnost hatte für Ligatschow offenkundige Grenzen. Auf dem 27. Parteitag half er mit, den damaligen Moskauer Parteichef Jelzin in die Schranken zu weisen. Jelzin neigte von Anfang an dazu, Glasnost zu übertreiben, und hatte gefordert, daß kein Parteiführer über Kritik erhaben sein solle.

Im März 1987 sagte Ligatschow, daß man bei der Neueinschätzung der sowjetischen Geschichte vor allem die »triumphale Periode des sozialistischen Aufbaus« zu betonen habe. Die Geschichtsschreibung solle einen »ehrlichen und offenen Rückblick« bieten und nicht »unsere Geschichte als eine Abfolge von Fehlern und Enttäuschungen darstellen«. Es werde zuviel Nachdruck auf die negativen Seiten der Geschichte wie auch des gegenwärtigen sowjetischen Lebens gelegt. Natürlich dürfe man die Fehlschläge und Katastrophen nicht ignorieren. Aber wenn man sich nur auf sie konzentriere und die großen Fortschritte außer acht lasse, die das Sowjetvolk unter Führung der Partei gemacht habe, sei es unmöglich, willensstarke Patrioten und Kommunisten heranzuziehen.[6] Diese Kritik war recht unredlich, denn niemand konzentrierte sich »nur« auf negative Darstellungen; selbst publizistische Vorkämpfer von Glasnost wie *Moscow News* und *Ogonjok* waren sehr darauf bedacht, gewisse Grenzen nicht zu überschreiten. Was Ligatschow und seine Anhänger wollten, war keine »goldene Mitte«, sondern eine andere Mischung – beispielsweise ein Teil Glasnost und drei oder vier Teile positive Berichte über die großen Errungenschaften des Sowjetvolkes in Vergangenheit und Gegenwart. Ligatschow rief die Chefredakteure von *Moscow News* und *Ogonjok* zu sich, um ihnen eine Standpauke zu erteilen. Außerdem besuchte er die Redaktion von *Sowetskaja kultura* und ermahnte die Journalisten, verantwortungsbewußt und konstruktiv zu schreiben.

Im Juli 1987 wandte er sich den Autoren und Redakteuren von Literaturzeitschriften zu. Glasnost bringe zuviel Schaumschlägerei und Schmutz hervor; es bestehe die Gefahr, daß die Klassiker der Sowjetperiode (womit er Autoren wie Scholochow meinte) vernachlässigt würden. Die Medien sollten einen stärkeren ideologischen Standpunkt gegen Unmoral, Vulgarität und westliche Massenkultur beziehen. Es müsse unter den Schriftstellern weniger *grupowschtschina* (Cliquenwirtschaft) geben; die Künstlerverbände hätten um mehr Freiheit gebeten, und nun wüßten sie offenbar nichts damit anzufangen. Er sagte nicht ausdrücklich, daß ihnen die Freiheit wieder genommen werden solle, aber seine Ansichten hatten stets sehr vieles mit der Kritik reaktionärer Schriftsteller gemeinsam. Ligatschow unterstützte ihre Position zweifellos; deshalb war es nicht verwunderlich, daß sich die Konservativen während der folgenden Monate häufiger auf seine Autorität als auf die Glasnost-Reden Gorbatschows beriefen. Ligatschows Warnungen fanden ihren Höhepunkt in einer Ansprache im August 1987: »Im Ausland und mancherorts in unserer Mitte gibt es Versuche, den gesamten Verlauf des sozialistischen Aufbaus in der Sowjetunion in Frage zu stellen, ihn als eine Kette nie endender Fehler zu beschreiben, die historische Großtat des Volkes zu mißachten, das eine gewaltige sozialistische Macht geschaffen hat – und dies alles, indem man die Fälle von in der Tat unbegründeter Repression anführt ... Schließlich errang das Land in den dreißiger Jahren den zweiten Platz in der Welt, was die Industrieproduktion betraf, die Landwirtschaft wurde kollektiviert, und die Entwicklung von Kultur, Erziehung, Literatur und Künsten erreichte beispiellose Höhen.«[7] Dies war mehr oder weniger die Parteilinie unter Breschnew gewesen. Auf der Parteikonferenz im Juni 1988 bekräftigte Ligatschow seine Unterstützung der Glasnost-Gegner unter den Intellektuellen (»Ich stimme den Reden der Genossen Bondarew und Oleinik zu«); und er sprach mit »tiefer Bitterkeit« über einige Redakteure, die sich »den Respekt und das Vertrauen, die ihnen vom Zentralkomitee und von Gorbatschow entgegengebracht wurden«, zunutze gemacht hätten, »um eigenwillig zu handeln und sich der Parteikontrolle zu entziehen«. Dann fuhr er fort: »Genossen, wie können wir akzeptieren, daß die Wahrheit unter dem Banner der Wiederherstellung historischer Wahrheit immer wieder verzerrt wurde? Wie können wir akzeptieren, daß man die Sowjetbürger in unseren Publikationen als Sklaven darstellt, die – und dies ist fast wörtlich zitiert – nur mit Lügen und Demagogie gefüttert wurden?«

Aber auch Gorbatschow war keineswegs für bedingungslose Glasnost. Jakowlew, Politbüromitglied und ein enger Mitarbeiter Gorbatschows, hatte erklärt, daß kritische Aussagen nur an einem einzigen Maßstab gemessen werden könnten: Entsprechen sie der aktuellen Sachlage?[8] Gorbatschow definierte Glasnost gewöhnlich genauso summarisch, führte aber später einige Vorbehalte ein. Zum Beispiel sagte er im Januar 1988 bei einem Treffen mit wichtigen Medienvertretern: »Ich betone noch einmal: Wir sind ohne Umschweife und Einschränkungen für Glasnost, aber für Glasnost im Interesse des Sozialismus.«[9] Ein Jahr zuvor hatte er bei einem ähnlichen Treffen den gleichen Standpunkt bezogen. Offenheit und Selbstkritik seien keine Tricks, sondern eine Sache des Prinzips; sie »sind die Normen unseres Lebens geworden«, oder sie stellten, mit Jakowlews Worten, »unsere kollektive Rückkehr zur Wahrheit« dar. Und wiederum Gorbatschow, mit charakteristischer Einschränkung: »Kritik muß stets der Parteiideologie treu sein und auf der Wahrheit beruhen, und dies hängt von der Parteilichkeit des Redakteurs ab.«[10] Geplagte sowjetische Redakteure mit einem längeren Gedächtnis hätten wie Pontius Pilatus fragen können: »Was ist Wahrheit?« Einige mochten sich sogar daran erinnern, daß Josef Stalin die Autoren seiner Zeit ebenfalls ermahnt hatte, die Wahrheit und nichts als die Wahrheit zu schreiben.

Die Grenzen von Glasnost waren also klar festgelegt; gemeint war nicht Offenheit als ein Wert an sich und ein Bürgerrecht, sondern Offenheit innerhalb eines politischen Rahmens, nämlich des »Sozialismus«, wie er vom Politbüro definiert wurde. Gewiß, Gorbatschow interpretierte Glasnost viel liberaler als Breschnew oder gar Stalin. Bei mehr als einer Gelegenheit ermahnte er allzu behutsame Genossen in hohen und niedrigen Ämtern, nicht in Panik zu geraten, weil kritische Bemerkungen in den Medien erschienen oder bei Zusammenkünften geäußert worden waren. Doch auch er warnte (wie Ligatschow) vor Cliquenwirtschaft und »Gruppenvorurteilen«, vor dem Brauch, Gegner mit einem Etikett zu versehen, vor allzu aggressiver Polemik und vor Versuchen, »einem Gegner den Garaus zu machen«. Man solle denen, die früher für die Stagnation verantwortlich gewesen, nun aber aufrichtig bereit seien, beim Prozeß der Perestroika mitzuarbeiten, im Geiste der Versöhnung begegnen.[11]

Gorbatschows Erklärungen waren – zwangsläufig oder gewollt – etwas vage. Seine Haltung könnte etwa folgendermaßen zusammengefaßt werden: Er stimmte mit den Konservativen darin überein, daß Glasnost kein Wert an sich, sondern ein Mittel zur Kontrolle der Massen sei. Letztlich war auch er der Meinung, daß die Parteiführung zu entscheiden habe, welcher Kurs korrekt sei. Doch damit die Medien leistungsfähiger sein könnten, müsse man ihnen mehr Spielraum gewähren, und das gleiche gelte in verstärktem Maße für die Intellektuellen. Dies bedeute weniger Einschüchterung, weniger Ermahnungen; es sei nicht nötig, daß jeder sich bei jedem Thema, von der Relativitätstheorie bis zum modernen Ballett, streng an die Parteilinie halte.

Zwar bestehe die Möglichkeit, ja sogar die Wahrscheinlichkeit, daß die Medien Fehler begehen, daß Bücher erscheinen, Dramen aufgeführt und Nachrichten veröffentlicht würden, die einen Schatten auf gewisse Aspekte des sowjetischen Lebens werfen oder sogar Pessimismus hinsichtlich der Zukunft auslösen könnten. Aber dies sei der Preis, der für die Überreglementierung der Vergangenheit bezahlt werden müsse.

Wie könne man Fehler korrigieren, wenn ihre Offenlegung verboten sei? Oder solle das Wissen um sie der höchsten Führung vorbehalten bleiben? Diese Vorstellung sei nicht praktikabel, denn Nachrichten über Mängel und Fehlschläge würden die Massen ohnehin durch Gerüchte und in verzerrter Form erreichen. Außerdem müsse die Öffentlichkeit für verschiedene Kampagnen mobilisiert werden – zu effektiverer Arbeit, zu verringertem Alkoholkonsum, zur Bekämpfung von Korruption –, was nur dann gelingen könne, wenn man ihr mitteile, daß die gegenwärtige Lage alles andere als ideal sei. Wenn die Medien Fehler begingen, sei es stets möglich, diese zurechtzurücken; deshalb sei das Risiko von Glasnost nicht im entferntesten so hoch, wie die Konservativen behaupteten. In vieler Hinsicht beruhte Gorbatschows Antwort auf einer optimistischen und selbstbewußten Haltung, die er häufig zum Ausdruck brachte: »Wenn wir uns selbst gegenüber so kritisch sind, daß die Fetzen fliegen, wenn niemand, in West oder Ost, uns je heftiger kritisiert hat, dann deshalb, weil wir stark sind . . .«[12]

Aber die Konservativen hatten ebenfalls gewichtige Argumente. Sie stützten sich auf den Glauben, daß die Kontrolle der Partei nicht allzu stark sei, daß zuviel Glasnost bei den Massen sowohl für Polarisierung als auch für Pessimismus gesorgt habe und daß ein Wandel, wenn überhaupt, in bewährter Weise von oben einzuleiten sei. Jede andere Methode widerspreche dem traditionellen Führungsstil und könne nicht funktionieren. Die Massen wünschten klare Anhaltspunkte und Gewißheiten; wenn man die Vergangenheit in düsteren Farben male und zu viele Mängel einräume, würden sie verwirrt und entmutigt werden. Wie Sartre vier Jahrzehnte früher gesagt hatte, als einige seiner Genossen die Wahrheit über den Stalinismus enthüllen wollten: »Die Arbeiter von Billancourt dürfen nicht ihrer Hoffnungen beraubt werden . . .«

Nicht alle Konservativen gingen so weit wie Tschebrikow, KGB-Chef bis Oktober 1988, der die schlimmsten Befürchtungen anmeldete, was die Konsequenzen von Glasnost bei der Intelligenzija sowie bei den nationalen Minderheiten betraf.[13] Aber selbst die gemäßigteren Spitzenpolitiker hatten ernsthafte Zweifel, wenn sie an die Ergebnisse von zuviel Freiheit des Wortes und zügelloser Kritik dachten. Sie wünschten sich positive Helden in Filmen, Dramen und Romanen sowie Verkündigungen von Siegen und herausragenden Leistungen – und davon sahen sie nicht annähernd genug. Es gab heftige Beschwerden darüber, daß sowjetische Schriftsteller und Filmemacher kaum einen Versuch unternommen hatten, die Aktivitäten der Staatssicherheitsorgane und der Streitkräfte positiv darzustellen. Statt dessen höre man zu oft von illegalen Verhaftungen und von Mißhandlungen Jugendlicher sowie von Korruption und noch Schlimmerem in den höchsten Etagen des Innenministeriums, und dies sei kaum geeignet, das Vertrauen des Volkes zu den Kräften von Recht und Gesetz zu stärken.

Glasnost war ein dramatischer Fortschritt für zwei Generationen von Zeitungslesern, Rundfunkhörern und Fernsehzuschauern, die sich daran gewöhnt hatten, daß den offiziellen Medien Informationsfreiheit fast völlig verwehrt war. Nur sehr alte Menschen, deren Gedächtnis bis in die frühen zwanziger Jahre zurückreichte, konnten sich an einen öffentlichen Wettstreit divergierender Meinungen erinnern, der dem heutigen entsprach. Nicht wenige alte Parteimitglieder bekundeten, Tränen der Freude vergossen zu haben, weil sie kaum noch gehofft hätten, den Tag zu erleben, an dem wieder größere Ehrlichkeit herrschen werde.

Tageszeitungen, Literaturzeitschriften und einige Fernsehprogramme gewannen mehr Leser und Zuschauer als je zuvor. Aber wenn der Schritt nach vorn so gewaltig schien, dann nur deshalb, weil die Ausgangsposition so überaus trostlos gewesen war, und selbst im Glasnost-Zeitalter blieben einige der wichtigsten Bereiche des politischen Lebens Tabuzonen. Dies galt beispielsweise für die meisten Beratungen im Politbüro, im Zentralkomitee, im ZK-Apparat und in den verschiedenen Ministerien. Nach den wöchentlichen Sitzungen des Politbüros wurden offizielle Kommuniqués herausgegeben – eine Praxis, die unter Andropow eingeführt worden war. Nach ZK-Sitzungen veröffentlichte man den Text einiger offizieller Reden, jedoch kein Wort über die Debatten. Letzten Endes wußten Sowjetbürger also nicht mehr als zuvor über die Entscheidungen, die ihr Schicksal bestimmten; sie erfuhren so gut wie nichts über Meinungsverschiedenheiten in der Führung, es sei denn durch Gerüchte. Und solange es an der Spitze keine wirkliche Glasnost gab, sahen die örtlichen Parteichefs keinen zwingenden Grund, ihre eigenen Bräuche zu ändern.

Jeden Tag brachten die sowjetischen Medien nun freimütige Berichte über die Langsamkeit der Postzustellung in Moskau und über die Unmöglichkeit, am Flughafen Scheremetjewo eine Tasse Tee zu erhalten. Man erfuhr Enthüllendes über das Benehmen von sowjetischen Touristen im Ausland, über versteckte Arbeitslosigkeit, über einen Sklavenhof in Usbekistan oder darüber, daß 1987 sechzigtausend Menschen wegen Unterschlagung verurteilt worden waren. Aber es gab nur wenige Untersuchungen, die sich mit den Ursachen des Stalinismus oder der Stagnation unter Breschnew beschäftigten. Für einen Marxisten waren genau dies die wesentlichen Themen: nicht Stalins diktatorische Begierden und sein Hang zu Selbstverherrlichung und Lobhudelei (»Personenkult«) oder Breschnews persönliche Schwächen, sondern die objektiven Gründe, vielleicht sogar die »historischen Gesetze«, die die sowjetische Politik und Gesellschaft geformt hatten. Dies alles blieb innerhalb der »Schweigezone«.

Keine grundsätzliche Kritik war erlaubt, was die nationale Sicherheit betraf, außer in Punkten, die ohnehin allgemein bekannt waren, etwa die Tatsache, daß neue Rekruten gelegentlich mißhandelt wurden oder daß es Schwierigkeiten mit den Afghanistan-Veteranen gab. Prinzipielle Einwände gegen den Leninismus waren genauso undenkbar wie ein Lob Trotzkis. Zwar wurden hohe Funktionäre in einigen Fällen wegen schlechter Leistungen kritisiert – darunter die Ersten Sekretäre der Moldauischen und der Armenischen Republik und der Erste Sekretär des Leningrader Stadtkomitees –, aber erst, nachdem von oben ein Fingerzeig erteilt worden war. Man gab einige Statistiken frei, die früher als hoch geheim gegolten hatten, doch andere Ziffern blieben weiterhin unter Verschluß, obwohl sie nichts mit nationaler Sicherheit zu tun hatten. Otto Lazis, einer der Hauptsprecher von Glasnost auf wirtschaftlichem Gebiet, merkte an, daß das *Sowjetische Statistische Jahrbuch* für 1987 zwar mehr Informationen als in den Vorjahren enthalte, daß jedoch viele wesentliche Tatsachen und Daten weiterhin geheim blieben. Dazu gehörten Zahlen über das Budget, über die Menge exportierten Öls, über die Wirkung der gesunkenen Rohstoffpreise auf den Weltmärkten, über die sowjetische Handelsbilanz und vieles andere.[14]

Emigrierte Sowjetbürger, darunter sogar ein paar Journalisten, erhielten die Genehmigung, ihre Verwandten in Moskau und Leningrad zu besuchen. Die Zensur wurde in den Medien weitgehend von Selbstzensur abgelöst, aber die Strafe für grobe »Fehler« war weiterhin die Entlassung. Briefe aus dem Ausland wurden wie früher überprüft; unerwünschte Zeitungen, Bücher oder Filme konnten immer noch nicht importiert werden; und sowjetische Wissenschaftler beschwerten sich heftig darüber, daß die Zensoren Seiten aus Zeitschriften wie *Science* und *Nature* ausrissen, obwohl ohnehin nur ein paar Exemplare die Sowjetunion erreichten. Das Ausmaß der Einschränkungen, was das Fotografieren betraf, änderte sich kaum; detaillierte Stadtpläne existierten immer noch nicht. Kurz, was wirklich geschah, war weit von den lauten und häufigen Aufforderungen zu Glasnost entfernt.

Die Jelzin-Affäre war ein gutes Beispiel für die Grenze von Glasnost. Boris Jelzin, ein breitschultriger Sibirier, war Erster Parteisekretär in Swerdlowsk gewesen; im November 1985 wurde er als Nachfolger des abgesetzten Grischin nach Moskau berufen. Er stand im Ruf, geradlinig wie ein Bulldozer vorzugehen; Takt gehörte nicht zu seinen Tugenden, und nachdem alles vorbei war, nannte Gorbatschow ihn »übereifrig und ungeduldig«. Sein Mangel an Takt war wahrscheinlich sein Ruin, denn für den Umgang mit allen zentralen Staats- und Parteiinstitutionen in der Hauptstadt sind sehr viel Geduld und Diplomatie erforderlich.

Nach Jelzins Ernennung wurde die Moskauer Parteiorganisation radikal umbesetzt; er besuchte überraschend Geschäfte, Kliniken und Wohnsiedlungen und sagte stets deutlich seine Meinung. Während er seine Untergebenen gnadenlos kritisierte, äußerte er sich jedoch genauso freimütig über seine eigenen Fehlleistungen. Er wurde zur Geißel der örtlichen Parteifunktionäre, und sogar die zynischen Moskauer, die kaum noch Hoffnung hatten, daß in ihrer Stadt gründlich aufgeräumt werden würde, schenkten ihm widerwillige Bewunderung.

Jelzin machte sich dadurch in der Parteiführung Feinde, daß er Glasnost und Demokratisierung nach Ansicht der meisten seiner Kollegen mit allzu großem Eifer forderte. Er erklärte einer Gruppe ausländischer

Diplomaten am 6. Oktober 1987, daß »wir Informationen nicht danach unterscheiden, was für den Hausgebrauch und was für die ausländische Verwendung geeignet ist. Im Einklang mit Glasnost und Demokratisierung sagen wir allen die Wahrheit; Leser im In- und Ausland werden nicht mit Halbwahrheiten abgespeist«.[15] Dies erboste das KGB, wie sich ein paar Wochen später herausstellte. Jelzin verärgerte die »Nomenklatura« mit seinen Vorschlägen, einige ihrer Privilegien aufzugeben, etwa die Sondergeschäfte und die Vorzugsbehandlung hinsichtlich der Karriere ihrer Kinder. Er brachte das Politbüro gegen sich auf, weil er vor den Feiern des siebzigsten Jahrestages der Oktoberrevolution in mehreren Reden behauptete, die Einmischung der Zentralbehörden hindere ihn an erfolgreicher Arbeit. Nach einer stürmischen ZK-Sitzung am 21. Oktober 1987, in der sich alle, auch sein früherer Gönner Gorbatschow, gegen ihn wandten, bot er seinen Rücktritt an. Das Angebot wurde kurz darauf angenommen.

Es ist durchaus möglich, daß Jelzins Methode zuweilen unangemessen war; die endgültige, von ihm provozierte Kraftprobe war sicher unpassend, wie er 1988 in seiner Rede auf der Parteikonferenz einräumte. Aber er war kein Neuling; sieben Jahre in Swerdlowsk hatten ihm als denkbar beste Vorbereitung gedient. Vielleicht wurde jemand mit größerer diplomatischer Erfahrung in Moskau benötigt; vielleicht wäre er ohnehin früher oder später abgelöst worden. Es fehlt an Informationen, um dies beurteilen zu können, denn die Öffentlichkeit erfuhr nicht, was wirklich geschehen war; der ganze Vorgang galt als interne Angelegenheit der Parteiführung. (Auszüge aus dem Protokoll der ZK-Sitzung, in der es zum Eklat gekommen war, wurden erst während des Wahlkampfes im Februar 1989 veröffentlicht.)

Was den Fall zu einem Test für Glasnost machte, war weniger die Tatsache, daß Jelzin zum Rücktritt gezwungen wurde, als die dabei verwandte Methode. So wie er achtzehn Monate zuvor einstimmig gewählt worden war, wandten sich nun alle auf der Sitzung des Moskauer Stadtsowjets gegen ihn; man warf ihm vor, ein Demagoge, ein Diktator und überhaupt inkompetent zu sein.[16] Nicht einmal Jelzins eigene Verteidigungsrede vor dem Zentralkomitee wurde veröffentlicht; die gesamte Affäre erinnerte Beobachter an die Zeit vor Glasnost, wenn nicht gar an stalinistische Praktiken. In der Hauptstadt kam es, vor allem unter jungen Kommunisten, zu beträchtlicher Aufregung; man arrangierte Zusammenkünfte an der Universität und verabschiedete Resolutionen. Wenn ein hochrangiger Parteifunktionär wie Jelzin, ein Kandidat des Politbüros, nicht offen sprechen konnte, welchen Sinn hatte Glasnost dann eigentlich? Einige Monate später äußerte Gorbatschow sich voll Bedauern über die Jelzin-Affäre: »Wir werden die Tatsache nicht verbergen, daß die Abfuhr der Partei . . . von vielen Intellektuellen, besonders von jungen Menschen, als ein Schlag gegen die Perestroika betrachtet wurde. Das ist der größte Irrtum . . .«[17] Er hätte kaum etwas anderes sagen können. Aber er muß auch gewußt haben, daß es gerade die von dieser Affäre Bedrückten waren, die Wert auf Glasnost und Perestroika legten, während jene, die Jelzins Sturz begrüßten, von vornherein gegen die Demokratisierung und die Reformpolitik Stellung bezogen hatten.

So wurden die Grenzen von Glasnost nach und nach deutlich, und zwar stärker in der Politik und in den Massenmedien als auf literarischem Gebiet. Die meisten Anträge auf Genehmigung von Aufmärschen und Demonstrationen wurden von den Behörden abgelehnt; wenn man trotzdem solche Veranstaltungen durchführte, wurden sie von der Polizei gestoppt, kam es zur Festnahme von Teilnehmern. Dies galt zum Beispiel für eine Moskauer Protestdemonstration gegen Stalin am 5. März 1988, dem Jahrestag seines Todes. Man versprach, daß nach dem Vorbild des Londoner Hyde Park eine Art »Speaker's Corner« irgendwo in der sowjetischen Hauptstadt geschaffen werden würde. Diese Verhängung von Exterritorialität über die Redefreiheit war ein Fortschritt, wenn auch kein großer. Die Medien verkündeten, daß die Organe der öffentlichen Ordnung wilde Ausbrüche dieser Art von »Demokratie« nicht dulden würden.[18]

Als sich herausstellte, daß man von Glasnost zuviel erwartet hatte, setzte Enttäuschung ein. Die Londoner *Times* schrieb: »Wenn – wie bei Auseinandersetzungen mit ethnischen Minderheiten und noch lebenden politischen Kritikern (im Gegensatz zu toten Schriftstellern der Emigration) – ein glücklicher Ausgang nicht abzusehen ist und die Folgen unberechenbar und möglicherweise unkontrollierbar scheinen, bleiben die Schotten dicht.«[19] Vielleicht war es unrealistisch, mehr zu erwarten, und man hätte dankbar dafür sein sollen, daß *Moscow News, Ogonjok,* *Snamja* und *Nowy mir* mehr oder weniger ungehindert veröffentlichen konnten, was sie für geeignet hielten. Außerhalb Moskaus war die Lage indes komplizierter. Ein sowjetischer Lehrer führte in einer Zeitschrift aus, daß es verschiedene Kategorien von Glasnost gebe:

> Kategorie eins, das Maximum, war irgendwo weit entfernt, in Moskau. In Kiew herrschte eine andere Art von Glasnost. In Tscherkassy [dem Wohnort des Verfassers] gab es weniger davon als in Kiew, und in Mirgorod, Smeta und Konotop war nur noch eine Spur übrig. Wenn eine Glasnost erster, zweiter oder vierter Klasse existiert, so bedeutet dies, daß überhaupt keine Glasnost vorhanden ist, sondern nur eine Andeutung davon . . . Natürlich lesen die Menschen in den Provinzen ebenfalls die zentralen Publikationen und nutzen dadurch die Gelegenheiten der Moskauer Glasnost (Glasnost eins); aber sogar Glasnost eins ist, wie wir sehen, ihrem Ausmaß nach beschränkt. Glasnost auf Republikebene (Glasnost zwei) ist noch stärker eingeengt. In der Regel behandelt sie Themen, mit denen sich schon die zentralen Zeitungen befaßt haben: Rauschgiftsucht, Prostitution, die Unterdrückung in der Stalin-Ära. Was die Breschnew-Periode angeht, so lautet das Motto: Laßt uns warten, bis man die Frage in Moskau aufgeworfen hat.[20]

Herr Lubenski, der Lehrer aus Tscherkassy, schloß, daß außerhalb Moskaus die allgemeine Tendenz bestehe, sich vorsichtig nach »Glasnost eins« umzublicken, um ihre Grenzen nicht zu überschreiten. Aber wie konnte man denen Vorwürfe machen, die sich vorsichtig umblickten, solange politische Freiheit noch nicht im Gesetz und sogar noch weniger in der Praxis verankert war? Laut einem 1987 verkündeten Gesetz hatten Sowjetbürger das Recht, Regierungsvertreter zu verklagen, allerdings mit der wichtigen Ausnahme des KGB; gegen seine Aktionen gab es keine Rechtshilfe. Gemäß dem Gesetz über individuelle Arbeit, das 1986 verabschiedet wurde, behielten die Behörden sogar das Monopol für Unterhaltungsveranstaltungen. Nach einem Gesetz von 1984 blieb die Interpretation von Amtsgeheimnissen so willkürlich wie zuvor. Kurz, von Parteikonferenzen verabschiedete Resolutionen zu Glasnost waren sehr willkommen, aber sie hatten wenig zu bedeuten, solange man sie nicht landesweit durchführte und im Gesetz verankerte.

Inoffizielle Glasnost

Das Sprießen »informeller Gruppen« war eines der Merkmale der Glasnost-Ära. Ein paar Leute kamen von Zeit zu Zeit zusammen, um über aktuelle Ereignisse zu diskutieren oder gemeinsame Interessen zu verfolgen. Manchmal waren es Freunde oder Nachbarn, manchmal trafen sie sich am Arbeitsplatz. Einige waren an Politik interessiert, andere steckten sich engere Ziele. Dies alles stand in deutlichem Gegensatz zu früheren Jahrzehnten, als die Kommunistische Partei und ihre verschiedenen Ableger ein Organisationsmonopol besaßen und keine spontane Tätigkeit möglich war.

Ein solches Monopol gehörte zu den wesentlichen Zügen des kommunistischen Regimes; seine Lockerung machte es möglich, daß informelle Gruppen wie Pilze aus dem Boden schossen. Ein Beobachter bemerkte treffend, dieses neue und verblüffende Phänomen sei eine direkte Folge der Bürokratisierung des öffentlichen Lebens, des Mangels an jedweden Initiativen, außer den von oben verhängten.[21]

Im August 1987 sollten allein in Moskau bereits mehr als tausend solcher Kreise existieren. Aber niemand hatte genaue Angaben, und es hätten genausogut zehnmal so viele sein können. Jedenfalls kamen immer neue Gruppen hinzu, und im Januar 1988 zählte man rund dreißigtausend in der gesamten Sowjetunion. Die meisten hatten nur eine Handvoll Mitglieder, doch einige besaßen Hunderte von Mitgliedern oder Sympathisanten. Ein erstes Treffen von Vertretern der siebenundvierzig bedeutenderen Gruppen fand im August 1987 in einem Saal statt, der vom Bezirkskomitee in Moskau zur Verfügung gestellt worden war. In einigen offiziellen sowjetischen Medien erschienen vage Berichte über das Treffen, während die nichtoffiziellen Organe ausführlicher darauf eingingen.[22] Später entwickelten sich neue Gruppen, die sich bald zu-

296

sammenschlossen, bald wieder spalteten; die Mitteilungsblätter, die über ihre Aktivitäten berichteten, nahmen mit jeder Nummer an Umfang zu.

Die Entstehung der Gruppen überraschte sowjetische Behörden wie westliche Beobachter, aber sehr vieles deutet darauf hin, daß manche von ihnen in der einen oder anderen Form schon vor 1985 existiert hatten. Dies gilt für die verschiedenen Dissidentengruppen der sechziger und siebziger Jahre, doch auch für die Moskauer Wissenschaftlergruppen, die 1982 unter der Bezeichnung *Dowerije* (Vertrauen) gegründet worden waren, um ein besseres Klima zwischen West und Ost zu schaffen. Die Dissidentengruppen nahmen der Obrigkeit gegenüber bewußt eine oppositionelle Haltung ein; sie wurden von den Staatssicherheitsorganen infiltriert, verfolgt und früher oder später zerstört – mit Ausnahme der patriotischen Gruppen, die beim Volk ebenso wie in der Parteispitze erhebliche Unterstützung fanden. Daneben bestand eine umfassende Grauzone von Aktivitäten, die offiziell weder verboten noch gestattet waren. Zum Beispiel gab es verschiedene inoffizielle religiöse Zirkel und Jugendgruppen. Die Staatssicherheitsorgane wußten unzweifelhaft um ihre Existenz, ließen sie jedoch weitgehend in Ruhe.

Daß inoffizielle Gruppen »wie Pilze nach dem Regen«[23] emporschießen, ist in der Geschichte keineswegs beispiellos; vielmehr ist es in Zeiten gesellschaftlicher und politischer Gärung eher die Regel als die Ausnahme. In demokratischen Systemen führt diese Gärung dazu, daß sich politische Parteien oder Komitees entwickeln; wo solche Freiheit fehlt, nimmt sie andere Ausdrucksformen an. Zwei Beispiele sollten zur Illustration genügen: die Bankettkampagne in Frankreich in den Jahren 1847 und 1848, die maßgebend zur Februarrevolution beitrug, und die Bankettkampagne in Rußland in den Jahren 1904 und 1905, die von Gruppen des Zentrums und der Linken eingeleitet worden war. Vom nördlichen Archangelsk bis hin zum südlichen Pjatigorsk brachte sie bei Banketten jeweils bis zu tausend Menschen zusammen. Man hielt Reden, brachte Trinksprüche aus, verabschiedete Resolutionen, und während jedes Ereignis, für sich genommen, recht belanglos schien, übten sie in ihrer Gesamtheit doch einen gewissen Einfluß aus. Sie wiesen auf eine im Lande herrschende Stimmung hin, auf eine sich herausbildende öffentliche Meinung, die allmählich zu einem nicht mehr zu übersehenden Faktor wurde. Allerdings ist es sogar im Rückblick unmöglich, die Bedeutung dieser Gruppen auch nur annähernd genau einzuschätzen; vielleicht waren sie nur eine Erscheinungsform entstehender politischer und sozialer Energien, die ein Ventil benötigten.

Die Gruppen der Breschnew-Ära waren streng unpolitisch gewesen.[24] Die neuen Gruppen dagegen betonten unerschrocken ihren politischen Charakter. Soweit sich feststellen läßt, war es ganz allmählich zu dieser Politisierung gekommen. In späteren Jahren hörte man Klagen darüber, daß den informellen Gruppen mehr Aufmerksamkeit hätte geschenkt werden müssen, aber hinterher ist man immer klüger.[25] In der gesamten Sowjetunion hatten sich Tausende von Chören – männlich, weiblich und gemischt – gebildet. Wie im Westen hatte es organisierte Fußballrowdys gegeben, die sogenannten *fanaty*, die zuerst bei dem Moskauer Verein »Spartak« aufgetaucht waren. Die Ausschreitungen verstärkten sich zwischen 1979 und 1982 und wiederum im Jahre 1986. Solche Aktivitäten schienen kaum Grund genug für ausführliche Untersuchungen zu sein, denn schließlich hatte Rußland stets Musikliebhaber besessen, während andererseits Fußballrowdytum eine globale Erscheinung ist, die ohne große Mühe von der Polizei unter Kontrolle gehalten werden kann.

Gegen Mitte der siebziger Jahre bildeten sich kleine pazifistische Gruppen sowie eine umfassendere, aber konturlosere Bewegung namens *Sistema*. Es handelte sich um junge Leute zwischen sechzehn und dreißig Jahren, die sich meist auf verschwommene Weise an das Vorbild der Hippies hielten; die Behörden betrachteten sie als mehr oder weniger harmlos. Während die Aktivitäten des Komsomols zur Routine erstarrt waren und uninteressant schienen, sorgte *Sistema* für Diskussionsgruppen, die sich nicht vorwiegend mit Politik beschäftigten, sondern häufig auch Kunstverständnis vermittelten. Zwar tauchte am Rande von *Sistema* ein neues Interesse an Religion und Mystik auf, besonders an ihren fernöstlichen Formen, doch dies alles war himmelweit von einer organisierten (oder potentiellen) politischen Opposition entfernt.

Einen anderen Trend verkörperten die »Optimisten«, hauptsächlich Studenten und ältere Schüler, die offener, als dies innerhalb der Partei möglich war, über Innen- und Außenpolitik diskutierten; aber dies waren allein auf Fortbildung fixierte Gruppen, die nie den Wunsch ausdrückten, politisch aktiv zu werden, weshalb man sie für ebenso ungefährlich hielt wie die verschiedenen Karate-, Kung-Fu- und anderen Selbstverteidigungsgruppen, die überall in Moskau und in anderen Großstädten auftauchten.[26] Wenn letztere sich überhaupt politisch und gesellschaftlich engagierten, dann zur Unterstützung der Polizei. Auch verschiedene Wach- und Schutzgruppen wurden gegründet; sie trugen Namen wie »Recht und Ordnung« und bekämpften Korruption und Rowdytum. Afghanistan-Veteranen spielten in ihnen eine prominente Rolle. Und schließlich meldeten sich Umweltschutzgruppen wie *Eko, Flora* und *Seljonyje* (die Grünen) zu Wort. Daneben gab es natürlich die bereits erwähnten Gruppen von Rockmusikfans.

Sie alle existierten auf örtlicher Basis und bildeten, um es noch einmal zu wiederholen, keine Opposition. Aber die Behörden unterschätzten offensichtlich das Tempo, mit dem sie sich ausbreiten würden, wenn die Zügel ein wenig gelockert waren, und so gehörte 1987 schon jeweils einer von drei Moskauer Teenagern einer informellen Gruppe an. Die Behörden unterschätzten auch die Möglichkeit, daß unpolitische Gruppen politische Interessen entwickeln oder zumindest Probleme diskutieren würden, die sie nach Ansicht der älteren Generation nichts angingen. Genau wie »Pamjat« vom Schutz historischer Denkmäler zu den *Protokollen der Weisen von Zion* übergegangen war, so debattierten andere Gruppen nun über Demokratisierung oder die Geschichte der KPdSU oder veranstalteten sogar Demonstrationen. Es ist einer der Grundsätze des Totalitarismus, wie zuerst von Mussolini definiert, daß es keine gesellschaftliche Aktivität außerhalb des Staates geben dürfe; wenn diese goldene Regel gebrochen werde, sei kein Ende abzusehen. Nun war der Staat in Gefahr, die Kontrolle zu verlieren, denn nach dem rapiden Wachstum Tausender von Gruppen wurde es für das KGB fast unmöglich, alle zu infiltrieren und herauszufinden, welche harmlos waren, welche dem Regime dienen konnten und welche eine Gefahr darstellten und deshalb schikaniert und letztlich unterdrückt werden mußten.

Die Arbeit der Staatssicherheitsorgane wurde dadurch erschwert, daß sie es häufig mit jungen Leuten von politischer Raffinesse zu tun hatten – eine Eigenschaft, die den einfachen Mitgliedern der Polizei und sogar des

KGB nicht nachgesagt werden kann. Zum Beispiel verzichteten die jungen Pazifisten darauf, die sowjetische Militärpolitik, von spezifischen Waffensystemen gar nicht zu reden, direkt zu kritisieren. Statt dessen widmeten sie sich konstruktiven und »vertrauensbildenden Aktivitäten«, wobei sie Friedensparolen und Reden der Parteiführer zitierten.[27] Diese Taktik war natürlich nicht narrensicher. Zwischen 1984 und 1986 wurden ihre Mitglieder verprügelt und in psychiatrische Anstalten, Gefängnisse und Lager gesteckt; einige wurden aus der UdSSR ausgewiesen. Aber nach 1987 fiel es den Behörden schwerer, Gewaltmethoden anzuwenden, und man verlegte sich auf Propagandakampagnen gegen unerwünschte informelle Gruppen.

Im Dezember 1986 durfte Andrej Sacharow aus seinem Exil in Gorki nach Moskau zurückkehren; er gab ein paar Interviews und äußerte seine kritische Billigung von Gorbatschows Politik. Im Januar 1987 wurde die erste Nummer des Bulletins *Den sa den* (Tag für Tag) von der Moskauer Gruppe »Vertrauen« herausgegeben; im März veröffentlichte die Gruppe *Demokratija i gumanism* (Demokratie und Humanismus) – sie bestand hauptsächlich aus früheren politischen Häftlingen – ein Manifest. Fünf kulturelle Gruppen schlossen sich im April in Leningrad zu der Vereinigung *Epizentr* zusammen und publizierten eine Literaturzeitschrift namens *Merkuri* (Merkur). Im Juni 1987 führte eine Amnestie zur Freilassung etwa eines Viertels der politischen Gefangenen. Im Juli erschien die erste Nummer einer Zeitschrift, die von einer christlichen Gruppe finanziert und von Alexander Ogorodnikow herausgegeben wurde. Ebenfalls im Juli kam die erste Nummer von *Glasnost*, dem informellen Bulletin mit der größten Leserschaft, heraus; Chefredakteur war Sergei Grigorjanz, der auch einen internationalen Presseclub gründete. Am 1. August erschien die erste Nummer von *Ekspress-Chronika* unter Leitung von Alexander Podrabinek. Sie lieferte einen mit Erläuterungen versehenen Kalender der Aktivitäten informeller Gruppen. Im September 1987 wurde eine weitere Gruppe, *Graschdanskoje dostoinstwo* (Bürgerwürde), gegründet. Die Privatinitiative eines früheren Heeresoffiziers sorgte dafür, daß man in Moskau eine jüdische Bibliothek einrichtete. Im Dezember 1987 schließlich erschien die erste Nummer von *Referendum* unter Leitung Lew Timofejews.

Vor dem Puschkin-Denkmal und andernorts in Moskau fanden Straßendemonstrationen statt. Am 22. August 1988 nahm man, um nur ein Beispiel zu geben, in Moskau 96 Demonstranten bei einer Kundgebung der »Demokratischen Union« fest. Sondereinheiten der Polizei verletzten bei dieser Gelegenheit sowohl Journalisten wie unbeteiligte Passanten; ein paar Tage später räumte die Milizführung ein, daß man Fehler gemacht habe. Der »Demokratischen Union« wurde vorgeworfen, provozierende Parolen gebrüllt, die Würde der Sowjetbürger beleidigende Plakate getragen, verleumderische Flugblätter verteilt und den Verkehr behindert zu haben. Die Organisation hatte die Moskauer Kommunalverwaltung im voraus um Erlaubnis für diese Kundgebung gebeten, doch der Antrag war abgelehnt worden, und zwar laut einem neuen Erlaß, den der Oberste Sowjet am 29. Juli 1988 verabschiedet hatte. Da die »Demokratische Union« gegen das Einparteiensystem kämpfte und deshalb für antisowjetisch erklärt worden war, konnte das Vorgehen der Behörden natürlich formal nur als Rechtens bezeichnet werden. Die Organisation «Pamjat» dagegen machte sich meist nicht die Mühe, eine Genehmigung zu beantragen und als ihre Mitglieder bei einer Demonstration die Plakate von Gegendemonstranten mit Parolen wie »Proletarier aller Länder, vereinigt euch!« zerrissen, wurde die Veranstaltung nicht aufgelöst und wurden die Teilnehmer nicht bezichtigt, antistaatliche Parolen verbreitet oder die öffentliche Ordnung gestört zu haben.[28]

Aber trotz fortwährender Schikanen der Polizei hatten die Urheber informeller Aktivitäten bedeutend mehr Spielraum als in früheren Jahren.[29] Auch kam es nun außerhalb Moskaus und Leningrads zu verschiedenen Veranstaltungen: Für Demonstrationen in Riga und anderen baltischen Gebieten machten die Behörden die Helsinki-Gruppen verantwortlich; eine armenische Version von *Glasnost* begann zu erscheinen, und eine kleine pazifistische Demonstration wurde in Lwow aufgelöst.

Was war der spezifische Charakter dieser Gruppen? Wie stark waren sie, und wie sah die Reaktion der Behörden aus? Das Koordinationstreffen im August 1987 vermittelte eine allgemeine Vorstellung von den Zielen und Tätigkeiten der verschiedenen politischen Clubs. Alle Gruppen außer »Pamjat« waren recht klein; sie hatten meistens fünfzehn bis dreißig aktive Mitglieder, wiewohl sich zu ihren Vorträgen und Diskussionen manchmal eine größere Zahl von Sympathisanten einstellte. Einige Gruppen hielten engen Kontakt zu westlichen Journalisten und veröffentlichten mit ihrer Hilfe im Ausland Artikel oder Manifeste (etwa im *Guardian*, oder *New Left Review* oder dem *Times Literary Supplement*). Infolgedessen spielten manche Gruppen in den westlichen Medien eine bedeutende Rolle, während andere, die mehr Mitglieder und mehr Einfluß hatten, im Westen kaum bekannt waren. Ein paar Gruppen befürworteten linke sozialistische oder marxistische Ideen (etwa *Obschtschina* [Dorfgemeinde] und der Radioclub *Alyje parussa* [Purpurrote Segel]); *Obschtschina* wandte sich gegen die Anwesenheit von »Demokratie und Humanismus« beim Koordinationstreffen. Sie verkündete, daß sie die führende Rolle der Kommunistischen Partei in der Gesellschaft akzeptiere und das Gesetz nicht brechen werde. Aber weshalb setzte sie sich dann nicht innerhalb des Systems für Perestroika ein? Es gab keine klare Antwort. In Moskau und Leningrad bestand eine zahlenmäßig kleine neue Linke, die mit leidenschaftlichem Interesse die politischen Ideen und Entwicklungen bei den westeuropäischen kommunistischen Parteien sowie in Ungarn beobachtete. Ihre Angehörigen meinten, es sei voreilig, den Sozialismus aufzugeben, da er in Rußland nie eine echte Chance gehabt habe. Diese Neue Linke scheint in den Vereinigten Staaten und in Westeuropa mehr Unterstützung gefunden zu haben als innerhalb der Sowjetunion.[30]

»Gesetzbruch« ist in der UdSSR stets eine Frage der Interpretation gewesen; die sowjetische Verfassung sah selbst unter Stalin Rede- und Versammlungsfreiheit vor, aber nur, wenn es »im Interesse des Volkes« war und dazu diente »das sozialistische System zu stärken und zu entwickeln« (Artikel 50). Mithin entschied die Partei durch KGB und MWD, wann Freiheit gewährt und wann sie versagt werden mußte. Aus diesem Grunde wurde die Entideologisierung der sowjetischen Verfassung zum Hauptanliegen der radikaleren politischen Clubs. Sie betonten, daß Freiheit nur dann einen Sinn habe, wenn sie Freiheit für den politischen Gegner meine. Ökologische Fragen – im weitesten Sinne – spielten eine wichtige Rolle in den Diskussionen der politischen Clubs. Und schließlich gab es einige Gruppen, die sich nicht um ein gemeinsames Programm bemühten, sondern lediglich als Bildungsforum dienten; sie luden bekannte Persönlichkeiten zu Vorträgen und Diskussionen ein, sei es über die russische Geschichte, sei es über aktuelle Kulturfragen.[31]

Die Vielfalt der Meinungen sowie der begrenzte Einfluß dieser Gruppen wurden bei einem Treffen von Redakteuren informeller Organe, die im Oktober 1987 in Leningrad stattfand, nur allzu deutlich.[32] Die meisten der dort vertretenen Zeitschriften waren jüngeren Datums, doch andere, wie *Tschassy* (Die Uhr) und das jüdische Magazin *Leah*, waren schon seit sechzehn beziehungsweise sechs Jahren erschienen. Die Mehrheit hatte literarischen Charakter; einige umfaßten bis zu fünfhundert Seiten. Aber ihre Auflage war extrem beschränkt (zwanzig bis fünfzig Exemplare), und selbst wenn man annimmt, daß jedes Exemplar von mehreren Personen gelesen wurde, konnten sie nur einen kleinen Kreis erreichen.

Keineswegs alle literarischen Journale waren bewußt oppositionell, doch manche beanspruchten politischen Charakter, da die offiziellen Zeitschriften nicht in der Lage seien, allen individuellen Stimmen der russischen Literatur Gehör zu verschaffen. Junge Schriftsteller, die den führenden Publikationen Romane oder Essays vorlegten, müßten oft mehrere Jahre warten, weil sich so viele Manuskripte angesammelt hätten. Wenn im Jahre 1914 allein in Petersburg 438 Zeitschriften erschienen seien, könne die Veröffentlichung einiger Dutzend im Jahre 1987 doch keinen Anlaß zu Überraschung oder Entsetzen bilden.

Die Behörden beobachteten das Aufkommen der informellen Gruppen mit Sorge. Aus offensichtlichen Gründen hielten sie mehr von nichtpolitischen Gruppen als von politischen Clubs, und innerhalb der politischen Sphäre gaben sie den patriotischen, rechtsgerichteten Gruppen den Vorzug vor radikalen, demokratischen Vereinigungen. Der entscheidende Maßstab für die Behörden war nicht abstrakt-ideologischer Art; für sie kam es nicht auf Marxismus-Leninismus, sondern auf Gehorsam an. Deshalb waren die »zahmeren« informellen Gruppen, die die Parteilinie im Hinblick auf Glasnost und die führende Rolle der Kommunistischen Partei ohne Murren akzeptierten, natürlich willkommener als jene, die, wie »Demokratie und Humanismus« (später »Demokratische Union«), das Ausmaß der Demokratie erweitern wollten, Pluralismus predigten und sogar freie Wahlen und ein echtes Parlament empfahlen.[33]

In früheren Jahren hätte man diese Gruppen bezichtigt, Instrumente der CIA zu sein und/oder aus gemeinen Verbrechern zu bestehen. Im Einklang mit dem milderen Kurs von Glasnost hieß es nun, daß die aufsässigen Gruppen vielleicht nicht von der CIA bezahlt würden, ihre Ziele jedoch ähnlich, wenn nicht identisch seien. Strenggenommen sei die Tätigkeit der politischen Clubs illegal, da ihr wirklicher Zweck darin bestehe, neue politische Parteien und Vereinigungen zu gründen. Gleichzeitig versuchten die Behörden, den informellen Gruppen den Wind aus den Segeln zu nehmen, indem sie halboffizielle ökologische, Menschenrechts- und Friedensgruppen mit liberalen, allseits geachteten Persönlichkeiten an der Spitze einrichteten, etwa das »Sowjetische Komitee für die Verteidigung des Friedens« oder die von Fjodor Burlatzki geleitete Menschenrechtsgruppe. Danach gab man den informellen Gruppen zu verstehen, daß ihr Wirken unnötig sei und sie sich um Zusammenarbeit mit den legalen und offiziellen Vereinigungen bemühen sollten, die unter Kontrolle der Partei die gleichen Ziele verfolgten.

Auch auf literarischem Gebiet machte man Versuche, die »Inoffiziellen« für Zeitschriften und Almanache zu gewinnen, die weder ganz illegal noch ganz legal, doch offenkundig unter Aufsicht der Sicherheitsorgane waren.[34] Enthüllungen und Beschwerden, die früher den Veröffentlichungen der Dissidenten vorbehalten waren, erschienen nun in Zeitschriften wie *Ogonjok* mit einer Auflage von mehr als zwei Millionen. Die aufgeklärten Parteiführer und Sicherheitsfunktionäre hielten dies für ein Sicherheitsventil; außerdem wurde zumindest in öffentlichen Reden und Artikeln, von dem Interesse abgelenkt, das die überaus regen informellen Gruppen weckten.

Die offizielle Haltung den informellen Gruppen gegenüber war keineswegs einheitlich und wurde zum Zankapfel zwischen den liberalen Medien und den konservativen Zeitungen. Zum Beispiel gab die Leningrader Abendzeitung den Standpunkt des Stadtkomitees wieder und verurteilte die Demonstration gegen den Abriß des Hotels »Angleterre«, eines historischen Denkmals für Liebhaber der russischen Literatur, während die Moskauer *Iswestija* den örtlichen Leningrader Funktionären mangelnde Sensibilität in einer Frage vorwarf, die nicht durch ein bürokratisches Machtwort entschieden werden könne.[35]

Das ganze Jahr 1988 hindurch gab es Bemühungen, die Arbeit der informellen Gruppen zu koordinieren oder sie sogar zu gemeinsamen Aktionen zu bewegen. Im Januar fand im Moskauer Hotel »Junost« ein Treffen statt, das von informellen sozialistischen Gruppen (der Neuen Linken) sowie vom Komsomol veranstaltet wurde. Die Parteifunktionäre zielten darauf ab, die Spaltungen zwischen den »Informellen« zu vertiefen, die Loyalisten unter ihnen wieder in den Schoß der Partei zurückzulocken und die übrigen zu isolieren. Die Gegensätze innerhalb des linken Flügels waren ausgeprägt: Manche identifizierten sich mit den radikalen Reformern innerhalb der Partei, einige arbeiteten sogar mit an offiziellen oder halboffiziellen, von der Partei herausgegebenen Publikationen (etwa *Dwadzaty wek i mir*), während andere, die sich, wie Walerija Nowodworskaja, solcher Mitarbeit widersetzten, von den Behörden heftig angegriffen wurden.[36]

Radikaler und repräsentativer war im April 1988 die Gründungsversammlung der »Demokratischen Union«, die den neuen, in der Sowjetunion zu gründenden politischen Parteien ein Forum liefern wollte. Die Behörden inhaftierten vorübergehend einige Anführer der neuen Gruppe, um zu zeigen, daß sie nicht beabsichtigt, auf die Forderungen der »Union« nach Abschaffung des KGB, Verfassungsänderungen oder sogar politischem Pluralismus einzugehen.[37] Am Ende schlugen Sprecher des Reformflügels innerhalb der Partei vor, eine »Volksfront« oder »Union« zur Förderung der Perestroika zu gründen, in der Parteimitglieder und Angehörige informeller Gruppen Seite an Seite arbeiten könnten.[38] Doch diese Vorschläge stießen bei der Parteiführung auf Mißtrauen und Widerstand und wurden nicht weiterverfolgt.[39]

Die informellen Gruppen sind als Symptom der Gärung in gewissen Schichten der Sowjetgesellschaft, besonders unter der Jugend, von erheblichem Interesse. Trotz ihrer kurzen Lebensspanne verkörperten diese Gruppen sowohl Hoffnung als auch Unzufriedenheit. Ihr kultureller Einfluß war begrenzt, solange einige der offiziellen Medien größere Ausdrucksmöglichkeiten boten. Ihre politische Wirkung war noch stärker eingeschränkt, denn im Gegensatz zu den nationalistischen Bewegungen der Russen und anderer Volksgruppen fehlte es ihnen an Zusammenhalt und an einer Massenbasis.

Glasnost und Rußlands Zukunft

»Die Befreiung ist verkündet worden. Der Herrscher hat sie anerkannt. Dies ist eine große Leistung, aber es ist nicht alles: Das Wort muß Realität, die Befreiung [der Leibeigenen] muß Wahrheit werden. Nun ist Glasnost an der Reihe.«[1] Es war 1861, und Alexander Herzen hatte diese Worte in einem Manifest geschrieben, das folgendermaßen begann: »Der erste Schritt ist getan . . .«

In den vorhergehenden Kapiteln wurde dargestellt, wie die ersten Schritte in Richtung Freiheit in den späten achtziger Jahren getan wurden und wie sich dies auf die sowjetische Gesellschaft, Wirtschaft und Kultur auswirkte. Es wurde eine große Leistung vollbracht, doch es bleibt ein Beginn. Verschiedene Meinungsumfragen spiegeln Gorbatschows enorme Popularität im Westen wider, aber innerhalb der Sowjetunion herrscht nicht die gleiche Begeisterung für die neue Politik. Es gibt erheblichen Widerstand und sogar noch mehr Apathie und *priterpelost* (Schicksalsergebenheit). Ohnehin ist Glasnost trotz aller mutigen Enthüllungen über die wahre Lage in der UdSSR immer noch himmelweit von einem wirklichen, radikalen Wandel entfernt.

Der westliche Glasnost-Zauber hat einige seltsame Blüten hervorgebracht. Gorbatschow wurde nicht nur als Demokrat, sondern auch als Menschenfreund und Kosmopolit bezeichnet[2], was er im Vergleich mit seinen Vorgängern durchaus sein mag. Aber selbst wenn er ein Ausbund von Demokratieverständnis wäre, so bliebe zu bedenken, daß Demokratie sich nie durch Befehl von oben entwickelt hat; sie muß erlernt werden und der Lernprozeß dürfte lang sein und viele Rückschläge erfahren.

Gorbatschow mag sich enthusiastisch für Glasnost einsetzen, aber Lenin bleibt sein Mentor und Idol, und er beabsichtigt durchaus nicht, das Einparteiensystem zu ändern. Ob Demokratie mit einem solchen System in Einklang zu bringen ist, erscheint höchst zweifelhaft. Zudem gibt es im modernen Rußland verschiedene Grade von Glasnost, und sie hat außerhalb der Hauptstadt, wie wir gezeigt haben, noch nicht sehr tief Wurzel gefaßt. Die heutige Sowjetunion befindet sich auf halbem Wege zwischen Tyrannei und Freiheit. Wir mögen in nicht so ferner Zukunft weitere Fortschritte in Richtung Demokratie erleben, aber ein Rückschritt ist genausogut möglich; andererseits könnte das jetzige sichere Gleichgewicht noch recht lange bestehen bleiben. Alle Möglichkeiten sind offen, und dies macht die gegenwärtige Lage um so faszinierender. Es wäre unangebracht, die bisher im Glasnost-Zeitalter erzielten Verbesserungen zu schmälern, aber es gibt auch keinen Grund, in einen Freudentaumel auszubrechen und die Grenzen von Glasnost zu ignorieren.

In der neuesten Ausgabe des *Sowjetischen Politischen Wörterbuchs* heißt es über Glasnost: »Eines der wichtigsten demokratischen Prinzipien, das die Offenheit der Arbeit der Regierungsorgane garantiert; ermöglicht der Gesellschaft, sich über die Regierungsaktivitäten zu unterrichten. Glasnost ist die am höchsten entwickelte Form der Kontrolle, die die Masse der Bevölkerung über die Regierungsorgane, besonders die örtlichen, ausübt, und sie ist die am höchsten entwickelte Form des Kampfes gegen den Bürokratismus. Die wichtigsten Kanäle von Glasnost sind Massenmedien, mündliche Propaganda und Anschauungsmaterial, etwa in Gestalt von Ausstellungen und Anzeigen. Informationen, die Staats- und Militärgeheimnisse, wissenschaftlich-technische Einzelheiten sowie Geheimnisse der (industriellen) Produktion, der Verbrechensaufklärung und der Medizin betreffen, sind nicht Glasnost unterworfen. (Siehe auch *Revolutionäre Wachsamkeit*.)«

Dies ist eine recht präzise Definition; man könnte vielleicht einwenden, daß »mündliche Propaganda« oder »Anschauungsmaterial« nicht in diesen Zusammenhang passen oder daß niemand je annahm, die Beziehung zwischen Arzt und Patient solle Glasnost unterworfen werden. Der Hinweis auf »revolutionäre Wachsamkeit« (mit ihren spezifischen

Inhalten, die auf die Stalin-Zeit zurückgehen) macht die Grenzen von Glasnost deutlich.

Warum benötigt man eine ausführliche Erklärung? Warum ist es so schwierig, in anderen Sprachen ein Synonym oder eine Übersetzung von Glasnost zu finden? Es handelt sich weder um Redefreiheit noch um kulturelle oder politische Freiheit, wie wir sie im Westen verstehen, sondern um eine typisch russische Erscheinung. Es handelt sich um den Versuch, eine nichtdemokratische Regierungsform mit einem gewissen Grad an kultureller Freiheit, Rechenschaftspflicht (besonders auf den unteren Ebenen) und »Transparenz« zu verbinden. Man könnte sie als einen Schritt zur Demokratie interpretieren, aber sie ist nicht mit Demokratie identisch, denn wo demokratische Freiheiten bestehen, ist Glasnost selbstverständlich.

Die entscheidenden Fragen in bezug auf Glasnost gehen natürlich über eine bloße Definition hinaus. Sie sind vielfältig: Was wissen wir infolge von Glasnost über die Sowjetunion, das wir vorher nicht gewußt haben? Was hat Glasnost in der sowjetischen Gesellschaft und Politik verändert? Und wie wird ihre Zukunft aussehen? Wird sie Bestand haben? Ist sie unumkehrbar?

Eine neue Ära?

Glasnost hat eines der faszinierendsten Kapitel in der russischen Kulturgeschichte eröffnet. Dieses Wort, mit Betonung sowohl auf »Geschichte« als auch auf »Kultur« (wenn auch in einem weiteren Sinne), ist bewußt gewählt. Ob Glasnost bleibende Spuren in der politischen Zukunft des Landes hinterlassen wird, kann heute noch nicht beantwortet werden. Unter Glasnost sind Klagen über viele Aspekte der Sowjetgesellschaft auf eine Weise vorgebracht worden, die noch vor ein paar Jahren undenkbar war; kulturelle Kontrollen und Einschränkungen sind entweder aufgehoben oder gelockert worden; man hat Bücher veröffentlicht, Dramen und Filme vorgeführt, Bilder und Skulpturen ausgestellt, die viele Jahre lang verboten waren. Außerhalb der Partei und der offiziell geförderten Organisationen sind informelle Gruppen entstanden, die frei (oder nahezu frei) über einstige Tabuthemen diskutieren.

In der russischen Geschichte gab es Entwicklungen, die eine gewisse Ähnlichkeit mit Glasnost aufweisen. Die Aufhebung der Leibeigenschaft unter Alexander II. bietet sich zum Vergleich an; sie veranlaßte die damalige Opposition für eine Weile zu großem Jubel, aber es dauerte nicht lange, bis man die Grenzen der Reform erkannte.

Die Wirkung des Oktobermanifests von 1905 liefert wahrscheinlich eine bessere Parallele. Nach den Niederlagen im Krieg gegen Japan und der wachsenden Unruhe im Inland stimmte Zar Nikolaus II. widerwillig einer neuen Verfassung zu. Dieses Ereignis kam zeitgenössischen Berichten zufolge wie ein Blitz aus heiterem Himmel. Die Menschen sangen und tanzten vor Freude auf den Straßen; ein Augenzeuge in Riga meldete, daß »hier für ein paar Tage ›westeuropäische Verhältnisse‹ herrschten«.[3] Als der erste Jubel vorüber war, gab die radikale Linke einen Appell heraus:

> Nun haben wir also eine Verfassung: Es gibt Versammlungsfreiheit, aber die Versammlungsorte werden von Truppen abgesperrt. Es gibt Redefreiheit, aber die Zensur ist weiterhin unantastbar. Es gibt Forschungsfreiheit, aber die Universitäten sind von der Armee besetzt. Es gibt die Unverletzlichkeit der Person, aber die Gefängnisse sind voll von Verhafteten. Witte [der liberale Ministerpräsident] ist gekommen, aber Trepow [der reaktionäre Innenminister] ist geblieben. Uns wurde eine Verfassung gegeben, aber die Autokratie ist noch da. Alles ist gewährt worden – und nichts ist gewährt worden.[4]

Diese Skepsis war berechtigt, wie sich später herausstellte; Max Weber war einer derjenigen, die vom Weg Rußlands in den »Scheinkonstitutionalismus« sprachen. Solche Kommentare sind achtzig Jahre und mehrere Revolutionen später eine faszinierende Lektüre. Es ist interessant, heute von der Verwirrung der Bürokratie, dem Frohlocken der Intelligenzija und der Gleichgültigkeit oder sogar Feindseligkeit bei Teilen der Mittelschicht und besonders des *meschtschanstwo* (Kleinbürgertum) zu lesen: »All die alten Dinge, an die sie sich gewöhnt und mit denen sie gelebt hatten, waren zerstört worden, und man hatte etwas Neues, Fremdes, Unverständliches und sogar Störendes geschaffen ...«

Trotz aller auffälligen Parallelen gibt es enorme Unterschiede. Die Verfassung von 1905 wurde unter Zwang von einem widerstrebenden Autokraten gewährt, den seine Minister überzeugt hatten, daß seine Herrschaft ohne solche Zugeständnisse nicht weiterbestehen werde. Glasnost wurde freiwillig von einem neuen Parteichef gewährt, der damit zur Modernisierung der Sowjetgesellschaft beitragen wollte. Es handelte sich nicht um eine neue Verfassung, sondern um eine neue Interpretation der Verfassung, die, zumindest auf dem Papier, bereits existierte. Die Verfassung von 1905 ging viel weiter als Glasnost, da sie freie Wahlen vorsah, bei denen sich mehrere politische Parteien (darunter die Bolschewiki) bewerben konnten. Die sowjetische Verfassung dagegen war keineswegs pluralistisch, und sogar die von Gorbatschow geplanten Reformen sahen nur den Wettbewerb zwischen verschiedenen Kandidaten der einen gesetzlichen Partei vor. Der bemerkenswerteste Aspekt von Glasnost war im Gegensatz zu 1905 nicht politische Reform, sondern größere kulturelle Freiheit. Die Kulturpolitik der zaristischen Behörden war selbst vor 1905 relativ liberal gewesen; Werke von Gorki und anderen heftigen Gegnern des Regimes waren seit langem gedruckt oder aufgeführt worden. Es gab oppositionelle Zeitungen, und 1905 bildete deshalb keinen mit dem heutigen Geschehen vergleichbaren geschichtlichen Einschnitt.

Die Partei- und Staatsbürokratie war 1987/88 so wenig auf Glasnost vorbereitet wie die zaristische Bürokratie im Jahre 1905. Manche Parteisekretäre waren liberaler als andere, doch der gesamte Verwaltungsstil war autoritär, bestimmt von Verordnungen und Erlassen. Man rechnete mit Kritik von oben, aber man war nicht dafür ausgebildet – und psychologisch nicht vorbereitet –, sich auf Kritik von unten einzustellen. Eine Gruppe von Parteifunktionären – Männer und Frauen aus Gorbatschows Generation, »Kommunikatoren« wie Jakowlew, Burlatzki oder Bowin – war der festen Überzeugung, daß die politische und psychologische Entstalinisierung unter Chruschtschow nicht weit genug gegangen sei. Sie wurden abgestoßen von der hartnäckigen Heuchelei und Verlogenheit, und sie glaubten aufrichtig an einen Kommunismus mit menschlichem Antlitz. Aber diese Funktionäre waren in Moskau aktiv, und es war leichter, dort liberal zu sein als in Werchni Udinsk. Jedenfalls gewannen sie die Mehrheit nicht für sich, weder in den höheren Parteiinstitutionen noch in den unteren Rängen, noch im Lande als Ganzem, noch bei der weitgehend unpolitischen Jugend. Sie wurden hauptsächlich von der Intelligenzija unterstützt, einer unzweifelhaft wichtigen sozialen Gruppe, die Millionen von Menschen zählte und durch ihren Zugang zu den Medien beträchtlichen Einfluß ausübte.[5] Aber auch die Intelligenzija war gespalten, wie schon im zaristischen Rußland.

Im Laufe der Jahre hatte sich so etwas wie ein *weliki raskol* (»großes Schisma«) in der Tradition des neunzehnten Jahrhunderts herausgebildet. Der Widerstand eines Teils der Intelligenzija gegen Reformen spiegelte tiefsitzende Vorbehalte in der Partei und im ganzen Land wider. Die Hauptopposition ging, wie ein hoher Funktionär es ausdrückte, weniger von einzelnen Personen aus als von einer Denkweise, dem »alten erstarrten Denken«.[6] Laut dieser Analyse bestand die größte Gruppe von »Widerständlern« aus passiven Personen, die in der Vergangenheit erlebt hatten, wie Worte und Taten auseinanderklafften, und die unzufrieden waren, weil der Lebensstandard stockte oder sogar sank: »Wir haben *sastoi* [die Stagnation] überlebt, wir werden auch Glasnost und Perestroika überleben«, sagten sie.[7] Andere »Widerständler« waren, laut sowjetischen Quellen, die Privilegierten, die ein angenehmes Leben geführt und ihren Freunden und Verwandten zu guten Arbeitsplätzen verholfen hatten und die nun fürchteten, ihre Vergünstigungen zu verlieren.

Glasnost betraf einen führenden Reformanhänger zufolge in erster Linie Informationen, sowohl über die UdSSR als auch über die Außenwelt. Es gebe immer noch viele Gelehrte und Journalisten, denen dies nicht gefalle. Sie würden die westliche Welt weiterhin am »Maßstab der Arbeitslosigkeit« messen und sie so darstellen, als sei sie »der kommunistischen Welt auf allen Gebieten unterlegen; sie priesen das Sowjetsystem, ohne es mit der Realität zu vergleichen«.[8] Ein Auslandsredakteur der *Iswestija* erläuterte, wie unparteiisch die Berichterstattung der sowjetischen Zeitungen gewesen sei: Auf hundert Artikel über die Obdachlosen von New York sei ein Artikel über Kühe in Holland gekommen; aber der Leser der Sowjetpresse habe nie erfahren, daß Pensionen in

Schweden höher seien, daß das Gesundheitswesen in den meisten west-europäischen Ländern besser organisiert und daß der amerikanische Senat nicht einfach ein Millionärsclub sei, sondern den Präsidenten zu Fall bringen könne. Was sowjetische Militärgeheimnisse betreffe, so seien sie allen bekannt, außer den Sowjetbürgern: »Wir benutzten sogar ihre Namen für unsere Waffen, die offiziell nicht existierten . . .«[9]

Einige sowjetische Beobachter versuchten, den Widerstand gegen die Reformen mit psychosozialen Faktoren zu erklären. Der ständig wachsende Verwaltungsapparat habe ein »konservatives Syndrom« hervorge-bracht, beruhend auf pseudowissenschaftlichem Dogmatismus und ideologischer Hysterie, die jede wahre schöpferische Aktivität außer der-jenigen auf dem Papier (*pokasucha*) erstickten. Das Sowjetsystem der allesumfassenden Herrschaft und Leitung stütze sich auf einen techno-kratischen Ansatz, der seinerseits drei apriorische Voraussetzungen habe: daß alle von der Führung getroffenen Maßnahmen allen Mitglie-dern der Gesellschaft zugute kämen, daß sich das Wohlergehen der Gesellschaft ständig verbessere und daß die Führung unfehlbar sei. Diese Voraussetzungen seien überaus optimistisch und stünden in zunehmen-dem Widerspruch zu den Realitäten. Deshalb müsse sich die Führung einen autoritären Befehlsstil zu eigen machen, das heißt, rationale Erklä-rungen würden von Parolen und Symbolen (»Sozialismus«, »das Volk« etc.) und anderen sakralen Elementen ersetzt. So entwickele sich eine totalitäre Kontrolle über die Massen, eine konservative Revolution, ein von oben verordneter Wandel. Doch dies sei nicht ohne repressive Maß-nahmen möglich. Gleichzeitig verstärke sich bei den Regierenden die irr-tümliche Annahme, daß jedwede Änderungen durchgeführt werden könnten, während die Kluft zwischen der objektiven Situation und der Wahrnehmung der konservativen Führung in Wirklichkeit ständig wachse.[10]

Ein sowjetischer Soziologe behauptete, der Widerstand gegen Refor-men beschränke sich vornehmlich auf Angehörige der älteren Genera-tion, zum Beispiel Kriegsveteranen und Pensionäre. Jenen, die den Krieg durchlitten oder in ihm gekämpft hätten, erschienen die Sowjet-union und Stalin im Rückblick als Synonyme; sich von Stalins Erbe zu distanzieren würde bedeuten, daß ihre Arbeit, ihr Mut und all ihre Opfer

vergebens gewesen waren – ein unerträglicher Gedanke. Die rund fünfzig Millionen »Kriegs- und Arbeitsveteranen« – so lautet ihr offizieller
Titel – sind die Überlebenden und in einigen Fällen die Nutznießer des
stalinistischen Regimes. Wenn sie manchmal erstaunliche Karrieren
machten, dann deshalb, weil ihre Vorgänger den Säuberungen zum
Opfer fielen, nach Sibirien geschickt oder hingerichtet wurden. Dies ist
die Generation, deren moralisches Rückgrat unter Stalin gebrochen wurde. Aber ihre Angehörigen wollen trotzdem als heroische Verteidiger
des Vaterlandes, als Menschen, die die Sowjetunion nach dem Krieg wie-
deraufgebaut haben, in die Geschichte eingehen. Nicht alle von ihnen
nehmen die alte Ordnung in Schutz, aber wahrscheinlich die meisten.

Die Opposition gegen Glasnost und Perestroika beschränkte sich jedoch nicht auf die ältere Generation; auch unter der Jugend gab es Widerstand. Einige glaubten, daß »die Glasnost-Mode eines Tages vorüber-
gehen muß«.[11] Sie akzeptierten den Kern der Enthüllungen, meinten jedoch, daß sie schädlichen Einfluß auf die Gesamtbevölkerung hätten, deren Glaube an die Herrschaft und das System nicht untergraben werden
dürfe. Wie könne man die junge Generation in einem positiven Geiste
erziehen, wenn so vieles in der Vergangenheit negativ gewesen sei? Eine
Mutter von drei Kindern schrieb an die *Prawda*: »Ich bin unbedingt für
die Wahrheit, aber . . . wie soll ich meine Kinder erziehen, wenn infolge
von Glasnost alles besudelt wird? Müssen wir nicht jeden Glauben verlieren?«[12] Dieser starke Greuel gegen die Enthüllung der Wahrheit
drückte sich noch deutlicher in einem Dokument aus, das auf höchster
Ebene eine heftige Kontroverse auslöste: in dem Brief Nina Andrejewas,
einer Leningrader Chemielehrerin, an *Sowetskaja Rossija*. Er nahm mehr
als eine ganze Seite in Anspruch und wurde in einem ebenso langen Artikel in der *Prawda* angegriffen.[13] Andrejewas Einwand besagte, in kurzen
Zügen, daß die Repressionen der Vergangenheit in der Vorstellung
mancher junger Leute über alle Maßen aufgebläht seien und eine objektive Interpretation jener Zeit unmöglich machten. Durch das ganze
Gerede von »Terrorismus«, »politischer Unterwürfigkeit des Volkes«,
»geistiger Sklaverei«, »universeller Furcht« und so weiter, nähmen nihi-
listische Gefühle bei einigen Studenten überhand, und es gebe Fälle
von ideologischer Verwirrung; manche behaupteten sogar, daß die

Kommunisten das politische Leben des Landes nach 1917 enthumanisiert hätten.

Dies seien unerträgliche Praktiken, und sie machten es schwierig, die junge Generation in einem objektiven, das heißt konstruktiven und der Parteilinie entsprechenden Geiste zu erziehen. Diese Argumentation ist Kennern extremer nationalistischer Bewegungen auf der ganzen Welt vertraut und als »Syndrom der heiligen Lüge« bekannt geworden. Vom Standpunkt erzieherischer Effizienz aus ist es natürlich bei weitem besser, wenn es keinen Bruch in der Kontinuität gibt, wenn man vergangene Verbrechen, Lügen und Fehler nicht einräumt, um die Autorität der maßgeblichen Behörden nicht zu untergraben. Einige Gegner von Glasnost waren zutiefst bestürzt über die Illegalität, die soziale Ungerechtigkeit, die Korruption, den Schwarzen Markt und die Herrschaft der Mafiosi während der Zeit der Stagnation gewesen. Aber statt sich der Kampagne für gesellschaftliche Erneuerung und Demokratie anzuschließen, bevorzugten sie einen starken Führer, eine »eiserne Hand«. Sie redeten sich ein, daß es all diese Scheußlichkeiten unter Stalin nicht gegeben habe. Deshalb klebte man Stalinbilder an die Scheiben von Autos und Lastwagen, und so ist auch die Zurschaustellung von Hakenkreuzen und allen möglichen anderen schockierenden Symbolen und Parolen zu erklären.

Die Bürokratie

In einem wesentlichen Punkt stimmten Reformer und Konservative vollauf überein: hinsichtlich der verderblichen Rolle der Bürokratie und ihrer Verantwortung für vieles, was sich in der Sowjetgesellschaft fehlentwickelt hatte. Sowohl auf der russischen Rechten wie auf der Linken wird eine geheiligte Tradition des Antibürokratismus gepflegt. Dies ist ein Zentralthema der russischen Literatur von Gogol bis hin zu Saltykow-Schtschedrin und Andrei Bely. Auf der Rechten erstreckt es sich von Karamsin bis hin zu den Slawophilen und den Schwarzhundertern, die alle den Bürokraten als einen der Hauptschuldigen (übertroffen nur von den »finsteren ausländischen Elementen«) an den Mängeln der russischen Gesellschaft betrachteten. Auf der Linken verehrte man das Ideal der Pariser Kommune (wie Marx sie gesehen hatte), das heißt die Zerstörung der Staatsmacht und ein Minimum an Verwaltung durch die Arbeiterklasse, vertreten durch eine Delegiertenversammlung. Wie Lenin in *Staat und Revolution* schrieb: »Wir werden die Rolle der Staatsvertreter darauf beschränken, als verantwortliche, abrufbare und bescheiden entlohnte Vorarbeiter und Buchhalter unsere Anweisungen auszuführen...« Er glaubte aufrichtig, daß die Bürokratie durch das proletarische Bewußtsein überwunden werden würde: »Alle können für eine Weile Bürokraten werden, und deshalb wird niemand in der Lage sein, ein Bürokrat zu werden.«

Sollten Lenin und die nachrückenden Sowjetführer je von der Bürokratisierung der Welt – ein Begriff, den folgende Generationen westlicher Soziologen entwickelten – gehört haben, so waren sie trotzdem überzeugt, daß die Sowjetgesellschaft irgendwie ausgenommen sein werde. Dabei gab es jeden Grund zu der Befürchtung, daß die Bürokratie gerade unter sowjetischen Bedingungen ein entscheidendes Problem darstellen könnte. Das Beamtentum ist in Rußland stets wichtiger gewesen als in anderen Ländern; die Bürokratie war stark zentralisiert, allmächtig und oft korrupt. Von Anfang an hätte klar sein müssen, daß in einem auf Planung und Kontrollen beruhenden kommunistischen System große Nachfrage nach Administratoren und Aufsehern herrschen würde.

Immerhin begann Lenin gegen Ende seines Lebens einzusehen, daß er die Bedeutung der Bürokratie enorm unterschätzt hatte. Aber seine Ideen zu ihrer Bekämpfung (durch von der Kommunistischen Partei ausgehende Organisation und Disziplin) waren völlig illusionär. Er gestand seine Niederlage ein: »Wir sind zu einem bürokratischen Utopia geworden.« Seine Sorge, daß die Revolution »in einem Meer von Papier ertränkt« werden könne, war nicht unbegründet; die Kosten des vom Staatsapparat benötigten Papiers waren 1926 dreimal so hoch wie 1914, und sie sind seitdem unablässig gestiegen. Während die gesamte zaristische Bürokratie im Jahre 1897 432 000 Beamte (darunter medizinisches und pädagogisches Personal) beschäftigte, umfaßte die Sowjetbürokratie im Jahre 1920 allein in Moskau und Petrograd 416 000 Funktionäre.

Zum Zeitpunkt von Lenins Tod kam im Nationalen Wirtschaftsrat ein Kontrolleur auf jeden produktiven Angestellten; im Verkehrskommissariat war das Verhältnis eins zu zwei.[14] Im zaristischen Rußland bestand die Regierung aus etwa zwei Dutzend Ministern; als Gorbatschow an die Macht kam, waren es 615.[15] Heute gibt es nach sowjetischen Schätzungen rund achtzehn Millionen »Bonzen« in der UdSSR. Sie sind »abrufbar,« aber nicht durch das Volk; und ob sie, gemessen an ihrem sozialen Nutzen, »bescheiden entlohnt« werden, ist höchst ungewiß.

Und doch sind die unterschiedslosen Angriffe auf die Bürokratie, ob von links oder von rechts, häufig ein bewußter Versuch, dem wahren Problem auszuweichen und die Kritik von der eigentlichen Zielscheibe – das heißt der obersten Führung und ihrer Politik – auf reine Befehlsempfänger abzulenken. Zum Beispiel erklären einige Neostalinisten nun, daß die Schuld am Stalinismus vornehmlich bei der Bürokratie liege und daß Stalin weitgehend ihr Gefangener gewesen sei. (Das gleiche Argument wird von einigen deutschen Revisionisten in bezug auf Hitler verwandt.)

Je komplexer die moderne Gesellschaft geworden ist, desto mehr Administration wird sogar unter idealen Bedingungen benötigt. Das wahre Problem ist nicht die personelle Überbesetzung der Sowjetbürokratie, auch nicht ihr zentralisierter oder hierarchischer Charakter, sondern ihr negativer Einfluß auf die Gesellschaft: Korruption, Trägheit, Formalismus, Routinedenken, Erstickung von Neuerungen und Initiative.

Glasnost löste eine Welle von Beschwerden über den spezifischen Einfluß der Bürokratie auf die sowjetische Wissenschaft aus. Beispielsweise erklärte Witali Ginsburg, Leiter der Abteilung für theoretische Physik an der Akademie der Wissenschaften, die Bürokratie sei die Hauptursache für den Rückstand der Wissenschaft. Ausländische Fachzeitschriften brauchten länger, um die UdSSR zu erreichen, als in der Zeit der Postkutsche. Andererseits werde die Akademie mit Millionen von meist völlig unnötigen Papieren und Memoranden überhäuft. Nach dem Grund für solchen Bürokratismus befragt, antwortete er: »Er ist in dem Bedürfnis verwurzelt, sich (politisch) ›rückzuversichern‹, in Inkompetenz, in der Tatsache, daß man nicht mehr daran gewöhnt ist, Entscheidungen zu treffen und für das, was getan wurde, geradezustehen.

Wer eine Genehmigung erteilt, geht ein Risiko ein, niemals jedoch derjenige, der alles verbietet. Zudem ist der Vorgesetzte, der ›nein‹ sagt, ob es sich um eine Dienstreise oder die Veröffentlichung eines Artikels handelt, stets im Recht; er ist ein Held, er verteidigt Staatsinteressen . . .«[16]

Diese Tendenzen bestehen in jeder Bürokratie, aber sie sind in der Sowjetunion besonders ausgeprägt. Selbst wenn Staats- und Parteifunktionäre sich nicht von einer Reform bedroht gefühlt hätten, die darauf abzielte, ihre Zahl (manchmal um ein Drittel oder sogar noch mehr) und ihre Macht zu verringern, hätten sie keine Sympathie für Glasnost gehabt. Das Informationsmonopol ist schließlich eine der Hauptsäulen der Bürokratie, weshalb die öffentliche Rechenschaftspflicht ihr als unvereinbar mit einer effektiven Verwaltung erscheint.

Was über bürokratische Geheimhaltung gesagt wurde, gilt in verstärktem Maße für polizeiliche Geheimhaltung. Rußland war stets das Land der Geheimhaltung schlechthin, und es ist seit mehr als hundert Jahren ein Polizeistaat; schon vor 1881, als die Ochrana gegründet wurde, existierte eine politische Polizei. Seit der Notstandsgesetzgebung von 1881 wurde Rußland mit außerordentlichen Maßnahmen regiert, die alljährlich unter den Zaren erneuert wurden. Es ist nützlich, im Gedächtnis zu behalten, daß die Vorgängerin des KGB *Tschreswytschainaja komissija* (Außerordentliche Kommission: Tscheka) hieß. Die folgenden, im Jahre 1905 geschriebenen Zeilen treffen heute noch genauso zu wie damals: »Die Tätigkeit der Gendarmerie vollzieht sich unter dem Schutze eines undurchdringlichen Geheimnisses nach Vorschriften der höchsten Regierungsinstanzen, die an sie allein gelangen, und kein Russe ist imstande, auch wenn er sich noch so sehr darum bemüht, aus den publizierten und zur Kenntnis gelangten Gesetzen irgendwelche Schlüsse über die Rechte und Pflichten der Gendarmen zu ziehen.«[17]

Eine Geheimpolizei kann, selbst wenn sie von der Parteiführung kontrolliert wird, Glasnost unter keinen Umständen begrüßen. Denn die Sondervollmachten der Staatssicherheitsorgane leiten sich aus der Annahme ab, daß die Sowjetunion im Belagerungszustand sei, ständig und gnadenlos angegriffen von starken Feinden, die ihre Geheimnisse stehlen und das Vertrauen der Bürger zu ihrem Regierungssystem erschüttern wollen. Unter solchen Umständen ist Glasnost ein Luxus, den das System sich schwerlich leisten kann.

Auf dem Höhepunkt von Glasnost hielt Tschebrikow, der damalige KGB-Chef, eine programmatische Rede, deren Botschaft mehr als deutlich war: Das KGB befürworte den Umstrukturierungsprozeß vorbehaltlos, und es sei dabei, seine eigenen Arbeitsmethoden zu verbessern. Aber man dürfe nie aus dem Gedächtnis verlieren, daß die Erweiterung von Demokratie und Glasnost eine neue politische Situation geschaffen habe. Und da es leider immer noch Menschen gebe, die dem Sozialismus fremde oder sogar feindliche Meinungen verträten (»indem sie Spekulationen zum Thema der Menschenrechte anstellen«), würden die Staatssicherheitsorgane nicht weniger dringend als früher benötigt, um Glasnost und Demokratisierung zu beaufsichtigen und ihren Mißbrauch zu verhindern. Dies gelte besonders für bestimmte Schichten der sowjetischen Bevölkerung, die »vom Virus des Nationalismus befallen sind«. Es gelte auch für die verschiedenen »informellen« Vereinigungen sowie für die schöpferische Intelligenzija. Die Arbeit von Schriftstellern, Filmemachern, Künstlern, Musikern, Dramatikern – kurz aller »kreativ Tätigen« – habe gewaltige emotionale Wirkung auf die Menschen. »Deshalb versuchen unsere Gegner, einzelne Vertreter der künstlerischen Intelligenzija in Positionen zu bringen, in denen sie sich Krittelei, Demagogie, Nihilismus hingeben, gewisse Stadien der historischen Entwicklung unserer Gesellschaft verleumden und das Hauptziel der sozialistischen Kultur verraten: die geistige Erhöhung des arbeitenden Menschen.«[18]

Es sei ganz natürlich, wenn es zu Debatten und vielleicht sogar zu Meinungskonflikten komme. Aber jemand müsse dafür sorgen, daß dieser Prozeß nicht zu weit gehe, daß man es mit einer »organischen Verbindung von sozialistischer Demokratie und Disziplin, von Autonomie und Verantwortung« zu tun habe. Jemand werde benötigt, um »den revolutionären Prozeß vor subversiven Machenschaften zu schützen«, und diese wichtige Aufgabe könne offensichtlich nur von den Staatssicherheitsorganen erfüllt werden.

Dieser Ansatz war durchaus nicht neu. Er beruhte auf der Hypothese, daß das sowjetische Volk viel zu freundlich, gutmütig und leichtgläubig sei und daß die sozialistischen Schafe ohne einen strengen Hirten von

318

den imperialistischen Wölfen verschlungen werden würden. Die zaristische Ochrana – überhaupt jede politische Polizei im Laufe der Geschichte – benutzte ähnliche Argumente, und sie enthielten natürlich stets ein Körnchen Wahrheit. Im zaristischen Rußland waren revolutionäre Agitatoren tätig, und es stimmte gleichermaßen, daß im Zeichen von Glasnost und Demokratisierung alle möglichen liberalen oder nationalistischen Trends zum Vorschein kamen, die weit über die von den Herrschern gesteckten Ziele hinausschossen. Ein sowjetischer Autor schrieb, der Kapitalismus (und der ausländische Feind) sei für die Staatssicherheitsorgane genau das, was Gott für Voltaire gewesen sei: Wenn er nicht existierte, müßte er erfunden werden.[19]

Es gibt erhebliche Bevölkerungsgruppen, deren Interessen sich gegen Demokratisierung und Glasnost richten – nicht nur, weil ihr Arbeitsstil und ihre gesamte Philosophie in Gefahr sind, sondern weil ihr Lebensunterhalt von dem gegenwärtigen Verwaltungssystem abhängt. Zwar könnte man eine neue Stellung für sie finden, wenn sie arbeitslos würden, aber dies würde die alte Macht- und Privilegienstruktur der gesamten Bürokratie beeinträchtigen.

Solche Befürchtungen mögen unangebracht sein, weil Gorbatschow niemals beabsichtigte, so radikale Reformen durchzuführen. Außerdem sind Verallgemeinerungen über die Bürokratie nicht zutreffender als die über jede andere Klasse oder Kaste. Es hat zu allen Zeiten Menschen gegeben, die, inspiriert von den Idealen der Freiheit und der sozialen Gerechtigkeit, gegen ihre eigenen materiellen Interessen handelten. Im zaristischen Rußland gewährten nicht wenige Grundbesitzer ihren Leibeigenen die Freiheit, bevor die Regierung ihr Dekret erlassen hatte. Der Autor eines umfassenden, sehr kritischen Überblicks über das zaristische Rußland schrieb im Jahre 1914: ». . . es wäre ganz falsch zu behaupten, daß die russische Beamtenschaft nur aus unverfälschten Bürokraten bestehe. Es gibt Bürokraten, sogar sehr viele, und man findet auch eine Reihe von Regierungsangestellten, bei denen der bürokratische Geist heute mehr oder weniger starke Spuren hinterlassen hat, die aber morgen ihre Pflicht genausogut oder noch besser erfüllen würden, wenn eine konstitutionelle Regierung am Ruder wäre.«[20] Gleichermaßen läßt sich geltend machen, daß Gorbatschow und seine Anhänger (wie früher Dubček) schließlich auch Produkte des Apparats waren.[21] Zuweilen stellten solche Menschen eine bedeutende Minderheit dar, besonders wenn klar wurde, daß das System schlecht funktionierte. Aber von der Mehrheit der Betroffenen – vornehmlich von den unteren Rängen, den wahrscheinlichsten Opfern – kann nicht erwartet werden, daß sie große Begeisterung für Glasnost an den Tag legt und mit deren Verkündern zusammenarbeitet.

Erworbene Rechte

Wir haben bestimmte soziale Gruppen identifiziert, die sich der Reformpolitik widersetzen dürften. Eine zusätzliche Rolle spielt der jeder Gesellschaft innewohnende Konservatismus, die Furcht vor Wandel und Neuerung. Dies bedeutet nicht, daß Trägheit und erworbene Rechte nicht überwunden werden könnten, denn sonst hätte die Geschichte überhaupt nie einen Wandel hervorgebracht. Erworbene Rechte sind nicht allmächtig: Keynes schrieb zur Zeit der Großen Depression, daß die Ideen der Wirtschaftswissenschaftler sich früher oder später gegen die Interessen von Beamten und Politikern durchsetzen würden: »Ich bin überzeugt, daß die Macht erworbener Rechte im Vergleich zum allmählichen Durchdringen von Ideen stark übertrieben wird.« Doch er fügte den Vorbehalt hinzu: »Wenn die Ideen richtig sind.«[22] Während in der Sowjetunion das Bewußtsein wächst, daß die gegenwärtige Lage unerträglich ist, gibt es keine Gewißheit, daß die Ideen der Reformer richtig oder überhaupt auf das Sowjetsystem anwendbar sind.

In der Sowjetunion vertreten manche die fatalistische Ansicht, daß das gegenwärtige sozioökonomische System sich bei allen Mängeln als das einzig lebensfähige erweisen könne. Noch wichtiger ist, daß Keynes ökonomische Ideen meinte, während Reformen in der UdSSR sozialen und politischen Wandel bedeuten und damit wesentlich tiefer gehen. Wenn man die Reformen konsequent durchführte, würden sie letzten Endes auf eine neue gesellschaftliche Revolution hinauslaufen. Gorbatschow und seine Reformer streben eine weitreichende wirtschaftliche Reform bei begrenzten sozialen und politischen Veränderungen an.

320

Aber das Gefühl, daß dies unmöglich sein könne, ist weit verbreitet, und daher rühren die Furcht vor dem Wandel und der Widerstand gegen ihn.

Das große Schisma

Eines der großen Verdienste von Glasnost besteht darin, daß wir heute viel mehr über die öffentliche Meinung, über Ansichten und Stimmungen, über die gesamte Bevölkerung und vor allem über die Intelligenzija wissen. Es hat in Rußland immer eine öffentliche Meinung – oder, genauer gesagt, öffentliche *Meinungen* – gegeben; selbst in den Jahren der stärksten Repression schenkte nicht jeder den offiziellen Medien Glauben, besonders wenn ihre Botschaft der Realität allzu offenkundig widersprach. Öffentliche Meinung ist, wie sich versteht, nicht mit politischem Dissidententum oder Protest gleichzusetzen. Vielmehr umfaßt sie zahlreiche Überzeugungen und Einstellungen zu einer Vielfalt von Themen; oft steht sie im Widerspruch, manchmal im starken Gegensatz zu der offiziellen Ideologie. Sie umfaßt zum Beispiel die starken nationalen Antagonismen und Vorurteile, deren Existenz jedem bekannt war, doch in offiziellen Reden und Artikeln ignoriert oder geleugnet wurde. Selbst als man in den späten Sechzigern und in den Siebzigern Meinungsumfragen durchführte und gelehrte soziologische Zeitschriften zu erscheinen begannen, konnten diese explosiven Themen nicht untersucht werden. Als Gorbatschow in einer Rede erklärte, daß die Partei die öffentliche Meinung anerkenne, meinte er natürlich die positiven – oder zumindest neutralen – Elemente der öffentlichen Meinung, nicht die anderen, die der Beobachtung und Behandlung der Staatssicherheitsorgane überlassen bleiben mußten.

Da keine freien Wahlen stattgefunden haben, kann zum Beispiel niemand mit Sicherheit sagen, wie viele Anhänger die »russische Partei« unter der Intelligenzija hat. Aber es gibt Anhaltspunkte. Die Auflage der verschiedenen Literaturzeitschriften ist kein Geheimnis, und obwohl die Papierzuteilung in gewissem Grade willkürlich ist, kann man jedenfalls feststellen, welche Zeitungen und Zeitschriften innerhalb von zehn Minuten nach ihrem Erscheinen in den Kiosken von Sojuspetschat ausverkauft sind und welche unverkauft bleiben.[23]

Glasnost hat unter anderem das »große Schisma« ans Licht gebracht, das sich bei der Intelligenzija herausgebildet hat. Die Debatten und gegenseitigen Angriffe der beiden Lager sind nun ein wesentlicher Teil der öffentlichen Meinung. Sie sind viel bitterer als im letzten Jahrhundert, und man könnte im Eifer des Gefechts fast vergessen, daß es, wie im zaristischen Rußland, eine offizielle Ideologie gibt, der beide Seiten, jedenfalls vorläufig, Lippenbekenntnisse erweisen müssen.

Die offizielle Ideologie ist kanonisiert worden und kann mit Hilfe zahlloser Lehrbücher und Katechismen zu Rate gezogen werden. Es ist unwahrscheinlich, daß eine beträchtliche Zahl von Menschen noch an die Gesamtheit der Ideologie glaubt; dafür ist die Kluft zwischen Theorie und Praxis zu groß geworden. Sogar die Gläubigsten müssen Zweifel haben, gerade weil der Marxismus-Leninismus nicht nur ein weiterer Versuch war, die Welt zu interpretieren, sondern den Anspruch erhob, sie zu ändern. Er lieferte einen Schlüssel zum Handeln und eine Vision der Zukunft. Diese Zukunft ist nun mehr als siebzig Jahre alt und unterscheidet sich beträchtlich von der ursprünglichen Vision.

Was geschieht, wenn eine Prophezeiung unerfüllt bleibt? Das Problem hat Soziologen und Philosophen seit langem beschäftigt, und es ist nun in der Sowjetunion aktuell geworden. Der einstige fast unbegrenzte Optimismus wich einer pessimistischen Stimmung, und eine geistige Leere entstand, die mit neuen Überzeugungen – sei es eine traditionelle oder säkulare Religion, sei es Patriotismus – ausgefüllt werden mußte.

Die geistige Krise wirkt sich jedoch nicht in gleichem Maße auf alle Bevölkerungsschichten aus. Die hohen Funktionäre, die die Nutznießer des Regimes sind, mögen sich in der heutigen Situation unbehaglich fühlen, aber sie werden mit hundert verschiedenen Einfällen kommen, um ohne schmerzhafte chirurgische Eingriffe zu überleben. Die Tatsache, daß man nicht mehr uneingeschränkt an die alte Ideologie glaubt, bedeutet zudem keineswegs, daß all ihre Bestandteile verworfen wurden; einige könnten tief in der Bevölkerung verwurzelt sein.

Der Marxismus alten Stils ist zweifellos nicht mehr in Mode; man kann mühelos nachweisen, daß Marx und Engels in den Manifesten und in den Reden der Parteiführer immer seltener zitiert werden – und nicht nur, weil beide Deutsche waren und der eine zudem Jude. In all seinen Jahren an der Macht zitierte Breschnew, wie ich glaube, Marx kein einziges Mal, und in Gorbatschows drei Bänden mit Artikeln und Reden findet man zahllose Verweise auf Wladimir Iljitsch Lenin, doch keinen auf Karl Marx.[24] Dies ist ganz natürlich, denn eine politische Theorie des neunzehnten Jahrhunderts, entworfen im Viktorianischen Zeitalter, kann, selbst wenn sie ein geniales Werk ist, nicht als Handlungsanleitung für das Jahr 2000 und noch spätere Jahre dienen. Die Geschichte steht nicht still, was auch sowjetische Spitzenpolitiker gelegentlich einräumen. Die Notwendigkeit, den Marxismus »schöpferisch« anzuwenden, ist über viele Jahre hinweg tausendmal unterstrichen worden. Aber früher oder später gelangt man an den Punkt, an dem das schöpferische Element weit größere Bedeutung gewinnt als die ursprüngliche Ideologie, und dieses Stadium wurde in der Sowjetunion schon vor langer Zeit erreicht. Gewiß, man kann stets auf Lenin und den Leninismus zurückgreifen, doch der Parteigründer war schon ein paar Jahre nach der Revolution außer Gefecht gesetzt; zwar lassen sich in seinen Schriften geeignete Zitate für fast jeden Anlaß finden, aber die Sowjetführung benötigt nicht nur Zitate, sondern einen politischen Kompaß. Dazu taugen Lenins *Gesammelte Werke* kaum noch.

Lenin ist in der Gorbatschow-Ära häufiger denn je zitiert worden – zum Beispiel im Zusammenhang mit der Neuen Ökonomischen Politik (NÖP), die für Gorbatschows Reformen eine so herausragende Rolle spielte. Diese Politik geht zurück auf die Situation Anfang der zwanziger Jahre, nach Beendigung des Bürgerkriegs, als es zu Bauernunruhen und einem verhängnisvollen Sinken der industriellen Produktion kam. Angesichts der wirtschaftlichen Katastrophe erklärte Lenin, daß der Sowjetstaat immer noch viel von den Kapitalisten lernen könne. Folglich wurden die Zügel gelockert, und das Privatunternehmertum erhielt einen begrenzten Spielraum. Victor Serge, einer der damaligen Beobachter, schrieb: »Innerhalb einiger Monate stellten sich verblüffende Ergebnisse ein. Der Unterschied war von Woche zu Woche spürbar. Es war leichter, Lebensmittel zu bekommen, die Restaurants öffneten wieder ihre

Türen, und, noch unglaublicher, man verkaufte Gebäck.« Es war ein Wunder ähnlich dem, das der deutschen Währungsreform nach dem Zweiten Weltkrieg folgte.

Die NÖP war keine taktische Maßnahme, sondern ein strategischer Rückzug, und es gibt keinen Grund, an Lenins Worten zu zweifeln, daß sie 1921 »ernsthaft und für lange Zeit« eingeführt worden sei. Aber es handelte sich trotzdem, wie der Historiker E.H. Carr erläuterte, um eine »vorübergehende Abkehr von Positionen, die sich im Moment nicht halten ließen, doch früher oder später zurückgewonnen werden würden«.[25]

Die wirtschaftliche Freiheit unter der NÖP war stets stark eingeschränkt, aber das Experiment lieferte einen Beitrag zur ökonomischen Gesundung Rußlands und seine verfrühte Einstellung im Jahre 1926 war, im Rückblick betrachtet, unzweifelhaft ein Fehler. Doch die NÖP kann im letzten Jahrzehnt des zwanzigsten Jahrhunderts nicht wiederbelebt werden – eine Tatsache, die sogar von denen eingestanden wird, die sie als ein Beispiel für die allgemeine Richtung ansehen, in der Lösungen für die jetzigen wirtschaftlichen Probleme zu finden seien. Was die Reformer wirklich wollen (aber nicht offen erklären können), ist kein zeitweiliger Rückzug, sondern eine Vorwärtsbewegung in eine andere Richtung, fort von *urawnilowka* (Gleichmacherei), fort von einer zu strikten Planwirtschaft, hin zu einem rationaleren System, das mehr Spielraum für Kreativität, Initiative und Unternehmungsgeist läßt.

Nicht nur in kleineren osteuropäischen Ländern wie Ungarn, sondern auch in China, dem volkreichsten der kommunistischen Staaten, hat man ähnliche Experimente mit zuweilen verblüffenden Ergebnissen durchgeführt. Unter Deng Xiaoping entließ man ein Viertel des Personals der Zentralbürokratie, führte Rechenschaftspflicht sowie Preis- und Lohnreformen ein (wobei die Preise sich um dreißig bis fünfzig Prozent erhöhten) und öffnete viele Städte dem ausländischen Kapitalzufluß. Bis 1987 arbeiteten schon 25 Millionen Chinesen im Privatsektor, gegenüber 22 Millionen in Staatsbetrieben.

Vom chinesischen Modell wird noch die Rede sein, aber Erfahrungen, die in einem Land mit ganz anderer Tradition gewonnen wurden, sind nicht ohne weiteres auf die Sowjetunion anwendbar. Im gesamten Verlauf der chinesischen Geschichte findet sich, im Gegensatz zu Rußland, eine Tradition des Privatunternehmertums, des kommerziellen Denkens und eines ausgeprägten Arbeitsethos. Die Chinesen wurden nie in dem Glauben erzogen, daß der Staat alles planen, alles beaufsichtigen, alles bereitstellen werde. Wirtschaftlicher Erfolg war in China nicht mit dem traditionellen Stigma der Geringschätzung oder mit Neid behaftet, während der Begriff *nepman* (Unternehmer während der NÖP) als Ausdruck äußerster Verachtung in die russische Sprache einging. Aus diesem Grunde könnte »etwas wie die NÖP« bestenfalls zeitweilige Linderung bieten, jedoch keine neuen, langfristigen Perspektiven eröffnen.

Wenn die offizielle Ideologie nicht in der Lage war, die Schwierigkeiten zu überwinden, konnte dann vielleicht von seiten der Sozialwissenschaften die Rettung kommen? Diesen Wissenschaften (Soziologie, Politologie, Sozialpsychologie) war in den sechziger und siebziger Jahren bescheidene Bewegungsfreiheit gegeben worden. Eine Erweiterung dieser Freiheit vorausgesetzt, könnten sie zweifellos mithelfen, Problemzonen im gesellschaftlichen Leben zu identifizieren und Methoden zur Beseitigung von Engpässen vorzuschlagen. Aber der Gedanke, daß der Soziologe ein Visionär und Prophet sein könne, der die Massen mobilisiert und dort Erfolg hat, wo der Ideologe gescheitert ist, erscheint doch sehr wirklichkeitsfremd. Ein westlicher Beobachter spricht von den ehrgeizigen Träumen, daß die Wissenschaftlergemeinschaft zu einem »dritten« oder »vierten« Stand werden könne.[26] Leider besteht viel Grund zu der Annahme, daß dies Träume bleiben werden. Und obwohl sich Gorbatschow, im Gegensatz zu seinen Vorgängern, mit einer Reihe begabter Wirtschaftswissenschaftler umgeben hat, können sie ihm bei den wirklich schwierigen Entscheidungen nicht helfen, einfach deshalb, weil diese nicht technischen, sondern politischen Charakters sind.

Ein politisches System wie das sowjetische kann, wenn nötig, ohne ausgedehnte soziologische Forschung existieren; falls erforderlich, wird das KGB die Informationen liefern. Es kann vielleicht ohne Wirtschaftstheorie existieren; schließlich sind die Japaner nicht schlecht gefahren, obwohl ihr Land keinen Ökonomen von Weltruf hervorgebracht hat. Es ist jedoch nicht fähig, ohne eine Zukunftsvision und einen Zukunftsglauben – etwas, was nicht nur das Herz, sondern auch den Geist stärkt –

zu existieren. Aber dieses Bedürfnis nach einer Vision kann nicht von Soziologen oder Ökonomen mit Hilfe komplizierter mathematischer Modelle gestillt werden.

Wie der Psalmist heben die sowjetischen Führer die Augen zu den Bergen auf, von denen Hilfe kommen mag, aber es ist keine geistige Hilfe in Sicht; sie werden sich noch auf Jahre hinaus mit ihrer alten Ideologie bescheiden müssen. Der Leninismus wird zumindest für ein oder zwei weitere Jahrzehnte Zitate für ihre Reden liefern müssen, und niemand kann mit Zuversicht in die fernere Zukunft blicken. Die Führer müssen sich wie früher durchwursteln und dabei verstohlene Blicke in alle möglichen Richtungen werfen. Sie sind von den Doktrinen der Vergangenheit gefesselt und werden kaum in der Lage sein, sehr weit voranzuschreiten.

Die Konservativen

Im Laufe der Jahre hat sich in der sowjetischen öffentlichen Meinung ein starker patriotischer, rechter, konservativer Trend herausgebildet. Er betrifft nur eine Minderheit der Intelligenzija, scheint jedoch im Lande einflußreich zu sein. Dieser Trend wurzelt in der tiefen Enttäuschung über die Art und Weise, wie sich die Sowjetgesellschaft entwickelt hat. Es ist eine Bewegung der kulturellen – vielleicht sogar mehr als der politischen – Verzweiflung. In der russischen Geistesgeschichte hat der Pessimismus eine lange und ehrenhafte Tradition; er führt von Puschkin (»Welch ein trauriges Land, unser Rußland«, sagte er bei der Lektüre von Gogols *Toten Seelen*) zu Tschechow und in die jüngere Vergangenheit.

Die grundlegende Philosophie dieser Geistesströmung läßt sich wie folgt zusammenfassen: Die Zerstörung so vieler russischer Traditionen in den zwanziger und frühen dreißiger Jahren sei eine Katastrophe; der Marxismus-Leninismus sei bankrott, daher müsse man zu den Wurzeln, zu Patriotismus, Religion, Gemeinschaftsgefühl und den Werten des alten ländlichen Rußland zurückkehren. Man sollte erwarten, daß die Konservativen sich in erster Linie gegen jene wenden würden, die das alte Rußland zerstörten, nämlich Lenin und Stalin, aber dies ist nicht der

326

Fall. Lenin darf nicht offen angegriffen werden, und was Stalin betrifft, so ist ihm (in ihren Augen) hoch anzurechnen, daß er Rußland von neuem stark machte und den russischen Patriotismus wiederherstellte. Außerdem habe er gegen Kosmopolitismus und alle möglichen »nihilistischen und zerstörerischen Einflüsse« gekämpft. Die heutigen Feinde seien Liberalismus, Kosmopolitismus sowie ein Übermaß an Freiheit, das sich im allgemeinen moralischen Verfall und dem Mangel an Patriotismus und Disziplin verkörpere. Der Einfluß der westlichen Massenkultur zeige sich in der Atomisierung der Gesellschaft, der Entfremdung der jungen Generation – kurz, in der Modernisierung, die dem russischen Geist fremd sei. Die Kritiker Stalins erweisen sich auch als Feinde der Konservativen: die Juden, die Liberalen, die aufrichtigen Anhänger des Sozialismus. Aus diesem Grund sind die Konservativen bereit, Stalin seine Sünden am russischen Bauerntum und sogar die Kollektivierung zu vergeben. Sie haben kein klares ökonomisches oder soziales Programm, aber sie lehnen eine Marktwirtschaft ab.

Viele Konservative scheinen zu glauben, der Stalinismus sei keine spezifisch russische, sondern eine globale Erscheinung, »von Madrid bis Schanghai«, die weitgehend von Fremdlingen wie Trotzki (der bürokratische Ansatz), Jakowlew (Volkskommissar für Landwirtschaft Ende der zwanziger Jahre), Kaganowitsch (einer der Hauptzerstörer alter russischer Denkmäler) und Mechlis (einer von Stalins Henkersknechten während der Säuberungen und während des Krieges) inspiriert worden sei. Laut diesen Denkern der extremen Rechten wurde Stalin während der Zeit des »Personenkults« nicht nur von Sowjetbürgern gepriesen; sie hätten sich vielmehr nur dem allgemeinen Chor angeschlossen. Viele westliche Intellektuelle wie Romain Rolland und Henri Barbusse, Lion Feuchtwanger und Albert Einstein, die keinem Zwang oder Druck ausgesetzt waren, hätten sich an den Kniefällen beteiligt, wann immer Stalins Name erklang. Hier gibt es eine faszinierende Übereinstimmung mit den Ansichten einiger deutscher Denker der achtziger Jahre, die auf ähnliche Weise argumentierten, daß der Faschismus keine deutsche (oder italienische), sondern eine allgemein europäische Erscheinung gewesen und daß die Inspiration des Terrors ohnehin aus dem Ausland – nämlich aus der Sowjetunion – gekommen sei.[27] Ihre Schwäche ist die gleiche,

327

unter der die antiliberale, antikapitalistische Rechte ganz Europas im zwanzigsten Jahrhundert litt. Einerseits fordern ihre Anhänger eine starke zentralisierte Regierung und eine schlagkräftige Armee, andererseits beklagen sie die Übel der Industrialisierung und des Großstadtlebens und rühmen das Landleben der Vergangenheit. Sie möchten, daß die Frauen ins Heim und zur Familie zurückkehren, aber sie haben keine Antwort auf die Frage, wie Familien mit nur einem Einkommen existieren sollen. Sie haben keine Antwort auf hauswirtschaftliche oder auf gesamtwirtschaftliche Fragen, denn wie können politische Schwärmerei und Modernisierung in Einklang gebracht werden?

Diese Philosophie der kulturellen Verzweiflung und des Ressentiments – der Glaube, daß das russische Volk das begabteste, doch gleichzeitig das am stärksten erniedrigste der Welt sei – ist weder neu noch einzigartig; sie war im vorfaschistischen intellektuellen Denken verschiedener europäischer Länder, vielleicht am ausgeprägtesten in Deutschland, zu finden. Möglicherweise war es kein Zufall, daß der prominenteste Sprecher der »konservativen Revolution« in Deutschland, Moeller van den Bruck, sich auch als Herausgeber von Dostojewskis Werken hervortat. Denn in Dostojewski, dem politischen Denker, fand die »revolutionäre Rechte« die ideologische Munition, die sie benötigte: die Verachtung für den faulenden Westen, den Antiliberalismus, Antisemitismus, Antiindustrialismus, Antikapitalismus, den vorbehaltlosen Glauben an einen Führer (oder Zaren), den aggressiven Nationalismus, die Feindschaft gegenüber Philistertum und Bürokratie. (Ein Element fehlte noch, nämlich der »wissenschaftliche Rassismus«, doch es kam später aus anderen Quellen.)

Dies alles bezieht sich nicht auf den Autor von *Schuld und Sühne*, sondern auf den Pamphletisten des *Tagebuchs eines Schriftstellers*, nicht auf den Prediger allumfassender Liebe, Demut, Duldung und grenzenlosen Mitgefühls, sondern auf den Verbreiter von Chauvinismus und heftigen Vorurteilen. Dieser zweite Dostojewski ist heute, eher als die Slawophilen, der geistige Mentor der russischen Konservativen – eine Tatsache, die den offiziellen Sowjetideologen nicht entgangen ist.[29]

Doch allen reaktionären und absurden Elementen in Dostojewskis Schriften zum Trotz ist es schwierig, in ihm einen Vorläufer Adolf Hitlers zu sehen, während die heutige extreme Rechte der UdSSR große Teile der nationalsozialistischen Weltanschauung für sich entlehnt hat, wie von den sowjetischen Medien unverhohlen zugegeben wird.[30] Daß dies geschah, ist wahrscheinlich weniger bemerkenswert als die offizielle, fast an Hamlet gemahnende Einstellung: Sicher, was diese Exzentriker täten, sei schlecht und vor allem peinlich, was die Publizität im Westen angehe; aber was könne man tun? Die KP-Mitglieder unter den Rechten sind nicht aus der Partei ausgeschlossen worden, und die sie unterstützenden prominenten Schriftsteller sind mit der mildesten Ermahnung davongekommen.[31] Die Juden, die sich vor dieser Wiederaufwärmung von *Mein Kampf* schützen wollen, sind weit weniger nachsichtig behandelt worden.

Das Aufkommen eines starken konservativen Elements im russischen politischen Denken kann angesichts der Ernüchterung über den gesellschaftlichen und moralischen Zustand der Nation nicht überraschen. Auch die vorherrschenden antiliberalen und antiwestlichen Haltungen sowie die Furcht vor der Freiheit sind keine Überraschung, wenn man sich der russischen Geistesgeschichte und der Versuche bewußt ist, einem widerwilligen Volk eine westliche Ideologie aufzuzwingen. So hieß es in der philosophischen Fachzeitschrift *Woprossy filosofii*, die »Dorfschriftsteller« seien, subjektiv gesehen, rein und lauter, »aber ihr Schmerz verwandelt sich in eine neue Qualität: Haß«. Deshalb sei es gefährlich, die Gefahr des Antisemitismus und Faschismus in der UdSSR zu bagatellisieren.

Die konservative Ideologie widerspricht den meisten Grundsätzen des Leninismus, vor allem jedoch dessen internationalistischem Charakter. Lenin zitierte Tschernyschewski, der Rußland in einem seiner Romane »eine jämmerliche Nation, eine Nation von Sklaven, von oben bis unten alles Sklaven« nannte, und fügte hinzu, daß sich die »offenen und versteckten großrussischen Sklaven« nicht gern an diese Worte erinnerten. Aber es gebe zwei russische politische und kulturelle Traditionen; die eine sei »im Kampf für Frieden und Sozialismus verankert, die andere [werde] gekennzeichnet von großen Pogromen, Galgen, Kerkern, großen Hungersnöten und äußerster Unterwürfigkeit gegenüber Priestern, Zaren, Grundbesitzern und Kapitalisten«.[32] Solche Verweise auf »unsere sklavische Vergangenheit« sind der »russischen Partei«, die nur den Glanz früherer Zeiten sehen möchte, ein Greuel. Gewiß, die offizielle Sowjetideologie ist seit langem von den Äußerungen Marx' und Lenins über das zaristische Rußland abgerückt; dies war unvermeidlich, nachdem sich herausstellte, daß der Sozialismus nur in einem einzigen Land aufgebaut werden würde. Aber die offizielle sowjetische Lehre hat Lenins Internationalismus lediglich »abgewandelt«, sich jedoch nicht offen von ihm losgesagt, was ohne eine fundamentale Änderung ihres Charakters auch nicht möglich wäre.

Die Entstehung einer russischen Rechten war, wenn man die sowjetische Geschichte betrachtet, ganz natürlich, aber die Synthese von Stalin und Dostojewski dürfte nicht unvermeidlich gewesen sein. Das bisherige Ergebnis ist eine seltsame, widersinnige Mischung aus Ansichten und Haltungen, die von Ressentiment gekennzeichnet und, was die Gegenwart und Zukunft Rußlands angeht, bestenfalls irrelevant sind.

Die Rechte trauert einer Vergangenheit nach, die im Grunde nie existierte. Und selbst wenn sie existiert hätte, könnte sie genausowenig zum Leben erweckt werden wie der verlorene Kontinent Atlantis. Selbst wenn die bäuerliche *isba* tatsächlich, wie einige konservative Schriftsteller behaupten, die Grundlage war, auf der alle Werte Rußlands, seine Harmonie und Gesundheit beruhten, so kann sie im Zeitalter der Computer und des Fernsehens nicht wiederhergestellt werden. In der russischen Literatur und Philosophie des neunzehnten Jahrhunderts hatte eine Tendenz zur Verherrlichung des bäuerlichen Lebens bestanden. Dazu Maxim Gorki: »Der Populist malte die Bauern so appetitlich wie einen Kuchen. Unser Bauer war gut, es gab keinen Vergleich mit den europäischen Bauern. Sie alle waren Platon Karatajews . . .«[33] Sogar manche ausländische Beobachter wie Mackenzie Wallace äußerten sich bewundernd über den selbstbewußten, unabhängigen Geist der nordrussischen Bauern.[34] Der britische Journalist war begeistert, weil er ein Exemplar von Buckles *History of Civilization* in einer Bauernhütte gefunden hatte.

Aber Gorki und andere, die ebenfalls das russische Dorfleben kannten, schrieben mit ungeminderter Bitterkeit über die Brutalität und die niedrigen Instinkte, die Apathie und Leere (»eine Menge Aberglauben und keine Ideen«) der russischen Bauernschaft, über den Fanatismus der religiösen Sektierer – unzweifelhaft die Folge von Jahrhunderten der Knechtschaft.[35] Gorkis Urteil mag übertrieben gewesen sein, aber das Landleben wird auch in den Romanen von Gleb Uspenski oder Iwan Bunin nicht in rosigem Licht dargestellt, ganz zu schweigen von den Büchern vorrevolutionärer bäuerlicher Schriftsteller wie Iwan Wolny oder Semjon Podjatschew.

Die Einstellung der Konservativen zum russischen Bauerntum erinnert daran, wie westeuropäische Romantiker das Mittelalter sahen: Sie konzentrierten sich auf ein paar attraktive Merkmale und ließen alles übrige, also die gesellschaftlichen Übel und das unmenschliche Verhalten, außer acht. Sie sahen den schönen Kult der Jungfrau Maria, weigerten sich aber, den Schmutz, die Krankheiten und die Folterbank zur Kenntnis zu nehmen.

Diese Abwandlung der Blut-und-Boden-Doktrin anderer Länder steht im Gegensatz zu den Ansichten der russischen radikalen Intelligenzija und zu Lenins Analyse von »zwei Nationen und zwei Kulturen« im vorrevolutionären Rußland. In den zwanziger Jahren wäre sie wegen ihres reaktionären und konterrevolutionären Charakters gnadenlos unterdrückt worden. Sechzig Jahre später stößt sie auf kaum mehr als zögernde, halbherzige Kritik. Sie ist recht populär, aber sie hat der modernen Welt nichts zu bieten außer patriotischer Indoktrination und Reminiszenzen an historische Siege (etwa bei Kulikowo) über tatarische, deutsche und französische Angreifer – stolze Erinnerungen, gewiß, aber kaum wegweisend für das Atomzeitalter.

Die russischen Konservativen werfen ihren ideologischen Gegnern *sapadomanija* vor, das heißt die unkritische Übernahme westlicher Moden. Aber es ist durchaus nicht sicher, daß eine »Westlerpartei« in der UdSSR existiert, es sei denn unter den Anhängern der Rockkultur, doch auch sie haben ausländische Moden eifrig dem russischen Geschmack angepaßt. Wie die »Westler« des neunzehnten Jahrhunderts werden die heutigen russischen Intellektuellen von der westlichen Freiheitsidee angezogen. Aber sie sind nach allem, was sie gehört und gesehen haben, durchaus nicht begeistert von der westlichen Realität. Wie Alexander Herzen meinen sie, daß der Westen unfähig gewesen sei, seinen eigenen

Idealen gerecht zu werden. Auch gibt es keine unterschwelligen Bemühungen, westliche Institutionen, etwa eine parlamentarische Demokratie, einzuführen, da die Intellektuellen sie unter den gegenwärtigen
Umständen nicht für funktionsfähig halten. Sie fordern mehr Freiheit
und demokratische Erziehung, aber sie wissen, daß noch ein langer Weg
zurückgelegt werden muß. Ihre Motivation kam vor fast hundertfünfzig
Jahren in Belinskis berühmtem Brief an Gogol zum Ausdruck; in der
Erkenntnis, daß Rußland den Erfolg von Zivilisation, Aufklärung und
Humanität sowie die Erweckung eines Sinns für Menschenwürde benötigt, der in Jahrhunderten des Schmutzes und der Dumpfheit verloren-
ging. Sie lehnen die Botschaft ab, die von den Befürwortern des Gehor-
sams, von den »Verfechtern der Peitsche« und den Aposteln der Unwissenheit gepredigt wird. Und sie wollen nicht hören, daß Schuldige wie
Unschuldige gleichermaßen gezüchtigt werden sollten.[36]

Aber sie sind noch weniger geeint als ihre Gegner. Einige glauben an
eine mögliche Wiedererweckung des lauteren Leninismus, den sie für eine Verbindung von Freiheit und Demokratie halten, für eine Form des
Marxismus, die mit den Bedingungen des ausgehenden zwanzigsten
Jahrhunderts und einem revolutionären Geist in Einklang gebracht werden könne. Wie das alte Dorf der Russophilen hat ein solcher humanisti-
scher Kommunismus nie existiert, aber er wirkt im Lichte der Entwicklungen seit Lenins Tod immer noch sehr reizvoll. Eine solche Vision
hätte auch den großen Vorteil, daß ein Teil der ideologischen Kontinuität gewahrt würde.

Schließlich gibt es jene, die weder auf einen neu erwachten Leninismus noch auf Dostojewskis politische Ideen setzen; sie lehnen Dogmen
ab und befürworten gesunden Menschenverstand, Gerechtigkeit und
Toleranz. Traditionsgemäß war die Nachfrage nach gesundem Menschenverstand und Toleranz in Rußland nicht groß; sie scheinen zu vor-
dergründig, nicht durchgeistigt genug, womit wir wieder bei der Verachtung des *meschtschanstwo* (Philistertums) wären, die den Radikalen der
Linken und Rechten gemeinsam ist. Der Mangel an gesundem Menschenverstand und Toleranz ist Rußland in der Vergangenheit teuer zu
stehen gekommen, und auch heute scheint es keine überwältigende Unterstützung für diese Ideen zu geben.

Manche in diesem Lager gehörten in den sechziger Jahren liberalen Gruppen an, etwa dem Kreis um die Literaturzeitschrift *Nowy mir* unter Alexander Twardowski. Unter ihnen sind auch einige frühere Breschnew-Anhänger. Sie blieben stumm, als Pasternak und *Nowy mir* angegriffen, als Brodski und andere Schriftsteller verhaftet wurden. Aber wenigstens beteiligten sie sich nicht an den damaligen Attacken. Es ist leicht, einige etablierte Liberale der Gorbatschow-Ära im Hinblick auf ihre Vergangenheit zu verspotten; sie schöpften erst dann Mut, sich für eine gute Sache einzusetzen, als die Risiken stark verringert waren. Es ist leicht, sie aus sicherer Entfernung zu schmähen, aber man sollte nicht vergessen, daß viele in den letzten Jahren alle Brücken hinter sich abbrachen. Da durchaus nicht sicher war, ob die liberale Welle anhalten oder nur ein kurzes Zwischenspiel in der langen, traurigen Geschichte kultureller Repression sein würde, benötigten sie schließlich doch einigen Mut, sich dem liberalen Lager anzuschließen, obwohl die Zeichen gut schienen.

Dies sind die gegenwärtigen Hauptströmungen des politischen und kulturellen Denkens. Doch bisher haben wir die Mehrheit nicht erwähnt, die sich weit mehr für anständige Wohnungen und eine bessere Versorgung mit Konsumgütern interessiert als für Bolschewismus oder Nationalbolschewismus, Neostalinismus oder Antistalinismus. Ihr Interesse an Glasnost und Perestroika beschränkt sich auf ein einziges Kriterium: Werden sich die Lebensbedingungen verbessern? An diesem Maßstab wird die Reformbewegung gemessen werden.

Freiheit und Zensur

Eine vorläufige Bilanz von Glasnost sollte mit der naheliegenden Feststellung beginnen, daß es sich vorwiegend um ein kulturelles Phänomen handelt, von dem auf einigen Gebieten sehr viel und auf anderen sehr wenig zu beobachten ist. Am spürbarsten ist Glasnost in der Literatur und im Film sowie in mehreren anderen Medien, zumindest in Moskau und verschiedenen Großstädten. Aber es gibt auch erheblichen Widerstand: Während die Vereinigungen der Film- und Theaterschaffenden in liberale Hände übergingen, ist der Journalistenverband eine Bastion der

333

Konservativen geblieben. Der Wandel in der Führung des Schriftsteller-, Komponisten- und Künstlerverbandes war begrenzt, aber die Aktivitäten der jüngeren Künstler und Komponisten spielen sich ohnehin oft außerhalb der offiziellen Organisationen ab. In manchen »Parteiwissenschaften«, etwa Ökonomie und Soziologie, haben die Reformanhänger regen Gebrauch von der neuen Freiheit gemacht, was sich allerdings kaum in den bedeutenden Fachzeitschriften wie *Woprossy ekonomiki* oder *Planowoje chosjaistwo* widerspiegelt. Die Historiker und Philosophen gingen, mit ein paar Ausnahmen, kaum von ihren früheren Positionen ab, und einige rührten sich überhaupt nicht von der Stelle. Dadurch kam es zu dem Paradoxon, daß die Organe des Zentralkomitees (etwa *Kommunist*) einen liberaleren Kurs einschlugen als viele Philosophen und Historiker. Die Gründe waren nicht schwer zu erraten; es muß für jene, die viele Jahre lang in den Parteiwissenschaften gearbeitet und sich eng an die offizielle Linie gehalten hatten, fast unmöglich gewesen sein, mit einemmal unabhängig zu denken und das meiste von dem zu widerrufen, was sie früher gesagt und geschrieben hatten. Es war nicht nur eine Frage der »Umrüstung«, sondern eines Wandels ihrer gesamten Betrachtungsweise; solche Anpassungsfähigkeit ist vielleicht bei jungen, jedoch selten bei älteren Menschen zu finden. Es mag noch lange dauern, bis sich der Einfluß von Glasnost auf das politische Leben, auf die Aktivitäten von Partei und Staat und auf das Rechtswesen exakt einschätzen läßt.

Der Sturz Jelzins – oder, genauer gesagt, das offiziell verhängte Schweigen in dieser Sache – war kein Muster an verstärkter »Transparenz«. Auch die öffentliche Diskussion über das »Unternehmensgesetz« war, um ein weiteres Beispiel zu geben, nicht sehr eindrucksvoll. Der Entwurf dieses Gesetzes wurde im Sommer 1987 bekanntgemacht, und man forderte die Öffentlichkeit auf, an der Debatte teilzunehmen. Aber als das Gesetz am 1. Januar 1988 in Kraft trat, stellte sich heraus, daß praktisch nichts geändert worden war. Die Debatte hatte keinen Einfluß auf das letztliche Ergebnis gehabt.

Glasnost bedeutete keineswegs, daß nichtmarxistisch-leninistische Standpunkte öfter vertreten werden konnten, es sei denn unter dem Banner des Patriotismus auf literarischem Gebiet. Die Interpretation der

Parteilinie war weit liberaler als früher, aber es war weiterhin kaum denkbar, nichtsozialistische Ideen in die Diskussion über die Lösung der Wirtschaftskrise einzubringen. Mehr noch, »Sozialismus« bedeutete in diesem Zusammenhang nicht das gleiche wie in anderen Teilen der Welt, sondern hatte mit der Interpretation der KPdSU übereinzustimmen. Man rehabilitierte Altbolschewiki, die Stalins Terror zum Opfer gefallen waren, aber demokratischen Sozialisten wie den Sozialrevolutionären oder den Menschewiki, die im Kampf gegen den Zarismus eine genauso wichtige oder sogar bedeutendere Rolle gespielt hatten, wurde keine Gerechtigkeit zuteil.

Wieviel Freiheit brachte Glasnost mit sich? Sehr viel, verglichen mit dem Stalinismus oder der Breschnew-Ära. Die Bilanz ist weniger eindrucksvoll, wenn man das vorrevolutionäre Rußland als Maßstab nimmt. Die Todesstrafe wurde (theoretisch) im Jahre 1754 und (praktisch) Mitte des neunzehnten Jahrhunderts abgeschafft. Sie konnte immer noch von Militärgerichten verhängt werden, doch während des gesamten neunzehnten Jahrhunderts wurden nicht mehr als hundert Menschen hingerichtet – wahrscheinlich weniger als in anderen europäischen Ländern.[36] Leroy-Beaulieu schrieb: »Zwangsarbeit war das schlimmste Schicksal, das die Mörder von Provinzgouverneuren oder Polizeichefs ereilen konnte.«[37]

Es ist lehrreich, die zaristische mit der sowjetischen Zensur vor und unter Glasnost zu vergleichen. Die zaristische Zensur war heuchlerisch und willkürlich; »sie verursachte Übelkeit, aber nicht so viel, daß sie zum Erbrechen führte«, schrieb der Dichter Fjodor Tjutschew, der selbst viele Jahre lang Chefzensor war. Doch nach dem Pressegesetz von 1865 waren Bücher mit mehr als zehn Druckbogen (160 Seiten) von der Zensur ausgenommen.

Rußland hatte nach 1905 eine relativ freie Presse, und die Opposition konnte viele ihrer Zeitschriften und Pamphlete veröffentlichen. Im Jahre 1906 erschienen sechzig und im Jahr danach 68 bolschewistische Publikationen. Wenn die *Prawda* verboten wurde, konnte sie am nächsten Tag unter einem anderen Namen erscheinen. Schon vor 1905 wurden Marx' Werke von der Zensur genehmigt, da man sie als wichtige Beiträge zur Volkswirtschaft ansah; dagegen konnten Nietzsches Werke nicht vor 1906 veröffentlicht werden.[38] Ein Historiker, der sich mit der zaristischen Zensur beschäftigte, erläutert: »Einige Zensoren hielten sich für stille Partner von Schriftstellern und Journalisten bei der Aufklärung der russischen Öffentlichkeit. Aus diesen Gründen erlegten die Zensoren ihrer eigenen Tätigkeit Beschränkungen auf. Sie zögerten, bevor sie eine Zeitschrift schlossen oder auch nur eine Warnung erteilten . . .«[39] Vielleicht gab es ähnlich liberal gesonnene Zensoren unter Glasnost, aber sie mußten weiterhin behutsam vorgehen.

Ein führender Historiker der russischen revolutionären Bewegung liefert eine interessante Schilderung von Glasnost in den 1860er Jahren. Die Rede ist von einem jungen Revolutionär aus der Stadt Kasan, der eine Gefängnisstrafe in der örtlichen Festung absaß:

> Die Universitätsbibliothek versorgte ihn mit Büchern, und er konnte Holbachs *Système de la nature,* Cabets *Reise nach Ikarien* und auch Fourier, Proudhon, Louis Blanc und Börne lesen. Er las Engels' *Lage der arbeitenden Klasse in England* und übersetzte es für seine Freunde. Aber es gelang ihm nicht, zwei Bücher zu erhalten, die er sich speziell wünschte: Louis Blancs *Dix ans de l'histoire d'Angleterre* und die Schriften Lassalles. Eines Tages, nachdem er seinen Lohn drei oder vier Monate lang gespart hatte, wurde ihm gestattet, das Gefängnis in Begleitung eines Wächters zu verlassen. Er ging zu dem einzigen ausländischen Buchladen der Stadt und fand die Bücher, die er gesucht hatte. Er bezahlte sie und nahm sie mit zurück in seine Zelle – übrigens hatte der Anblick des Polizisten dem deutschen Buchhändler einen bösen Schrecken eingejagt.[40]

Eines Tages werden der GULag und das KGB-Gefängnis Lefortowo vielleicht mit ähnlichen Dienstleistungen aufwarten, aber vorläufig nicht.

Während der *Große Brockhaus* im Rußland des neunzehnten Jahrhunderts frei zugänglich war, heißt es in einem Leserbrief, der im November 1987 in Moskau veröffentlicht wurde, daß drei Bände der jüngsten Ausgabe in der Sowjetunion nur mit Sondergenehmigung konsultiert werden dürften. Der Schreiber fragt: »Was für Bücher werden in der Sondersammlung verwahrt? Sie machen etwa ein Viertel aller ausländischen Bücher aus. Sind sie dem Thema Sex gewidmet, oder enthalten sie Instruktionen dazu, wie man Atombomben in seiner eigenen Wohnung bauen kann? Nichts dergleichen. Ein typisches Beispiel ist › Theo Elm, *Die moderne Parabel: Parabel und Parabolik in Theorie und Geschichte,* München 1982‹.«[41]

Vergleiche zwischen dem Kontrollsystem des zaristischen Rußland und dem der Sowjetunion sind nicht schmeichelhaft für die letztere. Die Zensur im zaristischen Rußland entsprach dem europäischen kulturellen Rahmen; auch im kaiserlichen Deutschland wurde bis 1874 eine Zensur ausgeübt. Während die zaristische Zensur der Presse allmählich mehr Freiheit einräumte, beruhte das sowjetische System auf der Ablehnung der Pressefreiheit und wurde zunehmend strenger.[42]

Im Jahre 1910 kannte man Rundfunk und Fernsehen noch nicht, und die damaligen Zeitungen erreichten nur einen kleinen Teil der Bevölkerung. Dagegen wurden sowjetische Fernsehprogramme, an denen sich der Einfluß von Glasnost erkennen ließ – etwa die ungeheuer populären (und provozierenden) »Telemosty« (Telebrücken) oder »Proschektor perestroiki« (Scheinwerfer der Perestroika) und vor allem »Wsgljad« (Meinung) – von hundert Millionen Zuschauern oder mehr verfolgt. Andererseits gingen die sowjetischen Massenmedien in ihrer Offenheit und Selbstkritik nicht annähernd so weit wie einige Literaturzeitschriften oder *Ogonjok.* Der »Scheinwerfer« konzentrierte sich auf Mängel der sowjetischen Industrie und der Dienstleistungen, kritisierte jedoch nicht das System, sondern nur einzelne Bürokraten. Aber man zeigte auch freimütige Spiel- und Dokumentarfilme (zum Beispiel über das sowjetische Weltraumprogramm), was noch ein oder zwei Jahre zuvor undenkbar gewesen wäre.

Die »Telebrücken«, die eine Reihe ausgewählter Personen aus einer sowjetischen und einer ausländischen Stadt zusammenbrachten, waren für Westler, die an Reise- und Pressefreiheit gewöhnt sind, eher zahm, wenn nicht gar langweilig. Aber für Sowjetbürger, die nicht ohne weiteres auf Reisen gehen können, handelte es sich um eine revolutionäre Neuerung. Die Tatsache, daß Ausländer in aller Öffentlichkeit Institutionen und Anschauungen in Frage stellten, die in der Sowjetunion nie für ein geziemendes Diskussionsthema gehalten worden waren, und überhaupt die Praxis der relativ freien Rede faszinierten viele Sowjetbürger und beunruhigten einige.[43]

Glasnost im öffentlichen Leben

Die Beispiele beweisen, daß die sowjetische Führung einen aufrichtigen Versuch gemacht hat, im öffentlichen Leben mehr Freiheit einzuführen. Aber genauso viele Beispiele hätten zitiert werden können, um zu zeigen, daß auf manchen Gebieten wenig und auf anderen gar keine Fortschritte erzielt wurden.

Ein paar Illustrationen dürften genügen. Anonyme Denunziationen sind seit langem eine der großen Plagen des sowjetischen Lebens. In zwei Gesetzen von 1986 und vom Februar 1988 hieß es, daß alle anonymen Beschwerden in Zukunft zu ignorieren seien. Aber nichts deutete darauf hin, daß diese Gesetze nennenswerte Wirkung hatten; in Ämtern, Redaktionen und natürlich bei der Polizei trafen weiterhin anonyme Briefe ein.[44] Haß, Neid und mangelnde Courage sind in einem Volk, das so lange tyrannischen Regimen ausgesetzt war, tief verwurzelt. Und es ist unmöglich festzustellen, ob die Mutmaßungen der Schreiber der anonymen Briefe völlig falsch waren. Vielleicht galten die neuen Gesetze nicht für die Sicherheitsorgane, die die Briefe wie früher mit Interesse lesen würden. Vielleicht würde Zivilcourage unangenehme Folgen haben. Zu einer Zeit, da in der Bürokratie viele Stellen gestrichen wurden, muß die Versuchung für die Vorgesetzten, sich unbequemer, kritischer Untergebener zu entledigen, sehr groß gewesen sein. (Nach Artikel 29 des Zivilgesetzbuches der Russischen Föderation braucht bei Entlassungen kein Grund genannt zu werden.)

Ein weiteres Beispiel betrifft die Verbannung von Büchern und Zeitschriften in sogenannte Sondersammlungen, die nur mit einer speziellen Genehmigung der Sicherheitsbehörden zugänglich sind. Im Jahre 1987 berief das Politbüro einen Sonderausschuß, um die Liste dieser Bücher überprüfen zu lassen. Der ein Jahr später veröffentlichte Bericht ist keineswegs beeindruckend.[45] Zwar gab der Ausschuß 3500 der viertausend untersuchten Bücher frei, aber bei genauerem Hinsehen zeigt sich, daß die Liste der freigegebenen Werke vor allem Bücher von Lenin (in denen Trotzki lobend erwähnt wurde), seiner Frau, von anderen Altbolschewi-ki, Gedichte Jessenins und Bücher über russische Grammatik umfaßt, die durch einen bürokratischen Fehler oder weil man den Autor vor vie-len Jahren zum »Volksfeind« erklärt hatte, in die Sondersammlung gera-ten waren. Andererseits befanden sich auf der Liste augenscheinlich kei-ne Werke von Autoren der »linken Opposition«, der Menschewiki, der Sozialrevolutionäre und anderer Kritiker der Bolschewiki, sowie außer-halb der Sowjetunion veröffentlichte Werke. Es ist nicht einmal klar, ob sie vor 1917 in Rußland publizierte Bücher enthielt. Da sich die Zahl sol-cher Bücher nicht auf viertausend, sondern auf Hunderttausende beläuft, könnte es bei diesem Tempo Jahrzehnte dauern, die sowjetischen Biblio-theken zu öffnen.

Was sowjetische Filme betrifft, so scheint die Situation besser zu sein; rund hundert »auf Eis gelegte« Filme wurden 1987/88 freigegeben.[46] Eini-ge waren zwei oder drei Jahre vorher verboten, andere von den Zensoren vor fünfzehn oder gar zwanzig Jahren entfernt worden. Manche der frei-gegebenen Filme, etwa Askoldows *Die Kommissarin*, stießen immer noch auf offizielle Mißbilligung; man hatte sie früher und häufiger außerhalb der Sowjetunion gezeigt als innerhalb des Landes. Aber wenigstens war das Verbot aufgehoben worden.

Das neue Gesetz über Geheimhaltung wurde ohne Konsultation der direkt betroffenen öffentlichen und professionellen Körperschaften formuliert.[47] Man verzichtete auf eine öffentliche Debatte, und die Forde-rung mancher Forscher, in der Sowjetunion für die Veröffentlichung staatlicher Dokumente so etwas wie eine Fünfzig-(oder Vierzig-)Jahre-Regel einzuführen, wird zweifellos unberücksichtigt bleiben.

Im Jahre 1988 bereitete man ein Gesetz über den Zugang zu Archiven vor, das einem hochrangigen Gewährsmann zufolge die Entscheidung, ob ein Dokument freizugeben sei oder nicht, allein dem Leiter der betref-fenden Institution überließ. Ohnehin waren Dokumente in den Archi-ven des Außenministeriums, des Außenhandelsministeriums, der Kom-munistischen Partei, der Armee und des KGB ausgenommen – das heißt, sie blieben für Dritte unzugänglich. Daher wird geschätzt, daß etwa die Hälfte aller Dokumente zur sowjetischen Geschichte (wahrscheinlich die große Mehrheit der wichtigeren) auch unter Glasnost weiterhin mit einer Geheimhaltungsstufe belegt ist. Juri Baturin, der Sekretär des Glasnost-Gesetzgebungsausschusses, bemerkte beiläufig, daß, während unter der zaristischen Autokratie alle Zensurgesetze seit 1804 veröffentlicht worden seien, es nun »nahezu unmöglich ist, *Glawlit* [die Hauptverwaltung zum Schutz von Staatsgeheimnissen] in der Presse auch nur zu erwähnen«.[48]

Es gibt einen seltsamen Zwiespalt zwischen den Verkündungen, daß Glasnost eine wunderbare Sache sei und zur Norm der sowjetischen Politik und des öffentlichen Lebens gemacht werden sollte, und dem wirklichen Stand der Dinge.[49] Zum Beispiel beschwerten sich sowjetische Journalisten darüber, daß das Atomenergie- und das Rundfunkministerium in keinem Telefonbuch verzeichnet seien und Nachfragen mit der Standardfloskel beschieden würden: »So etwas gibt es in Moskau nicht.« Doch gleichzeitig zeigten ausländische Stadtpläne Moskaus nicht nur den Standort dieser Behörden, sondern sogar die Blumenbeete am Eingang des Kurtschatow-Atomenergieinstituts, eines weiteren dieser »Phantomgebäude«. Ein anderer sowjetischer Journalist klagte, daß der amerikanische Außenminister eingeladen worden sei, den sowjetischen »Blackjack«-Bomber zu inspizieren, während man Bitten sowjetischer Zeitungen um Fotos des Bombers abgelehnt habe.

Was Glasnost im Parteileben angeht, so wurden noch 1988 ständig Klagen laut, daß sich wenig geändert habe. Berichte über Parteiexekutivsitzungen auf allen Ebenen sind gewöhnlich kurz und wenig aufschlußreich. Ernennungen und Degradierungen werden nicht erläutert, und man erfährt nur ein Minium an biographischen Einzelheiten über die neuen Amtsinhaber.[50] Kritiker machten die Führung und vor allem die Bürokratie verantwortlich, und es ist unbestreitbar, daß die Wahlen zur Parteikonferenz von 1988 und auch die Wahlen vom März 1989 wie früher von Parteifunktionären manipuliert wurden. Ebenso unbestreitbar ist, daß die antidemokratischen Tendenzen, wie es ein Beobachter ausdrückte, vielen Gegnern jeder Veränderung in Fleisch und Blut übergegangen sind.[51]

In den Wochen vor der Parteikonferenz vom Juni 1988 erhielt Glasnost neuen Ansporn; fast jeder Tag brachte neue Enthüllungen über die Vergangenheit und Vorschläge für die Demokratisierung des öffentlichen Lebens. Einige ausländische Beobachter in Moskau sprachen von dem Ausbruch der »russischen Revolution von 1988«, die nur mit dem Sturz der alten Ordnung vor 1917 vergleichbar sei.[52] Die Parteikonferenz war im Gegensatz zu früheren derartigen Ereignissen schlecht strukturiert und unzulänglich vorbereitet, was bedeutete, daß sie bedeutend freier war und ihre Teilnehmer ungehemmter auftraten. Gorbatschow übertrieb nicht, als er in seiner Schlußrede sagte, daß der Kongreßpalast nie solche Diskussionen erlebt, daß sich seit fast sechs Jahrzehnten nichts ähnliches ereignet habe. Aber die Konferenz zeigte auch, daß nicht viele Delegierte bereit waren, sich für mehr Glasnost im öffentlichen Leben einzusetzen, und dies ließ nichts Gutes für die Zukunft ahnen.

Läßt sich wahre Glasnost wirklich mit einem Einparteiensystem und totaler Kontrolle von innerer Sicherheit und Propaganda in Einklang bringen? Selbst unter Glasnost ließ der KGB-Chef die Medien nicht nur wissen, was sie nicht publizieren dürften, sondern auch, worauf sie sich zu konzentrieren hätten.[53] Immerhin läßt sich argumentieren, daß es einen großen Unterschied zur Vergangenheit gibt. Während jede derartige Rede in früheren Tagen Furcht, Zittern und sofortigen Gehorsam bewirkt hätte, erzeugte sie im Zeitalter von Glasnost weniger Furcht und nur begrenzten Gehorsam. Tschebrikow, bis Herbst 1988 Chef des Staatssicherheitsdienstes, war gewiß kein Jeschow oder Berija, sondern nur ein Diener der Partei und des Staates. Aber er muß offensichtlich geglaubt haben, daß seine Position ihn zu solchen Erklärungen ermächtige, und dies warf umfassendere Fragen auf. Mit den Worten eines Sowjetbürgers: Wäre die Entnazifizierung möglich gewesen, wenn die Gestapo weiterhin ihres Amtes gewaltet hätte? Gewiß, es war eine viel aufgeklärtere Geheimpolizei unter neuem Management und mit zum Teil neuem Personal, und manche Mitarbeiter hegten anscheinend gewisse Sympathie für Glasnost.

Natürlich hatten diejenigen recht, die meinten, es sei unrealistisch zu erwarten, daß die KPdSU die Macht mit anderen politischen Gruppen teilen oder daß das KGB sich freiwillig auflösen werde. Aber dies bedeutete auch, daß es keine vollständige Glasnost, ganz zu schweigen von einer wahren Demokratisierung, geben konnte, solange sich kein radikaler politischer Wandel einstellte. Niemand, der bei Sinnen war, hatte erwartet, daß Gorbatschow in Anlehnung an die Bibel sagen würde: »Es werde Glasnost«, und daß es wirklich Glasnost – uneingeschränkt, rein und lauter – werden würde. Vielmehr war von Anfang an klar gewesen, daß es sich um ein mühseliges Ringen handeln, daß das Resultat partiell und unvollkommen und daß es ungerecht sein würde, Glasnost für einen völligen Fehlschlag zu halten, nur weil sie kein voller Erfolg war. Aber selbst die Gönner von Glasnost scheinen die Hindernisse auf dem vor ihnen liegenden Weg und die nicht zu überschreitenden Grenzen falsch eingeschätzt zu haben.

Glasnost: Politik, Gesetzgebung und Realität

Das Zentralkomitee beschloß in einer Sitzung im Januar 1987, daß das Land ein Gesetz zu Glasnost benötige. Weshalb es ein solches Gesetz brauchte, war nicht ganz klar, denn die sowjetische Verfassung enthielt hinreichende Bestimmungen (Artikel 5, 9, 94, 157) zum Schutz von Glasnost. Daß diese Bestimmungen früher nicht viel Wirkung gehabt hatten, war etwas anderes. Juri Baturin, der Sekretär des für die neue Gesetzgebung berufenen Ausschusses, merkte an, entweder gebe es eine politische Kultur, die Glasnost zu einer Norm des politischen Lebens mache, oder es gebe keine derartige politische Kultur, in welchem Fall jedwedes Gesetz unwirksam bleiben müsse.[54] Diejenigen, die nicht von der Notwendigkeit eines neuen Gesetzes für Glasnost überzeugt waren, schlugen statt dessen ein Gesetz zur Definition von Staatsgeheimnissen vor, doch dies wurde von den Behörden abgelehnt. Zwei Jahre lang diskutierte und verwarf man verschiedene Versionen des neuen Glasnost-Gesetzes, und schließlich wurden die Experten des Rechtsinstituts der Akademie der Wissenschaften beauftragt, eine endgültige Fassung vorzulegen.[55]

Zu einem interessanten Test für das Ausmaß der Demokratisierung kam es im März 1988 mit dem Artikel »Ich kann Prinzipien nicht opfern«, den die Leningraderin Nina Andrejewa in *Sowetskaja Rossija* veröffentlichte. Ob dieses Manifest der Perestroika-Gegner (wie die *Prawda* es später ausdrückte) wirklich von einer unbekannten Leningrader Lehrerin verfaßt worden war, ist ungewiß; einiges deutet darauf hin, daß noch andere die Finger im Spiel hatten. Der Brief war eine Mischung aus orthodox-kommunistischen und rassistischen Ansichten, und es gab unter Glasnost keinen Grund, ihn zu unterdrücken, da Frau Andrejewas Einstellung offensichtlich von vielen anderen geteilt wurde. Was die Verfechter von Glasnost beunruhigte, war die Tatsache, daß niemand wagte, diesem weithin nachgedruckten Artikel zu widersprechen. Man glaubte allgemein, daß Frau Andrejewa ausgewählt worden sei, um die neue Parteilinie vorzutragen, und in diesem Fall habe man sie – Glasnost hin oder her – nicht zu kritisieren. Es gab ganz wenige Ausnahmen. Der Dramatiker Alexander Gelman leitete bei einem Treffen der Vereinigung der Filmschaffenden einen Angriff ein, doch der Wortlaut erschien erst nach der Entgegnung der *Prawda* in der Presse. Erst dann öffneten sich die Schleusentore. Die sowjetische Presse hatte es mit einer wahrhaften Flut von empörten Artikeln und Briefen zu tun. Die arme Frau Andrejewa behauptete, sie habe ihre Wohnung wegen der unwillkommenen Publizität vorübergehend verlassen müssen; sie berichtete auch, daß sie viele ermutigende Botschaften erhalten habe.[56] Die Andrejewa-Affäre war an sich nicht sehr bedeutsam, doch als Zeichen der Zeit schien sie deprimierend: Nach zwei Jahren zerknirschter Bekenntnisse, daß man mutiger werden und sich freimütiger äußern müsse, selbst wenn dies ein gewisses Risiko bedeute, zeigte das allgemeine Verhalten, daß Zivilcourage im sowjetischen öffentlichen Leben noch nicht zur Norm geworden war.

Die drei Wochen zwischen der Veröffentlichung des Andrejewa-Artikels und der Zurückweisung durch die *Prawda* wurden als »*korotki sastoi*« (kurze Stagnation) bekannt. Darauf folgte im Mai und Juni 1988 ein neuer Aufschwung von Glasnost. Nach Meinung einiger westlicher Beobachter war die 19. Parteikonferenz ein Sieg für Glasnost[57], was insofern zutraf, als es mehr offene Auseinandersetzungen gab als bei früheren derartigen Gelegenheiten. Doch viele sowjetische Befürworter von Glasnost waren nicht so optimistisch. Schon die Wahl der fünftausend Delegierten sei so manipuliert worden, daß Parteifunktionäre und andere, die sich unzweifelhaft an den orthodoxen, antiliberalen Kurs halten würden, eine große Mehrheit erzielt hätten. Dies war die Ansicht der Reformer, aber die Zusammensetzung der Konferenz könnte durchaus die vorherrschende Stimmung der Parteibürokratie und vielleicht sogar der einfachen Mitglieder widergespiegelt haben, nach deren Auffassung Glasnost zu weit gegangen war.

Wie bei früheren Anlässen sprach Gorbatschow sich in seiner langen Rede sowohl für Glasnost wie gegen die Exzesse von Glasnost aus, so daß sich alle getröstet fühlen durften. Als er erklärte, man brauche nicht mehr zu argumentieren, daß es ohne Glasnost keine Perestroika geben könne, blieb es still im Saal; und auch die folgenden Worte lösten keinen Sturm der Begeisterung aus: »Ohne sie [Glasnost] wären wir nicht zu der umfassenden Arbeit fähig gewesen, die Gründe für die negativen Erscheinungen und die Methoden zu ihrer Überwindung zu analysieren. Wir wären nicht in der Lage gewesen, in der Gesellschaft eine neue moralische und politische Atmosphäre zu schaffen und die Ideen der Perestroika in den Vordergrund zu stellen. Glasnost bedeutet Meinungspluralismus zu allen Fragen der Innen- und Außenpolitik, freien Vergleich unterschiedlicher Gesichtspunkte, freie Debatten.«[58]

Aber als Gorbatschow dazu überging, vor den Mißbräuchen von Glasnost zu warnen, wurde er von häufigem Applaus unterbrochen. Glasnost bringe große Verantwortung mit sich; sie sei nicht vereinbar mit Ansprüchen auf ein Meinungsmonopol, mit der Ersetzung der alten, zurückgewiesenen Lehren durch neue Dogmen. Glasnost dürfe nicht Gruppeninteressen dienen oder für Verzerrungen, für die Begleichung persönlicher Rechnungen, für Streitereien, Beschimpfungen oder Etikettierungen benutzt werden. Diese Schlüsselwörter waren den Anwesenden sofort verständlich und stießen auf beträchtlichen Beifall. Sie bedeuteten, daß die Verfechter von Glasnost darauf achten sollten, gewisse ungeschriebene Grenzen nicht zu überschreiten, und daß die Konservativen in der Partei nicht verärgert werden durften, weil sie eine Mehrheit bildeten und Gorbatschow ihre Kooperation benötigte.

Ligatschow ritt eine Attacke gegen die Medien, die das Vertrauen der Partei mißbraucht hätten. Er wurde unterstützt von dem Schriftsteller Juri Bondarew und dem Sekretär des Schriftstellerverbandes, Karpow, der sich beklagte, daß einige seiner Kollegen sich negativer und destruktiver Kritik hingegeben hätten, statt Werke zu produzieren, die an die Tradition, den Maßstab und die Qualität von *Krieg und Frieden* und *Schuld und Sühne* anknüpften.[59]

Angesichts der auf der Konferenz herrschenden Stimmung war die am Ende zum Thema Glasnost verabschiedete Resolution recht mild.[60] Die Weiterentwicklung von Glasnost wurde als eine der wichtigsten politischen Aufgaben definiert. Ihre Ausweitung sei unbedingt erforderlich, damit das sozialistische System seinem demokratischen Wesen Ausdruck verleihen könne. Sie sei gleichermaßen wichtig für die Außenpolitik, weil sie die Lösung komplexer internationaler Probleme erleichtere. Alle Versuche, Glasnost einzuschränken, wurden verurteilt, und man gab zur Kenntnis, daß viele Informationen noch nicht zugänglich gemacht worden seien. Dies bezog sich auf Statistiken aller Art und auf die ökologische Lage. Man erklärte auch, daß jeder Bürger das unveräußerliche Recht habe, zu jeder gesellschaftlichen Frage vollständige und wahrheitsgetreue Angaben einzuholen, solange diese kein Staats- oder Militärgeheimnis berührten. Gesetzliche Garantien müßten geschaffen werden, um die Rechte und Pflichten des Staates, der Funktionäre und Bürger bei der Anwendung der Glasnost-Prinzipien zu definieren. Glasnost dürfe nicht benutzt werden, um den Interessen des Sowjetstaats oder der Sowjetgesellschaft und den Rechten des Individuums zu schaden, um Krieg oder Gewalt, Rassismus, nationale und religiöse Intoleranz zu predigen, um Grausamkeit zu fördern oder Pornographie zu verbreiten.

Man ermahnte die Massenmedien, hohe ideologische Maßstäbe, Kompetenz und absolute Zuverlässigkeit der Informationen zu wahren und dem Recht jedes kritisierten Bürgers auf Veröffentlichung einer Gegendarstellung in demselben Presseorgan stattzugeben. Offenheit dürfe nicht der Verstärkung von Cliquenwirtschaft, Demagogie und nationalem, regionalem oder kooperativem Egoismus dienen. Niemand besitze ein Wahrheitsmonopol, und es dürfe auch kein Glasnost-Monopol geben. Es waren hehre Vorsätze; nur die Zukunft würde erweisen, wie sich der Ruf nach absoluter Objektivität mit hohen ideologischen Maßstäben vereinen lassen sollte.

Der Zukunft entgegen

Glasnost bedeutet offensichtlich nicht nur, daß seit vielen Jahren unter Verschluß gehaltene Filme nun gezeigt und daß einst verbotene Romane mit einer Verzögerung von zehn oder zwanzig Jahren veröffentlicht werden. Die sowjetischen Medien haben den Zustand der Nation viel freimütiger als je diskutiert. Aber die Erfahrungen vor 1917 deuten darauf hin, daß auch in einem autokratischen System ein relativ hoher Grad an kultureller Freiheit vorhanden sein kann. Was wird geschehen, wenn alle verbotenen Romane und Filme freigegeben sind und alle Enthüllungen über den Zustand der Landwirtschaft und die Mängel des Gesundheitswesens zu Alltäglichkeiten geworden sind? Umfassende Tabuzonen bleiben erhalten, und sie betreffen nicht nur die gegenwärtige Führung, sondern auch die Geschichte der Kommunistischen Partei und die Rolle der Sicherheitsorgane; Zyniker mögen behaupten, daß die meisten wirklich wichtigen Themen, die etwas über den Charakter des Regimes aussagen, weiterhin tabu seien. In diesem Lichte betrachtet, sind die Veröffentlichung von *Doktor Schiwago* im Jahre 1988 und sogar von Werken Platonows, Samjatins und Orwells, die Ausstellung abstrakter Gemälde oder die Aufführung moderner musikalischer Kompositionen gewiß ein großer Fortschritt, aber letztlich nur für einen kleinen Teil der Bevölkerung interessant. Sie werden gestattet, weil die neuen Herrscher wissen, daß sie keine politische Bedrohung für das Regime darstellen.

Wenn Glasnost sich mit alledem erschöpfte, würde sie immer noch eine faszinierende Entwicklung darstellen, da sie unser Wissen über die Sowjetunion so sehr erweitert hat. Aber welche Hoffnung bietet sich für die Zukunft? Ist Glasnost wirklich unumkehrbar, auch wenn demokratische Garantien ausbleiben? Es ist wahrscheinlich, daß die Grenzen von Glasnost erreicht sind und in den kommenden Jahren kaum überschritten werden dürften. Ein partieller Rückzug, eine neue, engere Definition dieser Grenzen, ist nicht auszuschließen.

Glasnost bedeutet, daß man sich ehrlicher über einige Mängel der sowjetischen Politik, der Gesellschaft und andere Lebensaspekte äußern kann. Aber was geschieht, wenn die Enthüllungen und Debatten nicht zu einer Verbesserung führen? Glasnost beruhte auf Hoffnung; viele empfanden sie nach den erstickenden Jahren der Stagnation als einen frischen Wind. Aber wenn der Wandel ausbleibt, dürften die Hoffnungen schwinden und die Luft dürfte wieder stickig werden.

Die Reformen der Sowjetgesellschaft werden wahrscheinlich in den nächsten fünf oder zehn Jahren noch keinen vollen Erfolg zeitigen. Die wirtschaftlichen und gesellschaftlichen Probleme sind struktureller Art; die politischen Unzulänglichkeiten sind tief in der Vergangenheit verwurzelt. Für einen wirklichen Wandel wäre eine Art Kulturrevolution erforderlich. Solche Revolutionen ereignen sich in der Geschichte nur selten, und es gibt keine Zeichen dafür, daß sich in der Sowjetunion in naher Zukunft eine derartige Umwälzung abspielen wird. Die Situation mag nahezu kritisch (um mit Gorbatschow zu sprechen) gewesen sein, aber sie ist für wahrhaft radikalen Wandel nicht kritisch genug. Zweifellos wird es zu geringfügigen Verbesserungen kommen – durch den Effekt des »neuen Besens«, dadurch, daß von der Parteispitze größere Energie und neue Initiativen ausgehen. Aber der Besen wird mit jedem Jahr älter, und was dann?

Glasnost wird zunehmend gefährdet sein, weil sie die Lenkung des Landes im Vergleich zu früheren Zeiten stark erschwert. Alle möglichen Spannungen nationaler und sozialer Art, die früher unterdrückt wurden, kommen nun an die Oberfläche. Zusammenstöße und Unruhen sind unvermeidlich, und dies wird denen in die Hände spielen, die stets behauptet haben, das sowjetische Volk sei noch nicht reif für politische Freiheit und werde vielleicht auf Generationen hinaus nicht reif sein. Der autoritäre Stil, der praktisch die gesamte Geschichte der UdSSR bestimmt hat, wird als der einzig angemessene hingestellt werden – ein aufgeklärt autoritäres System zwar, doch keines, das auf Freiheit und breiter, freiwilliger Teilnahme des Volkes basiert. Je größer die Probleme, denen die sowjetische Führung in den kommenden Jahren ausgesetzt sein wird, desto größer auch die Versuchung, zum früheren Stil zurückzukehren.

Die Führung mag sich radikal wandeln, aber dies ist keine Selbstverständlichkeit. Wenn die wirtschaftlichen und sozialen Reformen nicht zu den erwünschten Resultaten führen, wird man stets argumentieren können, daß die westlichen Länder, von der Dritten Welt gar nicht zu reden, ebenfalls mit großen Schwierigkeiten zu kämpfen hätten und daß es dem Sowjetsystem bei allen Unzulänglichkeiten nicht schlechter gehe als ihnen. Wenn wirtschaftlicher Fortschritt auf sich warten läßt, wenn soziale Probleme überhand nehmen, so könnte dies auch in den meisten anderen Ländern der Fall sein. Ob ein soziopolitisches System bankrott ist oder nicht, ist eine relative Aussage. Wenn die übrige Welt einer langen Periode stetigen Wachstums und steigenden Wohlstandes, sich verringernder nationaler Antagonismen und sozialer Spannungen entgegensähe, würde das Sowjetsystem in spätestens ein paar Jahren am Ende sein. Doch da die Aussichten für die westliche Welt nicht so rosig sind, ist die Perspektive für das Sowjetsystem weniger düster, zumindest was die restlichen Jahre des Jahrhunderts betrifft. Falls sich in den Vereinigten Staaten neoisolationistische Tendenzen verstärken, falls China sich zunehmend inländischen Problemen zu widmen hat und falls Westeuropa keinen nennenswerten Fortschritt zu größerer politischer Einheit macht, wird der Supermachtstatus der UdSSR nicht in Gefahr sein.

Wahrscheinlich wird die Sowjetunion in den kommenden Jahren einige Fortschritte erzielen, und ein gewisses Maß an Glasnost wird zweifellos wirksam bleiben. Die Atmosphäre im Lande wird weniger erstickend sein als in den sechziger und siebziger Jahren; die Intelligenzija wird von Zeit zu Zeit an die äußeren Grenzen von Glasnost vordringen und versuchen, sie ein wenig auszuweiten; wenn sich die hochgesteckten Hoffnungen nicht erfüllen, werden sich einige ihrer Angehörigen vielleicht aus dem öffentlichen Leben in den privaten oder professionellen Bereich zurückziehen, wie sie es in der Vergangenheit taten.

Dies ist das plausibelste Szenario, aber natürlich nicht das einzig mögliche. Eine strengere diktatorische Herrschaft ist nicht auszuschließen, wenn die Lage außer Kontrolle zu geraten droht. Rebellische nationale Minderheiten, streikende Arbeiter, ein weiterer Verfall der Disziplin bei der Jugend, aufsässige Intellektuelle, die die Moral des Volkes untergraben – dies alles könnte das Gefühl einer allgemeinen Krise und damit die Einführung strikter, aus der Vergangenheit bekannter Maßnahmen auslösen. Dies wäre das Ende von Glasnost, die man dann als bourgeoisliberale Abweichung vom Leninismus denunzieren würde. Eine solche Entwicklung ist möglich, aber nicht sehr wahrscheinlich, und die Entstehung einer Militärdiktatur unter der »russischen Partei« ist noch weniger wahrscheinlich. Der Einfluß der »russischen Partei« darf nicht bagatellisiert werden, aber sie wirkt eher als Bremse denn als Alternative. Sie gibt einer Stimmung Ausdruck, doch sie hat kein Programm; sie spaltet das Land so sehr, daß sie nur durch extreme Maßnahmen an der Macht bleiben könnte. Auch die Rückkehr eines unverfälscht stalinistischen Regimes ist unwahrscheinlich, obwohl die Machthaber immer noch über alle Instrumente verfügen, um, wenn nötig, jederzeit umfassende Kontrollen zu verhängen.

Damit bleibt die letzte, genauso unwahrscheinliche Möglichkeit: Was geschieht, wenn die Reformen ein voller oder fast ein voller Erfolg werden? Dies wäre unzweifelhaft das beste Ergebnis für Rußland und die Welt; die Einwände, daß eine erhebliche Stärkung der Sowjetunion notwendig zu einer Schwächung des Westens führen müsse, können nicht überzeugen. Aber ist es eine Möglichkeit, die zum gegenwärtigen Zeitpunkt ernsthaft diskutiert werden sollte? Die meisten sachkundigen Beobachter in der Sowjetunion und im Ausland stimmen darin überein, daß die Reformen längst überfällig sind und einen Schritt in die richtige Richtung darstellen. Aber niemand rechnet in naher Zukunft mit einem überwältigenden Erfolg.

Dies soll nicht den guten Willen, ja den Idealismus derjenigen in der Sowjetunion schmälern, die, ob in hohen oder niedrigen Ämtern, zutiefst unglücklich über den Zustand ihres Landes sind und einen wirklichen Bruch mit der Vergangenheit anstreben. Man wünscht ihnen Glück, aber ihre Chancen stehen nicht gut. In einem kürzlich erschienenen sowjetischen Roman von Maja Ganina ist eine bemerkenswerte Szene, in der die Autorin – durch die Korruption, Apathie, Gesetzlosigkeit und Trunkenheit, die sie erlebt hat, der Verzweiflung nahe – ein paar Tage vor Breschnews Tod einen Traum hat: Sie sieht einen leuchtenden Kometen am Himmel, der ihr neue Hoffnung macht.[61] Frau Ganinas Komet macht stärkeren Eindruck auf mich als die Schriften einiger westlicher Wissenschaftler, denen zufolge die politische und wirtschaftliche Reformbewegung aus »objektiven« Gründen – zum Beispiel wegen der

Verstädterung oder des steigenden Bildungsniveaus in der Sowjetunion – Erfolg haben müsse. Man sollte die Hoffnung nie aufgeben, aber Hoffnung ist etwas anderes als Wunschdenken, etwas anderes als der Versuch, die enormen Hindernisse auf dem Weg zu Wandel und Fortschritt zu ignorieren.

Auch die Sowjetunion unterliegt den Gesetzen des Wandels, und die Zeit steht in kommunistischen Regimen genausowenig still wie in anderen Ländern. Seit Jahren hat man in China erklärt, daß gewisse Prinzipien der offiziellen Lehre veraltet seien und verworfen werden sollten, daß eine unabhängie Presse, größere akademische Freiheit und vielleicht sogar ein Vielparteiensystem erforderlich seien. Im Gegensatz dazu haben viele Parteiführer behauptet, daß die Lockerung der Kontrollen zu weit fortgeschritten sei und daß man den »bourgeoisen Liberalismus« wie in der Vergangenheit zu bekämpfen habe.[62] Selbst chinesische Intellektuelle scheinen zu fürchten, daß Pluralismus zu Chaos führen könne. Sie wünschen sich keine institutionalisierte Opposition, sondern eine stärker geregelte, aufgeklärtere, weniger willkürliche Herrschaft der Partei, die sie häufiger konsultieren soll.

Das kommunistische System ist in China nicht so tief verwurzelt wie in der Sowjetunion; zwischen Maos Sieg und dem Beginn der Reformperiode liegt ein geringerer Zeitraum. Das chinesische politische Leben hat einen pragmatischen Zug, der in der Sowjetunion weniger entwickelt ist, und die Sinisierung des Marxismus-Leninismus begann viel früher (und ging weiter) als die Russifizierung der offiziellen Ideologie in der UdSSR. Aber sogar in China vollzieht sich der Übergang zu einem neuen politischen System nicht reibungslos, sondern wird von immer neuen Rückschlägen unterbrochen. In der Sowjetunion ist der Fortschritt aus einer großen Vielzahl von Gründen noch langsamer.

Wir sind also, um es zu wiederholen, zu der Annahme berechtigt, daß die Glasnost-Ära nun ihren Höhepunkt erreicht hat und daß auf Jahre hinaus keine weiteren großen Fortschritte zu erwarten sind. Mit etwas Glück wird das bisher Erreichte gesichert werden und das Land wird von einem entscheidenden Rückzug und dem Verlust der gewonnenen Positionen verschont bleiben. Mit etwas Glück wird man irgendwann in der Zukunft einen neuen kraftvollen Versuch unternehmen, die Grenzen der Freiheit zu erweitern. Hier sollte jede realistische Einschätzung haltmachen. Ein dramatischerer und bedeutenderer Fortschritt wäre geradezu ein Wunder, denn Kulturrevolutionen erfordern nicht nur die Ablösung einer politischen Elite durch eine andere, sondern einen bleibenden und radikalen Wandel in der Mentalität des Volkes. Dies könnte eines Tages infolge einer gewaltigen Erschütterung, durch die Kulmination vieler kleiner Schritte oder durch das Erscheinen einer neuen Generation auf der politischen Bühne der Fall sein. Aber zur Zeit scheint eine solche Revolution in der UdSSR nicht auf der historischen Tagesordnung zu stehen.

ANHANG

Zu den historischen Ursprüngen des Begriffs »Glasnost«

Im Anschluß an Alexander Herzen beriefen sich auch seine ideologischen Gegner, die Slawophilen, häufig auf Glasnost, vor allem Iwan Aksakow, einer der damaligen führenden Journalisten und ein prominenter Verfechter der Pressefreiheit (»Redefreiheit ist kein politisches, sondern ein natürliches Recht jedes Menschen«[1]). Auch der Zar selbst war im Prinzip nicht gegen Glasnost; in seinen Anweisungen an die Zensoren sagte er, daß man der Presse bei der Erörterung von Gesetzesreformen Glasnost gewähren solle. Der Begriff wurde unzählige Male im Zusammenhang mit der sogenannten Pskow-Affäre erwähnt. Dabei handelte es sich um die willkürliche, sechstägige Inhaftierung P. Jakuschkins, eines Schriftstellers und Experten für bäuerliche Kultur, bei Pskow im Jahre 1859. Jakuschkin ging in Bauernkleidung umher, und sein seltsames Benehmen, nach Ansicht der örtlichen Behörden unschicklich für einen vornehmen Mann, hatte ihn verdächtig werden lassen.

Jakuschkin schilderte seine Abenteuer in einem langen Brief an die Zeitschrift *Russkaja besseda* (Russisches Gespräch), deren Chefredakteur Aksakow war:

> Sein langer Brief war ein Meisterstück seiner Art; er brachte das willkürliche Verhalten, dem er ausgesetzt worden war, sowie seine eigene verstörte Unschuld vollauf ans Licht und vernachlässigte nicht das kleinste Detail, das ihm Sympathie eintragen konnte: den Gestank

des Kellers, in dem er seine erste Nacht verbracht hatte, die jammervolle Not des Bauernjungen (mit dem er die Zelle geteilt hatte), die Gemeinheit der Polizei und die Art und Weise, wie die Polizisten ihn nicht gesiezt, sondern geduzt hatten. Mit anderen Worten, Jakuschkins Darstellung besaß den Witz, die beherrschte Entrüstung und die Meisterschaft des Details, die der besten liberalen Empörung stets eigen sind.[2]

Die damalige liberale Presse feierte diese Entlarvung als eine vortreffliche Demonstration von Glasnost. Zum Beispiel hieß es im *Russki westnik* (Russischer Bote): »Nach langem Warten haben wir wirkliche, nicht algebraische Glasnost.«

Aber Glasnost wurde gleichzeitig zu einem Lieblingsthema für die Satiriker. Der populistische Dichter Wassili Kurotschkin schrieb in seinem Poem »Glasnost 1859 und 1862«:

O Glasnost, Glasnost, in der Fülle deiner Jahre
begannst du zu murmeln wie ein altes Weib.[3]

Iwan Panajew, ein anderer Satiriker, verglich Glasnost in einem Essay, der voll von Anspielungen war, mit einem kleinen Kind: ». . . es wurde erst vor kurzer Zeit geboren, seine Schritte sind kurz und unsicher, seine Stimme ist kaum zu hören, es holpert und taumelt dahin, es verliert die Beherrschung und brüllt wegen Kleinigkeiten, wobei es meint, etwas Bedeutsames zu tun – dies alles ist natürlich amüsant für die Erwachsenen.«[4] Andere radikale Schriftsteller jener Periode, etwa Dobroljubow und Tschernyschewski, denen nicht viel Humor nachgesagt werden konnte, waren nicht amüsiert, sondern lehnten Glasnost und die Euphorie ab, die sie bei der liberalen Intelligenzija ausgelöst hatte. »Sollten wir unserer Glasnost nicht Einhalt gebieten?« fragte Dobroljubow. »Wozu die Mühe? Unsere Publizität wird zu nichts führen . . .« Tschernyschewski schätzte Glasnost sogar noch negativer ein. Er nannte sie einen »bürokratischen Ausdruck, der den Begriff ›Redefreiheit‹ ersetzen soll«. Er sei in der Annahme geprägt worden, daß »der Begriff ›Redefreiheit‹ von manchen für unangenehm oder zu heftig gehalten werden könnte . . .«[5]

In einem Schreiben an einen britischen Verleger über das traurige Schicksal der »Duchoborzen« (Sekte der Leugner des heiligen Geistes) hob Tolstoi im Jahre 1895 hervor, daß Glasnost den Verfolgten wie den Verfolgern nütze. Die ersteren würden im Gerichtshof der öffentlichen Meinung Sympathie und Stärkung in ihrem Leid erfahren. Aber Glasnost würde auch den Verfolgern zugute kommen, da sie ihre Grausamkeiten oft aus Blindheit oder Unwissenheit begingen; sie wüßten nicht, was sie täten, und der Tadel der öffentlichen Meinung würde sie vielleicht bändigen.[6]

Man muß hinzufügen, daß Dissidenten wie Tschalidse und Bukowski in den sechziger und siebziger Jahren häufig Glasnost für offizielle Mitteilungen über ihre Verfahren forderten.[7]

Was Perestroika betrifft, so war meine ursprüngliche Annahme, der Begriff sei zuerst in den zwanziger Jahren benutzt worden, ein Irrtum. Ich fand ihn in Iwanow-Rasumniks *Geschichte des russischen gesellschaftlichen Denkens,* die mehrere Jahre vor dem Ersten Weltkrieg geschrieben wurde; hier bezog er sich darauf, daß die Populisten des späten neunzehnten Jahrhunderts ihre Weltanschauung modifizieren müßten.[8] Aller Wahrscheinlichkeit nach ist er sogar schon früher verwendet worden. Das Wort »Perestroika« tauchte, wie erwähnt, in den frühen dreißiger und in den vierziger Jahren sehr oft und danach seltener auf. Aber es spielte lange vor Gorbatschows Machtübernahme wieder eine Rolle in den Erörterungen von Wirtschaftswissenschaftlern, Soziologen und Psychologen, und es gab – ebenfalls lange vor Gorbatschow – sogar Diskussionen über den psychologischen Widerstand gegen die Perestroika.[9]

ANMERKUNGEN

Vorwort

1 Ein sowjetischer Schriftsteller bemerkte kürzlich, daß »das Wort Freiheit fast aus unserem Wörterbuch verschwunden ist« (Nikolai Popow, *Sowetskaja kultura*, 28. Januar 1988).

2 *Moskowskaja prawda*, 28. Dezember 1987; *Wsja Moskwa* (Moskau 1900); Karl Schlögel, *Moskau lesen* (Berlin 1984), S. 101–112. Einem kürzlichen Moskauer Zeitungsbericht zufolge werden sogar die Nummern einiger Kindergärten aus Sicherheitsgründen immer noch nicht ins Telefonbuch aufgenommen.

Ein Monolog in Moskau

1 Alexander Jaschin, »Rytschagi« (Die Hebel), *Litaraturnaja Moskwa*, Bd. 2. 1956; Nachdruck in *Nedelja*, 20, 1987.

2 Maurice Baring, *The Mainspring of Russia* (London 1914), S. 312 ff. Baring (1873–1945) war ein hervorragender Universitätslehrer in Oxford, Übersetzer russischer Dichtung und Prosa sowie Herausgeber des *Oxford Book of Russian Verse*.

3 Die letzte Zeile eines berühmten Vierzeilers: »Rußland läßt sich nicht rational verstehen ... man muß an Rußland glauben.«

4 Victor Hehn, *De moribus Ruthenorum* (Berlin 1892). Hehn (1813–1890) war ein in Rußland geborener Archivar und Kulturhistoriker, der in späten Jahren nach Deutschland übersiedelte.

5 Georgi Kunizyn, *Literaturnaja Rossija*, 26. Februar 1988.

6 J.G. Kohl, *Petersburg in Bildern und Skizzen* (Dresden und Leipzig 1841).

7 M. Antonow, *Literaturnaja Rossija*, 29. Juli 1987.

8 Sergej Antonow, »Waska ...«, *Junost*, 1987, S. 3–4.

9 Nikolai Schmeljow, »Paschkow dom«, *Nowy mir*, 6, 1987, S. 105. Awwakum, Oberhaupt der Sekte der Altgläubigen, die sich gegen Kirchenreformen wandte, wurde zusammen mit anderen Ketzern im Jahre 1682 verbrannt.

10 »Kwaß-Patriotismus«: Form des Chauvinismus, benannt nach dem leicht alkoholischen, gewöhnlich aus Brot hergestellten russischen Getränk. Ochotny rjad: frühere Straße in Moskau, in der der Fleischmarkt lag; bekannt als Bollwerk der reaktionärsten, militantesten Kleinbürger, die mit der extremen Rechten sympathisierten. Schwarzhunderter: Sammelbezeichnung für extrem rechte, antisemitische Organisationen, die während der Revolution von 1905 entstanden waren.

11 Herzen war der erste, der *meschtschanstwo* als einen Geisteszustand definierte, dem Mangel an Kreativität, an neuen Ideen und Idealen, Engstirnigkeit und die Neigung zu Plattheiten eigen seien.

12 *Sowetskaja kultura,* 24. November 1987. Siehe auch A. Kusmin, *Nasch sowremennik,* 3, 1988, zu Hinweisen auf die Identifizierung von Marxismus und Zionismus.

13 Prutkow: eine satirische Gestalt, die Personifizierung des gehorsamen, blindergebenen Bürokraten, geschaffen von Graf Alexei Konstantinowitsch Tolstoi (1817–1875) und zwei seiner Cousins.

14 Nikolai Nekrassow (1821–1877), »Eine Hymne«.

15 Konstantin Aksakow (1817–1860), »Über den inneren Zustand Rußlands« (1855).

Stagnation

1 P. Proskurin, *Imja twojo* (Dein Name), (Kischinjow 1985), S. 564, 575.

2 Siehe zum Beispiel R. Tucker, *The Soviet Political Mind* (New York 1971), *passim.*

3 N.A. Jakowlew, Rede in Kaluga, *Sowetskaja kultura,* 21. Juli 1987.

4 Trofim Lyssenko (1898–1976) bestimmte unter Stalin und Chruschtschow die Richtung der sowjetischen biologischen Forschung; Verfechter einer Lehre, nach der erworbene Eigenschaften vererbt werden sollen.

5 In Martin McCauley, *Krushchev and Krushchevism* (London 1978), S. 70.

6 I.B. Bertschin, *Istorija SSSR: sowetski period* (Moskau 1987), S. 540 ff.

7 Unter den Augenzeugenberichten der späten Breschnew-Ära und der Übergangsperiode müssen Mark Franklands *The Sixth Continent* (London 1987) sowie Richard Owens *Comrade Chairman* (New York 1986) hervorgehoben werden. Unter den stärker theoretisch ausgerichteten Arbeiten sind Timothy J. Coltons *The Dilemma of Reform in the Soviet Union* (New York 1986) und Severyn Bialers *Der hohle Riese* (Düsseldorf 1987) zu erwähnen. Die übersichtlichsten systematischen Zusammenfassungen fin-

det man in den jährlichen Bänden des Kölner Bundesinstituts für ostwissenschaftliche und internationale Studien, z.B. *Sowjetunion 1984/85* etc.

8 David Lane und Felicity O'Dell, *The Soviet Industrial Worker* (Oxford 1978), S. 144.

9 »Return to Moscow«, *New Republic,* 3. Oktober 1960.

10 Aganbegjan gab zahlreiche Interviews; das wohl detaillierteste, »Tschelowek i ekonomika« (Mensch und Wirtschaft), erschien in *Ogonjok,* 29 und 30, 1987.

11 John Bushnell, in Stephen F. Cohen *et al.* (Hrsg.), *The Soviet Union Since Stalin* (Bloomington 1980).

12 Timothy J. Colton, *loc. cit.,* S. 24.

13 Bushnell, *loc. cit.*

14 J.W. Andropow, *Isbrannyje retschi i statji* (Moskau 1983), S. 207.

15 Andropow, *loc. cit.,* S. 291.

16 M.S. Gorbatschow, *Isbrannyje retschi,* Bd. 2 (Moskau 1987), S. 129f.

Gorbatschows Aufstieg

1 Severyn Bialer (*Stalin's Successors* [Cambridge 1980]) erwähnte seinen Namen nur ein einziges Mal. Jerry Hough hielt ihn für einen von fünf möglichen Nachfolgekandidaten Breschnews, aber er gab Romanow größere Chancen (*Soviet Leadership and Tradition* [Washington, D.C. 1980]). Archie Brown sah in Gorbatschow den Gewinner: »Er hat wenig oder gar keine Aufmerksamkeit erregt, wenn von einem möglichen Nachfolger Breschnews gesprochen wird, doch er ist in vielerlei Hinsicht der einleuchtendste Kandidat« (A. Brwon und Michael Kaser [Hrsg.], *Soviet Policy for the 1980s* [Bloomington 1982]).

2 Die Fachleute errechneten im nachhinein, daß der Staat für jeden in die Landwirtschaft investierten Rubel nur einen halben Rubel zurückerhielt; später wurde das Verhältnis sogar noch schlechter.

3 Drei Jahre danach, auf der 19. Parteikonferenz, erklärte Ligatschow, der Hauptgegner Gorbatschows, daß die im März 1985 getroffenen Entscheidungen ganz anders hätten ausfallen können; Gorbatschow sei nur infolge der »festen Position, die Tschebrikow, Solomonzew, Gromyko und eine große Gruppe von Partei-Gebietssekretären bezogen«, gewählt worden (*Prawda,* 1. Juni 1988).

4 Bericht vor dem Zentralkomitee am 23. April 1985; Rede im Kreml-Palast

zum vierzigsten Jahrestag des Sieges im Zweiten Weltkrieg; Bericht vor dem Zentralkomitee (11. Juni 1985) über die Beschleunigung des wissenschaftlichen und technischen Fortschritts; Gorbatschow, *Isbrannyje retschi i statji,* Bd. 2, S. 152 ff., S. 186 ff., S. 251 ff.

5 Politischer Bericht vor dem 27. Parteitag, 25. Februar 1986; Bericht bei der ZK-Plenarsitzung, 16. Juni 1986; Mikhail Gorbachev, *Selected Speeches and Articles* (Moskau 1987), S. 439, S. 466 f., S. 530 ff.

6 CIA und DIA: *Gorbachev's Modernization Program. A Status Report,* 19. März 1987; dem »Unterausschuß für Nationale Sicherheitswirtschaft« des Gemeinsamen Wirtschaftsausschusses des US-Kongresses vorgelegt. (CIA-Schätzungen hinsichtlich der sowjetischen Wirtschaft hatten sich in den Jahren vor 1985 gelegentlich als zu optimistisch erwiesen.)

7 Zhores Medwedjew, *Der Generalsekretär* (Darmstadt und Neuwied 1987), S. 236.

8 Richard Owen, *Comrade Chairman* (New York 1987), S. 230.

9 *Don,* 2, 1974.

10 Gorbatschow, *Sotschinenija,* Bd. 2, S. 95; Bd. 3, S. 159.

11 *Prawda,* 15. Juli 1987.

12 A. Becker *et al.,* 27. Parteitag der Kommunistischen Partei der Sowjetunion, *Report from the Airlie House Conference,* Dezember 1966, S. 4.

13 Zu Gorbatschows Strategie während der ersten beiden Jahre seiner Amtszeit siehe Thane Gustafson und Dawn Mann, »Gorbachev's First Year: Building Power and Authority«, *Problems of Communism,* Mai-Juni 1986; Jerry F. Hough, »Gorbachev Consolidating Power«, *Problems of Communism,* Juli-August 1987; Thane Gustafson und Dawn Mann, »Gorbachev's Next Gamble«, *Problems of Communism,* Juli-August 1987; Severyn Bialer und Joan Afferica, »The Genesis of Gorbachev's World«, *Foreign Affairs,* 3, 1985; Thane Gustafson, »The Crisis of the Soviet System of Power and Mikhail Gorbachev's Political Strategy«, *East West Forum,* April 1987.

Glasnost und Stalins Geist

1 Genrich Wolkow, *Sowjetskaja kultura,* 7. Juni 1988.

2 *Iswestija,* (19. Juni 1988) kommentierte wie folgt: »Gewaltig, unermeßlich ist die Schuld derjenigen, die Generation um Generation irreführten, Geist und Seele mit ihren Lügen vergifteten ... Die Prüfungen zu streichen war die einzig nüchterne und ehrenwerte Entscheidung.« Sehr wahr,

aber weshalb konzentrierte man sich auf die Historiker, die sich schließlich nur genauso verhalten hatten wie alle anderen?

3 Edward L. Keenan, »Muscovite Political Folkways«, *Russian Review*, 1986, S. 145.
4 »S togo berega«: »Proschtschaite«, 1. März 1849. *Polnoje sobranije sotschinenij*, hrsg. von M. Lemke, Bd. 5 (Petrograd 1917–25), S. 386–391.
5 *Kolokol*, 1. Dezember 1857; *ibid.*, 1. Januar 1858.
6 *Kolokol*, 1. Juli 1858. Die »Dritte Abteilung« war im zaristischen Rußland die politische Polizei.
7 Andere Beispiele für die Benutzung des Wortes im 19. Jahrhundert siehe im Anhang.
8 L.I. Breschnew, in *Bolschewik*, 17. September 1952, S. 50–70.
9 *Der Fall Solschenizyn*, Briefe, Dokumente, Protokolle, hrsg. von Bernd Nielsen-Stokkeby (Frankfurt/M. 1970), S. 127. – Die Übersetzung erschien, bevor *glasnost* zu einem internationalen Begriff geworden war; deshalb hier ursprünglich noch »Publizität«.
10 V. Tolz, »A Chronological Review of Gorbachev's Campaign for *Glasnost*«, *Radio Liberty*, Report 66, 1987.
11 M. Gorbatschow, *Perestroika*, S. 92, 97. Wenn Lenin »Mehr Licht!« sagte, so setzte er unzweifelhaft voraus, daß alle gebildeten Russen seiner Generation wissen würden, von welchem großen deutschen Dichter er den Ausspruch entlehnt hatte.
12 Zu Hinweisen auf die *perestroika* in der Transportpolitik siehe zum Beispiel *Prawda*, 8. Mai 1930.
13 A. A. Smirnow, in *Sowetskaja pedagogika*, 8, 1952.
14 Michail Schatrow, Interview mit *NRC Rotterdam Handelsblad*, 31.Oktober 1987; *FBIS-Sov-87-217*, 10. November 1987.
15 Interview im Österreichischen Rundfunk, 5. November 1987; *FBIS-Sov-87-215*, 6. November 1987.
16 »Gorbachev Meets Soviet Writers«, Samisdat-Bericht, *Radio Liberty*, 399/86, 23. Oktober 1986.
17 »Ärzteverschwörer« oder »Schädlingsgruppe der Ärzte«: Eine antijüdische Kampagne führte 1953 dazu, daß eine Gruppe jüdischer Ärzte der Verschwörung und Spionage angeklagt wurde. Nach Stalins Tod ließ man die Anklage fallen.
18 Albert P. van Goudoever, *The Limits of Destalinization in the Soviet Union* (London 1986), S. 131.
19 Zum Beispiel rehabilitierte man Raskolnikow im Jahre 1987, während Trapesnikow, der ihn 1966 angeprangert hatte, nun seinerseits verurteilt wurde.

Es gab viele positive Artikel und Bemerkungen über die Angeklagten im Bucharin-Prozeß von 1938 und auch über einige, die zwar hingerichtet, aber nie vor Gericht gestellt worden waren (*Sowetskaja kultura*, 8. März 1988).

20 Poljakow, *Literaturnaja gaseta*, 29. Juli 1987.

21 *Sowetskaja kultura*, 21. März 1987; *Moscow News*, 2, 1987; *Sowetskaja Estonija*, 25. August 1988.

22 *Argumenty i fakty*, 10, 1987.

23 S. Tjutjukin, *Iswestija*, 3. April 1987; Pawel Wolobujew, *Prawda*, 27. März 1987.

24 Tichwinski, in *Woprossy istorii*, 1986, sowie in *Nowaja i noweischaja istoria*, 2, 1987.

25 W. Rjabow, in *Woprossy istorii KPSS*, 3, 1987; »Perestroika i sadatschi schurnala Woprossy istorii« (Perestroika und die Aufgaben der Zeitschrift Woprossy istorii), *Woprossy istorii*, 2, 1988.

26 *Literaturnaja gaseta*, 32, 1987.

27 Gorbatschow, *Sotschinenija*, Bd. 3, S. 154 ff.

28 1987 und 1988 erschienen Artikel, in denen Bucharin günstig beurteilt wurde, sowie die Erinnerungen seiner Witwe Larina. 1989 kam ein Auswahlband seiner Aufsätze heraus.

29 *Moscow News*, 10. April 1987; *Sowetskaja kultura*, 4. Juli 1987. Während die historischen Zeitschriften begannen, kritische Artikel über Stalin und sein System zu veröffentlichen, blieb der Ansatz in vieler Hinsicht unverändert. Die Beiträge mußten mit Zitaten aus einer Gorbatschow-Rede beginnen und enden oder wenigstens den Beschluß eines kürzlichen Parteitages anführen. Siehe zum Beispiel I.L. Mankowa, und J.P. Scharapow, »Kult litschnosti i istoriko-partijnaja nauka« (Der Personenkult und die Partei-Geschichtswissenschaft), *Woprossy istorii KPSS*, 5, 1988.

30 *Russkaja mysl*, 29. Mai 1987; *Moskowski komsomolez*, 22. Februar 1988. Die Tatsache, daß man Jurassows Arbeiten schon im Mai 1988 in der offiziellen Presse abdruckte, bewies, daß sich das Tempo der Entstalinisierung erhöht hatte (*Sobessednik*, 22, 1988). Aber Jurassow konnte trotzdem keine Anstellung auf seinem Fachgebiet finden.

31 Zur Politik der neuen Redaktion siehe *Woprossy istorii*, 3, 1988. Einzelheiten der Moskauer Konferenz, die von der Akademie der Wissenschaften und dem Sowjetischen Schriftstellerverband veranstaltet wurde, sind in *Sowetskaja kultura*, 6. Mai 1988, und in *Woprossy istorii*, 6, 1988, zu finden.

32 *Tass*, 4. März 1987; *Ogonjok*, Februar 1987; *Kommunist*, 12, 1987, S. 66 ff. Minz' Erklärung wurde von sowjetischen Zeitschriften der extremen Rechten kritisiert, weil sein Appell zur Rehabilitierung von Lenin-Anhän-

gern führen könne, unter denen viele »Zionisten« seien. Tatsächlich sind die Angeklagten im ersten (Kamenew, Sinowjew) und im zweiten (Radek, Pjatakow) Moskauer Prozeß juristisch, aber nicht politisch rehabilitiert worden; die Frage ihrer Stellung in der sowjetischen Geschichte ist noch nicht gelöst. Ihre juristische Rehabilitierung wurde im Juni 1988 publik gemacht.

33 Afanasjew, *Sowetskaja kultura*, 21. März 1987.

34 *Sowjetskaja Rossija*, 11. Oktober 1987.

35 Michail Alexejew »Dratschuny« (Die Raufbolde), *Nasch sowremennik*, 6, 1981.

36 *Literaturnaja gaseta*, 14. Mai 1987.

37 Dieses Stalin-Zitat wurde von Michail Schatrow in seinem Drama »Dalsche... dalsche... dalsche« (»Weiter... Weiter... Weiter«) verwendet: *Snamja*, Januar 1988; *Nowy mir*, November 1987. In demselben Stück zitierte Schatrow Rosa Luxemburgs Voraussagen über die bolschewistische Revolution, von denen unten im vorliegenden Kapitel die Rede ist. Schatrows Verletzung von Tabus verärgerte einige Parteiführer, denn ein paar Tage später brachte die *Prawda* einen Artikel, in dem seine Geschichtsbetrachtung kritisiert wurde (10. Januar 1988). Weitere Angriffe in der sowjetischen Presse folgten; eine Gruppe führender sowjetischer Regisseure und Schauspieler verteidigte Schatrows Drama in einem Offenen Brief an die *Prawda* (29. Februar 1988).

38 *Sowetskaja Rossija*, 27. September 1987. Wie so häufig schwang auch hier ein antisemitischer Unterton mit. Lenin hatte Trotzki in einem seiner polemischen Artikel vor 1914 tatsächlich »Juduschka« genannt. Aber er bezog sich auf eine Person in Saltykow-Schtschedrins Roman *Die Herrschaften Golowjow* – nicht gerade eine attraktive Gestalt, aber ein russischer Landedelmann, kein jüdischer Verräter. Im Jahre 1910 dürften die meisten Leser die literarische Anspielung sofort verstanden haben, was im Jahre 1987 nicht mehr sicher war.

39 *Magyar Hirlap*, 6. November 1987; in *FBIS*, 17. November 1987. Man darf annehmen, daß niemand außer ein paar Zensoren je Zugang zu Trotzkis Büchern und Artikeln hatte. Auch unter Glasnost tut man vorläufig nur so, als wisse man Bescheid. Zum Beispiel beschwerte sich ein Literaturkritiker namens Pompejew in *Sowetskaja kultura* (10. November 1987), daß Rybakow (auf ihn wird unten ausführlicher eingegangen) die Ereignisse, die zur Ermordung Kirows im Jahre 1934 geführt hatten, ungenau beschrieben habe. Woher wollte Pompejew dies ohne Einblick in die Archive der Geheimpolizei wissen? Die betreffenden Akten wurden ver-

läßlichen Berichten zufolge vor langer Zeit vernichtet. Im Jahre 1988 wurden einige Stimmen für die Publikation von Trotzkis Werken laut (Afanasjew, *Literaturnaja Rossija,* 24, 1988), und ein paar Autoren wagten sogar die Behauptung, daß Trotzki sich während der Revolution und im Bürgerkrieg gewisse Meriten erworben habe. Doch dies wurde vom rechten Flügel heftig bestritten und von der Parteiführung ignoriert.

40 Zu einer Beurteilung Trotzkis im alten Geiste siehe N. Wasezki, in *Argumenty i fakty,* 34, 1988; eine distanziertere Einschätzung findet sich bei D. Wolkogonow, *Prawda,* 9. September 1988. Aber auch sie trug den Titel »Der Dämon der Revolution«.

41 *New York Times,* 3. November 1987.

42 Interview mit D. Wolkogonow, in *Sowetskaja molodjosch,* 4. Mai 1988. Aus den Akten der Geheimpolizei, die von ein paar Auserwählten nach 1986 eingesehen werden konnten, ging hervor, daß man »Anklagen« gegen praktisch jede prominente Gestalt des sowjetischen Lebens, darunter auch Schdanow und Woroschilow, vorbereitet hatte. Schon vorher war bekannt, daß die Frauen Molotows und Kalinins, des Ministerpräsidenten und des Staatsoberhauptes, in einem Konzentrationslager inhaftiert waren und daß man Kaganowitschs Bruder hingerichtet hatte. Niemand wagte zu protestieren, geschweige denn einzugreifen.

43 Zu Stalin als Linguist siehe Michail Gorbanewski, in *Literaturnaja gaseta,* 25. Mai 1988; zu Stalin als Philosoph siehe Genrich Wolkow, *Sowetskaja kultura,* 7. Juni 1988; zu Stalin und den Prozessen der dreißiger Jahre siehe den Fernsehfilm *Prozess,* der zum erstenmal im Mai 1988 gezeigt wurde. Viele Berichte von Begegnungen mit Stalin erschienen, darunter Konstantin Simonows mehr als ein Jahrzehnt zuvor entstandene Darstellung »Glasami tscheloweka mojego pokolenija« (Mit den Augen eines Mannes meiner Generation), *Snamja,* 3–5, 1988. Die sowjetische Zeitschrift *Argumenty i fakty* (20, 1988) behauptete, Stalin sei zwar Kommunist, aber kein Leninist gewesen – eine nicht ohne weiteres einsichtige Unterscheidung.

44 Wassili Seljunin, »Istoki« (Die Quellen), *Nowy mir,* 5, 1988.

45 Siehe die Erinnerungen von Stalins Leibwächter in *Soziologitscheskije rassledowanija,* 3, 1988; zu Hitlers leutseligen Gesten siehe zum Beispiel die Memoiren seines Pressechefs Otto Dietrich, *12 Jahre mit Hitler* (München 1957), und die Erinnerungen seines Fahrers Erich Kempka, *Ich habe Adolf Hitler verbrannt* (München o.J.), S. 15.

46 Ein paar Beispiele sollen genügen. L. Besymenski und V. Falin (*Prawda,* 28. August 1988) machten allein den Westen für die Entfesselung des kalten Kriegs verantwortlich; Daschitschew und andere widersprachen. Fe-

lix Kowaljow und Oleg Rschewski (*Prawda,* 1. September 1988) behaupteten, Stalins Politik im August 1939 sei im Prinzip richtig gewesen. Aber M. Semijaga (*Literaturnaja gaseta,* 5. Oktober 1988) sowie Kulisch (*Komsomolskaja prawda*) hielten diese Politik für einen groben Fehler.

47 *Triumf i tragedija.* Das Vorwort zu diesem Buch erschien in *Literaturnaja gaseta,* 9. Dezember 1987; der erste Band wurde in der Literaturzeitschrift *Oktjabr* (Oktober–Dezember 1988) abgedruckt.

48 Die Argumentation gegen Stalins Hitler-Politik wurde in den sechziger Jahren von Jewgeni Gnedin im »Samisdat« entwickelt. Gnedin war in den dreißiger Jahren als Diplomat in Berlin gewesen. Eine neuere, kürzere Anklageschrift ist Ernst Genris »Pismo istoritscheskogo optimista« (Der Brief eines historischen Optimisten), *Druschba narodow,* März 1988. Dieser Essay basiert auf einem rund dreißig Jahre zuvor geschriebenen Brief an Ilja Ehrenburg. Genri ist das Pseudonym eines sowjetischen Autors und politischen Agenten, der in den dreißiger Jahren in Westeuropa arbeitete. Zwar wurde die sowjetische Schwerindustrie damals rasch aufgebaut, aber dagegen ist einzuwenden, daß den Deutschen infolge von Stalins Strategie (oder infolge seines Mangels an Strategie) schon in den drei ersten Kriegsmonaten die Hälfte der Eisen- und Stahlproduktion in die Hände fiel und mithin nicht mehr für die sowjetischen Kriegsbemühungen verfügbar war. Der Historiker W. Daschitschew hob hervor, daß die französische und britische Appeasementpolitik Hitler gegenüber (Münchener Abkommen) nicht bloß von Antisowjetismus diktiert worden sei. Wie hätten sie einen zuverlässigen militärischen Verbündeten in Stalin sehen können, der gerade die Rote Armee »enthauptet« hatte? (*Sowetskaja kultura,* 18. Mai 1988) – Zu neuen Enthüllungen, die Stalins Anteil an der Vorbereitung der Moskauer Prozesse gegen die Führung der Roten Armee betreffen, siehe meinen Artikel »The Strange Lives of Nikolai Skoblin«, in *Encounter,* März 1988.

49 Nach einer in *Wetschernjaja Moskwa* (27. August 1988) veröffentlichten Umfrage hielten nur 0,8 Prozent der Interviewten Stalin für einen positiven Helden, im Gegensatz zu 16 Prozent im Vorjahr. 30 Prozent meinten, er habe nicht nur schlechte, sondern auch gute Seiten gehabt.

50 Eine Debatte zwischen A. Jegow und Hauptmann W. Loginow in *Literaturnaja gaseta,* 28. Oktober 1987. Rosa Luxemburg schrieb »ungehemmte Pressefreiheit«, was in der russischen Übersetzung zur »Pressefreiheit« verkürzt wurde. Vorher hatte sie in demselben Aufsatz erklärt: »Freiheit nur für die Anhänger der Regierung, nur für Mitglieder einer Partei – mögen sie noch so zahlreich sein – ist keine Freiheit. Freiheit ist immer

Freiheit der Andersdenkenden« (»Zur russischen Revolution«, *Gesammelte Werke,* Bd. 4 [Berlin 1974], S. 359 ff.).

51 Der Beitrag von Historikern zu dieser Debatte ist bisher bescheiden. Eine Ausnahme, neben den bereits erwähnten, ist M. Hafter, in *Wek dwadzaty i mir,* 6, 1987. Andere wichtige Beiträge sind in den Literaturzeitschriften erschienen – siehe zum Beispiel Igor Kljamkin, in *Nowy mir,* 11, 1987; Juri Burtin, in *Oktjabr,* 12, 1987; A. Botscharow in einem Kommentar zu Wassili Grossmans *Leben und Schicksal,* in *Oktjabr,* 2, 1988.

52 M. Gorbatschow, *Perestroika,* S. 101 ff.

53 In vielbändigen Auflagen von 100 000 bis 150 000 Exemplaren. Auszüge aus Karamsin wurden von der Literaturzeitschrift *Moskwa* (1–3, 1988) gebracht – eine beispiellose Anerkennung für einen vor hundertsechzig Jahren gestorbenen Historiker.

54 ». . . sie sagen Lenin und meinen die Freiheit. Für alle aber ist das Bekenntnis zu Lenin die einzige Möglichkeit, ihre Opposition theoretisch zu legitimieren . . .« (Klaus Mehnert, *Der Sowjetmensch* [Stuttgart, Zürich, Salzburg 1960], S. 371).

Künstler ohne Uniform

1 Das Thema wurde 1986 und 1987 in zahllosen Reden von Funktionären behandelt, außerdem in Artikeln der rechten und neostalinistischen Literaturzeitschriften: zum Beispiel Wjatscheslaw Gorbatschow, in *Molodaja gwardija,* 3 und 7, 1987; W. Bondarenko, in *Moskwa,* 12, 1987.

2 Zu einem typischen Angriff auf Chagall, Brodski und andere »fremde« Elemente siehe *Sowetski woin,* 3. März 1988. Dmitri Urnow verunglimpfte *Doktor Schiwago* in der *Prawda* nicht aus literarischen, sondern aus politischen Gründen, und Brodskis Lyrik wurde in der *Komsomolskaja prawda* von einem Kritiker verspottet, der eine Emigrantenzeitschrift der extremen Rechten zu seiner Kronzeugin machte. Allerdings wurden diese Angriffe nicht widerspruchslos hingenommen; verschiedene andere Kritiker zogen Urnow in der *Prawda* (6. Juni 1988) zur Rechenschaft, und *Knischnoje obosrenije* (24, 1988) druckte Brodskis Nobelpreisrede.

3 Das erstere wurde in *Oktjabr,* 3, 1987, und *Newa,* 6, 1987, veröffentlicht; das letztere in *Snamja,* 2, 1987, und *Nowy mir,* 3, 1987. Gleichzeitige Publikationen dieser Art waren in der Sowjetliteratur beispiellos.

4 J. Burtin, *Oktjabr,* 8, 1987, S. 192.

5 Dies war das Schicksal von Rasputins Vorgänger Fjodor Abramow in den sechziger und siebziger Jahren.

6 Während Rasputins Roman fast ausnahmslos begrüßt wurde, stieß Astafjews Werk auf Kritik. Siehe zum Beispiel A. Kutscherski, in *Woprossy literatury*, 11, 1986.

7 Wassili Below, *Wsjo wperedi* (Alles liegt noch vor uns) (Moskau 1987), S. 2.

8 Katerina Clark, in ihrem Vorwort zu *The Day Lasts More Than a Hundred Years* (Bloomington 1983); ursprünglich veröffentlicht unter dem Titel »Dolsche weka dlitsja den«, *Nowy mir*, November 1980 (dt. *Ein Tag länger als ein Leben*, 1981).

9 *Literaturnaja gaseta*, 13. August 1986.

10 W. Lakschin, *Iswestija*, 3. und 4. Dezember 1986.

11 Bondarew war verwöhnt worden. Eine Moskauer Literaturprofessorin hatte sein vorheriges Buch nicht nur mit den Werken Tolstois und Dostojewskis, sondern auch mit denen Kants, Leonardos, Shakespeares, Beethovens, Mozarts und Flauberts verglichen (Natalja Ilina, *Ogonjok*, 2, 1988).

12 Diese Organisation war in den späten fünfziger Jahren als Gegengewicht zu dem etwas weniger konservativen Allunions-Schriftstellerverband gegründet worden.

13 *Ogonjok*, 30, 1969. Die überlebenden Unterzeichner des Briefes wurden 1987/88 scharf angegriffen. Sie versuchten, sich zu verteidigen, doch auf nicht sehr überzeugende Weise: Sie hätten Twardowski innig geliebt; ihre Kritik habe sich nur gegen einige der zweifelhaften Charaktere, etwa Sinjawski, gerichtet, deren Texte von *Nowy mir* veröffentlicht worden seien. Dies war unredlich, denn Sinjawski hatte nicht zum inneren Zirkel von *Nowy mir* gehört und war nicht häufig publiziert worden. Der berüchtigte »Brief« entstand vier Jahre *nach* Sinjawskis Verhaftung.

14 *Literaturnaja Rossija*, 27. März 1987. Bis zum Sommer 1988 hatte seine Erregung etwas nachgelassen; er bedaure die »unversöhnliche Feindschaft« zwischen Schriftstellern unterschiedlicher Überzeugung und meine, daß »man in unserem Beruf manchmal schweigen muß . . .« Dann hatte er einen Rückfall; seine Abneigung gegen die Liberalen war nicht geschwunden, wie zum Beispiel aus seiner Rede auf dem Allunions-Parteitag im Juni 1988 hervorging; er nahm als Delegierter an dem Kongreß teil und griff die »Fürsten des Extremismus«, womit er die Reformer meinte, heftig an: siehe *Literaturnaja gaseta*, 22. Juni 1988.

15 Wjatscheslaw Gorbatschows Ansehen als führender Kritiker der materialistischen Konsumgesellschaft erlitt leichten Schaden, als *Moskowski litera-*

tor (das Organ der Moskauer Filiale des Schriftstellerverbandes) den Text eines aufschlußreichen Briefes veröffentlichte, den er etwa zur gleichen Zeit an den Vorstand seines Verbandes geschrieben hatte: Als Mann von hohen politischen Prinzipien verdiene er eine geräumigere Wohnung. Wenn er sie nicht bald bekomme, sei er imstande, einen Akt der Verzweiflung zu begehen . . .

16 *Snamja,* 9, 1987.

17 *Prawda,* 3. August 1987. Astafjew hat eine menschenfeindliche Ader. Zuvor hatte er die Georgier beleidigt sowie einen Essay veröffentlicht, indem er einen ruhmreichen Armeemarschall des Zweiten Weltkriegs heftig attackierte, was ihm den Zorn der konservativen Kreise eintrug: Habe er sich etwa von den Liberalen der *Literaturnaja gaseta* kaufen lassen?

18 I. Dedkow, in *Kommunist,* 12, 1987, S. 63.

19 *Newa,* 1–4, 1987. Die Literaturzeitschriften waren weit unternehmungslustiger und kühner als die Verlage, die unmäßig lange brauchten, um derartige Romane herauszubringen. Um nur ein Beispiel zu geben: Rybakows *Die Kinder vom Arbat* erschien in einer Auflage von 1 200 000 Exemplaren, war aber lange nur in den speziellen Valuta-Läden zu erhalten. Man hätte mühelos Millionen von Exemplaren verkaufen können.
Die Veröffentlichung wichtiger, zuvor verbotener Romane durch die Literaturzeitschriften setzte sich durch das ganze Jahre 1988 fort: *Druschba narodow (3/4,* 1988) brachte Platonows *Tschewengur (Unterwegs nach Tschevengur); Oktjabr (1–4,* 1988) publizierte Grossmans *Schisn i sudba (Leben und Schicksal);* Samjatins *My (Wir)* erschien in *Snamja* (4–5, 1988); *Doktor Schiwago* wurde von *Nowy mir* (1–4, 1988) gedruckt, um nur einige zu nennen. Infolgedessen wurden andere bedeutende Essays verdrängt oder erhielten nicht genug Aufmerksamkeit – es gab einfach zuviel zu lesen.

20 A. Kasinzew, in *Sowetskaja Rossija,* 17. Juni 1987.

21 Rechte Kritiker warfen Rybakow Einseitigkeit vor. Einer schrieb jedoch, daß Rybakow in Anbetracht seines persönlichen Schicksals verhältnismäßig objektiv sei (Idaschkin, *Literaturnaja Rossija,* 29. Juli 1987). Rybakow hatte als junger Mann in den dreißiger Jahren einige Schwierigkeiten mit dem Regime gehabt, aber er erhielt im Jahre 1951, als ein »Kosmopolit« wie er keineswegs Persona grata war, den Stalin-Preis. Er hatte keine persönlichen Gründe, sich benachteiligter als andere zu fühlen. Rybakows Buch ist tatsächlich in einem gewissen Grade irreführend, da er sich auf Stalin als Individuum konzentriert, ohne die Bedeutung und Verantwortlichkeit des Stalinismus als System hinreichend zu schildern. Das Buch spielte jedoch eine enorme erzieherische Rolle und wurde genau aus die-

sem Grunde angegriffen: zum Beispiel von K. Stepanjan in *Literaturnaja Rossija*, 25. Dezember 1987, und von Pompejew und dem rechtsgerichteten Pikul in *Komsomolskaja prawda*, 6. Dezember 1987.

22 In Lausanne im Jahre 1980. Eine deutsche Ausgabe erschien 1984, eine amerikanische 1986. Alexander Beks Buch *Die Ernennung*, das oben erwähnt wurde, kam ebenfalls in Deutschland heraus, bevor es in der Sowjetunion veröffentlicht wurde.

23 »Smirnoje kladbischtsche«, *Nowy mir*, 5, 1987. Der Titel spielt auf ein Puschkin-Gedicht an.

24 Zum Beispiel die Artikel von N. Schmeljow, »Ratenzahlung und Schulden«, *Nowy mir*, 6, 1987; von W. Seljunin und G. Chamin in derselben Zeitschrift, 2, 1987; von Michail Antonow, »Also was geschieht mit uns?«, *Oktjabr*, 9, 1987; und von A. Nuikin, »Ideale oder Interessen?«, *Nowy mir*, 1–2, 1988.

25 Lew Anninski, *Literaturnaja gaseta*, 22. April 1987.

26 Zum Beispiel wurde Witali Korotitsch anstelle von Anatoli Sofronow, einem prominenten Stalinisten, Chefredakteur der Illustrierten *Ogonjok*; Iwan Frolow löste Richard Kossolapow als Chefredakteur der offiziellen Partei-Halbmonatsschrift *Kommunist* ab; Boris Pastuchow, der Botschafter in Dänemark wurde, trat seinen Chefredakteursposten bei der Tageszeitung *Sowetskaja Rossija* an Valentin Tschikin vom Staatsverlag ab; Pawel Naumow wurde als Direktor der Nachrichtenagentur *Nowosti* von Valentin Falin, einem früheren Botschafter in der Bundesrepublik, ersetzt; Jegor Jakowlew wurde Chefredakteur von *Moscow News*, einem der Symbole des neuen Tauwetters, während sein Vorgänger Genadi Gerassimow das Amt des Sprechers im Außenministerium übernahm; Alexander Potapow, der im Zentralkomitee gearbeitet hatte, wurde Chefredakteur der Gewerkschaftszeitung *Trud* und Iwan Panow Chefredakteur der Armeezeitung *Krasnaja Swesda;* das Staatliche Komitee für Fernsehen und Rundfunk erhielt anstelle von Sergei Lopin einen neuen Direktor: Alexander Axjonow, bis dahin Botschafter in Polen; Alexander Kamschalow löste den langgedienten Filip Jermasch als Chef der Staatlichen Filmorganisation Goskino ab; Albert Beljajew, ebenfalls vom Zentralkomitee, wurde Chefredakteur von *Sowetskaja kultura*. Sogar Pawel Romanow, der Chefzensor, verlor seinen Posten. Daneben kam es zu zahlreichen anderen Änderungen.

27 Die Versorgung mit Zeitungen und Literaturzeitschriften blieb während dieser Periode völlig unzureichend. Abonnements boten einen Ausweg, aber auch dafür mußte man sich in eine Schlange einreihen. Die Zeitungs-

kiosks waren fast leer; gelegentlich fand der Autor ein Exemplar von *Aschchabad,* einer in der Hauptstadt Turkmeniens veröffentlichten Literaturzeitschrift (und für niemanden außerhalb Aschchabads von Interesse), am Kiosk im Kursker Bahnhof oder – mit viel Glück und langer Mühe – ein Exemplar von *Sowetskaja musyka* oder *Westnik statistiki* an einem Kiosk in einem Moskauer Kolchosmarkt, wo diese Themen weniger Anklang fanden. Sogar für die Tageszeitungen mußte man häufig Schlange stehen, da sie meist nach einer Stunde ausverkauft waren. Schlangestehen ist mit jährlich 65 Milliarden Arbeitsstunden die zweitgrößte Industrie der Sowjetunion. Sie beschäftigt mehr Menschen als Landwirtschaft, Bauwesen, Wissenschaft und Technologie zusammen. Siehe O. Lazis, in *Snamja,* 2, 1988.

28 Die Befähigung von Partei- und Regierungsfunktionären scheint auf kulturellem Gebiet besonders niedrig gewesen zu sein. Der Kulturminister erklärte in einem Interview: »Wenn jemand sich in der Partei- oder Wirtschaftsarbeit nicht allzu sehr hervorgetan hat, wird er zum Chef eines Theaters, eines Museums oder eines philharmonischen Orchesters ernannt.« W.G. Sacharow, in *Ogonjok,* 45, 1987.

29 Zur Vorgeschichte der Neuorganisation siehe Alexander Swobodin in *Nedelja* (10. November 1986) sowie verschiedene Artikel und Interviews in *Sowetskaja kultura* und *Literaturnaja gaseta* im Laufe der Monate November und Dezember 1986.

30 Boris Berman, *Moscow News,* 20. Dezember 1987. Berman war einer der ersten (neben Jewtuschenko), die auf Askoldows seit einundzwanzig Jahren verbotenen Film *Die Kommissarin* aufmerksam machten. Selbst die neue Führung des Verbandes der Filmschaffenden zögerte anscheinend, sich – wegen seines unverkennbar jüdischen Blickwinkels – für diesen Film einzusetzen. Also erhielt Askoldows Werk Preise bei westlichen Filmfestspielen, wurde jedoch nicht in der Sowjetunion gezeigt. Siehe Askoldows Pressekonferenz in San Francisco, *Russkaja mysl,* 3. Juni 1988.

31 *Sowetski ekran,* 4, 1987. Zu einem guten allgemeinen Überblick über die Änderungen in der sowjetischen Filmindustrie und Literatur siehe John D. Dunlop, »Soviet Cultural Politics«, *Problems of Communism,* November-Dezember 1987. Viktor Demin untersuchte einige der Hauptprobleme der sowjetischen Filmindustrie mehr als ein Jahr nach ihrer Säuberungsaktion, etwa die Schwierigkeiten, kompetente politische Filme zu drehen, Sex im Film glaubhaft zu behandeln, neben dem Drogenproblem auch andere soziale Fragen aufzuwerfen und die Zwangslage von Afghanistan-Veteranen zu schildern. Siehe *Sowetski ekran,* 3, 1988.

32 Wladimir Daschkewitsch, *Moscow News,* 48, 1987.

33 Fairerweise muß hinzugefügt werden, daß durch Glasnost und Perestroika einiger Aufruhr in den Publikationen des Verbandes ausgelöst wurde. *Sowetskaja musyka* (3, 1988) erschien mit einem Chagall-Bild auf dem Titelblatt; *Iskusstwo* (2, 1988), das Hauptorgan des Künstlerverbandes, ging nicht ganz so weit, unterstrich jedoch in einem Leitartikel, daß man die vor- und nachrevolutionäre modernistische Kunst, die seit vielen Jahrzehnten ignoriert worden oder verboten war, als Teil des nationalen Erbes zurückfordern müsse. Aber insgesamt war in den Organen der Künstler- und Komponistenverbände sehr wenig von dem neuen Geist der Selbstkritik zu entdecken. Man machte nur langsame Fortschritte, und sogar die *Prawda* klagte, daß es bei den offiziösen Künstlern nicht viel Perestroika gegeben habe (A. Kamenski, *Prawda,* 9. September 1988).

34 Gornostajewas Artikel »Komu prinadleschit iskusstwo?« (Wem gehört die Kunst?) erschien in *Sowetskaja kultura,* 12. Mai 1988. Die Diskussion zog sich über viele Wochen hin; siehe zum Beispiel *Sowetskaja kultura,* 7. und 16. Juni 1988.

35 *Prawda,* 27. September 1987.

36 Alexander Jakimowitsch, *Dekoratiwnoje iskusstwo SSSR,* August 1987; zur Situation in der Kunstgeschichte siehe A. Tschegodajew, in *Sowetskaja kultura,* 24. Oktober 1987, und D. Sarabjamow, in *Literaturnaja gaseta,* 2. Dezember 1987.

37 *Sowetskaja kultura,* 19. September und 14. November 1987. Als ich den alten Arbat zuletzt im April 1988 besuchte, entdeckte ich kaum alternative – oder irgendeine andere – Kunst.

38 B. Wischnjakow, *Chudoschnik,* 4, 1987; A. Kamenskis Erwiderung in *Ogonjok,* 26. Oktober 1987.

39 *Teatr,* 8, 1986; *Sowetskaja kultura,* 7. Juli 1987.

40 *Literaturnaja gaseta,* 1. Oktober 1986.

Die Wiedererstehung der russischen Rechten:
zwischen Patriotismus und Faschismus

1 Es gibt eine umfassende Literatur über jüngste Entwicklungen bei der sowjetischen Rechten. Siehe vor allem John Dunlop, *The Faces of Contemporary Russian Nationalism* (Princeton 1983), und *The New Russian Natio-*

nalism (New York 1985); siehe auch Alexander Janov, *The Russian Challenge and the Year 2000* (Oxford 1987).

2 Zum Thema der Religion in der jüngeren Sowjetliteratur siehe das 8. Kapitel von Mary Seton Watson, *Scenes from Soviet Life* (London 1986).

3 Zum Valentin-Pikul-Phänomen liegt eine umfangreiche Sekundärliteratur vor. Siehe zum Beispiel *Moskwa,* 7, 1985; J. W. Anissimow, »Fenomen Pikulja – glasami istorika« (Das Pikul-Phänomen mit den Augen eines Historikers), *Woprossy literatury* 10, 1987; *Sobessednik,* Januar 1986; *Sowetski patriot,* 5. Juni 1988. Siehe auch Interviews in *Krasnaja swesda* (8. Dezember 1987) und *Komsomolskoje snamja* (6. Dezember 1987).

4 *Iswestija,* 4. Juni 1988.

5 Nach dem Beginn von Glasnost wurde Pikul von anderen Bestsellerautoren überholt. Siehe *Ogonjok,* 12, 1988.

6 Was den unverfälschten Charakter wahrer Extremisten auf der literarischen Bühne angeht, siehe zum Beispiel Ilja Schewzow im Gespräch mit dem pensionierten sowjetischen Luftmarschall I. Pstygo, in *Molodaja gwardija,* 7, 1988.

7 »Lad – otscherki po narodnoi estetike« (Harmonie – Skizzen zur Volksästhetik), in *Nasch sowremennik,* 1979–81.

8 Siehe seinen langen Roman *Kanuny (Vorabende),* den er 1972 zu veröffentlichen begann; die Fortsetzung wurde verboten und konnte erst 1987 erscheinen.

9 *Rasdumja na rodine* (Gedanken über die Heimat) (Moskau 1986), S. 21. Siehe auch Luise Wangler, *Vasilij Belov, Menschliche und gesellschaftliche Probleme* (München 1985).

10 W. Koschinow, in *Literaturnaja obosrenije,* 3, 1977, S. 63 ff.

11 *Literaturnaja Rossija,* 12. Juni 1987. Semjonow ist aus Moskau gebürtig, doch ein großer Teil seiner Schriften behandelt das Landleben. Da er seine Karriere als Bildhauer begann, kann ihm schwerlich ein Mangel an ästhetischer Empfindsamkeit vorgeworfen werden.

12 *Sintaksis,* 14, 1985. Sinjawski schrieb, in den vielen Jahren seines Lebens im Ausland sei er nie auf die von den russischen Nationalisten so häufig beschworene, angeblich überall vorhandene Russophobie gestoßen.

13 M. Walker, *The Listener,* 7. April 1988.

14 Die klassische Darstellung ist Norman Cohen, *Warrant for Genocide* (London 1967). Zur Geschichte der *Protokolle* in Rußland siehe auch mein Buch *Deutschland und Rußland* (Berlin 1965). In den letzten Jahrzehnten hat es keine sowjetischen Veröffentlichungen über die *Protokolle* oder die Schwarzhunderter gegeben. Dieses Tabu wurde erst 1988

gebrochen; siehe zum Beispiel *Ogonjok,* 23, 1988: »Vorsicht, eine Provokation.«

15 In nicht wenigen Fällen entschieden sie sich, ihre Identität hinter einem neuen Namen zu verstecken. So hieß der bekannte Dramatiker Schatrow ursprünglich Marschak, und der Chefredakteur von *Snamja* trug den Namen Baklanow-Fridman. Solche Praktiken riefen giftige Kommentare der Antisemiten hervor, die bequemerweise außer acht ließen, daß Lenin, Stalin und Gorki ebenfalls Decknamen sind.

16 Lolli Samoiski, in *Nedelja,* 20, 1987.

17 Zum Beispiel Gari Nemenko, in *Nasch sowremennik,* 7, 1986, oder I. Schamjakin, *Petrograd – Brest* (Moskau 1986). Die Literaturzeitschrift *Molodaja gwardija* veröffentlichte die Memoiren des jüdischen Generals Dragunski – ein offenkundiger Fall von ideologischer Rückversicherung.

18 J. Lesoto, *Kosmomolskaja prawda,* 19. Dezember 1987.

19 Gemeint ist die Klage gegen *Sowetskaja kultura,* die von Romanenko, Begun und anderen erhoben wurde. Die Parteipresse kritisierte sie nicht so sehr wegen ihrer pronazistischen Ansichten als deshalb, weil es unziemlich für Parteimitglieder sei, einen »ideologischen« Disput vor Gericht auszutragen. Die Klage wurde Anfang 1988 von einem Moskauer Bezirksgericht abgewiesen.

20 *Moskowskije nowosti,* 7. August 1988; *Iswestija,* 11. August 1988. Sechzig Leningrader Hochschullehrer schrieben in der *Iswestija,* daß die »Pamjat«-Aktivitäten Artikel 36 der sowjetischen Verfassung sowie Artikel 74 der Strafgesetzgebung der Russischen Föderation (Aufwiegelung zum Rassenhaß) verletzten. Aber die Justizbehörden hatten es mit einer Klage nicht eilig. Die Gründe für ihr Zögern, gegen die profaschistische Rechte vorzugehen, sind nicht völlig klar: Wird »Pamjat« für einen politischen Faktor ohne Bedeutung gehalten, oder hat man im Gegenteil Angst vor ihr? Gibt es Unterstützung für »Pamjat« unter den Parteiführern? Ist die Vereinigung von den Staatssicherheitsorganen unterwandert, oder meinen die Behörden, daß Verhaftungen den Extremisten mehr Publizität verschaffen würden?

21 *Leningradskaja prawda,* 4. Oktober 1988.

22 W. Laqueur, *Weimar* (Berlin 1976), S. 105 ff.

23 Zur Rehabilitierung von Teilen der Emigration nach 1917 siehe A.P. Afanasjew, *Polyn w tschuschich poljach* (Wermut auf fremden Feldern) (Moskau 1984), und L.K. Schkarenkow, *Agonija beloi emigrazii* (Der Todeskampf der weißen Emigration) (Moskau 1986).

24 Die erste ausführliche Darstellung von »Pamjat«-Aktivitäten erschien in

der russischen Emigrantenpresse, etwa in *Kontinent,* 50, 1986, und der Pariser *Russkaja mysl,* 21. November 1986. Die sowjetischen Medien nahmen ihre Berichterstattung erst später auf: *Sowetskaja kultura,* 31. März und 18. April 1987; *Wetschernjaja Moskwa,* 18. Mai und 15. Juni 1987; *Ogonjok,* 23, 1987; *Iswestija,* 2. Juli 1987, etc.

25 *Ogonjok,* 21, 1987, S. 5.

26 Lichatschow ist Vorsitzender der Vereinigung für die Erhaltung kultureller Denkmäler. 1985 erklärte er in einem Interview mit *Ogonjok,* daß man Denkmäler nicht nur ihres »russischen Nationalcharakters« wegen erhalten solle. Er wandte sich gegen diejenigen, die nur russische historische Denkmäler restaurieren und solche der anderen sowjetischen Völker außer acht lassen wollten.

27 *Moscow News,* 17. Mai 1987. Die Moskauer Stadtzeitung *Moskowskaja prawda* berichtete ebenfalls von dem Treffen, nannte jedoch »Pamjat« oder deren Tätigkeit nicht beim Namen.

28 *Nasch sowremennik,* 8, 1987.

29 Weitere detaillierte Berichte über »Pamjat« erschienen in *Komsomolskaja prawda,* 22. Mai und 24. Juni 1987; *Sowetskaja Rossija,* 28. Juni und 17. Juli 1987; *Nedelja,* 22. Juni 1987; *Prawda,* 18. und 20. Juli 1987. Diese Publizität hielt das ganze Jahr 1988 hindurch an; Wassiljew wurde vom italienischen und österreichischen Fernsehen sowie von der *Washington Post* und vielen anderen Zeitungen interviewt. Im Juni 1988 erhielt er eine offizielle Warnung in Zusammenhang mit seinen antigesellschaftlichen Aktivitäten, »die sehr leicht nationale Zwietracht auslösen könnten« (*Argumenty i fakty,* 23, 1988).

30 Unter den Rednern auf einer »Pamjat«-ähnlichen Versammlung in Leningrad (bei der man den Marxismus als zionistische Lehre ablehnte) waren W. Wychodzew, der Verfasser des wichtigsten offiziellen Lehrbuchs zur Sowjetliteratur, und Michail Antonow, einer der führenden Publizisten der Perestroika-Zeit.

31 Julia Vishnevsky, »The Emergence of Pamyat and Otechestvo«, *Radio Liberty,* 26. August 1987; »A Second Pamyat Emerges«, *Radio Liberty,* 10. November; »A Russian Nationalist Gathering in Leningrad«, *Radio Liberty,* 2. Dezember 1987. Siehe auch *Sowetskaja kultura,* 24. November 1987.

32 Einige dieser Briefe wurden von J. Lesoto in der *Komsomolskaja prawda* (19. Dezember 1987) zitiert. Ihr ursprünglicher Artikel war am 22. Mai in derselben Zeitung erschienen, und sie hatte am 24. Juni eine erste Auswahl von Leserbriefen veröffentlicht. Weitere Briefe und Kommentare wurden am 19. Dezember 1987 gedruckt, als Lesoto zum erstenmal ein-

räumte, daß »Pamjat« den Keim einer neofaschistischen Partei darstelle. Daraufhin wurde sie von *Nasch sowremennik* (10, 1987) angegriffen; dieselbe Zeitschrift (5, 1988) kam auch Begun, einem führenden weißrussischen, antisemitischen Autor, zu Hilfe.

33 G.K. Popow und N. Adschubei, »Pamjat: ›Pamjat‹«, *Snamja,* 1, 1988.

34 Pawel Gutjontow, *Iswestija,* 27. Februar 1988. Siehe auch Kasarin und Russowski, in *Wetschernjaja Moskwa,* 25. Februar 1988. Glasunows Artikel war in der *Prawda* (27. September 1987) erschienen. Mehrere sowjetische Schriftsteller verweigerten eine klare Antwort auf die Frage, ob sie Mitglieder oder Sympathisanten von »Pamjat« seien, aber das Anliegen der Gesellschaft wurde häufig in *Nasch sowremennik* und *Molodaja gwardija* verteidigt. Rasputin sagte, daß er sich mit »Pamjat« nicht »völlig identifiziere«, aber er verurteilte die »beleidigenden Artikel«, von denen »so viele in unserer Presse erscheinen«; außerdem sah er keinen Zusammenhang zwischen »Pamjat« und Faschisten, Schwarzhundertern oder Nationalisten (*Moskauer Zentrales Fernsehen,* 26. Juni 1988).

35 S. Lessow, in *Strana i mir,* 3, 1988.

36 Zu einer freimütigen Verteidigung der »Pamjat«-Doktrin siehe A. Kusmin, in *Nasch sowremennik,* 3, 1988; er ging in seiner Ablehnung des Marxismus-Leninismus so weit, wie es innerhalb der selbst unter Glasnost existierenden Grenzen möglich war.

37 Es gibt faszinierende Ähnlichkeiten zwischen den Argumenten, die von Neostalinisten und extremen russischen Nationalisten einerseits und nach 1945 von Gegnern der Entnazifizierung in Deutschland andererseits benutzt wurden: Warum klagt man gerade uns an? Schließlich haben alle mitgemacht... Die Folgerung ist natürlich, daß, wenn alle kooperierten, niemand schuldig sei. Die deutschen Neonazis haben peinliche Zitate aufgetrieben, die zeigen, daß sogar Angehörige der »inneren deutschen Emigration« ihre Gedichte und Artikel – die dem Zeitgeist entsprechend geschrieben waren – in Goebbels' Zeitungen veröffentlichen. Der sowjetische Autor Stanislaw Kunajew (*Nasch sowremennik,* 9, 1988) und einige seiner Freunde haben im Rückblick auf die Stalin-Ära ähnliche Dienste geleistet. Aber es ist ein himmelweiter Unterschied, ob jemand Stalin im Jahre 1935 pries, weil er ihn aufrichtig für ein Genie hielt (oder weil er Angst um sein Leben hatte), oder ob jemand den Stalinismus fünfzig Jahre danach rechtfertigt.

1 Wassili Schukschin (1929–1974), geboren in Sibirien; Arbeiter, Lehrer und später einer der führenden Schriftsteller, Filmregisseure und Schauspieler seiner Zeit.

2 Zum Beispiel Alexander Kron, »Bessoniza« (Schlaflosigkeit), *Nowy mir,* 4–6, 1977; Ilja Stemler, »Uniwermag« (Das Kaufhaus), *Nowy mir,* 8–10; 1982; Anatoli Pristawkin, »Gorodok« (Das Städtchen), *Nowy mir,* 1–2, 1983.

3 Gemeint ist die Großmutter, die sehr häufig bei der Familie wohnte und sich nicht nur um die Mahlzeiten, den Hausputz und die Ausbesserung der Kleidung kümmerte, sondern auch um die Erziehung der Kinder im Vorschulalter.

4 Der Druck, der auf sowjetischen Frauen lastete, wurde in den sechziger Jahren von der sowjetischen Literatur freimütig beschrieben. Siehe zum Beispiel Natalja Baranskaja, »Nedelja kak nedelja« (Eine Woche wie alle anderen), *Nowy mir,* 11, 1969.

5 *Ogonjok,* 23, 1987; siehe A. Jasnows Artikel in derselben Zeitschrift (46, 1986) und die sich anschließende Korrespondenz; oder *Prawda,* 19. Februar 1988. Melancholische Gedanken zum Internationalen Tag der Frau finden sich in *Rabotniza,* 3, 1988.

6 Swetlana Kaidasch, *Literaturnaja Rossija,* 7. August 1987.

7 In einem kürzlichen Interview hob Astafjew wiederum die enorme Bedeutung der Familie für die Erziehung der Kinder hervor (*Semja,* 11. 1988). Er selbst wuchs in einem Waisenhaus auf, was seine besondere Sensibilität erklärt.

8 Laut offiziellen – wahrscheinlich unvollständigen – Ziffern lag die Quote bei 272 pro tausend Schwangerschaften, mindestens zehnmal so hoch wie in den meisten anderen Ländern. *AFP* zufolge (18. Juni 1988, Zitat aus *Medizinskaja gaseta*) waren in Teilen der Sowjetunion Kondome nur auf dem Schwarzmarkt zu erhalten, und dies zu einem Preis, der höher war als der offizielle Satz für eine Abtreibung (5 Rubel).

9 J.K. Tokarewa, *Soziologitscheskije issledowanija,* 2, 1987.

10 Larissa Kusnezowa, *Nowoje wremja,* 19. Juni 1987.

11 *Sobessednik,* 39, September 1987, S. 6 ff. Eine Umfrage unter Studenten der Sozialwissenschaften – das heißt marxistische Philosophie, Geschichte und Ökonomie – ergab, daß beträchtlich weniger als die Hälfte eine positive Einstellung zu diesen Fächern hatte. Die Mehrheit hielt ihre Studien-

fächer für rein abstrakt und theoretisch, ohne Bezug zum wirklichen Leben (*Soziologitscheskije issledowanija*, 4, 1987).

12 *Junost*, 6, 1980.

13 *Soviet Weekly*, 28. November 1987. In einem anderen Artikel schrieb derselbe Autor, daß in der Sowjetunion wenig oder nichts über Jugendpsychologie und -soziologie bekannt sei: ». . . je älter das Kind ist, desto weniger wissen wir über es« (»Estafetta pokolenii« [Die Stafette der Generationen], *Kommunist*, März 1987, S. 103).

14 *Komsomolskaja prawda*, 15.–20. April 1987. Aber es gab auch Stimmen, die erklärten, daß sich die Situation unter Mironenko nicht geändert habe und daß die Führung immer noch den Stempel der herrschenden »Nomenklatura« trage (*Junost*, 1, 1987).

15 *Prawda*, 17. April 1987.

16 Siehe zum Beispiel *Sowetskaja Rossija*, 4. März 1987; *Krasnaja swesda*, 30. Mai 1987. Zur Berichterstattung über die *ljubery*-Thematik in der sowjetischen Presse siehe *Schurnalist*, 5, 1988.

17 Im Murmansk-Moskauer Fernsehen, Kanal eins, 25. November 1987; zu Kaliningrad siehe *Krasnaja swesda*, 13. Oktober 1987.

18 Juri Bondarew, Wassili Below und Valentin Rasputin, *Prawda*, 9. November 1987.

19 Er beschreibt ein Rockkonzert in Riga und das Schicksal einiger Teilnehmer.

20 G.A. Aminow, *Sowetskaja Rossija*, 4. Juli 1987.

21 A. Lyssenkow und J. Sergejew, in *Molodaja gwardija*, 10, 1987, S. 256–270; auch Tamara Choroschilowa, in *Sobessednik*, 2, 1987, und Anatoli Doronin, in *Molodaja gwardija*, 12, 1987. Laut Doronin war die Rockkultur ein eindeutiges Zeichen amerikanischer Aggression. Er erwähnte eine Swerdlowsker Rockband, die so getan habe, als eröffne sie mit ihren Gitarren das Feuer auf die rote Fahne.

22 O. Korowina, in *Telewidenije i radioweschtschanije*, Oktober 1987.

23 Die Zahl der zu diesem Thema in der sowjetischen Presse veröffentlichten Artikel ist einfach enorm. Siehe zum Beispiel *Argumenty i fakty*, 13, 1987, und viele andere Nummern dieser Zeitschrift. Die Debatten setzten sich bis weit in die Jahre 1988/89 hinein fort; siehe *Komsomolskaja prawda*, 2. April 1988.

24 *Washington Post*, 27. November 1987.

25 Siehe zum Beispiel J. Zagarelli, in *Sowetskaja kultura*, 1. Dezember 1987.

26 *Prawda*, 27. Dezember 1987.

27 *Komsomolskaja prawda*, 11. Dezember 1987.

28 *Iswestija,* 30. Oktober 1987; »Poraschenije na Arbate« (Niederlage auf dem Arbat), *Komsomolskaja prawda,* 27. November 1987.

29 G. Krotschik von der informellen Gruppe »Freundschaft und Dialog«, *Glasnost,* 7, 1987.

30 *Moscow News,* 9, 1988. Zu Berichten über Zusammenstöße zwischen Gruppen von Jugendlichen auf dem Arbat im Sommer 1988 siehe *Wetschernjaja Moskwa,* 9. Juli 1988.

31 *Sowetskaja molodjosch* (Riga), 29. Juli 1987. *Selskaja schisn* (16. Dezember 1987) brachte einen Bericht über die Folterung von Schulkindern durch die Miliz in Insar (Mordwinien), durch die falsche Geständnisse erpreßt werden sollten. Die *Komsomolskaja prawda* (5. Januar 1988) hatte ähnliches aus Dnepropetrowsk zu berichten und schrieb, es gebe noch mehr derartige Verletzungen der »sozialistischen Gesetzlichkeit«.

32 *Sozialistitscheskaja industrija,* 27. Oktober 1987.

33 »Diktat stracha« (Das Gebot der Furcht) und »Sowest protiw stracha« (Gewissen gegen Furcht), *Sowetskaja Rossija,* 4. September 1987.

34 »Ljubim li my detei?« (Lieben wir Kinder?), *Sowetskaja kultura,* 19. November 1987. Zur Schilderung eines ähnlichen Falles in Moskau siehe *Sowetskaja kultura,* 10. März 1988.

35 Aber die Berichte über die Apathie der jungen Generation setzten sich auch in der Glasnost-Ära fort. Untersuchungen zeigten, daß der Wunsch, eine aktive Rolle in der Gesellschaft zu spielen, proportional zum Alter der Befragten nachließ. Von den über Sechzigjährigen brachten 62 Prozent einen solchen Wunsch zum Ausdruck, von den unter Zwanzigjährigen nur 32 Prozent (L. Ponomarjow und W. Schinkarenko, *Iswestija,* 19. Mai 1988).

36 Typische Beispiele sind Lasar Karelin, »Smejelow« (Der Schlangenfänger), *Moskwa,* 4, 1982, und Alexander Astrachanzew, »Rasskajanije« (Die Reue), *Nasch sowremennik,* 9, 1981.

37 Der Artikel von Dmitri Lichanow hätte in *Ogonjok* (27 und 28, 1987) erscheinen sollen, wurde jedoch gestrichen und gelangte auf Umwegen in die Zeitschrift *Strana i mir* (München), 4, 1987. In der mittelasiatischen Sowjetpresse erschienen viele ähnliche Berichte.

38 *Prawda,* 28. Dezember 1987, zitiert in *The Guardian,* 29. Dezember 1987.

39 *Komsomolskaja prawda,* 18. November 1987.

40 Der Fall wurde als erstes im September 1987 von *Sowetskaja Rossija* detailliert geschildert; zur weiteren Untersuchung siehe *Sowetskaja Rossija,* 28. Oktober 1987.

41 *Molodaja gwardija,* 8, 1987, S. 222 ff.

42 Zum Beispiel in *Kommunist*, 5, 1988.
43 Anatoli Rubinow, in *Literaturnaja gaseta*, 26. März 1987.
44 Siehe zum Beispiel G.A. Awanesjan, *Osnowy kriminologii* (Grundlagen der Kriminologie) (Moskau 1981), *passim*.
45 J. Araktschejew, »Piramida«, *Snamja*, 7–8, 1987; auch *Moskowskije nowosti*, 26. Juli 1987.
46 *Medizinskaja gaseta*, 16. Oktober 1987. Ein Sprecher des Obersten Gerichts erwähnte »Hunderte juristischer Fehler«, die in jüngerer Zeit begangen worden seien (*Komsomolskaja prawda*, 4. Dezember 1987).
47 Der Fall wurde weithin diskutiert. Siehe zum Beispiel *Literaturnaja gaseta*, 30. März 1988.
48 Arkadi Waksberg, in *Literaturnaja gaseta*, 14. Oktober 1987.
49 Zum Beispiel *Komsomolskaja prawda*, 11. November 1987.
50 A.M. Jakowlew, in *Ogonjok*, 33, 1987; *ibid.*, 50, 1987.
51 *Argumenty i fakty*, 46, 1987; auch W.I. Terebilow, in *Tschelowek i sakon*, November 1987.

»Was ist aus uns geworden?« – Alkoholismus und andere Übel

1 J. Billington, *The Icon and the Axe* (New York 1966), S. 660 f.
2 R.F. Smith und David Christian, *Bread and Salt* (Cambridge 1984), S. 87–91.
3 *ibid.*, S. 316.
4 A. Mendelson, *Itogi prinuditelnoi treswosti* (Die Ergebnisse erzwungener Nüchternheit) (St. Petersburg 1916), *passim*.
5 Akademiemitglied F. Uglow, in *Nasch sowremennik*, 7, 1987. Uglows Stil und Methode sind überzogen, vergleichbar mit einigen Exzessen der Temperenzlerbewegung im Westen. Für Uglow und seine Anhänger ist Antialkoholismus eine neue Religion mit einer starken Beimischung von extrem rechten Elementen. *Ogonjok* (10, 1988) wies darauf hin, daß unter den von Uglow angeführten »Autoritäten« die Ideologen der Schwarzhunderter und andere parafaschistische Gewährsleute waren.
6 W. R. Miller *et al.*, *Understanding Alcoholism* (Davis, Kalifornien 1983), S. 15.
7 *Argumenty i fakty*, 46, 1987.
8 Siehe zum Beispiel Igor Bestuschew-Lada, einen bekannten sowjetischen Futurologen, in *Nedelja*, 33 und 34, 1987. Eine spezielle Zeitschrift, *Tres-*

wost i kultura, widmet sich dem Kampf gegen den Alkoholismus, hat aber keine große Leserschaft. In politischer Hinsicht steht sie extrem rechten Kreisen nahe. Die detaillierteste westliche Schilderung liefert Vladimir Treml, *Alcohol in the U.S.S.R.* (Rutgers University Press 1982).

9 *Powest wremennych let* (Erzählung der vergangenen Jahre), Bd. 1 (Moskau 1950), S. 60.

10 Es gab viele derartige Berichte. Siehe zum Beispiel *Selskaja schisn,* 11. Oktober 1987; *Prawda,* 31. Oktober 1987; *ibid.,* 19. Oktober 1987; *ibid.,* 13. September 1987, *Sowetskaja kultura,* 8. Dezember 1987 etc.

11 Siehe die Eintragung »Alkoholismus« im ersten Band der *Bolschaja Sowetskaja Enziklopedija* (Große Sowjetenzyklopädie) (Moskau 1926).

12 Interview mit R. Musalew, dem Bürgermeister von Dnepropetrowsk, in *Sowetskaja kultura,* 8. Dezember 1987.

13 *Sowetskaja kultura,* 25. Juli 1987.

14 N. Schmeljow, *Nowy mir,* 4, 1988. *Iswestija* (3. Oktober 1988) meldete, daß 300 neue Bier- und Weinläden in der Hauptstadt eröffnet worden seien.

15 Lasar Karelins *Daju uroki* (Ich gebe Lektionen), 1987 veröffentlicht, beschrieb die Jagd auf Drogenhändler in Form eines Thrillers.

16 *Leningradskaja prawda,* 29. Juli 1987.

17 »Tuschinski puscher«, *Sowetskaja Rossija,* 12. August 1987. Zu einem psychologischen Profil der jungen Abhängigen siehe *Komsomolkskoje snamja,* 4. Juni 1988.

18 *Iswestija,* 4. September und 23. November 1987.

19 *Sowetskaja Moldawija,* 20. September 1987. Detailliertere Ziffern finden sich bei A. A. Gabiani »Narkomanija«, *Soziologitscheskije issledowanija,* 1, 1987.

20 Siehe zum Beispiel Briefe von Drogenabhängigen an *Komsomolskaja prawda,* 27. Juni 1987.

21 Zu Lettland siehe *Sowetskaja molodjosch,* 13. Mai 1987; zu Kiew *Prawda Ukrainy,* 23. Juli 1987; zu den Kurorten am Schwarzen Meer *Komsomolskaja prawda,* 19. September 1987, sowie verschiedene Artikel in *Trud* und *Literaturnaja gaseta* im Juli und August 1987; zur kleinstädtischen Prostitution *Molod Ukraini,* 18. November 1987.

22 *Moskowskaja prawda,* 16. Oktober 1987. Nach einer 1988 veröffentlichten Umfrage waren 70 Prozent der festgenommenen Prostituierten weniger als dreißig Jahre alt, drei Viertel besaßen eine Mittelschul- oder höhere Ausbildung, und die Hälfte hatte eigene Kinder (*Argumenty i fakty,* 5, 1988).

23 *Komsomolskaja prawda,* 27. März 1987.

24 *Moskowskije nowosti,* 6. September 1987; *Literaturnaja gaseta,* 22. Juni 1987.

25 *Komsomolskaja prawda,* 1. August 1987.

26 *British Medical Journal,* 12. September 1987, S. 652.

27 *Prawda,* 28. September 1987.

28 *Iswestija,* 19. November 1987.

29 *Trud,* 11. September 1987; *Iswestija,* 14. September 1987.

30 *Literaturnaja gaseta,* 11. April 1987; die neuen »elementaren Richtlinien« für die Umstrukturierung des Gesundheitswesens bis zum Jahre 2000 wurden in der *Prawda* am 16. August 1987 veröffentlicht.

31 Die Distanz der »Nomenklatura« von den Problemen des täglichen Lebens wurde legendär. In Alexander Beks *Nowoje nasnatschenije (Die Ernennung)* müssen zwei Minister aus irgendeinem Grund die Metro benutzen, was ihnen sehr schwerfällt, da sie nie zuvor damit gefahren sind.

32 Einige bemerkenswerte Beiträge zu dieser Debatte waren M. Tolz, *Sowetskaja kultura,* 21. Juni 1987, sowie die Antworten darauf, *ibid.,* 22. September 1987; daneben F.I. Tschasow, in *Moskowskije nowosti,* 26, 1987; N. Parojatnikow, *ibid.,* 35, 1987, und Leserbriefe, *ibid.,* 44, 1987.

33 *Moscow News,* 30. August 1987. Einem späteren Bericht zufolge wurden während der ersten vier Monate 18 000 Menschen in diesem Krankenhaus behandelt; das Krankenhaus, unter seinem Akronym »Lik« bekannt, machte sich einen Namen durch die den Patienten erwiesene Höflichkeit und Aufmerksamkeit sowie durch die hohe Qualifikation der Ärzte (*Moskowskaja prawda,* 31. März 1988).

34 Dafür sprach sich zum Beispiel Professor W. M. Rutaisen aus (*Sowetskaja kultura,* 23. Mai 1987. Er behauptete nicht, daß alle Ärzte Geld nähmen, nannte den Brauch aber weitverbreitet.

35 A. Reschabek, in *Literaturnaja gaseta,* 9. Dezember 1987.

36 *Nedelja,* 34, 1987.

37 Eduard Bagramow, in *Prawda,* 14. August 1987. Die ausführlichste jüngere Behandlung des Themas liefert Gerhard Simon, *Nationalismus und Nationalitätenpolitik in der Sowjetunion* (Baden-Baden 1986).

38 Ann Sheehy, »Do Kazakhs Outnumber Russians?«, *Radio Liberty,* 19. Februar 1987.

39 Einem Bericht zufolge hielten siebzig Prozent der Bevölkerung die islamischen religiösen Bräuche ein, darunter die Hälfte der Lehrer und viele Parteimitglieder (*Prawda wostoka,* 25. August 1987). Gleichberechtigung der Frauen war eine reine Fiktion, und es kam nicht selten zu Selbstopferungen protestierender junger Frauen (*Komsomolez Usbekistana,* 28. Juli 1987).

40 Bess Brown, »How Many People Died in the Alma Ata Riots?«, *Radio Liberty,* 25. Mai 1987.

41 Während der Säuberung nach Kunajews Sturz wurden 1800 Polizeibeamte, 184 Richter und achtzehn Staatsanwälte in Kasachstan wegen angeblicher Korruption entlassen (*Kasachstanskaja prawda,* 14. Januar 1988).

42 *Prawda,* 11. Februar 1987.

43 Zu Beispielen für die russische Reaktion siehe *Prawda,* 1. September 1987, und *Sowetskaja Latwija,* 29. August 1987. Die Angriffe setzten sich wochenlang in den örtlichen baltischen Zeitungen fort. Doch im April 1988 wendete sich das Blatt, und Estland kämpfte in vorderster Linie sowohl für mehr nationale Souveränität als auch für Perestroika. Die Glasnost-Bewegung hatte in den baltischen Republiken eine viel stärkere Massenbasis als anderenorts in der Sowjetunion und ging viel weiter; ihre Geschichte bleibt noch zu erzählen. Die Charta der Estnischen Nationalen Front wurde veröffentlicht in *Molodjosch Estonii* (6. September 1988); das Programm der Lettischen Nationalen Front in *Sowetskaja Molodjosch* (8. September 1988). Zu vorläufigen Berichten siehe auch das *Ogonjok*-Interview (38, 1988) mit Indrek Toome, dem Ersten Sekretär der Estnischen Kommunistischen Partei, und den Artikel über Entwicklungen in Estland von Michael Dobbs, *Washington Post,* 17. Oktober 1988.

44 *Prawda,* 24. Juli 1987.

45 Akademiemitglied Garibdianian, *Prawda,* 2. April 1988; »Pamjat« und die anderen Organe der extremen Rechten machten, wie in solchen Fällen üblich, Juden und Freimaurer verantwortlich. Siehe zum Beispiel Dmitri Wassiljews Interview in *Corriere della Sera,* 12. März 1988. Erst nach weiteren Streiks und Protestdemonstrationen änderte sich der Standpunkt der *Prawda* und anderer Medien, was die Wurzeln des Konflikts und den Ernst der Situation betraf. Siehe zum Beispiel *Prawda,* 10. Juni, und *Komsomolskaja prawda,* 15. Juni 1988.

46 Zum Beispiel *Wetschernii Kiiw,* 19. November 1987.

47 *Literaturnaja gaseta,* 1. Januar 1988.

48 *Literaturnaja Rossija,* 14. Dezember 1987.

49 *Literaturnaja gaseta,* 22. April 1987.

50 Dm. Lichatschow, *O russkom . . .* (Moskau 1983).

Glasnost und die Sowjetwirtschaft

1 Gorbatschow, *Perestroika,* S. 19 f.
2 *Gorbachev's Economic Plans,* Joint Economic Committee of the Congress of the United States, Bd. 1, November 1987, IX. Nach der achtbaren Zuwachsrate von 1986 war 1987 ein weiteres schlechtes Jahr, wie dem CIA/DIA-Report für das Joint Committee (19. März 1988) zu entnehmen ist.
3 Wassili Seljunin und Grigori Chanin, »Lukawaja zifra« (Eine schlaue Ziffer), *Nowy mir,* 2, 1987. Eine halboffizielle Antwort siehe in *Westnik statistiki,* 3, 1988.
4 M.A. Koroljow, *Iswestija,* 23. Juni 1987.
5 Jan Vannous, *Plan Econ Report,* 13. Februar 1987; Philip Hanson, *Soviet News,* 23. März 1987; *Wall Street Journal,* 10. März 1987.
6 *Prawda,* 7. August 1987.
7 *Sozialistitscheskaja industrija,* 5. Januar 1988. Einige Beispiele für den Mangel an statistischer Information, der unter Glasnost immer noch vorherrschte, siehe bei Otto Lazis, »Zena rawnowessija« (Der Preis des Gleichgewichts), *Snamja,* 2, 1988. In den sowjetischen Medien wurden Klagen über den Datenmangel im sowjetischen Zensus laut. Der Zensus von 1928 hatte sechzig Bände, der von 1979 nur einen erbracht, was »für ernsthafte wissenschaftliche Arbeit untauglich« sei (Arkadi Perewedenzew). Aber wenigstens waren frühere Volkszählungen durch Konsultationen und Konferenzen vorbereitet worden, während man im Jahre 1988 darauf verzichtete (*Moscow News,* 13, 1988).
8 *Ogonjok,* 29 und 30, 1987. Die mehr oder weniger gleichen Fakten wurden von Aganbegjan in einem Vortrag vor Parteisprechern und Redakteuren in Moskau zitiert (*Nauka i schisn,* März 1988).
9 Einige Beispiele werden angeführt in Igor Bestuschew-Lada, »Tretja ekonomika« (Drittwirtschaft), *Soziologitscheskije issledowanija,* 1, 1988: ein Koch mit einem Monatseinkommen von 120 Rubel, zwei Kinder im Schulalter, die Ehefrau arbeitet zu Hause. Sein Privathaus ist mehr als 100 000 Rubel wert, seine Datscha ungefähr genauso viel. Er besitzt einen »Wolga«, teure Möbel und Teppiche und kauft für seine Familie nur die beste Kleidung. Jedes Jahr gibt er Tausende für Urlaubsreisen aus. Die Summe auf seinem Bankkonto ist ein Geheimnis, da man ihn noch nicht ertappt hat. Deshalb ist er kein Dieb.
10 G. Belikowa und A. Schoklin, *Ogonjok,* 51, 1987. Nach westlichen Schätzungen machte die Schattenwirtschaft zwischen fünfzehn und dreißig Prozent des Bruttosozialprodukts aus.

11 Einige seiner wichtigeren Artikel siehe in *EKO,* November 1985; *EKO,* Juni 1986; *EKO,* November 1987.

12 Deutsche Übersetzung in *Osteuropa,* 1, 1984.

13 *Kommunist,* 13, 1986; *EKO,* März 1986; »Die Umgestaltung beginnt bei jedem von uns«, von *Nowosti* (1987) veröffentlichte Broschüre; daneben *Trud,* 15. Juli 1986; *Iswestija,* 1. Juni 1986 etc.

14 *Sowetskaja Rossija,* 25. Oktober 1987, *Trud,* 6. und 9. Oktober 1987.

15 *Nowy mir,* Juni 1987. Der Autor arbeitete für eine der wichtigsten Moskauer Forschungseinrichtungen. Er war früher mit einer von Chruschtschows Töchtern verheiratet gewesen. Einer der *Nowy mir*–Redakteure enthüllte später, daß Gorbatschow ihn wegen der Veröffentlichung des Artikels kritisiert habe (*Archiv Samisdata,* AC 6017). Aber Gorbatschow sagte in der Öffentlichkeit, daß er mit einigen von Schmeljows Schlußfolgerungen übereinstimme, während er andere ablehne, besonders solche, in denen das Erfordernis einer gewissen Arbeitslosigkeit betont wurde. In späteren Artikeln bedauerte Schmeljow manche seiner Formulierungen, was die Arbeitslosigkeit betraf.

16 Zum Beispiel Ed.A. Hewett, *Reforming the Soviet Economy* (Washington, D.C., 1988), S. 39.

17 Peter Hauslohner, »Gorbachev's Social Contract«, *Soviet Economy,* Januar 1987, S. 54.

18 Gemeint sind zum Beispiel Popkowa, »Gde pyschneje pirogi?« (Wo sind die Pasteten üppiger?), *Nowy mir,* 5, 1987; Otto Lazis' Artikel in *Kommunist,* 1986 und 1987; J. Gaidar, in *Kommunist,* 2, 1988; Michail Antonow, »Tak schto sche s nami proischodit?« (Also was geschieht mit uns?), *Oktjabr,* 8, 1987; »Idti swojim putjom« (Seinen eigenen Weg gehen), *Molodaja gwardija,* 1, 1988; »Na perelome« (Am Wendepunkt), *Moskwa,* 3, 1988. Antonows ursprünglicher Artikel hatte einige überzeugende Argumente enthalten; seine späteren Aufsätze wurden immer verschrobener, und er entwickelte sich zum Lieblingsexperten der extremen Rechten.

19 Im Jahre 1987 war Streljany Redaktionsmitglied von *Nowy mir.* Seine Artikel über Landwirtschaft und Ökonomie erschienen in *Snamja,* 6, 1986; *Nowy mir,* 12, 1986; *Literaturnaja gaseta,* 3. Dezember 1986. Siehe auch G. Popow, in *Nauka i schisn,* 4, 1987.

20 *Molodaja gwardija, loc. cit.,* S. 200.

21 Hier gibt es interessante Parallelen zu Julius Langbehns Bestseller *Rembrandt als Erzieher* (1890).

22 Die »Askese« der Befürworter extremer sozialer Gerechtigkeit (das heißt des Egalitarismus) wurzelte in einem zutiefst konservativen Ansatz, der

sich gegen Neuerung und Fortschritt richtete, wie G. Lisitschkin in einem weithin diskutierten Artikel (»Ljudi i weschtschi« [Menschen und Dinge], *Oktjabr*, 2, 1988) unterstrich. Der Hauptsprecher der »asketischen Schule« war der Philosoph W.S. Rogowin. Sein Buch *Obschtschestwo srelogo sozialisma* (Die Gesellschaft des reifen Sozialismus) erschien im Jahre 1984; seitdem hat er mehrere Artikel publiziert.

23 Boris Jekimow, *Literaturnaja Rossija*, 14. August 1987.

24 J. Gaidar, *Kommunist*, 2, 1988, S. 48.

25 K. Gray, in *Gorbachev's Economic Plans*, Bd. 2, S. 9 ff.

26 A. Streljany, in *Nowy mir*, 12, 1986.

27 Jekimow, *loc. cit.*

28 W. Tschiwilichin, der Verfasser des Romans *Pamjat* (Gedächtnis), gehörte zu den Unterzeichnern des berüchtigten Briefes an die Behörden, in dem ein Einschreiten gegen die liberale Zeitschrift *Nowy mir* gefordert wurde.

29 Wjatscheslaw Gorbatschow, *Sudby narodnyje* (Volksschicksale) (Moskau 1987), S. 30.

30 »Poworot« (Die Wende), *Nowy mir*, 1, 1987.

31 *Iswestija*, 20. April 1987; *Swesda wostoka*, Juni 1987.

32 Seit den späten siebziger Jahren sind zahlreiche sowjetische Publikationen zu dem Thema herausgekommen; viele Artikel erschienen in *EKO*, *Woprossy ekonomiki, Planowoje chosjaistwo* und, vor allem, in *Tschelowek i priroda*.

33 *Trud*, 13. Januar 1987. Die detaillierteste Schilderung der Tschernobyl-Katastrophe und ihrer Vorgeschichte sowie eine heftige Kritik, was den Mangel an Glasnost betraf, erschien in *Junost*, 6, 1987. Ihr Verfasser war der ukrainische Arzt und Schriftsteller Juri Schtscherbak, der auch als Sonderkorrespondent der *Literaturnaja gaseta* tätig war.

34 *Prawda*, 15. Juli 1987; *Iswestija*, 5. Juni 1987.

35 M. Lemeschew, in *Moscow News*, 7, 1988.

36 Ökologische Anliegen spielten auch eine Rolle bei den Jerewaner Protestdemonstrationen vom Februar 1988. Frühere ökologische Protestveranstaltungen hatten im Oktober 1987 in Jerewan stattgefunden (*Bjulleten glasnosti*, 10, 1988).

37 *Literaturnaja Ukraina*, 6. August 1987.

38 *Iswestija*, 1. Februar 1988.

39 N. Rimaschewskaja, in *Argumenty i fakty*, 33, 1987.

40 *Komsomolskaja prawda*, 13. August 1986; *Literaturnaja gaseta*, 12. August 1987.

41 *Argumenty i fakty,* 50, 1986; Mervin Matthews, *Poverty and Patterns of Deprivation in the Soviet Union* (Berkeley 1986).
42 *Sozialistitscheski trud,* 10, 1986.
43 A. Rubinow, *Literaturnaja gaseta,* 17. Februar 1988; zur schleichenden Inflation siehe auch N. Petrakow, in *Argumenty i fakty,* 6, 1988.
44 Diese Beispiele erschienen in einer *Prawda*-Übersicht über Familienbudgets in Saratow (»Malenkaja sarplata« [Ein geringer Lohn], 4. Februar 1988).
45 *Literaturnaja gaseta,* 28. Mai 1986; *Iswestija,* 10. Februar 1988.
46 P. Awen, *Kommunist,* 15, 1987.
47 Einer derjenigen, die diesen Vorschlag machten, war Chasbulatow, in *Prawda,* 27. April 1987.
48 *Sozialistitscheskaja industrija,* 9. Februar 1988.
49 Siehe zum Beispiel Leserbriefe in *Sowetskaja Estonija,* 29. Oktober 1987. Zu einer Verteidigung des *tschastnik* siehe, unter vielen anderen, Wladimir Gubarew, *Literaturnaja Rossija,* 25. Dezember 1987.

Glasnost im Ausland

1 *Prawda,* 26. Juli 1988.
2 Zum Beispiel Anatoli Gromyko und Wladimir Lomeiko, *Nowoje myschlenije w jaderny wek* (Das Neue Denken im Atomzeitalter) (Moskau 1984). Der Begriff soll 1984 von Gromyko und Lomeiko auf einer Konferenz in Hamburg geprägt worden sein.
3 *Prawda,* 7. März 1986.
4 V.S. Gurevich und V.T. Tretiakov, *Seventy Years of Soviet Government* (Moskau 1987), S. 65, 78 etc.
5 J. Plimak, in *Prawda,* 14. November 1986; verschiedene offizielle Philosophen brachten während des gesamten Jahres 1987 ähnliche Ansichten vor (*Woprossy filossofii,* 10–12, 1987).
6 In einer Rede in Tula hatte Breschnew 1977 die Idee eines Sieges in einem Nuklearkonflikt zurückgewiesen und das Ziel der Überlegenheit für illusorisch erklärt. Aber diese Worte hatten wenig Bedeutung, da sie auf die Opposition der Generale stießen und nie den offiziellen sowjetischen Verhandlungskurs bestimmten.
7 Dale R. Herspring, »Gorbachev, Yazov and the Military«, *Problems of Com-*

munism, Juli 1987; H.H. Schröder, *Gorbatschow und die Generale,* Berichte des Bundesinstituts für ostwissenschaftliche und internationale Forschung, 45 (Köln 1987).

8 In den sowjetischen Medien erschienen 1987 zahlreiche Artikel und Briefe, die diesen Sachverhalt bekräftigten; außerdem veröffentlichte man einen stark diskutierten Roman von Juri Poljakow, *Sto dnei do prikasa* (Hundert Tage bis zum Befehl), der von offiziellen Armeesprechern als »untypisch« verworfen, doch von anderen Experten vollauf bestätigt wurde. Die Debatte über Schindereien in der Armee setzte sich 1988 und 1989 fort.

9 *Krasnaja swesda,* 19. Juli 1987. Über Glasnost sagte Jasow in einer seiner Reden, daß »Meinungspluralität der militärischen Ordnung in keiner Weise widerspricht« (*Krasnaja swesda,* 9. August 1988). Es mag noch lange dauern, bis man weiß, ob solche Ideen im Armeeleben Wurzel gefaßt haben.

10 Unter den wichtigsten Beiträgen zur Debatte waren A. Bowins Artikel »Krieg« in *Filossofitscheski Enziklopeditscheski Slowar* (Philosophisches Enzyklopädisches Wörterbuch) (Moskau 1983); L. Floristow, in *Kommunist,* 15, 1986; D. Proiektor, *Moskowskije nowosti,* 26. April 1987; W.A. Sagladin, *Problemy mira i sozialisma,* 5, 1987. Diese und andere Autoren vertraten die Auffassung, daß politische Ziele nicht mehr durch einen Nuklearkrieg zu erreichen seien. Die Gegenposition bezogen General Tabunow in *Kommunist wooruschonnych sil,* 13, 1987; General Serebrjannikow in derselben Zeitschrift, 3, 1987; und General Garejew (damals stellvertretender Generalstabschef) in einem Buch über den Organisator der Roten Armee, Michail Frunse (1985). Die zivilen Strategen meinten, im Kernzeitalter sei ein Überraschungsangriff höchst unwahrscheinlich (W. Schurkin *et al.,* in *Kommunist,* 1, 1988) und in einem Atomkrieg sei nicht einmal eine erfolgreiche Verteidigung möglich (I. Welichow, in *Kommunist,* 1, 1988); einigen bekannten Kommentatoren diente diese Einsicht als Ausgangspunkt für Erwägungen über die Schaffung einer Weltregierung, wobei sich G. Schachnasarow optimistischer äußerte als A. Bowin (*Prawda,* 15. Januar und 1. Februar 1988).

11 Siehe zum Beispiel General Tscherwow, in *Sowetskaja Rossija,* 23. August 1986.

12 A. Dobrynin, *Kommunist,* 9, 1986.

13 *Sowetskaja Rossija,* 21. Februar 1987.

14 L. Semeiko und andere.

15 *Prawda,* 16. März 1987.

16 J. Primakow, »Nowaja filossofija wneschnei politiki« (Die neue Philosophie der Außenpolitik), *Prawda,* 10. Juni 1987.

17 Gorbatschow, *Iswestija,* 18. September 1987.

18 Neben der traditionellen antiwestlichen Berichterstattung in den sowjetischen Medien fanden sich nun auch objektivere Informationen, und man räumte ein, vom Westen manches lernen zu können.

19 Die Rede wurde ursprünglich veröffentlicht in *Westnik ministerstwa inostrannych del,* 1, 1987; sie wird hier zitiert nach *Argumenty i fakty,* 36, 1987.

20 *Literaturnaja gaseta,* 18. Mai 1988.

21 Eine gekürzte Version erschien in *Westnik,* 15, 1988. Die Rede wurde am 25. Juli 1988 gehalten, aber erst zwei Monate später veröffentlicht. Einer ihrer Kritiker war Ligatschow, der betonte, daß »unsere ausländischen Freunde« verwirrt sein würden, wenn die sowjetische Außenpolitik von ihrer traditionellen »Klassenorientierung« abwiche. Doch dann erlitt Ligatschow einen Rückschlag im Ringen um die Macht, Gromyko gab sein Amt auf, und Schewardnadses Thesen wurden zur offiziellen Politik.

22 *The Guardian,* 30. September 1987; *ibid.,* 12. Juli 1988.

23 Edson W. Spencer, Vorstandsvorsitzender von Honeywell, *International Herald Tribune,* 2. Februar 1988.

24 Joyce Caro-Oates, *New York Times,* 3. Januar 1988.

25 Joseph Mye, Jr., und Edwin Mroz, *Washington Post,* 4. Oktober 1987. Allerdings war die Wahl des Begriffs »Aufpolierung« etwas unglücklich.

26 Robert Legvold, *The Times,* 18. November 1987.

27 *Washington Post,* 30. November 1987.

28 Laut einer internationalen Gallup-Umfrage, die im Dezember 1987 durchgeführt wurde, glaubten 22 Prozent der Russen, daß 1988 ein besseres Jahr sein werde als 1987; 49 Prozent erwarteten mehr oder weniger das gleiche, und fünfzehn Prozent meinten, es werde schlechter sein. Die entsprechenden Ziffern für die USA waren 56, acht und 25 (*Daily Telegraph,* 31. Dezember 1987).

29 Charles Krauthammer, »The Week Washington Lost Its Head«, *New Republic,* 4. Januar 1988.

30 *New York Review of Books,* 31. Januar 1988.

31 Archie Brown, *New York Times,* 26. November 1987. Siehe auch Richard Pipes, *Wall Street Journal,* 2. Dezember 1987: »... ein Flickwerk von Klischees, Halbwahrheiten und Unwahrheiten, das kennzeichnend für die klassische sowjetische Propaganda ist. Das Buch zielt auf ein sehr niedriges Niveau ab, das, wie sowjetische Experten beschlossen haben müssen, dem

allgemeinen westlichen Nenner an Ignoranz und Wunschdenken entspricht.«

32 *The Times,* 1. Juli 1987.

33 Zu Mandels Ansichten siehe »Was geht in der Sowjet-Union vor sich? Gorbatschow und die Krise des Stalinismus«, *Inprekorr,* April 1987.

34 Das Manifest erschien ursprünglich in *The Guardian* (22. Juli 1986) und wurde danach in anderen Zeitschriften und Büchern als ein Dokument von großer Bedeutung behandelt. Siehe auch Robert C. Tucker, *Political Culture and Leadership in Soviet Russia* (New York 1987), S. 199–202.

35 Interview mit Alexander Cockburn, *New Statesman,* 29. Januar 1988. In einem anderen Überblick über die sowjetische Neue Linke hieß es in einer westlichen Zeitung, daß die Bewegung rund 1500 Mitglieder zähle.

36 Ich schrieb Ende 1982, wenn Andropow nicht die nötigen Schritte (zu wirtschaftlicher Reform) unternehme, werde die Generation junger, ihm nachfolgender Führer dies tun: »Diese Reformen werden reine Linderungsmittel sein und dürften sich kaum auf die tieferen Ursachen des Übels auswirken. Aber sie könnten ausreichen, um ein weiteres Jahrzehnt zu überstehen . . .« (»What We Know About the Soviet Union«, *Commentary,* Februar 1983; Nachdruck in *America, Europe and the Soviet Union* [New Brunswick 1983]). Dies war mehr oder weniger korrekt, aber ich unterschätzte die Tiefe der sozialen Krise; und obwohl ich die Notwendigkeit von Reformen innerhalb des Systems unterstrich, rechnete ich nicht damit, daß sich Glasnost innerhalb von drei oder vier Jahren einstellen würde.

37 M. Levin, *The Gorbachev Phenomenon* (Berkeley 1988). S. 153. Ähnliche Argumente waren nach Stalins Tod von Isaac Deutscher vorgetragen worden. Aber während die Vorhersagen im Jahre 1953 allzu optimistisch gewesen waren, konnten die Befürworter dieser Theorie behaupten, daß sich die Umstände im Jahre 1988 geändert hätten. Unterdessen wurde Deutscher in den Sowjetmedien mit einer Verspätung von 35 Jahren angegriffen, weil er in seiner bekannten Stalin-Biographie zu wohlwollend gewesen sei (*Prawda,* 5. April 1988).

38 G. Gerassimow, »Perestroika w sowetologii« (Perestroika in der Sowjetologie), *Sowetskaja kultura,* 13. Oktober 1987.

39 J. Hough, *How the Soviet Union Is Governed* (Cambridge 1979), S. 292, 316.

40 *Insight,* 28. Dezember 1987. Dunlop und Rowen äußerten ähnliche Kritik an westlichen Erforschern der Sowjetwirtschaft; wie sich herausstellte, lag die sowjetische Wachstumsrate unterhalb der Einschätzungen fast aller

westlichen Gelehrten: »Jahrelang ließen westliche Spezialisten die Mitteilungen von Emigranten außer acht, aber das neue Material sowjetischer Autoren bestätigt die Emigranten« (*The National Interest,* Frühjahr 1988).

41 Peter H. Salomon, Jr., »Soviet Criminal Justice and the Great Terror«, *Slavic Studies,* Herbst-Winter 1987; Arkadi Waksberg, *Literaturnaja gaseta,* 27. Januar 1988.

42 *Insight, loc. cit.*

43 In einem Artikel über die sowjetische Amtsnachfolge (*Problems of Communism,* September 1982) wandte Professor Hough das Prinzip des *schefstwo* (Protektion) korrekt auf Gorbatschow an, der »eine höchst bemerkenswerte Kette von Beziehungen hatte«.

44 Zum Beispiel Christian Schmidt-Häuer, »Gorbatschows zweite Revolution«, in Uwe Engelbrecht, *Glasnost – neue Offenheit* (Köln 1987); Klaus von Beyme, in Margarete Mommsen und Hans-Henning Schröder (Hrsg.), *Gorbatschows Revolution von oben* (Berlin 1987), S. 136 ff.; Boris Meissner (*Die Sowjetunion im Umbruch* [Stuttgart 1988]) ist skeptischer, was die Chancen der Perestroika angeht, meint jedoch, daß sich das Streben nach größerer Freiheit in der Sowjetunion selbst dann fortsetzen werde, wenn die Reformen nicht den gewünschten Erfolg haben sollten.

45 *Literaturnaja gaseta,* 29. Juni 1987. Michel Tatu vereinfachte das Wesen des »Gorbatschowismus« ein wenig, als er über Glasnost schrieb: »Es war eine neue Politik auf dem Gebiet von Information und Kultur, doch bis jetzt nicht viel mehr« (M. Tatu, *Gorbachev* [Paris 1987], S. 139).

46 Xan Smiley, *Daily Telegraph,* 8. Februar 1988.

47 Siehe Philip Hanson, in *Gorbachev's Economic Plans,* Bd. 1, Joint Economic Committee, US-Kongreß (Washington, D.C. 1987), S. 366, und viele andere Quellen.

48 Zu einer Schilderung dieser Gedankenschule siehe A. Besançon, in *National Interest,* Sommer 1987.

49 *Economist,* 20. Februar 1988.

50 *Neues Deutschland,* 30. Oktober 1987; *Junge Welt,* 28. Oktober 1987.

Die Grenzen von Glasnost

1 *Prawda* und *Iswestija,* 23. März 1985.

2 W. Tolz, »A Chronological Overview of Gorbachev's Campaign for *Glasnost*«, *Radio Liberty,* 21, 1987; Bernd Knabe, »Das neue Denken, Glasnost

und Tschernobyl«, *Berichte des Bundesinstituts für ostwissenschaftliche und internationale Studien,* 48, 1987.

3 Verschiedene Artikel der Moskauer Jugendzeitung *Moskowski komsomolez* wurden kritisiert in *Komsomolskaja prawda,* 24. März 1987.

4 Interview mit Jelem Klimow, *Ogonjok,* 2, 1988.

5 *Teatr,* August 1986.

6 *Prawda,* 7. Januar 1988.

7 *Prawda,* 27. August 1987.

8 *Moscow News,* Beilage, 31, 1987; Rede in Kaluga.

9 *Sowetskaja kultura,* 14. Januar 1988.

10 *Prawda,* 15. Februar 1987.

11 *Sowetskaja kultura,* 11. Januar 1988.

12 Rede in Selenograd, 29. Juli 1987.

13 *Prawda,* 11. September 1987. Im September 1988 sagte Tschebrikow in einem Interview, daß »wir Glasnost als eine der Formen unseres Kontaktes zu arbeitenden Menschen betrachten«. Zur Bekräftigung erwähnte er, daß 1987 235 Bücher sowie 7500 Artikel und viele Filme über das KGB herausgekommen seien (*Prawda,* 2. September 1988). Die Ziffern sind eindrucksvoll, doch wieviel Glasnost enthielten diese Veröffentlichungen?

14 Otto Lazis, »Zena rawnowessija« (Der Preis des Gleichgewichts), *Snamja,* 2, 1988, S. 197. Einige, wenn auch nicht vollständige, Einzelheiten über Getreideimporte wurden zum erstenmal im Jahre 1987 veröffentlicht. Die Statistikbehörden erklärten 1987 zum »Jahr der offengelegten Zahlen«; laut offiziellen Berichten handelte es sich dabei um 90 000 statistische Einheiten. Aber viele blieben weiterhin verschlossen, (*Westnik statistiki,* 3, 1988).

15 *Washington Post,* 12. November 1987.

16 *Prawda,* 13. November 1987. Aber Jelzin erhielt die Möglichkeit, auf der 19. Parteikonferenz zu sprechen, wo seine Rede allerdings nicht wohlwollend aufgenommen wurde.

17 *Sowetskaja kultura,* 14. Januar 1988.

18 *Wetschernjaja Moskwa,* 5. März 1988.

19 *The Times,* 24. März 1988.

20 *Ogonjok,* 28, 1988. Eines der Mittel zur Abschwächung von Glasnost außerhalb Moskaus bestand anfänglich darin, die individuellen Abonnements für reformistische Zeitschriften auf dem Verwaltungsweg einzuschränken und das Papier für Bücher zu rationieren. Diese Beschränkungen führten jedoch zu Massenprotesten und wurden im Jahre 1988 weitgehend aufgehoben.

21 J.J. Lewanow, *Komsomolskaja prawda,* 11. Dezember 1987.
22 *Ogonjok,* 36, 1987; *Bjulletin glasnosti,* 7, 1987.
23 *Komsomolskaja prawda,* 10. Oktober 1986.
24 *Prawda,* 30. März 1987; I.J. Sundijew, in *Soziologitscheskije issledowanija,* 5, 1987. Sundijew ist sowohl Soziologe als auch Polizeimajor, weshalb er gut informiert sein dürfte.
25 Lewanow, *loc. cit.*
26 In einem späteren Stadium wurde auch Karate verboten, weil es zur Verbreitung des Rowdytums beitrage, doch das Verbot scheint nicht wirksam gewesen zu sein (*Sowetski sport,* 19. Dezember 1987).
27 *From Below* (Bericht der Helsinki-Gruppe) (New York 1987), S. 111 f.
28 Zu den Moskauer Demonstrationen siehe *Trud,* 23. August 1988; *Prawda,* 24. August 1988; und *Wetschernjaja Moskwa,* 22. August 1988. Über die Leningrader »Pamjat«-Demonstrationen wurde im *Guardian* (15. August 1988) und auch in sowjetischen Organen wie *Moscow News, Leningradskaja prawda* und *Literaturnaja gaseta* berichtet.
29 Einzelheiten erschienen regelmäßig in der Pariser Wochenzeitschrift *Russkaja mysl,* der am besten informierten russischsprachigen Publikation außerhalb der UdSSR. Zur Nowosibirsker Demonstration siehe *Express-Chronika,* 28. Februar 1988, und *Russkaja mysl,* 11. März 1988. Ein allgemeiner Überblick findet sich bei Wolfgang Eichwedel, »Bürgerrechtsbewegung und neue Öffentlichkeit in der UdSSR«, *Osteuropa,* 1, 1988.
30 Zu Kagarlizki, dem »Club sozialer Initiativen« (der sowjetischen Neuen Linken) und ähnlichen Gruppen siehe oben, Kapitel »Glasnost im Ausland«, sowie Boris Kagarlitski, *The Thinking Reed* (New York 1988).
31 Zu der Beschreibung eines Vortrags, den ein Auslandskorrespondent im Moskauer *Perestroika*-Club hielt, siehe *The Independent,* 23. Oktober 1987.
32 *Ekspress-Chronika,* 13, 1987.
33 Daher die heftigen Angriffe auf »Demokratie und Humanismus« in *Sobessednik,* 44, Oktober 1987; in *Wetschernjaja Moskwa,* 6. und 28. Oktober 1987; und in dem *Prawda*-Leitartikel vom 27. Dezember 1987, wo behauptet wurde, daß einige informelle Gruppen von Schurken geleitet würden, daß Demokratisierung in der Sowjetunion nicht Liberalisierung bedeute und daß es hier keinen politischen Pluralismus geben werde.
34 Sally Laird, *Index on Censorship,* Juli-August 1987.
35 Die Angelegenheit wurde ein paar Monate später bei einer Tagung des sowjetischen Journalistenverbandes wieder aufgewärmt, als ein Vertreter der Leningrader Zeitschriften dem Chefredakteur von *Iswestija* »undemokratische Hetze« vorwarf. Der Chefredakteur erwiderte, daß Volksinitiati-

ven gebührende Aufmerksamkeit geschenkt werden müsse und die Verhängung eines Verbots nur Schaden anrichten könne (*Sowetskaja kultura*, 8. Dezember 1987). Zu einer offiziellen, doch wohlwollenden Darstellung des »Angleterre«-Vorfalls siehe *Ogonjok*, 20, 1987. Die detaillierte Beschreibung durch eine Teilnehmerin findet sich bei T. Lichanowa, *Glasnost*, 10, 1988. Einen ausführlichen, sachlichen Überblick über die verschiedenen informellen Gruppen liefert Olga Alexandrova, »Informelle Gruppen und Perestrojka in der Sowjetunion«, *Berichte des Bundesinstituts für ostwissenschaftliche und internationale Studien*, 18, 1988.

36 Zu einer Erörterung der internen Gegensätze unter den sozialistischen »Informellen« siehe *Strana i mir*, 2, 1988, S. 24–26; und *Dagens Nyheter*, 17. Mai 1988.

37 Zum Programm der »Demokratischen Union« siehe *Materialy samisdata*, Radio Liberty, 24, 1988.

38 Unter den Befürwortern waren das Akademiemitglied Tatjana Saslawskaja und der Anwalt Boris Kuraschwili (*Moscow News*, 6. Mai 1988; *Sowetskaja molodjosch*, 27. April 1988).

39 Das Gesetz über Versammlungsfreiheit, das der Oberste Sowjet im Sommer 1988 verabschiedete, war ein Kompromiß zwischen den Vertretern von Glasnost und den Kräften von Recht und Ordnung (*Sowetskaja Rossija*, 29. Juli 1988; *Iswestija*, 30. Juli 1988). Die Versuche, ein neues Pressegesetz vorzubereiten, stießen auf starke Schwierigkeiten; die internen Paßgesetze, die im zaristischen Rußland existiert hatten, um 1917 abgeschafft und 1932 wieder eingeführt zu werden, waren immer noch in Kraft, obwohl sie der sowjetischen Verfassung widersprachen, wie Zeitungsleser hervorhoben (*Iswestija*, 24. August 1988). Es wäre leicht, viele weitere derartige Beispiele anzuführen; die Leserbriefspalten der sowjetischen Presse waren mit Beschwerden gefüllt.

Glasnost und Rußlands Zukunft

1 *Kolokol*, 1. April 1861.

2 *The Guardian*, 9. August 1988.

3 I. Martow *et al.*, *Obschtschestwennoje dwischenije w Rossii* (Die gesellschaftliche Bewegung in Rußland), Bd. 2, Teil I (St. Petersburg 1910), S. 97.

4 *ibid.*

5 Während Studenten im zaristischen Rußland – und unter anderen ähnli

chen Umständen – in revolutionären Bewegungen eine Schlüsselrolle gespielt hatten, war dies in der Glasnost-Kampagne nicht der Fall. Zuweilen, etwa bei den Protesten gegen Jelzins Absetzung, nahmen Studenten an der Bewegung teil, aber dies war die Ausnahme, nicht die Regel.

6 W. Falin (damals Direktor von *Nowosti*), in *Der Stern*, 2. April 1987.

7 Andrei Nuikin, *Nowy mir*, 1 und 2, 1988.

8 F. Burlatzki, Interview in *La Repubblica*, 27. März 1987. Mittlerweile sind Burlatzkis Artikel unter dem Titel *Nowoje myschlenije* (Neues Denken) (Moskau 1988) erschienen.

9 S. Kondraschow, *Kommunist*, 14, 1987. A. Bowin argumentierte ein Jahr später, daß die sowjetischen Medien ihre Berichterstattung und Analyse, was ausländische Ereignisse betraf, noch nicht grundsätzlich geändert hätten (*Moscow News,* 24. April 1988). Genauso äußerte sich Boris Tumanow in *Ogonjok* (21, 1988): »Wir werden mit Wirklichkeitssurrogaten ernährt . . .«

10 L.G. Junin, »Konserwatiwny sindrom« (Das konservative Syndrom), in *Soziologitscheskije issledowanija*, 6, 1987. Der Autor geht freizügig mit Begriffen wie »sakral« und »magisch« um, die sich von Max Weber und Simmel herleiten. Ein interessantes Beispiel der stalinistischen Mentalität siehe bei M.I. Malachow, »Smysl naschei schisni. Pismo weterana KPSS« (Unser Lebenssinn. Der Brief eines KPdSU-Veteranen), *Molodaja gwardija*, 4, 1988; hier werden der Idealismus und die Errungenschaften der »guten alten Zeit« verteidigt.

11 Igor Bestuschew-Lada, »Prawda i tolko prawda« (Die Wahrheit und nichts als die Wahrheit), *Nedelja*, 5, 1988.

12 *Prawda*, 18. November 1987.

13 *Sowetskaja Rossija*, 13. März 1988. Die Erwiderung erschien am 5. April 1988 in der *Prawda*. Der Andrejewa-Artikel wurde in Provinzzeitungen wie *Uralski Rabotschi* und *Wetscherni Donezk* nachgedruckt (*Schurnalist*, 5, 1988); nur eine einzige Zeitung, die *Tambowskaja prawda*, wagte es, Andrejewa zu kritiseren, bevor die *Prawda* deutlich gemacht hatte, daß dieser »Offene Brief« nicht die neue Parteilinie ausdrückte. Das DDR-Regime, das die Reformen ablehnt, hatte den Andrejewa-Artikel fast sofort nachdrucken lassen; später brachte man die Erwiderung der *Prawda*. Fairerweise muß hinzugefügt werden, daß sich sogar sowjetische Militärsprecher – bei all ihrer Beflissenheit, eine unparteiische Einschätzung Stalins zu liefern – über die unkritische Lobhudelei mancher Ausländer lustig machten, die (wie Henri Barbusse) geschrieben hatten, daß »Stalin ein Mann mit dem Kopf eines Wissenschaftlers und dem Gesicht eines Arbeiters,

gekleidet wie ein gewöhnlicher Soldat, war« (*Krasnaja swesda,* 12. März 1988).

14 Zu den Quellen siehe W.M. Pintner und D.K. Rowney, *Russian Official-dom* (Chapel Hill 1980).

15 Gemeint sind sämtliche Minister der Union und der Republiken; siehe *Argumenty i fakty,* 7, 1988. Laut *Argumenty i fakty* (11, 1988) gab es achthundert Ministerien und Regierungsausschüsse im Rang eines Ministeriums.

16 *Ogonjok,* 7, 1988. 1987/88 erschienen zahlreiche Artikel, die leidenschaftlichen antibürokratischen Eifer zum Ausdruck brachten. Zum Beispiel verkündeten L. Ponomarjow und W. Schinkarenko in der *Iswestija* (19. Mai 1988), daß vierzig bis fünfzig Prozent des bürokratischen Apparats in der russischen Föderation demnächst beseitigt werden würden.

17 Moskwitsch, »Die Polizei«, in J. Melnik (Hrsg.), *Russen über Rußland* (Frankfurt 1906).

18 *Prawda,* 11. September 1987. Rede aus Anlaß des 110. Todestages von Felix Dserschinski, dem Gründer der Tscheka.

19 Andrei Nuikin, in *Nowy mir,* 1–2, 1988. Aber Nuikin meint, daß Glasnost keineswegs tödlich für die Bürokratie sei, denn deren Angehörige seien gut organisiert und nicht dumm: »Es gibt viele Wege, Glasnost in Besitz zu nehmen, sie zu ersticken und zu leugnen.« Siehe auch Alexander Egorunin, *Literaturnaja Rossija,* 19. Februar 1988.

20 Harold Williams, *Russia of the Russians* (London 1914), S. 54.

21 Einige westliche Sowjetologen sind der Ansicht, daß die Bürokraten, außer vielleicht den ältesten, zu den stärksten Anhängern der Reformbewegung zählen (J. Hough, *Russia and the West* [New York 1988], S. 180). Während es zutrifft, daß die Bürokratie kein monolithischer Block ist, und während höhere Funktionäre kaum ihre Stellung fürchten müssen, weisen alle Anzeichen in die andere Richtung. Eine ernsthafte Reform gefährdet nicht nur den Lebensunterhalt Hunderttausender von Bürokraten, sondern sie bewirkt auch tiefgehende psychologische Veränderungen, was ihre Arbeit und ihre Klientel betrifft. Darüber hinaus werden solche Ansichten über die Gutartigkeit der Bürokratie von sowjetischen Experten nicht geteilt: »Entweder werden Menschen kommen . . ., die den bürokratischen Apparat zerbrechen, oder der Apparat wird alles zum Status quo ante zurückkehren lassen« (Professor J. Wolkow, *Moskowskije nowosti,* 14. Februar 1988).

22 J.M. Keynes, *Allgemeine Theorie der Beschäftigung, des Zinses und des Geldes* (1936), (Berlin 1955), S. 322 f.

23 *Moscow News,* 1. Februar 1988. Die Zunahme der Leserschaft von Zeitun-

gen und Zeitschriften zwischen 1986 und 1988 erinnert an einen ähnlichen Anstieg im ersten Jahrzehnt dieses Jahrhunderts: im Jahre 1900 gab es 125 Tageszeitungen im zaristischen Rußland, im Jahre 1913 bereits 1158.

24 Er zitierte Marx in seinem Bericht vor dem 27. Parteitag, doch dies war eine Ausnahme.

25 *History of Soviet Russia: The Bolshevik Revolution*, Bd. 2 (London 1952), S. 275.

26 M. Levin, *The Gorbachev Phenomenon, loc. cit.*, S. 100. Einen realistischeren Standpunkt zu den Aufgaben und der Wirksamkeit der sowjetischen Soziologie vertritt Professor René Ahlberg, nach dessen Ansicht die Lösung der Hauptprobleme, denen sich die Sowjetgesellschaft gegenübersieht, etwa die Überwindung der sozialen Apathie, weit über die Möglichkeiten dieser Disziplin hinausgeht (»Die Aufgaben der Soziologie«, *Osteuropa*, 3, 1988).

27 Die Behauptung, daß der Stalinismus eine globale Erscheinung gewesen sei, tauchte zuerst in einem Aufsatz von Wadim Koschinow auf (*Nasch sowremennik*, 4, 1988). Sie wurde von Igor Schafarewitsch, einem rechtsgerichteten Dissidenten, übernommen (*Nowosti*, 12. Juni 1988).

28 Der politische Bericht des 27. Parteitags warnte vor der Idealisierung der Vergangenheit. Siehe *XXVII sjesd KPSS: sadatschi kafedr obschtschestwennych nauk* (Der 27. Parteitag und die Aufgaben der Lehrstühle für Sozialwissenschaften) (Moskau 1987), *passim*.

29 Pawel Gutjontow, *Iswestija*, 27. Februar 1988.

30 Zum Beispiel V. Rasputin in *Nasch sowremennik*, Januar 1988.

31 »On the National Pride of the Great Russians«, *Sozialdemokrat*, 36, 1914.

32 *Nowaja schisn*, 53, 1918. Gemeint ist der bäuerliche Held in *Krieg und Frieden*.

33 *Russia* (London 1881).

34 Gorkis völlig negative Einstellung verhinderte die Veröffentlichung seines Essays »O russkom krestianstwe« (Über das russische Bauerntum) in der Sowjetunion. Die Arbeit erschien 1922 in Berlin und wurde 1987 von der Pariser Emigrantenzeitschrift *Sintaksis* nachgedruckt.

35 R. Mathew (Hrsg.), »Belinsky, Chernyshevsky and Dobrolyubov«, *Selected Criticism* (New York 1962), S. 83 ff.

36 S.S. Oldenbourg, *Zarstwowanije imperatora Nikolaja II* (Die Herrschaft von Zar Nikolaus II.), Bd. 1 (Belgrad 1939), S. 24.

37 A. Leroy-Beaulieu, *The Empire of the Tsars*, Bd. 2 (New York 1902), S. 324.

38 Marianna T. Choldin, *A Fence Around the Empire* (Chapel Hill 1985), S. 108; Daniel Balmuth, *Censorship in Russia, 1865–1905* (Washington D.C. 1979), S. 136.

39 Balmuth, *loc. cit.,* S. 142.
40 F. Venturi, *Roots of Revolution* (New York 1960), S. 306.
41 *Ogonjok,* 48, 1987.
42 C. Ruud, *Fighting Words* (Toronto 1982), S. 7. Es gibt jedoch eine bemerkenswerte Kontinuität in den Argumenten der Zensoren. So warf die Moskauer Zensurbehörde der Zeitschrift *Nowosti dnja* im Jahre 1903 »jüdischen Kosmopolitismus und falschen Liberalismus« vor (Balmuth, *loc. cit.,* S. 118).
43 Zum Einfluß der »Telebrücken« siehe Victor Yasman, in *Soviet and East European Studies* (Boulder 1988), S. 72–77.
44 »Otstawka anonimke« (Abschied von der anonymen Denunziation), *Moskowskaja prawda,* 3. April 1988.
45 Interview mit W.A. Solodin, *Sowetskaja kultura,* 26. März 1988.
46 *Argumenty i fakty,* 22. Mai 1988.
47 *Literaturnaja gaseta,* 16. März 1988. Zu einer Kritik der bescheidenen Ergebnisse von Glasnost auf diesem Gebiet siehe I. Ilisarow, *Sowetskaja kultura,* 1. Juni 1988.
48 *Iswestija,* 9. Juni 1988.
49 Zu einem Beispiel für die Literatur, in der es hieß, daß Glasnost so nötig sei wie die Luft zum Atmen, siehe A.A. Besuglow und W.A. Krjaschkow, *Glasnost raboty sowetow* (Glasnost in der Arbeit der Sowjets) (Moskau 1988). Die Beispiele für den Mangel an Glasnost entstammen *Argumenty i fakty,* 13. August 1988.
50 *Sowetskaja kultura,* 15. März 1988.
51 J. Borissow, *Komsomolskaja prawda,* 2. April 1988.
52 *The Independent,* 14. Juni 1988; *Der Spiegel,* 4. Juni 1988.
53 *Tass,* 13. April 1988.
54 Interview mit Baturin, Moskauer Zentralfernsehen, 26. März 1988; Baturins Artikel in *Kommunist,* 23. April 1988; Interview in *Prawda,* 19. Juni 1988.
55 Ein früher Entwurf wurde veröffentlicht in *Glasnost,* 12. November 1987; nachgedruckt in *Archiv samisdata,* Radio Liberty, 13. Mai 1988.
56 Zur Autorenschaft des Andrejewa-Briefes siehe G. Baklanow in *Sowetskaja kultura* 26. Mai 1988, und Gioletto Chiesa in *L'Unità,* 23. Mai 1988. Gorbatschow gab auf der 19. Parteikonferenz bekannt, daß das Zentralkomitee einen Brief von Frau Andrejewa erhalten habe, dem zufolge ihre Meinung unverändert geblieben sei.
57 »Gorbachev Steels the Conference to Victory for *Glasnost*«, *The Independent,* 2. Juli 1988.

58 *Prawda*, 29. Juni 1988.

59 *Prawda*, 30. Juni 1988.

60 *Prawda*, 5. Juli 1988.

61 Maja Ganina, »Poka schiwu – nadejus« (Ich hoffe, solange ich lebe), Erster Teil, *Oktjabr*, 10, 1986; Zweiter Teil, *Oktjabr*, 11, 1987. Der Originaltitel des Romans war *Zehn Tage vor Breschnews Tod (Moscow News*, 7, 1988). Siehe auch Mary Seton-Watson, »Soviet Literature«, *Washington Quarterly,* Frühjahr 1988.

62 Harry Harding, *China's Second Revolution* (Washington 1987), *passim;* Uli Franz, *Den Xiaoping* (Stuttgart 1987).

Zu den historischen Ursprüngen des Begriffs »Glasnost«

1 *Sotschinenija I.S. Aksakowa,* Bd. 4 (Moskau 1887), S. 361–445.

2 Abbot Gleason, *Young Russia* (New York 1980), *passim.*

3 *Sobrannyje stichotworenija Wassilija Kurotschkina,* Bd. 2 (St. Petersburg 1869), S. 119.

4 Iwan Panajew, in *Swistok,* einer satirischen Beilage der Zeitschrift *Souremennik;* neu herausgegeben von A.A. Schek und A.A. Demtschenko (Moskau 1981), S. 200.

5 N.G. Tschernyschewski, *Pisma bes adressa* (Moskau 1983 [Neudruck]), S. 495.

6 L.N. Tolstoi, *Sobrannyje sotschinenija,* Bd. 18 (Moskau 1965), S. 155.

7 Siehe zum Beispiel Peter Reddaway, *Uncensored Russia* (New York 1974), S. 86 ff.; Frederick Barghoorn, *Détente and the Democratic Movement in the U.S.S.R.* (New York 1976), S. 26, 91, 95.

8 Iwanow-Rasumnik, *Istorija russkoi obschtschestwennoi mysli,* 3. Aufl., Bd. II (St. Petersburg 1911), S. XIII.

9 A.I. Kitow, *Psichologija chosjaistwennogo uprawlenija* (Psychologie der Wirtschaftslenkung) (Moskau 1984).

PERSONENREGISTER

Abalkin, L. I. 231, 238
Abramow, Fjodor 43, 101, 109, 134 f.
Abuladse, T. 123, 282, 284
Achmatowa, Anna 76, 101, 103 f, 142
Adamowitsch, Alec 260
Adschubei, Alexei 36
Afanasjew, Viktor 72, 77, 80 ff., 284
Aganbegjan, Abel 42, 62, 190, 231, 235 ff.,
   243
Aitmatow, Tschingins 79, 101, 105, 107 f.,
   206
Akromejew, Generalstabschef 262
Aksakow, Iwan 152, 352
Alexander der Große, König 92
Alexander I., Zar 92
Alexander II., Zar 309
Alexejew, Michail 83, 110 f.
Andrejew, Konstantin 166
Andrejewa, Nina 313, 342 f.
Andropow, Juri W. 40, 46–51, 54, 74, 138,
   183, 200, 218, 255, 267 f.
Anninski, Lew 162, 229
Antonow, Michail 18, 240
Araktschejew, Juri 196
Arbatow, G. 266
Arbor, Ann 12
Astafjew, Viktor 105 f., 113, 135, 153, 179

Babel, I. 101
Badeni, Ministerpräsident 225
Baibakow, N. 58
Baklanow, Grigori 102, 112
Bakunin, M. A. 273
Barbusse, Henri 327
Barusdin, Sergei 102
Baturin, Juri 340, 342
Beethoven, Ludwig van 171
Bek, Alexander 113 f.
Belinski, V. 99, 113, 132, 332
Bely, Andrei 314
Below, Wassili 76, 101, 106, 108 f., 146 f., 153,
   178
Beneš, Eduard 89
Berija, L. 34, 123, 341
Bezemer, Jeanette 12
Bialer, Severyn 276

Bilinski, Finanzminister 225
Birjukowa, A. D. 176
Blanc, Louis 336
Blok, Alexander 104
Bobunow, Andrei 195
Bogdanow, Nikolai 182
Bondarew, Juri 109, 111, 146 f., 178, 284, 287,
   344
Bowin, Alexander 85, 260, 310
Breschnew, Leonid 17, 28, 31 f., 37 f., 40–47,
   51 f., 54, 59, 61, 69, 77 ff., 80, 83, 86, 96,
   104, 109, 121, 134, 137 f., 144, 169, 192, 194,
   216, 219, 242, 258, 264, 266, 274, 276 f.,
   288, 291, 323, 349
Brisch, Mischa 106
Brodski, Josef 103, 333
Bruck, Moeller van den 328
Bucharin, N. I. 32, 72, 79, 90, 93, 274, 278
Buckle, Journalist 330
Bugajski, Janusz 12
Bukowski, Wladimir 271
Bulgakow, Michail 101, 117
Bulganin, N. A. 34
Bunin, Iwan 101, 103 f., 162, 331
Burlatzki, Fjodor 128, 262, 300, 310
Bykow, Rolan 124
Bykow, Wassili 83, 101

Cabet, E. 336
Carr, E. H. 324
Carter, Jimmy 269
Chagall, Marc 112, 127
Chiesa, G. 278
Chrennikow, Tichon 125
Chruschtschow, Nikita 28, 31–39, 42 f., 50,
   73–78, 80 f., 86, 104, 117, 123, 259
Churchill, Winston 144
Clausewitz, Karl von 261
Cohen, Stephen 277
Colton, Timothy J. 43
Custine, A. 16, 18

Dal, Autor 67
Danilewski, Anhänger des Slawophilen-
   tums 136
Daschitschew, Wladislaw 266

Vom selben Autor um Ullstein-Programm lieferbar:
Was ist los mit den Deutschen? (1985); Terrorismus – Die globale Herausforderung (1987); zusammen mit Richard Breitman: Der Mann der das Schweigen brach (1986).